普通高等教育"十三五"规划教材

CAIWU GUANLI JINGPIN XILIE

财务管理精品系列

企业集团财务管理教程

（第二版）

王明虎 主编

U0780953

立信会计出版社
LIXIN ACCOUNTING PUBLISHING HOUSE

图书在版编目(CIP)数据

企业集团财务管理教程 / 王明虎主编. —2 版. —上海：
立信会计出版社，2017.1
ISBN 978-7-5429-5290-5

Ⅰ.①企… Ⅱ.①王… Ⅲ.①企业集团-财务管理-
高等学校-教材 Ⅳ.①F276.4

中国版本图书馆 CIP 数据核字(2016)第 291672 号

策划编辑　　方士华
责任编辑　　方士华

企业集团财务管理教程(第二版)
Qiye Jituan Caiwu Guanli Jiaocheng

出版发行	立信会计出版社			
地　　址	上海市中山西路 2230 号	邮政编码	200235	
电　　话	(021)64411389	传　　真	(021)64411325	
网　　址	www.lixinaph.com	电子邮箱	lxaph@sh163.net	
网上书店	www.shlx.net	电　　话	(021)64411071	
经　　销	各地新华书店			
印　　刷	上海天地海设计印刷有限公司			
开　　本	787 毫米×960 毫米	1/16		
印　　张	18.75			
字　　数	383 千字			
版　　次	2017 年 1 月第 2 版			
印　　次	2017 年 1 月第 1 次			
印　　数	1—3 100			
书　　号	ISBN 978-7-5429-5290-5/F			
定　　价	36.00 元			

如有印订差错，请与本社联系调换

第二版前言

本书自 2009 年出版第一版,迄今已有 8 年。其间,我国经济形势和经济制度发生了重大变化。这些变化给企业集团财务管理带来了多维度、深层次的影响。为此,各企业集团积极创新制度和经营模式,以求在新的环境中发展壮大。本书在修订过程中,力求把握上述背景变化和企业管理创新,使内容更贴近当前企业集团财务管理实践。总体来说,本次修订的主要内容包括:

1. 引用新案例和新材料,使读者能将教学内容和最新实践结合起来,更有利于读者理解教学内容。

2. 调整案例材料的编写精神,注重在案例材料中引入与分析财务数据,使案例材料更便于进行财务管理讨论。

3. 根据我国财经法规变更和企业财务管理实践的改进,修订部分过时的教学内容和案例,力图使本书的内容与时俱进。

4. 根据我们在教学中的经验,对一些难以理解的表述和例题进行修正。

本次修订得到安徽工业大学商学院会计系各位老师的大力支持,特别是选定本书第一版作为教材的老师,提出了各种修订建议。立信会计出版社的方士华副编审和郭光老师为本次修订提供了大力支持,还有其他老师在我们与出版社、读者之间做了大量联系工作。没有他们,本书就难以出版和再版,在此我们全体编写人员向他们表示诚挚的感谢。

王明虎

2016 年 11 月于安徽工业大学佳山校区

前　言

　　企业集团是我国目前重点发展的经济组织，也是我国经济发展中举足轻重的力量。企业集团的发展，需要技术进步、市场开拓，也需要管理创新。其中，财务管理是企业集团管理的核心部分，企业集团要以资本为纽带，利用财务管理凝聚集团整体的力量，搞好投资和筹资，充分发挥财务在日常运营中的枢纽作用，使集团取得良好效益。目前世界性经济危机的影响正在扩散，我国企业集团需要在逆境中成长壮大，就更离不开财务管理的创新。因此，本书的写作动机之一，就是给我国企业集团财务管理者提供一个可供参考的理论工具，为我国企业集团管理规范化、科学化提供理论支持。

　　为适应现代企业集团财务管理的环境，本书在编写过程中，突出了两个特点，一是贴近企业集团财务管理实务，本书各章所讨论的内容，都是我国企业集团财务管理现实中存在的问题，所研究的理论都结合我国国情进行具体分析，力图对我国企业集团财务有较强的适用性；二是注重分析能力和创新能力的培养，本书为拓展读者的思维创新能力，在每章都安排一定的企业集团财务管理案例，读者可通过案例，结合各章理论内容分析问题，提高自己的能力。此外，为增强本书的前沿性，编者还力图将各家学术观点加入书中，使读者能够更全面地了解本学术领域的研究成果。

　　从结构上说，本书共分三个部分。第一部分为总论，在本书中主要是第一章，阐述企业集团发展背景、我国企业集团发展情况，以及企业集团财务管理的基本概念。第二部分为企业集团财务管理基础，包括本书第二、第三章内容。其中，第二章企业集团财务战略，主要讨论企业集团财务战略的概念、内容和财务战略的制定过程，为后续财务管理提供长远规划。第三章企业集团财务管理体制，主要讨论企业集团对财务管理体制概念、类型，分析各类财务管理体制的优缺点和适用性。第三部分为企业集团财务管理方法，包括本书第四到第九章的内容。其中，第四章企业集团财务人员管理，主要分析企业集团财务负责人的管理，包括财务经理委派制、财务总监委派制等形式，以及对企业集团其他财务人员的管理。第五章企业集团预算管理，介绍预算管理基本理论以及预算的制定、执行、修改考核与激励等预算管理的全过程。第六章企业集团资金管理，介绍资金集中管理的意义和形式，并详细介绍资金结算中心、财务公司等的基本运作方法和过程。第七章企业集团投资管理，介绍企业集团投资的基本概念、投资决策与内部资源配置的基本理论、投资风险管理。第八章企业集团资本运营，主要介绍企业集团资本运营概论、战略定位和集团资本运营的基础工作和实施程序。第九章企业集团内部控制制度，主要介绍内部控制基本理论、企业集团内部控制的目的和设置原则、主要形式以及企业集团内部控制的设计和运行。

本书的各章节内容撰写安排如下：第一至第五章由王明虎撰写，第六章由童其武撰写，第七章由王锴撰写，第八章由顾银宽撰写，第九章由章铁生撰写。最后由王明虎对全书进行修改、定稿。本书是安徽工业大学财务管理教学改革示范专业建设的成果之一，得到了安徽工业大学管理学院及财务管理系各位领导和同事的大力支持。本书的出版得到了立信会计出版社特别是方士华编辑的大力帮助，在此我们一并表示感谢。

由于我们能力有限，本书还必将存在问题甚至错误，恳请读者和专家批评指正，以便我们再版时改正。

王明虎

2009 年 1 月于安徽工业大学管理学院教授工作室

目　　录

第一章　企业集团财务管理概述

【本章主要内容和学习要点】

　　本章主要介绍企业集团产生与发展的基本过程,我国企业集团产生的特殊背景,以及企业集团财务管理的基本含义与内容,并对全书作一个简单的介绍。通过本章的学习,读者可以对本书的研究意义和研究框架有一个初步认识。

【课前案例】

中国石油化工集团公司简介

　　中国石油化工集团公司(简称中石油,英文缩写 Sinopec Group)是 1998 年 7 月在原中国石油化工总公司基础上重组成立的特大型石油石化企业集团,是国家独资设立的国有公司、国家授权投资的机构和国家控股公司。公司注册资本 2 316 亿元,董事长为法定代表人,总部设在北京。公司控股的中国石油化工股份有限公司先后于 2000 年 10 月和 2001 年 8 月在境外、境内发行 H 股和 A 股,并分别在香港、纽约、伦敦和上海上市。公司主营业务范围包括:实业投资及投资管理;石油、天然气的勘探、开采、储运(含管道运输)、销售和综合利用;煤炭生产、销售、储存、运输;石油炼制;成品油储存、运输、批发和零售;石油化工、天然气化工、煤化工及其他化工产品的生产、销售、储存、运输;新能源、地热等能源产品的生产、销售、储存、运输;石油石化工程的勘探、设计、咨询、施工、安装;石油石化设备检修、维修;机电设备研发、制造与销售;电力、蒸汽、水务和工业气体的生产销售;技术、电子商务及信息、替代能源产品的研究、开发、应用、咨询服务;自营和代理有关商品和技术的进出口;对外工程承包、招标采购、劳务输出;国际化仓储与物流业务等。中国石油化工集团公司在 2015 年《财富》世界 500 强企业中排名第 2 位。2015 年,中石油销售收入 17 254 亿元,净利润 423 亿元。

　　2014 年 5 月,中石油发布公告,公司拟以西气东输管道分公司管理的与西气东输一二线相关的资产及负债,以及管道建设项目经理部核算的与西气东输二线相关的

（续上）

资产及负债出资设立东部管道公司。而公司成立后，其 100％ 股权将被转让，中石油不再持有东部管道公司任何股权。

思考问题：

1. 1998 年 7 月原中国石油化工总公司为什么要重组成立中国石油化工集团公司？
2. 中石油为什么在 2014 年成立东部管道公司并将其转让？

第一节　企业集团概论

一、企业集团的概念和产生动因

随着生产力的发展和市场经济竞争的日趋激烈，企业组织的形式也越来越多样化。从独资企业、合伙企业到公司制企业，企业规模的逐渐扩大显示出其在现代经济竞争中的优越性。企业集团是现代先进的高级的企业联合形式，是生产集中和资本规模积聚的最新形式，也是社会化大生产和市场经济发展的必然结果。企业集团的出现使生产力的发展空间增加，同时也使得企业组织理论、制度经济学理论出现新的创新。

（一）企业集团的概念

企业集团的概念产生于 20 世纪 50 年代，首先在日本发展起来。当时的企业集团是指由多个独立法人组成的经济联合体。日本的企业集团与其他国家同类企业组织相比，以法人相互持股制度为基础，以系列融资为纽带，以交易关系内部化为目标，三位一体构成了与其他国家企业集团极为不同的产权关系特征。[①] 随着各国学者对企业集团研究的逐渐深入，有关企业集团的概念也不断发展，具有代表性的观点有：

（1）经营协作体观。日本学者山田一郎认为，企业集团是以成员企业在技术及其他经济机能上相互补充为目的，以成员的自主权为前提，在对等互利原则下，结成的持续长久的经营结合体和经营协作体制。[②] 本观点看到企业集团子公司之间的相互合作关系，是早期对集团公司功能的主要看法。

（2）大型联合工商企业观。在欧美一些发达市场经济的国家里，一般没有企业集团这一组织的定义，而是有一个近似称呼"大型联合工商企业"。美国企业史学家小艾尔弗

---

① 庞德良：《论日本企业集团的产权制度特征——对经理会和主银行性质和作用的分析》，《东北亚论坛》1999 年第 4 期，第 28～33 页。

② ［日］山田一郎：《企业集团经营论》，九善社 1971 年版，第 31 页。

雷德·D·钱德勒认为,现代大型联合工商企业的诞生是一个自然的历史发展过程,这些企业有两个特点:一是它们包含许多不同的营业单位,不像传统的公司那样只是单一单位的企业,而是将许多单位放在统一控制之下,其经营地点和经营类型各不相同;二是由各层级领取固定薪金行政人员所管理着。[①] 本观点注意到企业集团的规模一般比较大,且所经营的行业和地区各不相同,是随着企业集团发展人们对企业集团认识的进一步深化。

(3) 多层次统一控制企业联合体观。随着企业集团在市场经济中作用的扩大,学者们进一步认识到企业集团不仅仅是一个企业的联合体,而且是在某一个核心企业的控制下相互协作共同获取收益的联合体。比如,石友蓉、唐玉莲认为:"现代企业集团是现代企业的高级组织形式之一,是以一个或若干个大型企业为核心,以资本、资产、产品、技术等作为联结纽带,由一批具有共同利益,并在某种程度上受核心企业影响的多个企业联合组成的一个稳定的多层次经济组织。"[②]

我们认为,从现代企业集团的组织结构、管理模式和发展趋势看,企业集团是一个由核心企业控制的多层次企业联合体,这个联合体成立的目的,是要在核心企业的统一领导下,相互协调经营行为,共同分享收益,分担风险,以增强每个成员企业的市场竞争力。从这个角度来说,企业集团不仅仅是简单的多个企业联合体,而是体现了现代企业在日趋激烈的市场竞争中如何合作提高竞争力的高级形式。

(二) 企业集团的产生动因

企业集团的产生动因可以从交易成本降低理论、协同效应理论、过度投资理论等多个方面来解释。我们试分析如下。

1. 交易成本降低理论

交易成本由科斯于1937年首先定义,所谓交易成本,是指企业为了在市场中完成交易而发生的支出,它包括谈判成本、信息收集成本、执行成本等。在市场经济中企业存在的原因,就是因为按企业方式组织提供商品比按市场方式提供商品的交易成本更低。按照交易成本理论,如果利用市场方式协调企业之间关系的交易成本大于利用一体化组织的协调费用或管理费用,那么为降低总成本,就可能出现企业集团在内部利用统一协调方式提供产品,从而获得更多的利润。

【阅读材料 1-1】

顺风光电 30 亿成功购无锡尚德　30%债权人同意即可

2014 年 11 月 3 日,因收购无锡尚德停牌多日的顺风光电(01165,HK)发布公告称,

---

① 〔美〕小艾尔弗雷德·D·钱德勒:《看得见的手——美国企业的管理革命》,商务印书馆 2001 年版,第 1~2 页。
② 石友蓉、唐玉莲:《企业集团财务管理》,武汉理工大学出版社 2003 年版,第 8 页。

公司成功竞投收购及重整无锡尚德全部权益,总代价30亿元人民币,公司股票将于11月4日复牌。据了解,顺风光电接盘无锡尚德虽然还需2013年11月12日举行的无锡尚德第二次债权人大会和无锡市中级人民法院的批准才能正式确定,但是记者从无锡官方了解到,顺风光电只需要获得30%的债权人同意,便可成功接盘。无锡官方一位知情人士对《每日经济新闻》记者说:"在11月12日的第二次债权人大会上,官方已经给出的方案是征得30%债权人同意即可。"

30亿元接盘

顺风光电还在公告中表示,公司承诺除了30亿元的资金外,还担保在接盘无锡尚德完成后3个月内向无锡国联缴付2 500万美元,以及在重整计划获无锡市中级人民法院批准后2年内,顺风光电根据无锡尚德的业务发展情况向其提供资金,为其提升固定资产及营运资金水平。此外,顺风光电表示,将承担无锡尚德在重整期间的所有亏损,尤其是无锡尚德于2013年3月20日至2013年10月31日期间的亏损,顺风光电子公司江苏顺风承诺每月承担最多2 000万元的亏损。但该2 000万元亏损并不包括于2013年3月20日至2013年10月31日期间产生的有关固定资产的折旧及不动产的摊销、有关其他种类的资产,投资亏损(不包括已上市股份)的减值及拨备及破产费用的开支。根据规定,顺风光电正式成为接盘者需无锡尚德的战略投资者会在2013年11月12日举行的无锡尚德第二次债权人大会中确认外,还需要通过无锡市中级人民法院批准。

顺风光电是一家香港上市的新能源开发公司,主要产品是提供太阳能等可再生清洁能源;无锡尚德公司是尚德电力控股有限公司的全资子公司,主要生产太阳能发电产品;2013年3月20日,因无锡尚德太阳能电力有限公司拖欠银行债务71亿元人民币已陆续到期且无偿还能力,无锡市中级人民法院20日正式裁定对无锡尚德实施破产重整。

资料来源:《每日经济新闻》,2013年11月4日

思考题:顺风发电接盘无锡尚德后,能够通过哪些渠道降低交易成本?

2. 协同效应理论

协同效应(synergy)是公司兼并与收购中所追求的目标,它是指两个企业合并后企业的价值会超出合并前两个企业单独价值的和的效应。从产生协同效应的原因分析,目前的观点主要有管理协同、经营协同和财务协同。管理协同是指如果A企业的经营管理比B企业更有效率,在A企业并购了B企业后,B企业的经营管理水平被提高到A企业水平,从而使合并后企业效率增加。产生管理协同的原因在于组织管理技术对于生产管理的促进作用(当然,实际上不同的生产经营模式和管理模式并不能随便配置使用)。经营协同是指企业并购后经济效益随着资产经营规模的扩大而得到提高。实现经营协同有4个方面的原因:① 获得规模经济和范围经济;② 降低交易费用;③ 分散经营风险;④ 增加市场垄断。财务协同理论认为,并购起因于财务目的,主要是利用企业多余的现金寻求投资机会(多余资金的投放)和降低资本成本(如果目标企业破产风险大,资本成本高)。

但这种观点不能解释企业发行股票并购的行为。

【阅读材料1-2】

"新航"收购"东航"事件

"新航"入股"东航"基本方案达成

一直被交易传闻困扰的"东方航空"（600115.SH，0670.HK）和"新加坡航空"昨天双双停牌。据《第一财经日报》了解，双方已经就入股"东航"一事达成了基本方案，但交易最终落定还需等待相关部门批准。

"东航"内部人士昨天告诉《第一财经日报》，"东航"和"新航"的交易细节可能会在周五面世，也可能迟些，而具体的交易细节还有"很多方面"不确定，需要和相关部门沟通。

昨天有香港媒体报道，"东航"与"新航"的洽谈已经完成，预计会在周五前发出声明。"东航"总经理曹建雄昨日拒绝对此发表评论。根据双方最初的计划，如果这桩股权交易达成，"新航"将入股"东航"25%左右的股权。

"东航"今天发布公告称，公司有重大事项待披露，目前正在积极准备信息披露事宜。经公司申请，公司股票已经于2007年5月22日起停牌，直至相关事项披露后复牌。"东航"和"新航"的低调，与近期的市场炒作有很大关系。由于引资预期，"东航"A股和H股股价近来都一路飙升，也频频获投资机构增持。

更为引人注目的是，5月18日，"东航"竞争对手、"国航"母公司中航集团实施一个月内的第五次"东航"H股增持行动，持股比例增至9.81%。而在投行方面，只有"新航"此次项目的财务顾问瑞银集团，将"东航"的评级从"买进"下调至"中性"。

资料来源：《第一财经日报》2007年5月23日。

"新航"入股"东航"遭否

H股超七成、A股超九成小股东投反对票，"东航"称绝不放弃引入"新航"。

77.61%票反对！昨天下午，东方航空公司的引资方案被特别股东大会否决。其中，参与表决的H股小股东中有74.69%投票反对，A股小股东中有94.04%投票反对。由于未获得2/3 H股与A股小股东通过，"新航"入股"东航"的议案将被暂时搁置。对此结果，"东航"表示不会放弃与"新航"合作，将会在下次的股东大会中继续讨论此议题。而"新航"则发公告表示遗憾并称尊重会议结果。

机构投资者倒向"国航"

"东航"方面称，引资协议被否决早在意料之中，原因是竞争对手不规范的竞购承诺让市场有了更高的预期，因此"东航"与"新航"合作被股东会否决已成定局。

"'东航'决不放弃！""东航"董事长李丰华在随后接受采访时表示，该方案没有通过主要是由于竞争对手不规范操作，但"东航"将在下一步的工作中与机构投资者做进一步沟通。据了解,多家机构投资者在昨天的表决中投出了反对票。

在此次投票前,"国航"方面已多次发表声明,质疑"东新方案",并在投票前一天正式发表竞价声明称,若"东航"1月8日特别股东大会否决"东新方案","中航有限"将以不低于每股5港元的价格收购"东航"股份,并拟在两周内向"东航"董事会正式提交其方案。

"国航"及其合作伙伴"国泰航空"7日晚分别发布公告称,对于"中航有限"(为"国航"关联公司)提出的关于促成"国航"与"东航"全面合作方案,两家公司都将密切关注并积极考虑。但"东航"随即公告称,公司至今没收到来自"中航有限"正式提出的合作方案。对此,李丰华明确表示,绝不考虑"中航"方案,"东航"引资不只是为了钱。

"资本市场不相信眼泪,风雨中这点痛算什么!"在投票表决前,"东航"董秘罗祝平语气悲壮地表示,"东航"可以在这次投票上失败,但绝不能因此而放弃努力。

机构与散户意见分歧

在昨天的股东大会的现场,气氛异常紧张,双方观点针锋相对。

在投票之前,有四名小股东代表受邀上台发言,发言中炮轰"国航"与一些"没有良心"的基金,称"中航"所提5港元的竞购价只是幌子,最终无法得到兑现。而投反对票的小股东则主要质疑3.80港元的发行价格,甚至有位情绪激动的小股东跳上台争抢发言,指出3.80港元的发行价是对小股东不负责任。

"中航"有5港元更高的收购价,我们干吗不考虑呢。"东航"A股中持股较多的小股东融通新蓝筹证券投资基金代表昨天表示。融通新蓝筹基金持有"东方航空"1 200万股A股,占总股本3.03%,是"东航"第三大机构投资者,"东航"A股第二大机构投资者。

一位不愿透露姓名的散户小股东在接受记者采访时指出,机构与散户的出发点并不相同,因此意见分歧较大。该小股东表示,"东航"引入"新航"是战略合作,因此多数长期投资"东航"的小股东希望该方案能通过,但机构投资者则希望看到更高价格的投资方案,以此推高股价。同时,该小股东还对"中航"所提方案是否能获得"东航"的认可以及通过政府审批表示怀疑,"到时候受损失的还是散户。"他说。

最后,"东航"特别股东大会分别举行了三轮股东投票,即A、H股股东投票,A股股东单独投票和H股股东单独投票,任何一场投票都必须获得2/3以上的赞成票,"东新方案"才可获得通过。

出席昨天股东会的"东航"股东有76人,其中A股股东74人,H股股东2人。总出席会议的股份为44.7568亿股。其中,出席会议的A股股份29.3247亿股,3.96亿股拥有表决权;H股股份15.4320亿股,拥有表决权的H股股份为5.6648亿股。最终,来自"东航"H股小股东74.69%与A股小股东94.04%的反对票使得"东航"与"新航"的合作计划搁浅。

"新航"声援"东航"愿继续合作

新加坡航空公司昨天晚上发表声明称,对于"新航"入股中国"东航"的方案没有在"东航"股东大会上获得通过,"新航"对此感到失望,但鉴于"新航"与"东航"都表示愿意发展之间的关系,"新航"会继续支持和"东航"建立关系。

"新航"表示感谢投票支持此次交易方案的股东,并尊重今天股东大会的结果。并强调这项交易已在符合相关法律条文与规章的情况下获得批准,是一项和有意愿的合作伙伴建立长期战略关系的交易方案。

同时,"新航"方面认为,有了"新航"董事会和管理层的参与,这项方案将给"东航"带来国际专业知识,并协助"东航"应对未来中国航空市场竞争的挑战。另外,"新航"强调,该交易代表了符合双方利益的可以接受的最高价值,是合理的。此前,"新航"方面曾表示,不会提高每股 3.8 港元的收购价。

在股东大会后"东航"召开的新闻发布会上,李丰华表示,尽管此次股东表决失败,但是"东航"不会改变与"新航"合作的决心,"新航"也不会走。"国航"尽管提出了不低于 5 港元的收购价格,但是一直没有向"东航"董事会正式提交相关议案,这是不规范的。

受"东航"股东大会表决"东新合作"影响,"中国国航"(601111)大幅跳水,"国航"报收于 28.56 元,全日跌幅为 2.18%。14 点 45 分左右,"东航"股东大会表决时,"国航"A 股震荡下跌到当日最低点 27.58 元。

资料来源:沃华传媒网 2008 年 1 月 9 日。

思考题:

1. 试分析"东新合作"能否产生协同效应。
2. 试分析"东航"中小股东、机构股东和管理层对"东新合作"的态度及其原因。

3. 过度投资理论

所谓过度投资,是指企业管理层并不是从股东财富最大化角度,而是从个人在职消费最大化角度进行的恶性投资。对于公司管理层来说,扩大企业规模可以扩大其控制的资源,从而达到增加个人权力和在职消费的范围。而收购其他企业就成为过度投资的一种重要形式。对于我国许多大型企业管理者来说,收购其他企业组成更大的集团,不仅可以扩大自己控制的资源范围,而且可以提高自己的政治影响,这也是我国许多地方热衷于组建大集团的一大原因。

【阅读材料 1 - 3】

河北钢铁发展之路

河北钢铁股份有限公司是由原唐钢股份、邯郸钢铁和承德钒钛三家上市公司强强联合、通过证券市场吸收合并组建的特大型钢铁企业,注册地址为河北省石家庄市,下设唐山分公司、邯郸分公司、承德分公司。

河北钢铁股份有限公司目前总股本 106.19 亿股,是深圳成分指数、沪深 300 指数指标股和融资融券标的股;河北钢铁股份有限公司总资产和营业收入均超过 1 000 亿元,是国内钢铁类钢铁上市公司之一。表 1-1 是 2010—2015 年度该公司收入和资产增长情况统计表。

表 1-1　河北钢铁股份有限公司 2010—2015 收入和资产增长情况表　单位:亿元

年份	销售收入	增长比例	利润	增长比例	总资产	增长比例	总负债	增长比例
2010	1 169		16	·	1 049		739	
2011	1 333	14.05%	17	6.82%	1 410	34.40%	962	30.15%
2012	1 116	−16.28%	2	−87.00%	1 547	9.74%	1 102	14.49%
2013	1 102	−1.23%	2	0.00%	1 668	7.83%	1 221	10.79%
2014	982	−10.88%	9	305.62%	1 703	2.08%	1 251	2.47%
2015	731	−25.60%	5	−40.25%	1 788	4.96%	1 332	6.47%

2016 年 7 月 19 日,河北省纪委监察厅 19 日通报,省人大财经委副主任委员王义芳涉嫌严重违纪,目前正在接受组织调查。据公开资料显示,王义芳,男,1958 年生,从 20 世纪 80 年代起一直在河北钢铁股份有限公司工作,后升任产能规模全球第二、国内第一的钢铁企业集团河北钢铁集团董事长、党委书记。2013 年 12 月起,王义芳不再担任河北钢铁集团董事长、董事、党委书记、常委职务。据相关媒体报道,王义芳曾参与创造了闻名中国的"邯钢经验",推动了唐钢、宣钢、承钢的"三钢合一"。在全球钢铁并购重组愈演愈烈的强势冲击下,促成了唐钢集团、邯钢集团合并成立河北钢铁集团,被誉为重组中国第一大钢企的操盘手。

资料来源:编者整理。

思考题:从河北钢铁股份公司 2010—2015 年收入和资产情况数据看,该公司是否存在过度投资的现象?为什么?

二、企业集团的发展过程

国际上最早的企业集团创建于 19 世纪初,即资本主义处于自由竞争阶段向垄断阶段的过渡时期。按照曲海燕的观点[①],企业集团的发展历程可以用图 1-1 表示出来:

第一阶段:20 世纪 30 年代,以福特公司为代表,是以纵向一体化为特征的企业集团。其经济背景是:在第一次世界大战后,世界经济受到较大程度的摧毁和破坏,物资短缺是市场的主要特征。大量生产满足市场需要的商品就意味着可以获得高额利润,在这样的

---

①　曲海燕:《集团管控和集团供应链管理》,电子工业出版社 2007 年版,第 2～5 页。

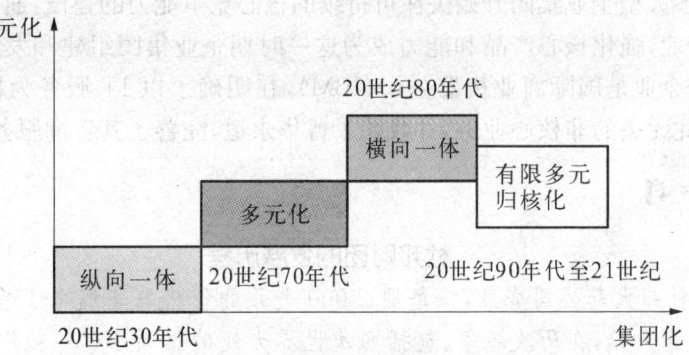

图 1-1　企业集团发展历程

情况下,规模效益的实现就成为许多大企业的经营目标。与此同时,现代化生产设备的生产和技术进步也为规模化生产提供了保证。这一时期的代表企业是美国钢铁公司、福特汽车公司等。美国钢铁公司在各地并购了众多的工厂和矿山,规模和实力迅速扩大,制造能力得到空前提高。由于物资的相对短缺,对于汽车制造这样的涉及众多行业和产品的复杂制造产业,产能会受到较多供应商的影响。为了控制生产能力,保障对市场的垄断,福特公司开始了纵向一体化的扩张,大规模收购与汽车生产相关的企业。经过扩张以后,福特公司不仅自产汽车轮胎,甚至连橡胶林都自己种植,达到纵向一体化的极致。

　　第二阶段:20 世纪 70 年代,石油危机造成了全球性的能源危机,经济的周期性使一些纵向一体化的大企业集团深刻感受到在整个行业经济滑坡时,纵向一体化的企业集团受到全面的打击,风险很大,分散风险成为企业集团发展的特征。大型企业集团通过收购、投资于互不相关的行业,实现多元化经营。然而由于过于分散,许多集团不能在经营中形成核心产品和凝聚力,导致整体盈利能力下降。这一时期有代表性的企业是美国通用电气公司,它是成功地实现"多元化"战略的代表。

　　第三阶段:20 世纪 80 年代。一些涉足众多领域、规模庞大但产业关联度低的集团发现仅仅"集团"并不能创造价值,必须通过共享资源和业务协同实现价值创造,才能有效地凸显集团的优势,横向一体化成为这个时期集团企业的主流组建指导方针。伴随着全球经济一体化的浪潮,全球性的行业整合已成为经济一体化的显著特征,而跨国大公司通过在全球范围内投资,扩大自己在某一行业的规模和市场垄断地位,成为集团企业发展的主流。国际汽车产业的全球整合就是这一时期最有代表性的例证。

　　第四阶段:20 世纪 90 年代到 21 世纪,信息技术的飞速发展使得交易超越了时空。经过第二次世界大战后几十年的持续积累,世界经济得到了空前发展,科学技术对生产力的促进作用得到了彰显。市场早已由"短缺经济"过渡到了"过剩经济"。个性化、多样化成为人们新的追求,标准化的大众产品逐渐失去市场,产品升级换代也越来越快,因此靠单纯增加产控能力已不能在市场上保持领先,核心竞争力的培养成为企业竞争优势的保证。因此,众多大型企业集团开始关注可持续的核心竞争能力的建设,通过剥离与核心业务不相关的产业,强化核心产品和能力成为这一时期企业集团组建和发展的总方向。这个阶段的代表企业是国际商业机器公司(IBM),在明确了以 IT 服务为核心的战略定位后,出售了与此无关的非核心业务,并收购了普华永道,完善了其咨询服务业务能力。

【阅读材料 1 - 4】

杜邦财团的发展历程

1799 年,杜邦火药公司成立,按每股 2 000 美元的价格募集股本 15 股。由制造行销世界的优质火药开始,在历次战争、包括两次世界大战的推动下("一战"期间供应盟军所需火药的 40% 以上),杜邦家族的财富以空前的速度累积起来,并参加了世界上第一颗原子弹的研制工作。

20 世纪初,杜邦财团已发展为世界上最大的军火王国,公司总资产从第一次世界大战前的 7 500 万美元发展到 1918 年的 3 亿美元。到 20 世纪 20 年代,杜邦又收购了当时世界上最赚钱的公司——通用汽车公司;为了通用汽车的关联行业,又大量购入美国橡胶公司和美国钢铁公司的股份。由于各大财团之间的互相竞争与渗透,通用汽车最终由杜邦与摩根两大财团共同控制。

从 1799 年的杜邦火药公司成立到现今,杜邦家族已经历了 4 个世纪、5 代人的苦心经营。公司有一条不成文的法规,即家族以外人士不能担任最高管理职务;甚至实行同族通婚,以防家族财产外溢。

虽然杜邦公司一直是由家族力量控制,但在董事会中的家族成员比例越来越小。在庞大的管理等级系统中,如果不是专门受过训练的杜邦家族成员,已经没有发言权。1967 年年底,科普兰把总经理一职史无前例地让给了非杜邦家族的马可,财务委员会负责人也由别人担任,自己专任董事长一职;1971 年科普兰又让出了董事长的职务。

1984 年,杜邦公司总股本为 122.3 亿股,普通股达 2.4 亿股,股东达 24.4 万人,机构投资者掌握 34% 的股票,杜邦家族控制 44%。1997 年,杜邦公司销售额为 413 亿美元,列全美最大企业第 15 位,盈利 24 亿美元,资产总额 429 亿美元;股票市值达 770 亿美元,杜邦家族持有 22% 的股份,而酿酒业的西格雷姆公司持有 24.5% 的股份。

资料来源:裴中阳:《集团公司运营管控》,广东经济出版社 2004 年版,第 11~126 页。

思考题:

1. 试分析杜邦公司的发展过程与行业集中度的关系。
2. 试分析杜邦公司股东越来越分散的原因。

三、企业集团的组织结构

企业集团本身并不是一个独立法人,而是多个法人通过各种关系在一起的联合体。

在现代企业集团中,核心企业[①](母公司)往往具有特别重要的地位。所谓核心企业,是指在企业集团中通过股权、技术、商标使用、契约等方式控制其他的企业集团成员的企业。核心企业是整个集团的战略规划者和最高管理层。因此,核心企业管理者是企业集团的最高管理层,核心企业股东就是企业集团的大股东。

除核心企业外,企业集团的成员企业中还包括紧密层和半紧密层企业。所谓紧密层企业,一般是指由核心企业紧密控制(控股权超过 50%,或通过其他方式基本能控制主要生产经营活动)、与企业集团主营业务有很强关联性的成员企业。所谓半紧密层企业,是指核心企业不能紧密控制、与企业集团主营业务关联度不强的成员企业。

企业集团的组织结构见图 1-2。

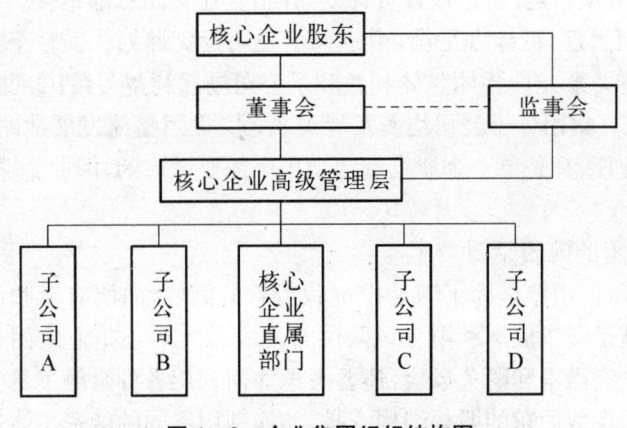

图 1-2 企业集团组织结构图

思考题:根据课前案例,分析中国石化集团的组织结构(母公司、紧密层子公司、非紧密层子公司)。

第二节 企业集团财务管理概论

一、企业集团财务活动的特点

本书以企业集团财务管理作为主要研究对象,是因为企业集团财务活动和单个企业财务活动有着很大的不同。所谓财务活动,是指企业在生产经营活动中的资金运动。从单个企业角度说,财务活动主要包括投资活动、筹资活动、营运资金管理活动和利润分配活动四大类。企业集团的财务活动从类型上说也可以分为以上四类,但他们具有一些单

---

① 在我国,核心企业主要通过股权方式控制集团成员企业,因此核心企业就是其他子公司的母公司。在以后各章,如非特指,核心企业就是母公司。

个企业财务活动不具备的特点,试分述如下。

(一) 企业集团的投资活动

单个企业的投资活动,主要是在企业战略的指导下,针对企业管理者提出的各项投资建议,测算每个投资项目可能产生的现金流量,并利用财务评价方法(比如净现值法、内含报酬率法、获利指数法等)计算各项财务指标,依据财务指标从各个投资建议中选择最优建议进行投资。而在企业集团中,第一,投资活动要考虑整个企业集团发展方向,以及在既定的集团发展战略指导下,确定各个子公司相互协调的战略目标。第二,在企业集团和各个子公司的确定战略目标下,企业集团根据战略规划和各个不同时期市场竞争形势,确定对各子公司的投资规模。第三,各子公司根据企业集团总部确定的本公司投资规模和市场情况,确定投资项目建议,形成投资计划,并报企业集团总部审查。第四,集团总部根据各子公司投资项目建议,综合平衡,审定各子公司投资计划。在整个投资活动中,企业集团要统筹好以下关系: ① 集团整体利益和子公司局部利益关系;② 集团投资规模和集团筹资能力关系;③ 集团各子公司均衡发展关系;④ 集团整体发展战略和阶段性目标关系。这些关系的处理,都是单个企业投资活动中不需要考虑的,因此企业集团的投资决策更复杂。

(二) 企业集团的筹资活动

单个企业的筹资,主要是为了满足投资和运营的需要,向所有者和债权人筹集资金,其主要考虑的问题是资本成本和财务风险的合理安排。对于企业集团来说,筹资不仅要考虑整个集团的投资需求和财务风险,还要考虑如何利用各种金融工具安排融资结构、母公司股东和子公司少数股东的股权结构安排、如何利用不同的融资主体进行融资、合理设立担保体系等问题,这些问题都是单个企业融资时考虑不到的。

【阅读材料 1－5】

天虹纺织集团海外融资建新厂

日前,天虹纺织集团与德国投资与开发有限公司(DEG)在南京联合召开发布会,天虹纺织集团的子公司徐州天虹时代纺织有限公司和 DEG 签订合同,DEG 为徐州天虹时代纺织有限公司新建项目提供 900 万美元的 7 年期贷款。这是天虹纺织集团继 2004 年在香港上市后的又一次海外融资举措,也是 DEG 第一次在中国投资纺织业。徐州天虹时代纺织有限公司通过与 DEG 合作,将进一步提升企业的国际化水平。

天虹纺织集团有限公司董事局主席兼行政总裁洪天祝先生告诉记者,徐州天虹时代纺织有限公司这一新项目 4 月 30 日已启动,到今年 10 月份 10 万纱锭将全面投产,产品为氨纶弹力纱,至此天虹纺织集团在江苏的纱锭总量已达 40 万。

对于为何在此时选择与天虹纺织集团合作投资纺织业,DEG 的代表 Markus 先生表示,DEG 在德国政府的开发政策框架内,为发展中国家的民营企业提供股权投资和长期贷款;氨纶弹力纱有着良好的市场基础,且中国与欧盟的谈判确保了中国纺织品份额的增长;天虹集团资金管理规范,经营层有着丰富的经验;新项目地处江苏省的贫困县——睢宁县,投产后能促进当地的经济发展。因此这个新项目具有良好的经济效益和社会效益,完全符合 DEG 的投资标准。

天虹纺织集团自 1997 年成立以来,开始投资中国棉纺织业,至今已拥有十余家全资子公司。天虹纺织集团还多次收购破产国有企业,通过重新市场定位,引入先进的管理、技术和激励机制,并不断加大技术和设备的改造和更新,促使这些企业迅速恢复运作,并成为天虹纺织集团新的经济增长点,实现了各方多赢。

天虹纺织集团主要生产和销售具有较高附加值的纱线和布料,满足时尚纺织品市场对差别化产品的需求。随着"棉十莱卡"的弹性面料逐渐成为服装消费的时尚潮流,天虹及时开发和生产各类氨纶弹力纱线和布料,已成为中国最大的氨纶弹力纱布制造商之一。徐州天虹时代纺织有限公司新建的现代化棉纺织厂投资总额逾 3 亿元人民币,生产高档氨纶弹力纱线,满足日益上升的市场需求。

DEG 成立于 1962 年,注册资本 7.5 亿欧元,是德国复兴信贷银行集团成员之一,也是欧洲最大的开发性金融机构之一。迄今为止,DEG 共为全球 1 200 余家企业提供了 62亿欧元的融资。DEG 认为中国是世界上最有希望的新兴市场,自 1985 年以来已在中国投资了 41 个项目,总承诺投资额达到 2.5 亿欧元。DEG 在进行详细尽职地调查和评估之后认为,天虹纺织集团经营业绩优秀,徐州天虹时代纺织有限公司新建项目有着良好的发展前景。

资料来源:王翔:《天虹纺织集团海外融资建新厂》,《江苏纺织》2005 年第 7 期。

思考题:

1. 天虹集团为什么要从 2004 年开始进行大规模融资?

2. 向国外金融机构借款不仅存在谈判成本高的缺点,而且渠道很难获得,贷款限制很多,为什么天虹集团向 DEG 借款?

(三) 企业集团的利润分配活动

单个企业的利润分配,主要是在考虑企业未来资金需求的基础上,结合股东需要,确定合理的利润分配金额和形式的决策。决策主要由董事会和股东大会来确定。而在企业集团中,利润分配主要考虑各子公司盈利的分配问题,这其中涉及母公司股东需求、少数股东需求以及集团和子公司的投资需要等,因此利润分配既要考虑集团整体利益,还要照顾子公司其他投资者利益,这是集团企业在利润分配中的难点问题。

(四) 企业集团的营运资本管理活动

单个企业的营运资本管理,主要是确定营运资本的规模、营运资本的来源结构、现金、存货和应收款项的规模和管理政策等。企业集团的营运资本管理,不仅要考虑上述问题,还要考虑各子公司之间内部交易的结算、资金集中管理、内部短期融资等,如何既保证公司内部资金的统一调度,又能保障各子公司的利益,是企业集团营运资本管理的特殊和难点问题。

二、企业集团财务管理的目标

对于单个企业来说,财务管理的目标目前比较一致的观点是股东财富最大化。从集团企业来看,股东财富最大化也同样适用。但什么是股东财富,股东财富如何分割等问题在集团企业中却有更特殊的意义。

(一) 母公司股东财富和少数股东财富

在企业集团中,母公司股东和子公司少数股东都是集团企业的股东,但他们在企业集团的控制权配置不同,因而母公司股东财富和少数股东财富有时存在不一致性,这在许多企业集团中普遍存在。由于这种不一致性,母公司股东有时可能会利用控股权扩大自身财富,却损失少数股东权益。

【阅读材料 1 - 6】

大股东资金占用行为

目前,我国上市公司的资金被大股东占用的情况较为普遍,且数额巨大。资料显示规模最高的是 2001 年,当时有统计显示资金被占用额达到了 1 175 亿元,超过了当年募集资金 900 亿元的数量;直到 2005 年,监管部门采取了一系列新的监管举措,但效果并不明显,到当年年底,仍有 401 家公司存在资金占用问题,占款总额 56 亿元。2006 年,在中国证监会的统一部署下,沪深交易所各自专门成立清欠工作小组,经过一年的努力,2006 年深沪两市上市公司清欠工作取得显著成效。截至 2006 年 12 月 31 日两市还有 36 家公司仍存在资金占用问题,占用余额为 146 亿元。

资料来源:赵俊美、周志远:《浅谈我国上市公司大股东占用资金问题》,《集团经济研究》2007 年 8 月下旬刊,总第 240 期。

思考题:我国上市公司中为什么存在大股东占用资金行为?

对于母公司股东和少数股东之间的利益冲突,各国公司法规都力求通过公司治理结构予以解决。比如我国近年证券监督与管理委员会在上市公司中设立的母公司与上市子公司三分开(财产、财务、人事)制度、独立董事制度等,力求保护中小股东利益,促进上市公司协调发展。

(二) 集团管理总部与子公司经营者

在企业集团中,虽然集团管理总部的管理者与子公司经营者同属于企业管理人员,但他们之间的地位和对企业集团价值创造的影响不同。子公司经营者直接经营子公司,对集团的价值创造有直接影响;总部管理者虽然管理层次高,但并不直接经营企业,而是将其对企业的经营管理权委托给子公司经营者,因此在两者之间存在有委托代理关系。由于集团管理总部管理者与子公司经营者在委托代理关系中效用不一致,子公司经营者就可能采取改进自己利益而损害子公司利益的行为,从而影响总部管理者利益,因此总部管理者需要承担代理成本。为了降低代理成本,公司总部需要采取激励和监督相结合的办法,约束子公司经营者按集团利益最大化目标从事经营工作。

【阅读材料1-7】

中原油田对直属模拟企业法人代表试行经营者年薪制情况的调查

为调动子公司经营者的积极性,中原油田从1996年开始对其直属模拟企业(即局直属二级企业)法人代表试行了"经营者年薪制"。他们的主要做法是:年薪制是以年度为单位,确定经营者的基本报酬,并视生产经营成果计发工资的分配制度。经营者实行年薪制后,工资关系转由勘探局统一管理,不再享受本单位内部的各种工资、奖金、津贴、补贴等工资性收入。每月预支一定数额工资,年底汇总结算。中原油田规定试行年薪制的范围是与勘探局签订生产经营承包合同的模拟企业法人代表,党委书记视同经营者。

(1)确定局直属模拟法人级别。为了公正评价经营者贡献大小,区别企业规模,合理实行年薪制,勘探局按直属模拟法人单位实现利润、用工人数、销售收入和净资产四项指标衡量企业规模,并按单位经营难易程度和生产环境优劣等因素调节,将直属模拟法人划分为六个级别,并确定不同的系数,系数分别为0.8~1.8。单位级别实行动态管理,每年随经营的状况变化确定一次。

(2)经营者年薪的构成。年薪收入由年基薪和风险工资两部分构成。年基薪由年基薪标准和单位年度生产经营考核指标完成情况确定。年基薪标准是由各单位生产经营规模和经营难易程度确定的,即年基薪标准等于经营者年基本工资基数乘以所在单位级别系数。经营者年基本工资基数统一为上年度全局职工平均工资(1998年为11 960元)的1.5倍。经营者的年基薪收入与单位年度生产经营考核挂钩。全面完成考核指标的,全部兑现基薪收入,没有完成考核指标的,按未完成指标所欠百分点之和(不含利润指标)扣减基薪收入。风险工资根据单位当年实现利润情况确定,完成承包利润指标的,兑现年基薪,风险工资为0;超额完成承包利润指标的,按超额利润多少和一定的提取比例提取风险工资;未完成承包利润指标的,按所欠利润额的一定比例从年基薪中扣减(计提比例和扣减比例相同)。计提比例按经营者所在单位净资产多少分段累进。

(3)封顶保底。为防止过高收入,对当年效益完成特别突出,风险工资计提较多的进行了限制,规定年薪收入分别按所在单位的级别(即当年职工平均工资收入的2~3.5倍)进行封顶。为保证经营者的生活,规定经营者最低年收入不低于本单位职工当年人均水平的50%。为了强化对经营者在整个任职期间的考核,在兑现风险工资时,当年只付给50%,其余50%风险工资转入年薪储备金,用于以丰补歉。中原油田对直属模拟企业法人代表建立激励机制实行年薪制3年来,共兑现年薪979万元、546人次。其中,1996年

180 人,1997 年 226 人,1998 年 140 人。1998 年平均年薪为 29 483 元,为中原油田全局职工平均工资的 2.465 倍。最高为 65 247 元,最低为 7 632 元。其中,低于平均工资的 2 人,高于平均工资 2～3 倍的 6 人,高于平均工资 3 倍以上的 15 人。试行年薪制取得了较好的效果。

资料来源:陈家涛:《建立经营者的激励机制势在必行——中原油田对直属模拟企业法人代表试行经营者年薪制情况的调查》,《中国劳动》2000 年 4 月。

思考题:

1. 中原油田为什么从 1996 年开始对其直属模拟企业(即局直属二级企业)法人代表试行了"经营者年薪制"?

2. 中原油田为什么"封顶保底"? 有什么负面效应吗?

(三) 企业集团与利益相关者

所谓利益相关者,是指与企业集团经营有关的外部各主体,主要包括:债权人、供应商、客户、政府相关部门等,此外企业员工也是重要的利益相关者。企业要想在激烈的市场竞争中取得长期的竞争优势,需要利益相关者的密切配合与协调,因此企业在与各个利益相关者发生经济关系时,要按照法规和社会道德习惯的要求,维护利益相关者利益。从这个角度说,追求集团价值最大化应建立在维护利益相关者利益的基础之上。

【阅读材料 1-8】

光明向消费者致歉　再次否认存在回产奶和早产奶

今天,深陷"回产奶"和"早产奶"风波 18 天的光明乳业股份有限公司再次通过媒体发布公司致消费者的一封信,这份"致消费者书"和 6 月 20 日的公司公告相比,除了再次重申未发现"回产奶"以外,还否认了"早产奶"的存在。

6 月 5 日,河南电视台首先报道了光明乳业郑州子公司将过期奶回炉并用于销售;6 月 10 日,《都市快报》报道称杭州出现光明"早产奶";6 月 13 日,《中国经营报》报道称上海市出现光明"早产奶"。这一波又一波的负面报道让光明乳业的股价大跌。

今天,光明乳业发布的"关于变质牛奶再加工报道致消费者书"中,再次强调"未发现郑州光明山盟乳业有限公司从市场上回收牛奶再利用生产",但也再次承认"郑州光明山盟存在严重的管理和用库存产品在保质期内经检验合格再利用生产的问题"。光明公司表示,已采取对郑州光明山盟百利包生产线停产整顿,暂停光明商标使用权,相关责任人免职处罚等措施。

曾经为"雀巢转基因"一案担任原告律师的上海汇业律师事务所吴冬律师表示,按照我国《食品标签通用标准》中的规定,产品标签所有内容不得以错误的、引起误解或欺骗性描述介绍食品,按照光明的说法,它的产品属于二次加工,那么最起码在标签上要注明,生产日期也应当是首次加工的日期,否则这个产品的保质期就可以无限期地延长下去了。

光明以相同价格销售该产品,完全侵犯了消费者的知情权利,已经对消费者构成了欺诈。

资料来源:《中国青年报》2005 年 6 月 24 日。

思考题:

1. 光明乳业用早产奶和回产奶制作牛奶是否违反其应履行的社会责任?

2. 光明乳业是否会因此遭受损失?

综上所述,企业集团财务管理的目的是要在维护相关者利益的基础上,在存在有效的公司治理机制的前提之下,实现企业集团整体价值最大化。只有这样才能保证企业集团各方面协调一致,从而取得最佳经营成果。

三、企业集团财务管理环境

所谓企业集团财务管理的环境,是指对企业集团财务管理产生影响的各种内外部因素的总和。与单个企业财务管理的环境相比,企业集团财务管理环境具有以下特点。

(一)政治环境的复杂性

一方面,从规模上说,企业集团一般都是大规模企业,所以它所创造的税收对地方政府有很大的影响;另一方面,由于企业集团的经营规模大,它对某一地区的消费、投资和就业情况都有举足轻重的作用。因此地方政府都会重视当地企业集团的发展,甚至在一般情况下都会为企业集团发展提供比较好的环境,同时,由于企业集团的资金实力雄厚,许多地方政府官员也会利用职权向其寻租,从而影响企业集团财务的顺利进行。

(二)金融市场环境的优越性

集团企业由于其资本雄厚,因此在金融市场上比中小企业更容易筹集资本。但对于企业集团来说,这种优越性也需要审慎使用。许多集团企业在组建之初,由于其资本雄厚,许多金融机构都支持其融资,而集团企业管理者为了短期内快速发展,大规模向金融机构借款融资,扩张其业务规模和范围,然而由于其投资不能在短期内产生效益,因此巨额负债所产生的利息得不到及时的资金偿还,最终使整个集团破产。我国的秦池集团、三株药业集团的失败都是由于过度负债经营造成的。

(三)税收管理的综合性

在单个企业中,税收主要是企业依照国家税法规定,按照依法节税原则,组织税收的计算和缴纳的行为。而在企业集团中,由于下属多个子公司,每个子公司的应税所得、销售收入与其他子公司的经营活动和成果密切相关,因此企业集团为求得整体税负最低,必然要从采购、生产和销售整体以及费用管理方面对各个子公司进行调控,从而降低企业整体税负。因此,企业集团的纳税筹划就成为企业集团中一个非常重要的财务管理课题。

(四)管理的多层次性

在单个企业中,财务管理工作主要由公司经理和财务部门负责实施,而在企业集团中,实施财务管理的部门包括集团董事会、集团管理总部、总部财务部门、各子公司经理和各子公司财务部门。因此,如何将财务管理的各方面权限在以上各层次间进行合理划分,既保证各部门努力工作,又相互协调配合,成为企业集团财务管理的重要问题。

（五）对信息化的高度依赖性

在企业集团中,不同的子公司、不同的行业处于同一个集团内部,因此集团总部的财务管理者需要作出大量的财务决策,这就需要企业集团内部有一个高效率的信息管理系统,及时提供准确信息,并辅助管理人员作出正确决策。因此,如何建立一个适应本企业业务特征和管理模式的信息系统,是企业集团财务管理需要考虑的一个重要方面。

【阅读材料 1-9】

嘉荣公司集团财务管理信息化的特点

1. 地域范围广,管理幅度大

嘉荣公司控股的子公司分布在以天津为中心的华北地区、以上海为中心的华东地区、以广州为中心的华南地区。地域范围不同,通讯条件不同,都对集团财务管理信息化提出了较高的要求。如何实现有效管理和有效控制? 如何获得及时的财务数据进行综合分析,为企业最高管理层的战略决策提供数据基础?

2. 行业二元化,标准难统一

嘉荣公司所控股的子公司主要分布在化工贸易和化工物流加工两大领域,其贸易公司和物流加工公司的所执行的产品客户供应商的编码格式、核算方式和报表都不一致;为企业的统一管理,绩效评价造成了困难。集团财务管理信息化实施的基础就是统一的标准、统一的管理、统一的绩效评价,这是集团管理的基础,也是集团管理信息化所追求的目标。

3. 实施主体多,关联交易复杂

嘉荣公司所直接控股的 3 家子公司和受委托管理的 2 家子公司都是独立的法人实体,且性质不同:有的为国内有限公司,有的为中外合资,有的为外商独资,每个法人实体都需要进行独立的账务处理。嘉荣公司的供应商主要分为国内和国外两大部分,国外采购中心集中在上海,国内大供应商主要分布在东北和西北,另外在河北、江苏、江西、湖南都有一些中小城市供应商,采购分散。采购结算方式多种多样既有 L/C、T/T、D/A 等国际结算方式,也有承兑汇票、应付账款买断等国内结算方式;各关联公司之间短期拆借资金频繁。这些都为集团管理信息化实施造成了困难。

4. 基础不同,期望值不同

在一个集团内,由于各公司和各部门的需求和教育经历不同,对信息化的理解不同。比如财务部门的同事都接受过会计信息化的培训,同时在工作中一直使用用友 U8 财务软件,对信息化有比较深刻的理解和认识。广州公司的物流部门在 2000 年就根据实际工作情况自行开发和使用了一套简单的物流管理软件,对信息化有很高的热情和合理的需求。而在集团内部有很多同事对信息化简单地理解为对工作量的减轻,电脑软件会自动提醒差错等不切实际的要求,同时也缺乏软件的实际应用知识。这些都为集团信息化实施造成困难,也是集团财务管理信息化必须解决的问题。

5. 选择合适的软件

在 2002 年嘉荣公司已意识到实施集团财务管理信息化的重要性和紧迫性,决定在上海公司试点实施。可是因为没有经验,在购买软件时,选择了一款并不适合化工行业的ERP(企业资源计划)软件。结果在实施过程中,提出了太多的修改需求,而软件公司的任何大的修改都必须到其北京总部,实施时间越拖越长,合作双方筋疲力尽,恰逢服务器硬盘发生事故,数据全部遗失,ERP 软件实施以失败而告终。集团财务管理信息化实施的首要前提是选择一款适合自身特点的 ERP 软件。基于历史的经验教训,通过公开招标,最终嘉荣公司选择了 Microsoft Navision 这款 ERP 软件,通过对软件的二次开发,严格的员工培训和良好的管理,使集团财务信息管理很快得到了改善。

资料来源:王辛:《信息化在集团财务管理中的实施》,《集团经济研究》2007 年 9 月上旬刊,总第 241 期。

思考题: 为什么嘉荣公司在 2002 年决定引进 ERP 系统?

第三节　企业集团财务管理在我国的发展状况

一、我国企业集团发展历程

根据任浩等人(2005)[①]的观点,我国的企业集团是自中共十一届三中全会以后逐渐发展起来的,主要经过以下几个阶段。

1. 组建工业生产联合公司阶段

改革之初,我国的工业生产联合化主要是从组织企业性公司开始的。1978 年首先在北京、上海、天津和辽宁省试点,采取专业对口、归口领导的方式,部分区属街属企业归市统一领导,组建了一批专业公司和总厂。1979 年后,又在全国各地按照专业化协作和经济合理原则,广泛进行工业改组和调整工业企业的试点,组建了一批公司、总厂和联合组织。组建专业公司,对于提高城市范围的专业化协作水平、发展联合经济、加强行政管理起到了一定的积极作用,但也出现了一大批从政府管理企业的需要出发、通过行政命令组建、行使行政职能的公司。由于按条条块块管理工业的方式没有改变,使工业的改组和联合难以进行,有些公司不过是由过去的专业管理局换牌而成的"翻牌公司",其行政管理职能并未改变,算不上经济联合体,甚至还在国家和企业关系之间新增加了一层管理层,加

---

① 任浩、陶向京、何太平、李双:《企业集团组织设计》,学林出版社 2005 年版。

大了政企不分的程度,需要进行改革。

2. 发展企业横向经济联合阶段

1980 年上半年,国务院提出了在国家计划指导下"发挥优势、保护竞争、推动联合"的方针。有些地方开始尝试企业间、地区间、城乡间多种形式和内容的经济联合体。1980 年 7 月 1 日国务院又颁布《关于推动经济联合的暂行规定》,充分论述了发展经济联合的重要意义,并强调组织联合不能用行政命令强行进行,一定要从生产发展的实际需要出发,坚持自愿原则。1986 年国务院再次发布《关于进一步推动横向经济联合若干问题的规定》,为企业的联合协作提供了更为具体的指导政策。在这以后,许多企业在生产、销售和技术等横向联合中,创立了许多有效的联合形式,主要包括:生产联合、技术联合、经营联合、资金联合。

3. 企业集团逐渐兴起阶段

经过前一阶段企业横向联合的实践,人们认识到横向经济联合也是加速生产发展和提高经济效益的有效途径,同时也认识到松散的生产经营联合体存在着许多问题:难以形成规模经济;很难实现总体发展战略;无法对生产要素进行优化组合;难以克服"三不变"(产权、组织体系、行业不变)对联合体发展所形成的障碍。因此,有些工业管理部门在借鉴日本及其他西方发达国家资本主义国家的经济组织管理经验的基础上,提出了发展企业集团的建议。1987 年 12 月 16 日,国家体改委和国家经委联合发布了《关于组建和发展企业集团的几点意见》,对企业集团的含义、组建企业集团的原则、条件、审批程序、企业集团的内部管理和外部条件等重要方面作了原则性的规定,使企业集团在各级地方政府和企业的共同推动下得到迅速发展,并于 1988 年上半年建立了 1 630 家企业集团。但是,由于社会各方面对发展企业集团的作用和意义认识不统一,组建企业集团的动机各异,加之缺乏必要的组织和管理办法,致使形成"一哄而起"组建企业集团的混乱局面。鉴于这种情况,中央政府将企业集团建设重点转向治理整顿和深化改革上,要求通过兼并、合并、控股、参股等方式,向深层联合发展。

4. 企业集团的初步完善阶段

为了正确地引导与促进企业集团健康发展,1991 年年初国务院办公会议议定了"选择一百个左右大型工业企业集团进行试点"的工作方向,国家体改委、国家计委、国务院生产办向国务院推荐了第一批试点企业集团的名单,共 55 家。1991 年 12 月以国发[1991] 71 号文件的形式进行了确定,并在计划、财政、金融、外贸等方面给予优惠政策。1993 年 11 月召开的中共十四届三中全会通过了《中共中央关于建立社会主义市场经济体制若干问题的决定》,这一文件专门对发展企业集团作出了重要规定,强调指出要"发展一批以公有制为主体,以产权联合为主要纽带的跨地区、跨行业的大型企业集团"。1994 年《公司法》颁布,标志着企业集团的发展被纳入法制轨道。从 1995 年起,企业集团试点工作被列为国务院的四大试点工作之一。后来国家又提出了实施大公司、大集团战略,把企业集团的组建和发展工作提高到一个新的战略高度。所有这些法规和政策,都对我国企业集团的建设和完善有重要作用。

5. 企业集团的深化发展阶段

为了促进国有企业集团的健康发展,改进国有资产效率,中央对国有企业的发展进行重新部署。2005 年 4 月 26 日,李融荣在第十届全国人民代表大会常务委员会第十五次会议上提出推进国有资产管理体制改革和国有企业改革总体上要实现两个目标:一是从 2004 年开始,用 3 年左右的时间建立起新的国有资产监督管理体制的基本框架,提高国有资产监督管理的有效性;二是按照中共十五届四中全会的要求,到 2010 年基本完成战略性调整和改组,形成比较合理的国有经济布局和结构,建立比较完善的现代企业制度。其中,积极发展具有国际竞争力的大公司大企业集团十分重要。为此,宝钢集团等一批国有大型集团开始了以集中主要资源,分离辅助产业的新一轮企业集团改制。通过改制,强化了集团主业,也为集团公司建立现代企业制度,完善法人治理结构打下了良好基础。

与国有企业集团发展相比,我国民营企业集团的发展主要起始于 20 世纪 80 年代。受改革开放的影响,民营企业逐步发展壮大。为拓展企业发展规模,扩大融资来源,获取地方政府支持,民营企业开始组建企业集团,著名的民营企业集团万象集团就是一个典型的例子。

二、我国企业集团财务管理的特点

通过多年的发展,我国企业集团财务管理逐渐形成以下特点。

1. 资金以集中管理为主

资金的集中管理一直是我国企业集团财务管理的重要特征,这是因为我国大多数企业集团由国有企业发展而来,资金统一控制是国有企业为加强国有资产监管而一直坚持的方法,因此许多大型国有企业都对下属子公司采用资金集中管理,既维护资产安全,也能够通过资金运作控制子公司经营活动,了解子公司经营信息。

2. 财务人员集中管理

在企业集团财务管理中,财务信息有十分重要的作用。为保证财务信息的真实性和及时传递,我国从 1999 年开始,对国有资本的控股子公司由国有投资者派出财务人员。从实际情况看,企业集团总部对下属子公司派出财务人员,能在一定程度上保证总部的财务政策的贯彻落实,监控子公司财务行为,取得了一定的成效。

3. 强调财务的监控职能

在我国企业集团财务管理中,总部对子公司的财务管理以监控为主。其主要原因在于企业集团的子公司从法律角度说具有法人财产权,集团总部不能直接干预其财务活动。因此为保证集团在子公司投资的安全和增值,需要通过财务监控的方式了解子公司财务运行状况,发现问题及时采取控制措施。

4. 控制以预算为主

从财务控制的角度说,财务控制有多种方式。我国企业集团的财务控制多数以预算控制为主。这主要因为我国政府的大力推动和财务人员对预算管理的认可度比较高。为推进预算管理,我国财政部于 2002 年 4 月 10 日发布了《关于企业实行财务预算管理的指导意见》,指导各企业实施财务预算。因此我国企业中以预算作为控制的主要模式逐渐形成。企业集团中,集团总部也倾向于以预算方式控制各子公司的经营业务和财务活动。

三、我国企业集团财务管理存在的主要问题

1. 财务监控体系不完善

我国企业集团财务监控体系主要由母公司董事会、母公司内部审计部门组成。在国有大型企业集团母公司中没有设立监事会,许多母公司董事会下没有设立审计委员会。因此对各子公司的财务监控主要由内部审计部门来进行,而受内部审计部门人员素质和职权影响,母公司对子公司的财务监控效率很难令人满意。此外,受国有产权所有者缺位的影响,许多国有企业集团的董事会并不能有效地控制集团管理层,使内部人控制的现象泛滥。

【阅读材料 1－10】

安徽古井集团原董事长王效金被立案侦查

记者今天从有关方面获悉,安徽省检察院近日以涉嫌受贿罪对该省古井集团有限责任公司原董事长、亳州市政协原副主席王效金进行立案侦查。10 月 28 日,十届全国人大常委会第三十次会议已决定终止王效金的十届全国人大代表资格。目前安徽省检察院反贪部门正在对其进行报捕,案件尚在进一步侦查中。目前共有 10 名涉案"高管"进入司法程序。

今年 58 岁的王效金,1987 年 8 月任原亳县古井酒厂厂长,1992 年 12 月任亳州市副市长、亳州古井酒厂厂长,1996 年 7 月任阜阳市政协副主席、安徽古井集团有限责任公司(简称"古井集团")董事长兼总裁。2000 年 6 月,王效金任亳州市委常委、古井集团董事长兼总裁,2004 年 3 月任亳州市政协副主席并兼任古井集团董事长、总裁,系第十届全国人大代表。现已初步查明,1991 年 10 月至 2007 年 2 月,王效金利用担任古井集团董事长等职务之便,先后收受有关公司、酒厂的董事长等人的贿赂达数百万元,为行贿人在广告业务承接、产品供应、货款支付、经营代理等方面提供便利。

另据介绍,在王效金被安徽省检察院立案侦查前,亳州市检察院已相继对古井集团 11 名涉案高管中的 8 名进行了立案侦查。今年 9 月底,该院又对古井集团原副总裁、有古井集团"二把手"之称的刘俊德进行了立案查办。至此,包括王效金在内,该集团已有 10 名高管因涉嫌受贿罪受到检察机关的立案查处。

资料来源:摘自《检察日报》2007 年 11 月 1 日。

思考题:古井集团管理层集体腐败的主要原因是什么?

2. 财务管理水平低

在我国很多企业集团中,对财务管理还没有实现专业化管理,因此许多企业财务管理水平很低,表现在筹资决策中不考虑资本成本、不考虑负债风险;在投资决策中没有风险分析和基本的资本预算;在营运资本管理中对存货和应收账款管理缺乏有效的管理制度;在利润分配中没有根据集团发展方向和投资者需要进行分配。此外,在预算管理、财务控制、企业并购中缺乏有效的预测、计划等手段,导致经常出现失误。

【阅读材料 1 - 11】

秦池:一个肥皂泡的破灭

在 4 月 13 日召开的鲁浙民企国企合作发展洽谈会上,曾经在 1995、1996 年两度夺得央视广告"标王"的山东秦池酒厂把资产整体出售成为最引人注目的事件。1990 年 3 月,秦池从一家年产仅 1 万多吨,销售仅限于潍坊的山东临朐县小酒厂开始,走上了它颇具传奇意味的历程。1993 年,秦池酒厂开始进军东三省的东大门——沈阳,在当地电视台上买断段位,密集投放广告,并对消费者实行免费品尝,还由当地技术监督部门对秦池酒进行鉴定。一系列活动使秦池酒迅速走红。1995 年,秦池酒以 6 600 万元中标央视黄金广告段成为标王,从此一举成名,其白酒也身价倍增。中标后头两个月秦池销售收入就达 2.18 亿元,实现利税 6 800 万元,相当于秦池酒厂建厂以来的总和。1996 年,秦池以 3.2 亿元的天价再度成为标王,根据秦池对外报告的数据,当年度企业实现销售收入 9.8 亿元,利税 2.2 亿元,增长 5～6 倍。

令人惊讶的速度让人瞠目,人们开始将关注的目光投向"标王"光环的背后。1997 年,"一个县级小企业怎么能生产出 15 亿元销售额的白酒?"、"秦池白酒是用川酒勾兑"等几篇新闻报道彻底把秦池从"标王"宝座上拉下来。

秦池在蝉联"标王"后不足两个月,北京《经济参考报》的 4 位记者便开始了对秦池进行暗访。一个从未被公众知晓的事实终于浮出了水面。秦池的原酒生产能力只有 3 000 吨左右,它从四川宜宾、邛崃收购大量的散酒,再加上他们本厂的原酒、酒精,勾兑成低度酒,然后以"秦池古酒"、"秦池特曲"等品牌销往全国市场。当年度,秦池完成的销售额不是预期的 15 亿元,而是 6.5 亿元,次年更下滑到 3 亿元。到 1998 年,该厂更是欠税经营,秦池从此一蹶不振,最终从传媒的视野中消失。

2000 年 7 月,一家酒瓶盖的供应商指控秦池酒厂拖欠 300 万元货款,地区中级法院判决秦池败诉,并裁定拍卖"秦池"注册商标。令人啼笑皆非的是,几亿元打造的商标却以几百万元的价格抵债。

资料来源:崔世海:《秦池:一个肥皂泡的破灭》,《中国经济周刊》2004 年第 17/18 期。

思考题:秦池集团财务管理有什么问题?

3. 财权配置不合理

企业财权配置是指企业财权在不同产权主体之间的分配，财权配置是企业所有权的重要组成部分。我国企业集团的财权配置不合理，主要表现在我国国有企业集团中：① 董事会的权力缺乏制衡；② 债权约束弱化；③ 管理层内部控制现象严重；④ 企业集团内部控制形式化，无法约束管理者。

【阅读材料 1－12】

财权过分集中与分散在我国企业集团中的表现

在我国企业集团中，财务决策权过度集中与过度分散并存，集权与分权的关系处理不当。一是财权过度集中。财权过度集中于集团内部，集团外部的利益相关者的财务治理权往往受到轻视。尤其是银行作为现阶段我国企业集团的主要资金供给者，还没有参与企业财务治理的权利，相机治理财务机制尚未建立。财权过度集中于内部单个经营层次和个人，财务决策的内部配置与制约机制尚未建立。在多数集团公司里，董事长与总经理一身二任，董事会与经理会机构重叠。并且，在进行财务决策时，通常是董事长或总经理一人说了算。由于财权过度集中，使企业的决策不仅具有独裁性更具有主观性。在实践中，由于这样的决策机制致使企业破产失败的例子不胜枚举。二是过度分权。一则下属单位的财权过大，导致集团资金运作混乱，资金投向不合理，资金使用浪费严重。二则对下属单位的财权缺乏有效的监督约束机制，导致下属单位滥用财权，过多考虑本单位的利益。有许多人曾对安然公司内部决策权最大限度地下放大加赞赏。然而安然破产后这一"经验"恰好变成了教训：在分权体制下，拿着"奶酪"的人很多时候不是外部人，而是自己的部下或子公司。

资料来源：史静玉：《从财权配置角度看企业失败的原因》，《财会通讯》（理财版）2007年第 3 期。

思考题：为什么在我国企业集团中，财务决策权过度集中与过度分散并存？

4. 信息系统低效率

在企业集团财务管理中，信息是决策的依据。而信息的传输离不开有效的信息系统。信息系统是企业内部收集、传输、加工信息的系统，包括会计部门、业务部门和信息处理网络（如计算机信息系统等）。然而由于我国许多企业集团忽视信息系统建设，信息系统不能紧跟业务扩张、财务制度变化和组织制度的变革，导致财务信息失真，或不能及时有效传递，使得许多决策产生重大失误。

【阅读材料 1－13】

"中石油"财务信息系统面临新挑战

1998 年，"中国石油"、"中国石化"两大公司重组，16 家炼化企业划入"中国石油"。

"中国石油"财务信息系统成功地向炼化企业拓展。1999 年,"中国石油"重组上市,管理模式、会计制度要求与国际接轨,股东、投资银行、金融监管等部门对财务信息质量提出了更高的要求。通过改进,"中国石油"财务信息系统适应了这一变革。2000 年,"中国石油"内部持续重组,如"兰炼"、"兰化"合并,大庆助剂厂、林源炼厂合并,"呼和浩特石化"从"华北油田"分离,"大港石化"从"大港油田"分离,新成立润滑油公司等。通过重置,系统也适应了内部重组。2001 年,持续重组将对财务信息系统产生更大的影响,首先,"中国石油"计划精简一个管理层次,这样将削减 1 000 多个会计实体。组织机构由金字塔式向扁平化发展,现行的分布设置式财务信息系统的结构将不再满足需求,必须向集中式、在线式发展;其次,企业内部流程向价值链管理、规范化简单化发展。特别是电子商务的开展,对财务信息系统的处理流程提出了更新的要求。

政策制度的变化直接影响财务信息系统的数据归集方式,如口径和归集方法的变化。这对财务信息系统的设置、分析、预测等带来挑战。1999 年"中国石油"上市,由工业企业会计制度转变为股份制企业会计制度,既要满足海外投资者和监管机构的要求,还须满足国际会计准则。2001 年,财政部又颁发新的会计准则[财会 2001] 7 号和会计制度,国际会计准则也进行部分调整,财务信息系统必须进行相应的科目调整,核算方法调整等,从而满足中国财政部门的要求以及对国外投资者和管理者披露财务信息的要求。

管理层、政府部门、投资者对财务信息的要求不再是简单的业务数据,而需要的是综合管理数据,如对市场原油价格的变化进行敏感性分析、投资资本回报率分析、成本变化原因分析等方面的数据。对财务信息系统的对外扩展能力提出更高要求。

资料来源:柴守平、谢海兵、杨晓红:《中国石油财务管理信息系统面临新的问题》,《石油企业管理》2001 年第 4 期。

思考题:中石油财务信息系统面临哪些挑战?其原因是什么?

本 章 小 结

本章主要介绍企业集团的概念和产生动因、企业集团财务管理基本概念以及我国企业集团财务发展的基本情况。

(1) 企业集团是一个由核心企业控制的多层次企业联合体,这个联合体成立的目的,是要在核心企业的统一领导下,相互协调经营行为,共同分享收益,分担风险,以增强每个成员企业的市场竞争力。企业集团的产生动因可以从交易成本降低理论、协同效应理论、过度投资理论等多个方面来解释。企业集团的发展过程包括以下几个阶段:第一阶段:20 世纪 30 年代纵向一体化;第二阶段:20 世纪 70 年代"多元化"战略;第三阶段:20 世纪 80 年代全球整合;第四阶段:20 世纪 90 年代到 21 世纪强化核心能力和产品。企业集团的组织结构包括核心企业、紧密层企业和半紧密层企业。

(2) 企业集团财务活动有自己的特点,体现在投资、筹资、利润分配和营运资本管理多个方面。企业集团财务管理的目标是要在维护相关者利益的基础上,在存在有效的公司治理机制的前提之下,实现企业集团整体价值最大化。企业集团财务管理环境具有政治环境的复杂性、金融市场环境的优越性、税收管理的综合性、管理的多层次性、对信息化的高度依赖性。

(3) 我国企业集团发展历程可分为以下几个阶段:① 组建工业生产联合公司阶段;② 发展企业横向经济联合阶段;③ 企业集团逐渐兴起阶段;④ 企业集团的初步完善阶段;⑤ 企业集团的深化发展阶段。

(4) 我国企业集团财务管理的特点:① 资金以集中管理为主;② 财务人员集中管理;③ 强调财务的监控职能;④ 控制以预算为主。

(5) 我国企业集团财务管理存在的主要问题:① 财务监控体系不完善;② 财务管理水平低;③ 财权配置不合理;④ 信息系统低效率;⑤ 预算管理水平比较低。

本章参考文献

1. 庞德良. 论日本企业集团的产权制度特征——对经理会和主银行性质和作用的分析[J]. 东北亚论坛,1999(4):28 - 33.

2. 山田一郎. 企业集团经营论[M]. 东京:九善社,1971:31.

3. 小艾尔弗雷德·D·钱德勒. 看得见的手——美国企业的管理革命[M]. 北京:商务印书馆,2001:1 - 2.

4. 石友蓉,唐玉莲. 企业集团财务管理[M]. 武汉:武汉理工大学出版社,2003:8.

5. 曲海燕. 集团管控和集团供应链管理[M]. 北京:电子工业出版社,2007:2 - 5.

6. 裴中阳. 集团公司运营管控[M]. 广州:广东经济出版社,2004:11 - 126.

7. 赵俊美,周志远. 浅谈我国上市公司大股东占用资金问题[J]. 集团经济研究,2007(8月下旬刊).

8. 陈家涛. 建立经营者的激励机制势在必行——中原油田对直属模拟企业法人代表试行经营者年薪制情况的调查[J]. 中国劳动,2000(4).

9. 王辛. 信息化在集团财务管理中的实施[J]. 集团经济研究,2007(9月上旬刊).

10. 任浩,陶向京,何太平,李双. 企业集团组织设计[M]. 上海:学林出版社,2005.

11. 林黎. 加强企业集团内部控制的思考——以中航油事件为例[J]. 财会通讯(理财版),2006(4).

12. 柴守平,谢海兵,杨晓红. 中国石油财务管理信息系统面临新的问题[J]. 石油企业管理,2001(4).

复习思考题

1. 企业集团产生的主要原因是什么?
2. 企业集团财务管理的主要特点是什么?
3. 如何理解信息在企业集团财务管理中的重要性?
4. 企业集团财务管理与企业文化有关系吗? 为什么?

案 例 题

某企业集团现有闲置资本 3 000 万元,年度末,集团董事会开会讨论下一年度公司投资决策事项。现有 3 个子公司需要追加投资项目,具体情况如表 1-2 所示。该企业如投资资本不足,可以追加筹资,但加权资本成本可能会上升到 9%。

表 1-2　3 个子公司需要追加项目的具体情况

子公司	A	B	C
投资额(万元)	1 000	1 500	1 800
净现值(NPV)(万元)	100	135	140
持股比例	60%	70%	80%
加权平均资本成本(WACC)	8%	8%	8%

集团公司董事提出了不同意见,有人认为应该按各子公司投资项目的内含报酬率高低进行排序,优先满足高报酬率公司的投资;也有董事提出应根据集团未来发展战略决定未来投资某个子公司的额度;还有董事建议根据公司持股比例并结合投资报酬来综合考虑资本配置。你对上述意见有什么评价? 如果你是集团控制人,你会作出什么安排?

第二章　企业集团财务战略

【本章主要内容和学习要点】

　　本章主要介绍企业集团战略的概念和管理步骤,在此基础上研究企业集团财务战略的概念、内容、管理思路和制定方法,为以后企业集团财务管理提供一个发展方向。

【课前案例】

"马钢"发展战略和发展步骤

　　2015 年,国内市场钢材价格呈断崖式下跌。从全年看,各月国内钢价综合指数均低于上年同期,2015 年各月中国钢材价格指数(CSPI)平均值为 66.43 点,同比下降24.89 点,降幅为 27.26%。具体如图 2-1 所示。

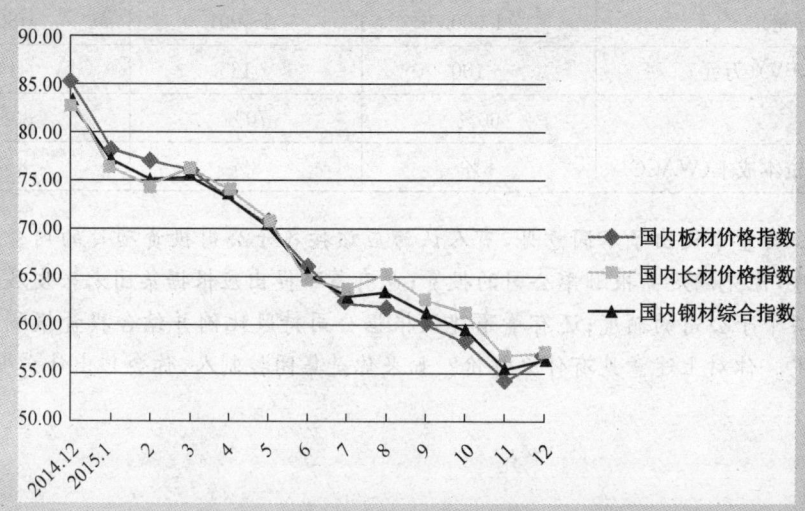

图 2-1　2015 年国内主要钢材品种价格走势图

（续上）

在这一情况下，2015年马钢股份集团生产生铁1 801万吨，同比增加0.22%；生产粗钢1 882万吨、钢材1 827万吨，同比分别减少0.30%和0.16%（其中，本公司生产生铁1 324万吨、粗钢1 426万吨，同比分别增加1.22%和0.21%；生产钢材1 350万吨，同比减少0.05%）。目前公司轧材产能大于炼钢产能、炼钢产能大于炼铁产能，且产品结构覆盖面较广，因此在未来市场竞争中，公司可根据市场情况，灵活机动地将铁水资源分配给效益最好的品种。在钢价处于历史低位和吨钢利润微薄的情况下，物流费用将极大地制约钢铁产品的销售半径。江、浙、沪是全球最大的制造业中心，是板带材产品消费集中地；公司地处长江之滨，水运到各地的周期短、运费低，保证了产品拥有较为突出的市场竞争优势。

考虑到上述内外部环境因素，本公司战略定位为：将以创新驱动、转型发展为主线，坚定不移推进产品升级、产业链延伸和国际化经营，加快形成钢铁产业、钢铁上下游紧密相关性产业和战略性新兴产业协同发展的新格局，加快形成轮轴、板带和长材精品产业链优势互补的新态势，加快形成运营市场化、机构精干化、流程高效化的新模式，努力把马钢建设成为"效益良好、环境友好、家园美好"的国内一流钢铁企业。

2016年，本集团计划生产生铁1 766万吨、粗钢1 860万吨、钢材1 768万吨（其中本公司计划生产生铁1 376万吨、粗钢1 463万吨、钢材1 378万吨），同比没有重大变化。

思考问题：

1. "创新驱动、转型发展"作为马钢在"十三五"时期的新战略，对财务管理可能会有哪些影响？考虑到马钢在"十二五"期间曾经实施过"低成本战略"，您认为马钢集团战略转型的必要性是什么？

2. "产品升级、产业链延伸和国际化经营"对马钢股份财务管理工作会产生哪些方面的影响？

3. 在2016年，国务院多次召开钢铁行业去产能专题会议，提出再减粗钢产能1亿～1.5亿吨的目标，并从金融、财政、科技等多方面提出化解钢铁产业过剩产能的政策，您认为这些政策是否会对马钢集团未来发展战略产生影响？

第一节　企业集团战略

一、战略和战略管理

企业战略是企业面对激烈变化的经营环境，为求得长期生存和不断发展而采取的竞争行动和管理业务的方法。[①] 企业为实现自己的使命，在一定的环境中，会选择一个最有效实现自己目标的路径和工作程序，这种选择过程实际上就是战略确定过程。比如，在联想集团中，企业战略被定义为："企业战略就是你要干什么行当，要干到多大，钱和人要往哪儿投。"而摩托罗拉（中国）公司的未来战略是"与中国建立牢不可破的战略伙伴关系"，目标是成为"一家地地道道的中国公司"。为此，摩托罗拉将继续以中国为家，与中国人民同呼吸，共命运，自觉做中国现代化建设的一分子。

企业战略可分为以下几个层次。

（一）公司战略

公司战略又称为总体战略，它是企业战略体系中最高层次的战略。在企业集团中，公司战略是指控股母公司的最高战略。公司战略是指根据企业的长期目标，选择企业可以竞争的经营领域，合理配置企业经营所必需的资源，使各项经营业务互相支持、互相协调。

【阅读材料 2 - 1】

以"新、好、强"为企业战略目标——上海港机重工有限公司

上海港机重工有限公司是由中国交通建设集团公司所属中交上海港口机械制造厂有限公司与日本中和物产株式会社共同出资，按现代企业制度组建的中外合资企业，是中国当代研究开发、设计制造港口起重机装卸大型成套设备规模最大、技术先进、最具有代表性的制造商之一，是上海市高新技术企业。

"上海港机"重工的前身始建于 1885 年，是我国港机工业的摇篮。改革开放以来，企业依托其雄厚的研发能力，在承担国家多项重大技术攻关项目的过程中锻炼出了一支具有国内领先水平的技术队伍。使得 SPMP 这个品牌得到了包括国内外用户的信赖，在港口机械、隧道施工机械、高速铁路建设装备、船厂起重机、大型浮式起重机、大型挖泥船、海洋工程装备等领域具有明显的竞争优势。

"上海港机"的技术中心于 1996 年组建，下设开发部、研究部、技术部、市场部、计算机中心等部门，1998、1999 年分别被上海市和国家所认定。该中心依托自身的技术优势和良好的基础设施，注重吸收国内外先进技术和管理经验，采取与国内外著名大学、科研院

[①]　徐二明：《企业战略管理》，中国经济出版社 2002 年版，第 18 页。

所、公司广泛合作的方式,始终保持在国内港口机械领域的研究与开发领先优势,实现了中国港机行业无数次零的突破,使其逐步成为一个具备较高层次、有超前开发能力、与国内外港口机械及相关企业、科研院所、高等院校广泛合作的开放的研究与开发机构,并成为企业的决策与咨询中心及技术深化与积累中心,使公司拥有较多的自主知识产权的新技术、新工艺、新产品,为企业自主创新打造核心技术优势奠定了良好的基础。

为了保证企业技术创新工作的顺利实施,"上海港机"不断加大研究与开发的投入力度。其中,2004 年企业科技活动支出达到 5 216.5 万元,占企业产品销售收入的比重达3.98%;2005 年科研经费实际投入为 9 284.7 万元,占企业产品销售收入的比重达5.1%;2006 年科研经费实际投入为 11 973.3 万元,占企业产品销售收入的比重达 5.38%。

公司延续并扩展了上海港口机械制造厂和上海港机股份有限公司的经营范围,主要服务对象是国内外港口、电厂、造船厂、钢厂、高速铁路建设、隧道工程、海洋工程等,主营业务为设计、制造门座式起重机、散货装船机、散货卸船机、浮式起重机、集装箱起重机及重型桥式、龙门式起重机等六大系列港口起重运输机械产品,以及生产大型桥梁、建筑钢结构、隧道盾构、铁路建设装备、脱硫装置及轨道交通等重型机械。公司产品的市场占有率达国内港机市场的 70% 以上,远销美国、加拿大、马耳他、日本等 10 多个国家和地区。

"上海港机"所涉及的技术领域主要体现在基础理论研究和应用技术研究两个方面,内容包括起重机、施工设备、海洋工程装备、环保设备、钢结构桥梁等方面。

"上海港机"依托国家级技术中心的研发优势,充分利用大学、科研院所的技术优势,承担了几十项国家重点科技攻关项目、国家重大技术装备项目、国家技术创新项目、上海市技术创新项目。目前这些项目已经全部通过了国家及有关部门组织的鉴定验收,达到了当时的国际先进水平,为更好地提升我国港机工业的技术水平作出了巨大贡献。

近年来,公司加大了知识产权的管理力度,收到了较好的效果。到目前为止,共申请了 75 项专利(其中发明 26 项,实用新型 48 项,外观设计 1 项),这些专利已经全部用于产品的开发与生产之中。其中轻型岸边集装箱起重机获专利新产品奖、MQ2000 型四连杆臂架自升式门座起重机获上海市发明创造发明专利一等奖。今年,公司还申报了中国名牌产品,2004 年取得了 SPMP 的商标注册证,2005 年进行了 8 个商标的注册申请。目前公司正在申请上海市知识产权示范企业,并接受了上海市经委、知识产权局等单位的咨询。

"上海港机"重工还先后取得数十项国家、交通部、上海市的科技进步奖。更有几十项国家级及上海市重点新产品填补了港机行业的空白,使我国港机工业的技术水平跨入国际先进行列。

公司将以"新、好、强"为企业战略目标,一如既往为国内外用户奉献一流的产品、技术和服务,使上海港机成为一个以港机为依托,在物流、基本建设装备等方面全面发展的重工企业。

资料来源:选自《以"新、好、强"为企业战略目标——上海港机重工有限公司》,《中国

经贸导刊》2007 年第 19 期,第 54 页。

思考题:为什么上海港机重工有限公司以"新、好、强"为企业战略目标? 他们如何实现这一战略目标?

公司战略的特点是:

(1) 从形成的性质看,公司战略是有关企业全局发展的、整体性的、长期性的战略行为。

(2) 从参与战略形成的人员看,公司战略的制定与推行人员主要是企业的高层管理人员。

(3) 从对企业发展的影响程度看,公司战略与企业的组织形态有着密切的联系。当企业形态简单,经营业务与目标单一时,公司战略就是该项经营业务的战略,即业务战略。当企业拥有多个业务种类时,公司战略就主要确定公司应选择哪些业务进行经营以及相应的资源配置。

(二) 业务战略

业务战略又称为经营单位战略,是指企业内部某个业务部门的发展战略。在大型企业集团中,为了提高协同效应,把具有共同战略因素的若干事业部或其中的某些部分组合在一起,形成一个经营单位。每一个经营单位一般有自己独立的产品和细分市场。

因此,业务战略就是战略经营单位、事业部或子公司战略。业务战略是在公司战略的制约下,指导和管理具体经营单位的计划和行动,为企业的整体目标服务。

业务战略主要是针对不断变化的外部市场环境,在各自的经营领域内有效地竞争。为了保证企业的竞争优势,各经营单位要有效地控制资源的配置。

(三) 职能战略

职能战略是企业内主要职能部门的短期战略计划,使职能部门的管理人员可以更加清楚地认识到本职能部门在实施公司战略中的责任和要求,有效地运用研究开发、营销、生产、财务、人力资源等方面的经营职能,保证实现企业目标。

与公司战略相比较,职能战略的主要区别有。

1. 期限

职能战略用于确定和协调企业的短期经营活动,期限比较短,一般在 1 年左右。这是因为: ① 职能部门管理人员可以根据公司战略的要求,把注意力集中在当前需要解决的问题上;② 职能部门管理人员可以更好地认识职能部门当前的经营条件,及时地适应已变化的条件,并作出相应调整。

2. 具体性

企业主要职能部门的战略要比公司的战略更为具体。公司战略为企业指出一般性的战略方向,而职能战略则为负责完成年度目标的管理人员提供具体的指导,使他们知道如何实现年度具体目标。同时,具体的职能战略还可以增强职能管理人员实现战略的能力。

【阅读材料 2 - 2】

 "摩托罗拉"中国研发战略

日前,"摩托罗拉"全球最主要的研发中心——位于北京望京的摩托罗拉中国创新园区的研发中心投入使用。自 1987 年进入中国市场后,摩托罗拉公司提出了在中国发展的四大战略。这四大战略每一项都体现了摩托罗拉公司与中国市场、客户、政府部门的密切融合与战略合作,以及摩托罗拉公司对中国市场的长期承诺。其中,"投资与技术转让:坚持投资与技术转让并重,不断地加大研发力度"明确提出了研发工作对"摩托罗拉"在中国发展的重要性所在。

随着中国市场的扩大,以及运营商对运营服务的深入开发,摩托罗拉敏锐地意识到,必须基于本地市场开发能满足本地运营商特定需求的产品、服务和技术。为此,摩托罗拉公司逐渐加大了在中国的研发投入。这一过程不仅仅是资金上的投入,还包括了人力资源投入和公司在全球战略上对中国的支持。凭借着自身对行业的敏锐和深刻的认识,以及对中国运营商的深入了解,"摩托罗拉"开始致力于不断的技术开发与创新。摩托罗拉公司在中国的研发投资达 8 亿美元,在 6 个城市建立了 18 个研发中心和实验室,目前,研发人员总数已接近 3 000 人。自 1993 年,"摩托罗拉"在北京成立全球软件集团中国中心,成为首家在中国设立研发中心的跨国公司以来,"摩托罗拉"已在中国的广大土地上建立起大量分工合理、布局完善的研发中心,以全面支持中国本地的运营商们的日常运营工作。

随着中国市场的发展,"摩托罗拉"对于中国的研发投入的力度在不断加大,布局更加完善,作用也越来越明显。"将中国建立成'摩托罗拉'世界级的生产和研发基地"已经成为"摩托罗拉"中国的核心战略。

资料来源:选自《摩托罗拉中国研发战略》,《通讯世界》2007 年第 11 期,第 69 页。

思考题:"摩托罗拉"中国研发战略在哪些方面指导中国市场的研究发展工作?

二、战略管理过程

战略管理是指一个企业通过制定战略、实施战略、评价战略效果、改进战略并重新实施这一循环过程不断提高企业效率的管理模式和程序。普通的战略管理包括如下几个步骤。

1. 确定企业的使命和主要目标

企业的使命是管理者为企业确定的较长时期的生产经营中的方向、总目标、总特征和总的指导思想。通过使命的确定,公司可以向社会公众表达自己与其他企业的差异和自己独立的形象,确定产品和服务范围,以及满足客户的基本需求定位。比如,SONY 公司指出,"我们的使命,就是为包括我们的股东、顾客、员工乃至商业伙伴在内的所有人提供创造和实现他们美好梦想的机会。SONY 将继续勇敢地面对未来的挑战,并将永远保持自己求新、创异的企业特色"。柯达公司的使命是"在所有的时间和所有的地点向顾客提供捕捉、保存、处理、输出和传播影像的解决方案"。

主要目标是对企业意图实现的一种未来状态的简要的和可衡量的描述,同时它也是企业为完成使命与愿景而必须做好的具体工作。主要目标的作用是通过各个时期目标的实现,逐渐实现公司的使命。

2. 分析企业的外部环境,识别机会和威胁

分析企业的环境,主要是要了解企业的外部环境处于什么样的状态以便于确定哪些因素有利于企业战略的实施,哪些因素不利于企业战略的实施,从而确定未来实施战略的有利因素和不利因素。根据上述分析,企业在制定战略步骤时可以趋利避害,制定最佳方案。

3. 分析组织内部的运营环境,发现组织的优势和劣势

内部的运营环境分析主要是通过对企业内部资源的分析,了解企业潜在的竞争优势和存在的问题,从而确定企业实现战略目标而采取的最佳方案。内部的运营环境分析包括三个步骤,首先,企业经理必须理解企业为顾客创造价值、为自己创造盈利的过程,了解在这一过程中企业的资源、组织能力和独特竞争力所发挥的作用。其次,经理人员应当了解卓越的效率、创新、品质和客户响应对价值创造和提高盈利能力的重要性。最后,经理人员必须分析企业竞争优势的来源,判断企业利润的驱动因素和改善机会的所在。

4. 选择能够发挥组织优势、矫正劣势的战略

本步骤主要是在前三个步骤的基础上,选择企业可以实现战略目标的步骤。从总体说,企业的战略可以有多种,但从大的类别上说可以分为成本领先战略、差异化战略和目标聚集战略。成本领先战略是指企业通过在内部加强成本控制,在研究开发、生产、销售、服务和广告等领域里把成本降低到最低限度,成为行业中成本领先者的战略。差异化战略是指企业为满足顾客特殊的需求,形成自己的竞争优势,而提供与众不同的产品和服务的战略。目标聚集战略是指企业把经营战略的重点放在一个特定的目标市场上,为特定的地区或特定的购买者集团提供特殊的产品和服务的战略。

5. 组织实施战略和评价战略实施结果,为下一阶段战略管理提供经验

选择好战略后,企业要组织相应的部门和人员实施各战略步骤,并在战略实施到一定阶段进行分析评价,发现实施过程中存在的问题,分析其原因,并对下一阶段战略的实施提供指导。

三、战略管理的支持系统

企业的战略管理有两个支持系统:组织结构和企业文化,分别描述如下。

(一) 组织结构

组织结构是指企业内部各部门之间的分工和相互协作关系的总和。组织结构是保证战略实施的必要手段。通过组织结构,企业的目标和战略转化为一定的体系或制度,融合进企业的日常生产经营活动中,发挥指导和协调的作用,保证企业战略的完成。

就组织结构和企业战略的关系而言,组织结构的设计应服从企业战略发展需要。一般来说,在不同的发展阶段,企业会采用不同的战略,从而采取不同的组织形式,如表 2－1 所示。

表 2－1　企业战略与组织结构的关系

发展阶段	企业特征	采用战略	组织结构
1	简单的小型企业,只生产一种产品,或生产一个产品系列,面对一个独特的小型市场	增大业务数量战略	从简单结构到职能结构
2	在较大的或多样化的市场上提供单一的或密切相关的产品与服务系列	扩大地区战略	从职能结构到事业部结构
3	在多样化的市场上扩张相关的产品系列	纵向整合战略	从事业部结构到矩阵结构
4	在大型的多样化市场进行多种经营,提供不相关的产品与服务	多种经营战略	从事业部结构到战略经营单位

根据组织内部的横向分工关系,可以将组织结构分为以下几种类型。

1. 简单的直线式结构

这是企业发展的最初形式,其特点是战略决策与业务决策集中于最高管理层。这种组织结构主要运用于小型企业。它的优点是:① 便于控制企业全部业务活动;② 对产品和市场的变化反应灵敏;③ 激励、奖励和控制系统简便灵活。其缺点是:① 对管理者有比较高的素质要求;② 不利于培养未来的管理人员;③ 管理者忙于日常事务,无暇顾及企业未来发展战略。

2. 职能结构

职能结构的特点是组织的管理职能被分解为各个部门职能,由各个职能部门承担。职能部门在自己职责范围内对下级行使管理职能。企业将生产经营活动集中在少数几个相关产品和市场时,多使用这种结构。这种结构的优点是:① 职能专业化,可提高企业效率;② 有利于培养职能专家;③ 可对日常业务决策进行区分和授权;④ 保持对战略决策的集中控制。其缺点有如下几个方面:① 容易导致专业分工过细;② 职能部门之间容易产生冲突,不容易协调;③ 企业内部难以培养出全面管理人才。

3. 事业部结构

事业部结构的特点是把企业的生产经营活动按产品或地区划分成若干个事业部。每个事业部是一个利润中心,在总部的领导下实行独立核算,自主经营,自负盈亏。这一结构的优点是:① 把协调工作和必要的权力下放到适当的层次,有利于对环境变化作出快速反应;② 战略的制定与实施更符合事业部的特定环境;③ 企业最高管理者可以集中精力考虑更大的战略决策;④ 各事业部经济责任明确;⑤ 事业部里仍保留职能专业化的功能;⑥ 可以很好地培训战略管理人员。其缺点是:① 各事业部会在企业资源分配上形成不良竞争;② 总部向事业部管理人员授权程度的问题不容易解决;③ 各事业部的政策可能出现不协调。

4. 战略经营单位结构

这一结构的特点是根据共同的战略因素,将若干事业部或其某些部分组成一个单位。通常是根据企业经营单位所服务的独立的产品或市场来细分。这种结构的优点是:① 战略经营单位内,各事业部具有同样的产品、市场环境和战略关系,容易协调一致;② 可以加强企业的战略管理和控制;③ 有利于区别和深化公司一级和经营单位一级的计划;④ 明确了不同经营单位的经济责任。其缺点是:① 企业总部与事业部之间又增加了一个管理层次;② 总部资源分配上有一定的难度;③ 集团副总裁的职责难以确定;④ 集团副总裁与事业部经理的自主程度难以确定。

5. 矩阵组织结构

这一结构的特点是在原有按直线指挥系统与职能部门组成纵向垂直领导系统的基础上,又建立一个横向的以产品(项目)为中心的领导系统,两者合成为矩阵形结构。矩阵结构在权力、效益责任、评价和控制上都有两个渠道,综合了职能专业化和产品专业化的优势。这种结构常见于拥有重大战略意义的产品或业务项目的大公司。

矩阵结构的优点是:① 适于进行以项目为中心的经营活动;② 能最有效地发挥职能部门管理人员的作用;③ 能激发管理人员的创造性,利于开展多种业务项目;④ 中层管理人员可以更多地接触企业战略问题。其缺点是:① 双重负责容易导致政策的混乱与矛盾;② 必须进行大量横向与纵向的协调工作。

(二) 企业文化

企业文化有广义与狭义的区别,广义企业文化是指企业在生产和发展过程中形成的物质文化和精神文化的总和,它既包括有形的外显文化,也包括无形的隐形文化。从这一角度说,企业文化不仅是非物质的精神因素,而且还包括物质文化,如企业的生产经营环境和产品、组织结构和规章制度、经营理念和沟通方式、历史传统和生活习惯等。

狭义的企业文化是指企业的思想、意识、观念以及与之相适应的行为模式。构成企业文化的核心是企业的价值观,它影响企业的行为规范、道德准则、思维方式、价值观念、信仰等。

企业文化是企业战略管理的重要基础,这是因为:

(1) 企业文化从宏观的角度描述了组织成员共享的价值观、思想意识等,为战略管理的实际工作者和理论工作者提供了一种新的分析企业行为的方法,有助于企业制定与实施战略。

(2) 企业文化描述了组织的现实,有助于管理人员管理企业组织。企业管理人员可以凭借文化分析,发现企业战略管理中存在的问题,从而发现改进效率的途径。

(3) 运用文化研究组织是一种依次递进的战略方法,它有助于管理者发现战略、执行、员工、效率之间的具体关系,从而为战略的有效落实提供基础。

因此,为实施战略管理,企业管理者必须了解本企业的文化,对消极文化进行改进,并制定出合适的战略,从而实现战略目标。

第二节 企业集团财务战略的内容

企业财务战略是为适应公司总体的竞争战略而筹集必要的资金,并在组织内有效地管理与运用这些资金的方略。企业财务战略是企业战略的重要组成部分,也是企业战略能够实现的基础。本节我们将主要介绍企业财务战略的基本概念,并在此基础上着重讨论企业集团财务战略的内容。

一、企业财务战略的主要内容

企业战略指出了企业未来的发展方向和前进步骤,但如何实现战略需要资金的筹措和运用。企业财务战略,就是企业根据未来战略方向和步骤,制定筹资计划和程序以及相应的投资规划和步骤。

按内容划分,企业财务战略可分为筹资战略、投资战略和分配战略。

(一)筹资战略

筹资战略是企业为筹集未来战略投资需要资金而制定的长时期的资金筹集规划。企业在制定筹资战略时,需要考虑如下几个方面的因素。

1. 未来战略发展的资金需求

未来战略发展需要的资金量是企业筹资战略制定时的首要考虑,这是因为只有确定了资金需求量,企业才能确定在未来比较长的时期内采用什么方式在什么具体时间进行筹资,以便降低资本成本,保障资金供给。

【阅读材料 2-3】

马鞍山钢铁股份有限公司 2015 年度第二期中期票据融资计划

票据期限:3 年期。发行首日:2015 年 8 月 4 日(T 日)。发行价格:100 元(面值发行)。总发行额度:20 亿元。票面利率:4.8%。

本期中期票据发行拟募集资金 20 亿元,全部用于偿还银行借款。截至 2015 年 3 月31 日,公司本部银行短期借款及长期借款合计余额为人民币 179.99 亿元。本期中期票据拟将募集资金 20 亿元用于偿还公司本部银行借款,将有利于改善公司融资结构,降低财务成本,减轻经营负担。根据自身的经营状况及商业银行贷款情况,发行人初步拟订了募集资金用于置换银行贷款计划,具体情况如表 2-2 所示。

表 2-2　马钢股份 2015 年第二期中期票据募集资金用于置换银行贷款具体情况表

序号	贷款银行	贷款金额(万元)	起息日期	还款日期	偿还金额(万元)
1	中行马鞍山分行	23 000	2015.03.24	2015.11.24	20 000
2	中行马鞍山分行	40 000	2015.05.04	2016.05.04	40 000
3	工行马鞍山分行	60 000	2014.09.12	2016.09.09	60 000
4	工行马鞍山分行	30 000	2014.11.27	2016.11.19	30 000
5	建行马鞍山分行	14 000	2014.12.31	2017.12.29	10 000
6	农行马鞍山分行	20 000	2014.01.20	2017.01.19	20 000
7	农行马鞍山分行	20 000	2014.01.24	2017.01.23	20 000
	合计	207 000			200 000

另据马钢股份 2014 年年度报告显示,截至 2014 年年底,其流动负债金额为 3 270 455 万元,占总负债比重超过 75%,成为马钢股份财务风险的重要来源。

资料来源:马鞍山钢铁股份有限公司 2015 年度第二期中期票据募集说明书。

思考题:根据案例公司 2015 年度财务状况和发展战略,分析 2015 年度第二期中期票据募集和使用的合理性。

2. 未来资本市场的发展趋势

资本市场中利率、汇率、股票市场发展形势等也会影响公司的筹资战略,这是因为企业筹资需要考虑资本成本的高低,而资本市场利率、汇率和股票市场发展趋势在很大程度上影响了资本成本,从而影响其筹资方式的选择。

【阅读材料 2-4】

六问"平安"融资到底为何 95.92% 受访网民表示反对

昨日上午 10 时,"中国平安"在中国平安金融学院召开临时股东大会,就公开增发不超过 12 亿股 A 股和 412 亿元分离交易可转债的再融资方案进行正式投票表决,"中国平安"A 股 8 000 名股东代表持 56 亿股参与 A 股增发投票(包括现场投票和网上投票)。尽管现场有众多散户的反对,但是在机构和基金支持下,平安再融资方案仍以 92% 的高比例通过表决,并确定融资方案为 800 亿元的增发和约 400 亿元的分离交易可转债。

马明哲:增发比不增发好

股东大会开始后,"中国平安"董事长马明哲先就相关议案进行了简单说明,然后接受了投资者的现场提问。

马明哲指出,"中国平安"这次再融资计划是经过反复考虑、在审慎风险可控的情况下作出的决定,经过董事会批准才加以公告的。公告之后,确实听到了来自市场的各式各样的意见,对于各种意见,"中国平安"会认真去研究。他认为,"中国平安"增发要比不增发好,只有不断充实资本实力,才能加速发展。

基金流通股东投反对票

虽然大多数机构投资者对"平安"再融资方案投了支持票,但"平安"最大的基金流通股股东诺安基金对"中国平安"涉及再融资的三个议案投了反对票。诺安基金相关人士表示,投反对票是从最大限度保护基金持有人利益的角度出发,他们认为目前"中国平安"的资本金比较充足,没有必要再大规模融资,而且融资后投资项目质量如何存在较大不确定性,会给公司带来较大的经营风险。

散户情绪激动提问透出火药味,六问平安融资到底为什么?

问:公司为什么要再融资?

答:因为国内金融业发展快速,公司需要加快发展,公司也想加快发展。国际上大金融企业都是善于抓住机会,"平安"也希望抓住机会。

问:融资成功会否拉低净资产收益率?为什么不在 H 股融资?马先生在融资成功后会否将"中国平安"变成"世界平安"?

答:每一次增资后,业务增长都好于股本扩张,公司没有在 H 股融资是董事会决定。我有信心将中国平安变成世界平安,在我不能胜任时我会下来。

问:融资方案有没有与管理层进行沟通,能不能进行下去?

答:公司会认真考虑时机和市场承受力。

问:"平安"再融资圈钱是为救汇丰?

答:对于这种市场传闻,我们是不认同的,不可能有这种事情。

问:如果再融资通过,"中国平安"高管是否会参与增发?

答:在一切符合有关法律法规的前提下,"中国平安"高管一定会参与这次增发。据我所知,有一部分员工也愿意参与增发。

问:"平安"再融资方案是否造成了近期市场恐慌性下跌?

答:不能直接将近期股市的下跌与"中国平安"的再融资计划联系到一起。这样说是抬举了平安。这次下跌的因素有很多,包括全球次贷风波,以及 A 股市场本身的波动。

资料来源:中国新闻网 2008 年 3 月 6 日。

思考题:结合股票市场走势,分析为什么"中国平安"再融资方案遭到中小股东的反对?

3. 企业未来的资本结构定位

企业的资本结构影响企业治理效率,也影响企业资本成本。因此企业为保持长期发展的稳定,必然要保持一个相对稳定的资本结构,这种相对稳定的资本结构必然影响企业未来较长时期的筹资安排。

(二) 投资战略

所谓投资战略,是指企业为实现其战略部署,将资金投放于预定的投资对象上,并为此制定具体步骤。企业的投资战略主要要解决三个问题：① 什么时候投资？② 投资额为多少？③ 投资项目的先后顺序是什么？

1. 投资的时机

在企业战略中虽然大致确定了投资方向，但具体的投资时机需要在企业财务的投资战略中落实。企业在具体确定投资时机时，需要考虑资金的可获得性、投资项目的市场需求趋势、投资的物质条件何时能够具备等。

【阅读材料 2-5】

韶钢松山战略转型

宝钢集团新一轮资产重组大幕正式揭晓。集团旗下的韶钢松山 2016 年 2 月 22 日发布公告称，公司将出售全部钢铁资产并收购宝钢的非钢业务，实现彻底转型。与此同时，连续 2 年亏损的八一钢铁也在筹划重大资产重组。5 月 30 日，韶钢松山股份公告称，由宝钢集团告知，目前重大资产重组的初步意向为出售公司全部钢铁业务资产、收购宝钢集团下属的金融业务资产。近年来，随着钢铁市场持续下行，韶钢松山业绩大幅下滑。2015年净利润为 -25 亿元。而在 2014 年，韶钢也曾亏损了 13.9 亿元。

国金证券钢铁行业分析师杨件表示，韶钢松山自 2015 年以来转型逻辑逐步清晰、预期不断加强，此次重大资产重组业务公告基本符合预期。韶钢松山已经 2 年亏损、现金流差，单靠自己改变经营困境难度比较大，依靠大股东宝钢集团进行转型是重要战略选择。而宝钢在国企改革大背景下，提高资产证券化，实现优质资产上市是双赢选择。

宝钢金融业务即华宝系，包括华宝投资、华宝信托、华宝兴业基金、华宝证券等。据新京报记者梳理，2014 年这四家公司实现营收分别为 19.92 亿元、13.30 亿元、7.14 亿元以及 3.16 亿元，实现利润 13.48 亿元、8.07 亿元、2.2 亿元以及 8 043 万元。

资料来源：韶钢松山 2014 年、2015 年度报告。《韶钢松山腾笼换鸟 告别钢铁主业》，《新京报》2016 年 2 月 23 日。

思考题：韶钢松山战略转型的目的是什么？其战略转型的时机和计划是否具有可行性？

2. 投资额安排

投资战略制定时，一个重要的问题是对未来各个投资项目分别确定多少投资额。当企业投资战略涉及多个项目时，需要认真考虑各项目之间在规模配备、生产能力协调等方面的需求，合理确定投资额，这样既能保证投资形成的生产能力，也能保证各个项目之间相互配合，节约投资。

3. 投资项目的先后顺序安排

在投资战略涉及多个项目时，需要在这些项目中合理安排投资的先后顺序。安排先后顺序时,一般要按如下指导思想:① 当若干个项目之间在建设上存在有先后的技术要求时,应按建设要求安排投资顺序;② 当若干个项目之间在建设上没有先后顺序时,应按各项目产品的市场需求趋势合理安排,具体地说,应该保证近期市场需求大而远期需求降低的项目先投资,以保障投资效率;③ 当若干个项目在建设要求和市场需求上无明显次序要求时,可按年度资金供给量合理确定这些项目的投资进程,降低企业筹资压力。

（三）分配战略

所谓分配战略是指企业对未来一段时期内利润分配的具体安排。在许多财务学著作中,将分配战略列为筹资战略的一个组成部分,这是因为分配影响企业资本来源和资本结构。但分配战略与筹资战略相比存在一个特别的地方是它影响股东对企业的态度,从而影响企业战略的实现,因此本书将其作为财务战略的一个组成部分进行讨论。

企业在制定未来利润分配战略时,需要考虑如下因素。

1. 未来投资战略资本需求以及企业对外筹资能力

未来投资战略的实施是企业有筹集资本的必要,而如果对外筹资不足,企业必须要从内部筹集资本,因此利润的分配就必须要考虑企业未来发展的需要。

例如,"宝钢股份"2003～2006 年度的股利分配与投资、对外筹资的数据如表 2-3 所示。

表 2-3　"宝钢股份"2003—2006 年的股利分配与投资、对外筹资表　　　单位:元

年　份	2003	2004	2005	2006
每股股利	0.2	0.25	0.32	0.32
总股本	12 512 000 000	12 512 000 000	17 512 000 000	17 512 000 000
本年净利润	6 975 724 980	9 395 231 383	12 665 528 991	13 010 264 517
股利分配	2 502 040 000	3 128 000 000	5 604 000 000	5 604 000 000
留存收益	1 769 892 430	3 847 724 980	3 791 231 383	7 061 528 991
银行借款	11 226 264 600	8 677 674 040	50 829 059 796	76 957 588 707
发行新股	0	0	25 410 718 815	0
外部筹资合计	11 226 264 600	8 677 674 040	76 239 778 611	76 957 588 707
内外部筹资总额	12 996 157 030	12 525 399 020	80 031 009 994	84 019 117 698
项目投资	5 228 971 285	8 848 225 342	9 833 579 703	17 903 759 935
偿还借款	14 567 513 797	9 966 948 116	51 450 838 223	70 596 044 296
资金需要量合计	19 796 485 081	18 815 173 458	61 284 417 926	88 499 804 230
筹资额占用额之比	0.656 488 108	0.665 707 337	1.305 894 919	0.949 370 662

注:1. 2002 年净利润为 4 271 932 430.25 元。

　　2. 公司每年的留存收益数为上一年净利润减去本年分配股利(年度股利一般在下年支付)。

从上例中我们可以看到,"宝钢股份"每年的留存收益都在不断增加,这与 2003～2007 年公司的资金需要量一直增长有关,为此,"宝钢"需要将利润中大部分留存于企业,用于企业投资战略。

2. 企业资本结构

企业未来的生产发展需要筹集资本,而外部筹资方式往往受企业资本市场发展变化和企业筹资能力的影响而难以确定,这就需要企业根据每年外部筹资结构的变化,调节股利分配,从而确保目标资本结构实现。例如,某企业未来 1～5 年内需要大幅度对外筹资,而这其中银行借款要占很大比例,为了防止借款后负债比例过高,企业就需要将很多的利润留存在企业,增加所有者权益资本,防止负债比例过高。

3. 股东的需要

企业在确定未来股利分配政策时需要考虑股东对股利的需求。如果股东对股利有固定需求,则企业应按照固定股利政策给股东支付稳定的股利;而若股东并不需要企业支付稳定的股利,则企业应根据未来发展需要确定股利的支付水平。

二、企业集团财务战略的概念和内容

(一) 企业集团财务战略的概念

所谓企业集团财务战略,是指企业集团为实现整个集团战略而制定的有关整个集团未来较长时间内的筹资、投资、利润分配等方面的战略安排与步骤。

与单个企业相比,企业集团财务战略具有如下特征。

1. 战略的多层次性

单个企业的财务战略一般只对单个企业未来的筹资、投资等方面进行安排,其战略制定只需要围绕单个企业进行,而集团企业财务战略的制定是对整个集团的未来财务活动安排,需要考虑集团总部、各个子公司以及集团母公司股东的发展战略。

战略的多层次性给企业集团财务战略的制定带来了复杂问题。这些问题主要表现在两个方面,一方面是财务战略的制定需要在保证集团整体目标实现的情况下,满足各子公司的发展目标需求;另一方面是集团财务战略需要在各个子公司资源配置方面进行综合平衡,而这两个方面问题在实际经济生活中很难解决。

2. 战略控制的间接性

单个企业的财务战略具有对未来财务活动的直接控制效果,这是因为单个企业的财务战略由战略制定者(企业经理)自己亲自执行;而在企业集团中,财务战略由最高管理层制定出来后,需要由各个子公司和事业部来执行,因此企业财务战略对未来的控制就不是直接控制。这种控制的间接性使企业集团管理者在制定财务战略时,要考虑到战略目标的可行性和前瞻性,并保留一定的调控余地;若战略制定得过于详细和紧密,则执行者很难根据实际情况调整自己的管理行为。

【阅读材料 2 - 6】

"奥克斯"的造车"梦工厂"

时间是 2005 年 3 月 24 日,曾经高调杀入汽车产业的"奥克斯",在这一天宣布全面退出汽车产业。与之相对应的是,2004 年 2 月 24 日,"奥克斯"在北京正式宣布:计划投入 80 亿资金,最终实现 45 万辆的年产能,进入汽车业。一场做了仅仅一年零一个月的造车梦就此草草终结,一杆被"奥克斯"高高举起的"汽车行业暴利终结者"的大旗也随之飘然倒下。

"奥克斯"同众多民营企业一样,应该算是"草莽"出身:1986 年,"奥克斯"还是四明山下一家负债 20 万元的乡办钟表零件厂,但在其后的 19 年间,"奥克斯"的资产达到 55 亿元,并一跃成为中国的 500 强企业、国际电能表行业的领军者、中国空调行业三甲,全国民营企业 20 强,并多元化扩张到家电、电力、通讯、新能源、医疗等众多产业。"奥克斯"这位"民营企业明星"浑身散发出耀眼的光芒。

奥克斯集团副总裁王宗英在满怀豪气地宣布要做汽车时声称——"奥克斯"的多元化从来都是成熟一个再做另一个,电表做到了行业老大,才去做空调,空调做到了前几名,才去做手机,手机也已经有了较大规模。言下之意是,如今"奥克斯"可以做汽车了。看来,一切都顺理成章,一切都是必然,一切都显得急不可耐。

2003 年 6 月,"奥克斯"准备走进一派繁荣的汽车行业。当时,由奥克斯集团总裁郑坚江亲自挂帅成立了一个 8 人的汽车项目筹备小组,将"奥克斯"初次造车的目标锁定在"要找到自己能掌握主动权的企业进行合作"。

7 月,"奥克斯"高调与沈阳农机集团签署协议,"奥克斯"出资 4 000 万元收购沈阳双马汽车有限公司 95% 股权,从而获得 SUV 和皮卡的生产许可。

10 月,沈阳奥克斯汽车有限公司成立,奥克斯集团将沈阳双马汽车公司纳入麾下,双方以 4:1 的比例,以 5 000 万元的注册资金成立了沈阳奥克斯汽车公司。

11 月,沈阳"奥克斯"推出样车。

2004 年 2 月 24 日,"奥克斯"宣布正式进军汽车业,其原动力和瑞途两款车冲上市场。并高调公布了 80 亿元进军汽车产业,最终实现 45 万辆年产能的"5 年计划":

2004 年 2 月至 2005 年 6 月:一期投入 20 亿元资金,目标是 10 万辆设计产能;

2005 年 6 月至 2006 年 12 月:二期投入 25 亿元,增加 15 万辆设计产能;

2006 年 12 月至 2008 年 12 月:三期投入 35 亿元,再次扩充 20 万辆设计产能。

这一高调做法,与当时纷纷宣布进军汽车业却不见明显动作的"夏新"、"波导"、"德隆"等不同的是,意气风发的"奥克斯"一路猛冲:宁波、北京建 4S 店(包含整车销售、零配件、售后服务、信息反馈的特许经营模式),挖人才,建汽车研究院……"奥克斯"在不同场合多次强调:5 年内融资 80 亿元,打造年产 45 万辆规模的汽车产业,并且重点是轿车。"奥克斯"的美梦是,通过生产SUV进入汽车业,并最终拿到轿车"生产许可证"。

从1998年到2001年,SUV的增长速度非常快,平均每年的增长率为65％。"奥克斯"预测,两年内SUV的销售量将会分别达到15万辆和20万辆。从市场含量分析,SUV仍有巨大的增长空间和潜力。在进入汽车市场后,"奥克斯"推出的两款汽车——SUV"原动力"与双排座轿卡"瑞途",当年销售目标锁定在2万辆。然而,事与愿违。中低端SUV市场在2003年迅速膨胀后,进入者无数,价格战远比预料的激烈,"奥克斯"不得不两次降价,降幅近2万元。"奥克斯"在汽车市场上的表现也让人大失所望,其SUV 2004年全年也只销售了3 000多辆,与原定计划相去甚远。对此,一位汽车经销商评价说,"奥克斯"的车都是常规车型,也就是大路货,7万～8万元的价格也不占优势。何况,低端SUV市场品牌太多,竞争激烈,既没有品牌效应,也没有价格优势的"奥克斯"显然很难生存。

2005年1月18日,董事会上,"奥克斯"作出了撤出汽车行业投资的决定。

2005年3月23日,"奥克斯"批准沈阳奥克斯汽车有限公司(沈阳双马)关于终止SUV和皮卡生产的申请。24日,"奥克斯"宣布全面退出汽车产业。

资料来源:摘自网易网站2006年8月29日有关报道。

思考题:

1."奥克斯"进入和退出汽车业属于财务战略还是营销战略?

2."奥克斯"进入汽车业失败的原因是什么?属于战略制定者还是执行者的错误?

3. 财务战略的综合性

单个企业在财务战略一般限于投资规划、筹资计划和利润分配,而企业集团的财务战略不仅包括这三个主要内容,还包括未来对子公司财权控制的范围、集团内部资金流动管理模式设计、预算管理模式选择等方面。这是因为这些方面的具体安排涉及集团投资、筹资和利润分配战略的具体落实,同时这些方面的规定也影响企业集团财务战略管理的效率。

(二) 企业集团财务战略管理的内容

与单个企业类似,企业集团财务战略主要包括对筹资、投资、利润分配等方面的未来设计。但在集团背景下,财务战略有着不同的层次划分,本书将重点讨论集团总部、事业部(子公司)和职能部门各自的财务战略内容。

1. 集团总部的财务战略

集团总部的财务战略,是集团最高管理层从集团整体角度制定的未来较长时期集团的筹资、投资和利润分配战略。集团总部财务战略是集团企业战略的重要支持,体现了集团公司所有者的利益和目的。

考虑到企业集团管理总部的管理职能,集团总部的财务战略一般包括如下内容:

(1) 建立和管理全局性的多种经营组合决策(如收购、强化现有经营项目的市场地位等)。企业集团管理有多种职能,其中首要职能是确定整个企业集团的战略发展重点和各个经营方向的组合,以实现既保证集团核心竞争力的发展,又使得各个相关产业协调前进。为实现集团经营组合决策,财务战略还需要包括对增加、调整和减少的产业方向和规模确定实现的途径。

【阅读材料 2 - 7】

"宝钢股份"的竞争战略和投资战略

公司专注于钢铁业,2005 年新增贸易、航运、煤化工、信息服务等业务。主要产品有热轧板卷、普通冷轧薄板、镀锌板、镀锡板、彩涂板、电工钢、无缝钢管、热轧酸洗板、高速线材、不锈钢、特殊钢等,广泛应用于汽车、家电、石油化工、机械制造、能源交通、建筑装潢、金属制品、航天航空、核电、电子仪表等行业。

公司以"成为世界一流的钢铁制造商,致力于向社会提供超值的产品和服务"为使命,以"诚信、合作、创新、追求企业价值最大化"为核心价值观,以"成为全球最具竞争力的钢铁企业"为战略目标,实行以规模和技术为基石,发展循环经济,走新型工业化道路和坚持管理创新,提升软实力,增强核心竞争能力为重大战略举措的跨越式发展战略。公司实施"目标集聚"的竞争战略,聚集于汽车板、电工钢、管线钢、能源用管、船板、不锈钢、高合金钢等战略产品的发展,提升战略产品的综合竞争力,保持在国内板材市场的主导地位。坚持科学发展观,走可持续发展的新型工业化道路。

针对国内外钢铁业发展的新形势及公司完成增发收购后的变化,完成了新一轮规划的编制。规划涵盖的业务范围,从原来的仅包括碳钢单元,扩展到涵盖不锈钢单元、特钢单元以及贸易、化工、IT 等相关领域;在内涵发展上,更加注重体系能力等软实力的建设,注重科学发展。规模发展、技术创新、体系能力建设和循环经济是本轮规划特别强调的四个重点。到 2012 年,公司钢铁产能将达到 5 000 万吨级以上,销售收入大幅提升,建成目标市场品种、规格齐全、产品系列配套、以精品钢材为核心的钢铁生产基地,为建成全球最具竞争力的钢铁企业奠定更为坚实的基础。新一轮发展规划是指导公司未来几年发展的行动纲领。

资料来源:节选自宝钢股份有限公司 2006 年年度报告。

思考题:

1. "宝钢股份"的竞争战略和财务战略是什么?

2. "宝钢股份"的竞争战略和财务战略之间有什么关系?

(2) 建立投资项目的评价体系,将公司资源投入最有吸引力的投资机会中。企业集团有多个经营产业,下属多个子公司,因此集团总部不可能对集团每一个投资项目都进行直接决策。因此,为保证集团投资的有效性,集团总部需要制定投资项目的评价体系,间接控制集团投资战略的落实。例如,某集团公司总部为控制集团下属子公司投资,制定了如下投资项目评价体系(见表2-4)。

表2-4　某集团公司投资评价指标体系

评价指标	评价指标可行标准
内含报酬率	≥10%
对现有产品的市场影响	对其他现有产品销售收入的减损不能超过其年收入的20%
行业相关度	只限于集团发展战略规定的方向
回收期	不超过8年
目前人力资源储备情况	主要技术骨干已经具备,管理人员能够在建设期结束时完成配备
环境污染治理成本	小于年运营成本的30%

(3) 对事业部战略提出评论,修正或进行统筹企业集团的各个事业部门(子公司)具有相对独立的经济利益,因此他们会根据本部门情况确定自身的发展战略。由于事业部(子公司)的地位不同,他们提出的发展战略有可能与整个集团的要求不符合,因此集团需要对事业部门(子公司)的战略提出评价意见和修正要求。

例如,某集团公司是一个钢铁压延加工企业,下属金工事业部和炼钢事业部。2007年年初,金工事业部提出要增加机械设备投资,为以后扩大外接业务特别是运输车厢加工提供基础,理由是以后这类业务会非常多。集团公司经过研究后,认为上述投资战略不能采纳,因为本集团主要为钢铁铸件的加工业务,增加机械设备投资用于运输车厢加工与公司整体战略不符合。

(4) 确定整个集团未来的资金筹集总量和资本结构。在集团企业中,下属企业一般不具备独立的对外筹集资金的权力,因此如何从外部筹集资金保证集团发展需要就成为集团财务战略的一个重要问题。

企业集团确定筹资战略时,需要考虑的因素主要是筹资总量和资本结构。筹资总量的确定需要考虑公司整体发展战略和下属单位未来的投资安排情况,而资本结构的确定需要考虑公司下属子公司股权结构安排、筹资方式和最佳资本结构的要求。

【阅读材料2-8】

从融资角度看我国三大石油公司资本结构选取的偏好及动因

石油行业是一个特殊的行业。在这个行业中,最优的资产是地下的石油和天然气(人的因素这里不作比较),特别是以石油和天然气勘探开发为主的公司,对优质油气储量的占有是一个很大的优势。规模较大的石油公司一般都很注重油气资源的接替,当可动用的储量减少较多时,公司会有意加大勘探力度,努力寻找到接替的资源,保持可供开采几十年的储量。因而大型石油公司,特别是拥有良好的上游资源的大型公司,有把握保持稳定的现金流量。

正是由于上述原因,大型的石油公司一般能够支持较高的负债,这可以从国外大的石油公司的资本结构水平中看出,像"雪佛龙"、"埃克森"、"MOBIL"近几年都保持50%～60%的负债率。我国的三大石油公司,在资本结构的选取上却出现了不一致。"中石油"和"中海油"这两家以上游资源占有优势的大型石油公司,完全可以支持高负债率的运营,但近几年却不断降低负债率,基本上保持在35%左右,而"中石化"这家上游资源不丰富,盈利能力相比较而言最差的公司却采取高负债率的经营策略。我们可以从表2-5中发现这一趋势。

表2-5　我国三大石油公司近几年贷款债务净额的变化　　　　单位:百万元

年　份	1999	2000	2001	2002	2003
中石油	121 283	68 542	62 750	58 913	32 754
中海油	6 033	4 748	3 255	941	−15 814
中石化	42 038	54 536	55 555	61 890	59 495

笔者认为,"中石油"和"中海油"选择低负债的资本结构可能主要出于如下的考虑:

(1) 公司经营战略的需要。"中石油"和"中海油"都占有优越的上游资源,目前的基本战略方针都是立足国内,积极开展国外油气田的勘探开发和并购活动,"中海油"在这方面的力度更大于中石油。为了与公司这种经营战略相适应,公司在自身现金流能够应付这些扩张活动的情况下,有意降低负债率,以应对今后可能发生的更大的扩张活动。

(2) 保证公司在财务方面的灵活性。国际石油领域的竞争不仅需要实力,而且还需要速度。"中石油"和"中海油"保持低负债率可以较少地受到债务合约的束缚,可以使公司具有更大灵活性。

(3) 在贷款方面留有一定的额度,以备将来之用。"中石油"和"中海油"的负债率在石油企业中属于较低的,低于正常水平10%～20%,这可以使两个公司保留很大的贷款额度,以应付将来可能发生的贷款需要。

(4) 树立良好的公司形象。"中石油"和"中海油"低负债率经营是在向外界表明,公司的经营状况良好,现金流充足,公司无需大量借债。

资料来源:节选自付建奎:《从融资角度看我国三大石油公司资本结构选取的偏好及动因》,《中国科技信息》2005年第3期,第56页。

思考题:我国三大石油公司的筹资战略是什么?与资本结构战略有何关系?

2. 事业部财务战略

事业部(子公司)财务战略是事业部负责人为本部门的战略目标落实而制定的财务战略。受事业部在管理权限和工作内容上的限制,事业部财务战略具有如下特征:

(1)服从于集团总部财务战略,为本部门战略目标的实现提供支持。事业部负责人在制定财务战略时,首先要根据集团总部确定的筹资规划,估算集团对本部门可能投入的资金。在此基础上,根据本部门发展战略步骤,确定本部门的具体投资规划。

【阅读材料 2 - 9】

"中石化"的投资战略

根据 2006 年年度报告,中国石油化工集团公司的投资规划为:2007 年,本公司按照"扩大资源、拓展市场、降本增效、严谨投资"的发展战略,遵循上中下游全面、协调、可持续发展和实现效益最大化的原则,加大优化调整力度、突出核心业务发展、加快重点工程建设,全年完成固定资产投资 1 354 亿元;共有 50 套炼油化工生产装置建成投料试车,3 条长输管线建成投产,成为本公司历年来投产项目最多的一年,使中国石化整体实力得到进一步增强,为下一步发展积蓄了强大后劲。

主要投资项目如下:

(1)油田地面。"川气东送"工程前期准备工作全面展开,工程建成后,可将目前国内规模最大、丰度最高的普光气田天然气通过管道直接输送到东部地区。塔河油田产能地面工程建成,胜利埕北 26 产能建设区块完成海上平台及配套管线建设并投产。

(2)炼油化工。跟随国际炼油化工装置大型化发展趋势,本公司炼油化工装置单系列规模不断扩大,新开工的炼油装置达到 1 000 万吨/年规模、乙烯装置达到 100 万吨/年规模。2006 年,海南大炼油工程和茂名乙烯改扩建工程建成投产,广州炼油改造工程 8 套新建主装置投料试车成功,燕山炼油改造工程 6 套新建装置建成中交,青岛大炼油工程、福建炼油乙烯工程、洛阳和武汉油品质量升级改造工程开工,天津炼油乙烯一体化工程和镇海乙烯工程奠基。安庆、湖北、巴陵三套化肥"煤代油"工程相继建成投产,大大降低了原料成本。

(3)管道储运。管道运输作为本公司发展战略的重点之一,近年来投资建设了多条长距离、大口径的原油、天然气和成品油管道。2006 年,建成投产了仪征—长岭、临邑—济南 2 条原油管道和珠三角成品油管道;天津一体化原油储运工程、曹妃甸原油码头及配套工程、长岭—株洲成品油管道工程开工建设;北京环城、石家庄—太原、洛阳—郑州—驻马店、金山—嘉兴—湖州、安庆—合肥 5 条成品油管道建设继续顺利推进。

中国石化(股份)公司是中国石油化工集团公司的控股子公司,在香港、纽约、伦敦、上海四地上市,亦是上、中、下游综合一体化的能源化工公司。中国石化及其附属公司的主要业务包括:石油和天然气的勘探、开发、生产和贸易石油的加工,石油产品的生产,石油产品的贸易及运输、分销和营销石化产品的生产、分销和贸易。

中国石油化工股份有限公司在 2006 年度报告中公布的投资规划为：2007 年本公司将继续坚持"量入为出，控制总量，集中决策，调整结构，优化项目，增加回报"的方针，努力实现本公司的有效发展。根据目前的宏观经济形势和市场情况，全年计划资本支出人民币 1 100.6 亿元。勘探及开采板块人民币 531.0 亿元，用于加快"川气东送"工程进度以及搞好川东北、鄂尔多斯、塔河油田和天山南的油气勘探开发。炼油板块资本支出人民币 227.0 亿元，重点用于青岛炼油项目、渤海湾原油输转及接卸设施建设以及高桥、燕山炼油改扩建工程。化工板块计划资本支出人民币 194.6 亿元，抓好福建、天津、镇海乙烯项目建设，推进扬子、上海和金陵石化合纤单体和有机原料的配套及改扩建工程建设。销售板块资本支出人民币 120.0 亿元，继续优化完善成品油销售网络，加快成品油管道和油库建设。总部及其他资本支出人民币 28 亿元。

资料来源：中国石油化工集团公司 2006 年年度报告。

思考题：试分析中石化（股份）公司的财务战略与中石化（集团）公司财务战略的关系。

（2）事业部的财务战略以投资战略为主。从事业部角度说，资本筹集是集团总部的主要任务，而利润分配则是股东和董事会的职责，事业部经理主要负责投资项目的规划和落实，因此投资成为事业部的主要财务战略。此外，事业部的财务战略还可能包括：未来营运资金管理的指导思想、未来的盈余预测等。

（3）事业部财务战略更具体、详细。由于事业部是企业战略的执行部门，因此事业部的财务战略比总部的财务战略应更详细具体。一般来说，集团总部的财务战略可能是总额控制，包括投资总额、资本筹集总额等，而事业部的财务战略需要具体落实到项目、执行时间和具体数额。

3. 职能部门的财务战略

在企业集团中，具有财务战略的职能部门一般是总部的职能部门。职能部门在企业集团的战略管理中主要起职能支持作用，因此除集团财务部门外，大部分职能部门的财务战略主要在于确定本部门的未来一段时期主要工作以及相应的费用预算。

集团财务部门的财务战略比较特殊，除本部门的费用预算外，主要要考虑未来集团财务管理的管理思想、具体制度和财务管理体制的设计。有关这一部分内容将在下一章进行具体讨论。

第三节 企业集团财务战略的制定与执行

企业集团财务战略的制定与执行包括总部和子公司两个层次，考虑到集团总部财务战略的制定与执行与单个企业程序和思路基本类似,本节着重讨论集团总部对下属子公司财务战略的制定和执行的控制程序。从集团总部的角度说,各下属子公司就是各个不同的责任中心,因此企业集团对子公司财务战略的制定与执行控制程序包括:确定各责任中心的性质;根据集团发展战略确定各责任中心的财务战略;对各责任中心财务战略实施的控制。

一、确定各责任中心性质

所谓责任中心,是指在企业内部确立的承担一定经济责任,并享有一定权利和利益的企业内部单位。在企业集团内,集团总部为了能够有效地控制和协调各子公司,通常会将各个子公司设定为各个层次不同的责任中心,明确各子公司应当承担的经济责任、应有的权利。

通常集团企业的子公司可以根据战略管理需要设计成两类责任中心:利润中心和投资中心。

(一) 利润中心

所谓利润中心,就是对本部门的收入、成本费用和利润负责,享有经营管理权力的责任中心。集团企业将某个下属子公司设计成利润中心,主要有如下考虑。

1. 明确子公司的经营方向和经营规模

将某子公司设计成利润中心,可以限定其在集团制定的战略经营方向和规模内经营,从而确保集团经营战略的实现;此外,限定子公司经营方向和规模还可以确保其他子公司与该子公司的业务协调,从而确保整个集团协调发展。

【阅读材料 2 - 10】

海尔集团的组织结构与子公司管理

1984 年,海尔集团前身——青岛电冰箱厂成立时,生产品种只有 1 种,规模也很小。海尔当时的企业发展战略是名牌战略。针对这种情况,海尔采用的是典型的直线职能制:厂长—职能科室—车间主任—工段长—班组长。

发展到 1988 年,海尔的年销售额已经达到 26 亿元,特别是在 1991 年兼并了青岛冰柜厂和青岛空调器厂之后,海尔已经成为生产三大种类主要产品的企业集团。伴随着企业多元化战略的实施,海尔集团逐步推行"事业部制"组织结构。

海尔集团在 1997 年年初,对其组织结构进行了新的调整。经过新的调整,海尔集团在其集团内部成立直属于集团公司的空调电子本部、冷柜电热本部、洗衣机住设本部、冰箱电工本部、生物工程发展本部、金融发展本部和工装发展本部等七大本部(在每个本部之下,建立起事业部式组织结构)。改进后的海尔集团组织结构特点是分层利润中心制,其实质就是超级事业部制的变形。超级事业部制改革的好处在于形成两级利润中心,职能部门职责更清晰,效率更高。

思考题:试分析为什么海尔集团将下属各子公司设置成利润中心而非投资中心?

2. 确保对子公司财务控制的严密性

将子公司设计成利润中心,可以将子公司的重大投资和筹资决策权力控制在集团总部。这是因为一般利润中心只负责按现有投资规模经营产品,而不负责筹集资本和改变现有投资方向和规模。如果将子公司设计成投资中心,则必然要授予子公司一定的投资和筹资权力,这样就难以确保集团对子公司的财务控制效率。

3. 实现对子公司的战略管理和经营管理分离的目标

将子公司设计成利润中心,子公司经营者只负责日常经营活动,而重大战略决策包括财务战略决策由集团总部控制,这样有利于利用两个层次管理分工,确保子公司的管理效率。

(二) 投资中心

所谓投资中心,就是对本部门的投资额、投资收益负责,享有投资决策和经营管理权力的责任中心。在所有类型的责任中心中,投资中心享有最多的权力,也负有最大的责任。集团总部将某个子公司设置为投资中心,主要的原因可能包括以下几个方面。

1. 企业集团的控股股东实行财务资本运营战略

企业集团对下属企业的运营模式有多种选择,如果控股股东选择产业资本运营战略,则企业集团会确定未来的投资产业和规模,因此下属子公司的投资战略被限制;如果控股股东选择财务资本运营,通过投资收益水平考核子公司业绩,则会将子公司的投资权授予子公司经营者,在这种情况下,集团下属子公司就可能成为投资中心。

2. 最高管理层对某子公司的投资和经营不熟悉

有些企业集团属于混业集团,经营多种产业。而最高管理层只熟悉其中某几个行业,对其他几个行业并不熟悉,因此对于不熟悉的行业如何开展投资决策就必须由熟悉该行业发展规律的子公司经营者确定。在这种情况下,集团总部就会把这些子公司设置为投资中心。

此外,集团总部为了集中精力管理核心企业,也往往会放弃对于企业集团中并非核心企业的参股公司的投资权控制,将他们设置为投资中心。

【阅读材料 2－11】

华润集团的组织结构与子公司管理

"华润"的历史最早可以追溯到 1938 年"联和行"在香港成立,1948 年"联和行"更名为"华润公司"。1983 年,改组为华润(集团)有限公司,总部位于香港湾仔港湾道 26 号华润大厦。今天,华润集团已发展成为中国内地和香港最具实力的多元化企业之一,总资产约 2 000 亿港元。华润集团从事的行业都与大众生活息息相关,主营业务包括日用消费品制造与分销、地产及相关行业、基础设施及公用事业、医药制造与分销四个领域。

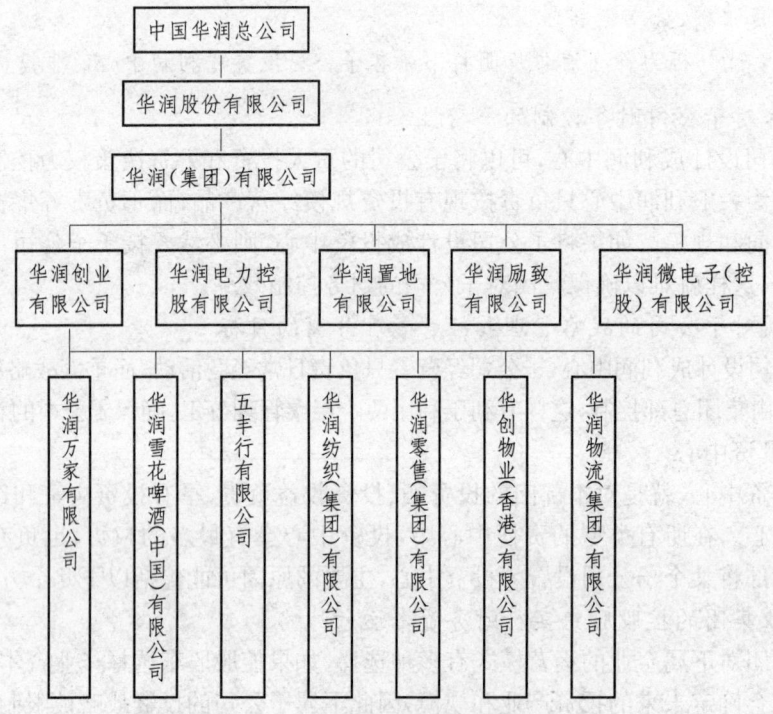

图 2 - 1　华润集团组织结构示意图

目前,华润集团下属"华润创业"、"华润置地"、"华润励致"、"华润电力"和"华润微电子"5 个上市子公司和"华创物业"等 10 个非上市子公司。其中"华润创业"、"华润励致"为投资中心,其他各子公司为利润中心。"华润创业"于 1992 年建基香港,其股份于香港联合交易所挂牌,是香港恒生指数及恒生伦敦参考指数成分股之一,股份也以美国预托证券买卖,并可于英国交易所自动报价系统交易。"华润创业"的主要业务是经营在香港及中国内地的分销业务。其中核心业务包括零售、饮品、食品加工及分销、纺织等。分别由"华润万家"、"华润零售"、"华创物业"、"华润物流"、"华润雪花啤酒"、"五丰行"、"华润纺织"等企业经营。目前"华润创业"在国内及香港共有员工约 90 000 人,2006 年,"华润创业"营业额为 654 亿港元,税后盈利 27.76 亿港元。"华润励致"于 1994 年在香港联合交易所上市,专注于制造用于消费类电子产品,用于住宅空调机之压缩机。

资料来源:华润(集团)有限公司网站。

思考题:试分析为什么华润集团将"华润创业"、"华润励致"设置为投资中心,而下属其他子公司设置成利润中心而非投资中心?

二、根据集团发展战略确定各责任中心的财务战略

在确定了各子公司的责任中心性质后,企业集团就可以根据集团的发展战略确定各责

任中心的财务战略。由于各企业集团的管理模式互不相同,因此确定子公司财务战略的具体程序就各不相同,这里我们主要讨论一下企业集团确定子公司财务战略的基本做法。

（一）对设置为利润中心的子公司财务战略的制定过程

企业集团确定子公司财务战略的主要步骤如图2-2所示。

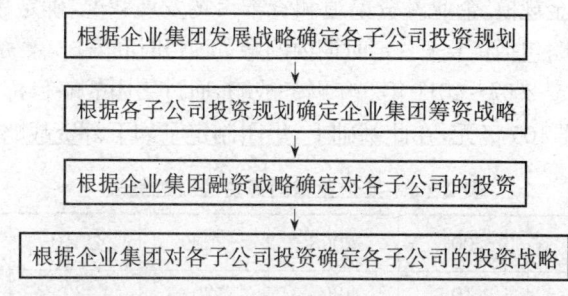

图2-2 确定子公司财务战略的主要步骤

1. 根据企业集团发展战略确定各子公司投资规划

企业集团首先应根据整体发展战略,分析应由各个子公司落实的战略步骤。在此基础上,确定各子公司在未来一定时期(比如5年内)需要做的投资项目。这一步骤非常关键,因为它直接影响子公司未来的投资规模。

例如,2007年,宝钢集团最新的战略目标定位为:成为拥有自主知识产权和强大综合竞争力、备受社会尊重的、"一业特强、适度相关多元化"发展的世界一流的国际公众化公司,成为世界500强中的优秀企业。宝钢集团设定了如下的具体目标:力争2012年形成8 000万吨的产能规模;销售收入达到500亿美元以上,利润总额50亿美元以上;钢铁主业综合竞争力进入全球前三强,进入世界500强200名以内。宝钢集团目前只有2 000万吨的规模,到2012年实现8 000万吨,相当于要在5年内再造3个宝钢集团。要想实现规模快速扩张的战略目标,究竟该采取何种策略? 宝钢集团选择了自制加并购两条腿走路的模式,即围绕"规模扩张"这条主线,包括摒弃了一直实行的"精品战略",而采取了从"精品战略"到"精品＋规模"战略的转变;摒弃了原先的"完全靠新建为主"的扩张方式,实现从"新建为主"到"兼并重组与新建相结合"的扩张方式的转变。其中,兼并策略由宝钢集团自己负责,包括从2007年完成收购八一钢铁公司,以及后面对邯郸钢铁公司、包头钢铁公司的战略收购意向的开始落实等。而新建则主要由下属子公司宝钢股份负责,为此宝钢股份在2006年度制定了公司新一轮发展规划(2007~2012年)。规划涵盖的业务范围,从原来的仅包括碳钢单元,扩展到涵盖不锈钢单元、特钢单元以及贸易、化工、IT等相关领域;在内涵发展上,更加注重体系能力等软实力的建设,注重科学发展。到2012年,公司钢铁产能将达到5 000万吨级以上,销售收入大幅提升,建成目标市场品种、规格齐全、产品系列配套、以精品钢材为核心的钢铁生产基地,为建成全球最具竞争力的钢铁企业奠定更为坚实的基础。为此,宝钢股份制定了每年投资 300 亿元,用于新建钢铁冶炼、矿石开发、运输等项目,2007 年完成总投资 230 亿元。

2. 根据各子公司投资规划确定企业集团筹资战略

在各子公司投资规划确定下来后,集团总部可以测算落实这些投资规划需要在未来筹集的资金规模,并根据资金规模、企业筹资渠道和资本市场发展状况,确定集团未来一定时期内的融资战略,该融资战略包括:未来一定时期内的融资项目时间安排、融资方式和融资金额等。例如,某企业集团在制定 2007～2011 年 5 年财务战略,通过集团战略目标分析,确定集团未来 5 年内总投资规模需要 100 亿元,在此基础上,集团制定了如下筹资战略(见表 2-6)。

表 2-6　某企业集团筹资战略规划表　　　　　　　　单位:亿元

年　　　度	2007	2008	2009	2010	2011	合计
投资规划	10	20	20	20	30	100
当年留存利润	4	4	5	5	6	24
当年集团对外筹资额	6	16	15	15	24	76
筹资方式	长期借款	发行债券	长期借款	发行股票	发行股票	
筹资后集团负债比率(%)	50	55	60	55	48	

制定企业筹资战略时,需要考虑采取各种筹资方式的资本成本、筹资后企业集团的负债比率等因素,以选择恰当的筹资方式,降低企业集团的财务风险。

3. 根据企业集团筹资战略确定对各子公司的投资

本步骤主要是根据上一步骤确定的企业集团筹资战略确定的未来一定年度总筹资和各年度筹资额,确定对各个子公司的资金投放金额。企业集团需要根据集团投资战略步骤、年度筹资额度,以及项目投资的轻重缓急不同情况,确定对各个子公司的资金投放金额。在存在资金紧张的情况下,企业集团一般会优先考虑核心企业重要项目的资金供应,以保证主要战略目标的实现。

例如,某企业集团有 A、B 和 C 三个子公司,根据集团筹资战略总部确定了 2007～2011 年度对 A、B 和 C 三个子公司投资额如表 2-7 所示。

表 2-7　某企业集团子公司 2007～2011 年度投资分配表　　　　单位:亿元

年　　　度	2007	2008	2009	2010	2011	合　计
总投资额	10	20	20	20	30	100
A公司	5	11	9	10	16	51
B公司	3	4	8	5	6	26
C公司	2	5	3	5	8	23

4. 根据企业集团对各子公司投资确定各子公司的投资战略

确定了子公司各年度的投资额后,企业集团管理层就可以和子公司管理者一起确定子公司的投资战略。在本步骤,集团管理层和子公司管理者要在各自投资额范围内,根据本部门投资规划,确定未来一段时期内各年度的投资项目和投资额,在此基础上形成本部门的投资战略。

例如,上例中企业集团最高管理者与 A 公司经理经过讨论后,确定了 A 公司的投资战略如表 2-8 所示。

表 2-8　某企业集团 A 公司 2007—2011 年投资战略规划　　单位:亿元

年　　度	2007	2008	2009	2010	2011	合　计
总投资额	5	11	9	10	16	51
项目 1	5	6	6	0	0	17
项目 2	0	5	3	5	8	21
项目 3	0	0	0	5	8	13

(二) 对设置为投资中心的子公司财务战略的制定过程

对于设置为投资中心的子公司,集团总部并不直接干涉其投资方向,而是先由子公司在董事会和股东会首先确定投资战略和规模,然后汇报集团总部。集团总部根据各子公司确定的投资战略和规模,估算未来一定时期内整个集团的资金需求量,在此基础上确定集团筹资战略,以及对各个子公司投资的计划。后两个步骤的基本思想与前文所述对利润中心的资金配置类似,不再重述。

三、对各责任中心财务战略实施的控制

在各责任中心财务战略确定下来以后,集团总部需要对各责任中心财务战略的实施进行控制。这种控制一般属于间接控制,包括战略执行和战略实施评价两个阶段。

(一) 战略执行

由于各责任中心的财务战略涉及时间比较长,因此集团公司总部需要定期对于各子公司的财务战略执行情况进行监督。

1. 审查各责任中心每个财务年度资金的筹集和使用情况

为了了解子公司财务战略的执行情况,集团总部要定期了解子公司的投资、资金来源情况,主要的途径有:① 审查子公司财务报告,分析主要投资项目和资金来源情况;② 进入子公司实地调查子公司投资项目进展情况和资金来源落实情况;③ 利用派出的财务人员监督其资金来源和使用状况。

2. 分析每年度资金筹集与使用情况和财务战略的差异原因

企业集团制定子公司财务战略后,要了解实际执行情况与财务战略的差异,分析其原因。如果属于主观原因,应要求子公司经营者及时改正,而若属于客观原因,则应考虑修改战略步骤。一般来说,由于财务战略通常是提前一段时期制定的,因此实际执行时环境可能发生变化,此时企业集团需要根据实际情况及时修改战略步骤,保证目标的实现。

3. 根据财务战略实际执行时的具体情况提出战略修改建议

如果经过分析发现原有财务战略的执行因为客观环境变化而变得不可行,企业集团应及时讨论改变战略安排,确保战略目标实现。比如,经分析发现由于资本市场利率上升导致原先的长期借款筹资计划不能落实,因而影响投资战略的落实,企业集团可考虑增发股票来替代长期借款,并分析发行股票替代借款的优缺点,以便确定是否修改筹资战略。

(二) 战略实施评价

在子公司某个财务战略执行完毕后,企业集团应对该子公司财务战略的执行情况进行综合评价。评价的内容包括:原先财务战略目标的实现情况;财务战略执行过程中出现的问题原因;财务战略执行过程中出现的问题对策是否合适;财务战略有没有起到对子公司整体经营的支持作用等。

本 章 小 结

(1) 企业战略是企业面对激烈变化的经营环境,为求得长期生存和不断发展而采取的竞争行动和管理业务的方法。战略管理是指一个企业通过制定战略、实施战略、评价战略效果、改进战略并重新实施这一循环过程不断提高企业效率的管理模式和程序。

(2) 企业财务战略是为适应公司总体的竞争战略而筹集必要的资金,并在组织内有效地管理与运用这些资金的方略。企业财务战略是企业战略的重要组成部分,也是企业战略能够实现的基础。按内容划分,企业财务战略可分为筹资战略、投资战略和分配战略。

(3) 所谓企业集团财务战略,是指企业集团为实现整个集团战略而制定的有关整个集团未来较长时间内的筹资、投资、利润分配等方面的战略安排与步骤。与单个企业相比,企业集团财务战略具有如下特征:① 战略的多层次性;② 战略控制的间接性;③ 财务战略的综合性。

(4) 集团总部的财务战略是集团最高管理层从集团整体角度制定的未来较长时期集团的筹资、投资和利润分配战略。集团总部的财务战略一般包括如下内容:① 建立和管理全局性的多种经营组合决策;② 建立投资项目的评价体系,将公司资源投入最有吸引力的投资机会;③ 对事业部战略提出评论、修正或进行统筹;④ 确定整个集团未来的资金筹集总量和资本结构。

（5）因此企业集团对子公司财务战略的制定与执行控制程序包括：确定各责任中心的性质；根据集团发展战略确定各责任中心的财务战略；对各责任中心财务战略实施的控制。

市章参考文献

1. 徐二明. 企业战略管理[M]. 北京：中国经济出版社，2002：18.
2. 李敏. 发电企业集团财务战略的实施研究[J]. 会计之友，2007(12).

复习思考题

1. 如何理解财务战略与企业战略之间的相互关系？
2. 企业集团财务战略与企业集团文化和公司治理结构之间有什么关系？
3. 企业集团如何将集团财务战略转变为各个子公司财务战略？
4. 企业财务战略对企业集团财务管理效率的提高有什么作用？

案　例　题

产能过剩　火电企业何去何从

继钢铁、煤炭企业由于产能过剩遭遇窘境后，未来几年火电企业或将迎来同样难题。中国国电集团公司（以下简称"国电"）总经济师张树民在参加"中国500强企业高峰论坛"上如是表示。国电集团也将面临职工安置的问题。

张树民表示，小电厂、环保不达标的电厂，不需要政府强制关闭自己就难以运行、面临倒闭。国电也面临处理僵尸企业、倒闭潮和随之而来的职工安置问题。

张树民解释称，目前全国约15亿千瓦的总装机量中，火力发电占到9亿多，每年要燃烧20多亿吨煤，由此产生了大量废渣、废气以及一系列环境污染和破坏问题。近年来，在欧洲一些国家如德国，新能源已经完全替代了传统能源，传统能源"必然要走向没落"。

火电企业已经开始遇到困难。据中电联2015年电力工业统计快报统计，全国6 000千瓦及以上电厂发电设备平均利用小时继续下降，2015年全国发电设备平均利用小时为3 969小时，同比降低349小时，是1978年以来的最低水平。

与之相反的是,2015 年年底,全国可再生能源发电装机容量达 4.8 亿千瓦,发电量占全部发电量的比重超过 20%。

由于电力需求疲软,大型发电集团发电量均有所下降。华能集团 2016 年上半年完成发电量 2 887 亿千瓦时,同比下降 5.9%;大唐集团 2016 年上半年完成发电量 2 254.81 亿千瓦时,同比下降 4.11%;华电集团 2016 年上半年完成发电量 2 263 亿千瓦时,同比减少 1.54%;国电集团 2016 年 1~5 月完成发电量 1 944 亿千瓦时,同比下降 2.01%。

发电量下降的直接结果就是利润的下滑。2016 年 1~5 月,五大发电集团煤电利润同比下降 46.2%。国电集团表示,发电行业面临历史性拐点,正处于增长速度换挡期、结构调整攻坚期和经营发展转折期的"三期叠加"特殊历史阶段。

张树民介绍,目前国电总的发电装机容量已达到约 1.3 亿千瓦,其中风电装机容量为世界第一,接近 2 400 万千瓦,而整个中国当前风电装机量也在 1.3 亿千瓦左右。国电集团必须大力发展新能源,尽量把人员分流到新能源当中。

大型发电集团低碳清洁能源装机比重稳步上升。截至 2016 年 6 月底,国家电投清洁能源装机占比达 41.69%。国电集团清洁能源装机比重达到 29.8%。华能集团清洁能源装机比重达到 28.9%。

有专家估计,2020 年,我国火电产能将有 4 亿千瓦的过剩产能,产能过剩问题可见一斑,火电企业不得不进入破产潮。

资料来源:《北京商报》2016 年 9 月 1 日。

大唐发电的战略抉择

2016 年,随着我国经济发展进入新常态,电力生产消费也呈现新常态特征,电力供应结构持续优化,电力消费增长主要动力由高耗能向新兴产业、服务业和居民生活用电转换,能源电力需求增速放缓,电力供需将延续总体富余、部分地区明显过剩的格局。

2016 年,公司火电设备利用小时预期将进一步下降,加之燃煤发电上网电价下调、部分省份大用户直接交易操作过程中降价幅度较大等因素,预期将影响公司 2016 年整体利润。污染物排放新标准的执行及新《环境保护法》的实施对企业污染物排放要求越来越严格,企业生产成本明显增长,后续环保设备改造也可能影响公司部分企业的正常生产经营。

2016 年是全面建成小康社会决胜阶段的开局之年,也是推进结构性改革的攻坚之年。在把握好稳增长与调结构的平衡、着力加强供给侧结构性改革、加快培育新的发展动能、改造提升传统产能优势的前提下,以提高发展质量和效益为中心,以打造发电产业升级版为主线,以科技创新为动力,加快推进结构调整,实现发电主业高效清洁可持续发展,将公司建设成为核心竞争力突出、具有较强持续发展能力的知名综合能源服务商。

附表 1　2015 年度大唐发电投资项目情况表 单位:千元

项目名称	项目金额	项目进度	本年度投入金额	累计实际投入金额
火电	76 196 120	已投产或在建	5 215 457	49 800 905
水电	74 806 510	已投产或在建	7 168 310	64 819 678
风电、光伏	15 966 120	已投产或在建	1 827 373	13 497 326
煤炭	20 970 000	已投产或在建	683 540	12 421 850
煤化工	69 520 820	已投产或在建	2 442 110	64 197 008
其他	24 091 52	已投产或在建	198 700	9 129 007
合计	281 551 090	—	17 535 489	213 865 775

附表 2　主营业务分行业、分产品、分地区情况 单位:千元

分行业	营业收入	营业成本	毛利率	营业收入比上年增减	营业成本比上年增减	毛利率比上年增减
电力行业	56 990 891	37 709 847	33.83%	−10.81%	−12.47%	增加 1.25 个百分点
煤炭行业	267 649	372 034	−39.00%	−84.77%	−78.55%	减少 40.28 个百分点
化工行业	1 839 983	2 060 012	−11.96%	−4.00%	6.82%	减少 11.34 个百分点
其他	2 118 413	2 225 714	−5.07%	2.39%	−2.24%	增加 4.98 个百分点
合计	61 216 936	42 367 607	30.79%	−12.09%	−13.57%	增加 1.18 个百分点

主营业务分产品情况

分产品	营业收入	营业成本	毛利率	营业收入比上年增减	营业成本比上年增减	毛利率比上年增减
电力销售	55 556 321	36 045 252	35.12%	−11.24%	−12.93%	增加 1.26 个百分点
热力销售	1 434 570	1 664 595	−16.03%	9.79%	−1.13%	增加 12.82 个百分点
煤炭销售	267 649	372 034	−39.00%	−84.77%	−78.55%	减少 40.28 个百分点
化工产品	1 839 983	2 060 012	−11.96%	−4.00%	6.82%	减少 11.34 个百分点
其他产品	2 118 413	2 225 714	−5.07%	2.39%	−2.24%	增加 4.98 个百分点
合计	61 216 936	42 367 607	30.79%	−12.09%	−13.57%	增加 1.18

资料来源:大唐发电 2015 年年度报告。

思考题：

1. 根据火电发展背景资料，分析火电企业战略转型的必要性；讨论火电企业战略选择路径；

2. 根据大唐发电资料，分析该公司未来战略转型的路径是什么？

3. 根据附表2，讨论大唐发电战略转型存在的困难有哪些？这些困难会对集团财务产生哪些战略影响？

第三章 企业集团财务管理体制

【本章主要内容和学习要点】

本章主要介绍企业集团财务管理体制的定义、影响因素和基本内容,并分析三种类型财务管理体制的特点、优缺点和适应范围。

【课前案例】

深圳广电集团的财务管理体制

深圳广电集团在财务管理体制的构建中提出了"五项原则",即"集中管理、分级授权、多级核算、全面预算、绩效考核",这"五项原则"是构建深圳广电集团财务管理体制的基本框架。

(一)集中管理

所谓"集中管理"实际上强调的是一种财务相对集权的思想。财务集权是在经营分权的情况下实现集团总体目标的根本保障。

(1)财务组织结构建立。深圳广电集团根据其组织结构的特点以及对财务管理的要求,集团建立了"以财务管理中心为中心、各下属单位财务部门为网络"的两级财务管理组织体系。

(2)财会人员委派制。为更好地确保集团总体财务目标的实现,降低财务信息的不对称程度,规范和约束下属单位的财务行为,深圳广电集团全面推行财会人员委派制(主要是委派财务总监和财务经理),委派到下属单位的财会人员依法行使集团授予的财务监督权和管理权。

(3)重要经济事项的财权安排。根据"经营分权、财务集权"的原则,重要财权必须集中于集团本部。因此,强调集团本部集中管理下属单位经营方针和投、融资计划,基建项目,工资、福利报酬政策和方案,奖金发放方案,财务预决算方案,增加或减少注册资本,捐赠,资产处置,产权变更等。

(4)集团统一财会制度。集团统一会计政策是高质量会计信息的前提和保证,由集团财务管理中心负责制定集团统一的财务制度、会计制度和会计政策,规范集团本

（续上）

部及下属单位的财务行为，统一集团本部及下属单位的会计处理方法和程序。

（二）分级授权

集团的财权包括三个层次：第一层次，对整个集团战略发展产生重大影响的财权，如投资决策、对外筹资权、经营计划预算审批权、责任中心业绩考评权、工资福利报酬政策和方案审定权等；第二层次，对集团发展战略产生一般影响的财权，如一定金额范围以内的对内投资事项的决策权，下属企业工资、福利报酬政策和方案制定权，下属企业财务与会计细则制定权，经营策略决定权等；第三层次，一般性和日常性的财务处理权，如下属单位一般财务人员聘任与解聘权、财务信息收集与处理权等。

"集中管理"是一种财务相对集权的思想，但财务集权并不意味着将上述所有的权利全部集中到集团本部，而会将第三层次的财权，甚至第二层次的部分财权授权给相应的下属单位和集团本部各部门（如频道、频率）。

根据职级或分工的不同，深圳广电集团对财务审批权采取分级授权的形式，不同层级分别掌握不同的财务审核审批权，并承担相应的责任。集团本部各部门定额以内的经费支出，由部门审批；下属单位的各项经常性开支及5万元以内的非经常性支出由本单位领导自主审批。这种财务事项分级授权的做法，既充分体现了各部门和下属单位的权责利，提高了工作效率和积极性，同时大大减少了集团领导的审批工作量。

（三）多级核算

集团财务主体的多元化以及多层次化决定了其必须是多级财务核算和多级报表体系。深圳广电集团的报表体系包括三级：第一级集团合并报表；第二级集团本部报表、各下属单位报表；第三级各频道、频率等各部门报表。

（1）下属单位实行独立核算，设立独立账套，而集团本部各项收支必须分部门（频道、频率等）核算。这样各下属单位能形成相应的三张基本会计报表，而各频道、频率等也能形成相应的财务收支情况表。

（2）集团本部逐步加强集团会计电算化网络系统的建设，建立统一的财务软件核算平台，实施对下属单位的账表联网，实现对下属单位会计信息的随时调用和跟踪监控。

（3）为了保证下属公司报表的真实性、公允性，集团定期或不定期地对下属单位进行审计或稽核，加强对下属单位的财务监督。

（4）为方便集团领导和经营部门解读各级报表，财务管理中心加强了对各级财务报表内在信息的挖掘和分析，财务分析的加强使多级核算、多级报表体系的功能得到了充分的发挥。

（续上）

（四）全面预算

全面预算作为管理的切入点，不仅解决财务管理方面的问题，更主要的是保证集团战略意图得以实现。深圳广电集团建立了以战略为导向的全面预算管理体系：

（1）在预算编制形式和内容上，要求"围绕集团的战略要求和发展规划，以业务预算、资本预算为基础，以经营收入、经营利润为目标，以现金流量为核心进行预算编制，并主要以财务报表形式予以充分反映"。

（2）在预算编制程序和方法上，要求根据集团管理委员会提出的年度整体经营目标，在集团上一年经营情况的基础上，结合新的年度情况，编制集团本部的全面预算，并予以实施。

（3）在预算指标的细化分解上，要求按照频道、频率和部门，编制各事业部年度财务预算，并制定各项经营考核指标；编制集团本部各部门的相关费用定额。

（4）部门相关费用定额的确定。制定部门相关费用定额，实际上是集团经过长期探索建立的"软硬预算约束相结合"成本控制体系的内容之一。其中，硬预算控制包括：① 对频道固定性常态栏目的节目经费实施定额控制；② 对非常态栏目和特别节目，实施立项报批、经费审核小组审定；③ 对各部门办公费、交通费、接待费等实施经费定额管理。这些成本费用一经确定，就必须严格控制在定额以内。而软预算控制办法是将各部门成本费用中的人员费用、业务费用、设备材料费用三块作为目标成本，通过成本系数的计算，纳入绩效考核体系。成本节约可以带来绩效工资的增长，从而激励各部门追求成本费用的相对节约，即使追加投入，但能带来更大的产出。通过软硬预算约束相结合的成本控制体系，可真正做到"事先有预算、事中有控制、事后有考核"，强化集团全体员工的成本意识，实现对成本的有效控制。

（5）在对下属单位的预算控制上，由集团下达或审定下属单位经营目标，下属单位以这些经营目标为基础，编制独立的预算，并报集团审定。预算是战略落实的工具，为下属单位的管理控制提供基本依据，通过明确下属单位的责任目标，以全面预算管理实现结果为导向的过程控制，从而促进下属单位责任目标的完成。

（五）绩效考核

绩效考核作为现代企业战略管理的一个重要环节，侧重于对单位或部门的经营管理结果进行考核评价，并以考核及奖惩促进战略的执行，保证了集团在既定的轨道上前进。在这里集团战略目标起导向的作用。第一，集团的管理层必须制定明确的集团战略、长远的战略目标和年度经营目标；第二，根据集团组织结构的特点来确定业绩评价的对象，设定合适的业绩评价指标；第三，分解年度经营目标，并编制预算标准；第四，收集信息并编制业绩评价报告；第五，按照绩效考核结果确定薪酬。深圳广

．（续上）

电集团的绩效考核对根据组织类型，分别采用不同的考核办法：① 下属单位。各下属单位采用公司制，其工资福利奖金总额由集团按照考核结果，并通过机构董事会或相应决策机构决定，其员工个人工资福利及奖金办法由下属单位自行负责制定。② 事业部。集团本部的事业部作为相对独立核算的经营单位，实施"确定经营目标、考核经营成果、收入分配挂钩"的绩效考核办法。③ 职能部门。集团对职能部门实施"核定经费定额、考核服务质量、收入分配挂钩"的绩效考核办法。

"集中管理"、"分级授权"、"多级核算"是深圳广电集团战略执行的基础和平台，"全面预算"和"业绩考核"则是推动深圳广电集团战略实施的强有力手段和工具。"五项原则"整体推进，围绕集团战略目标和年度经营目标，在"集中管理"、"分级授权"、"多级核算"三大原则的基础上，"全面预算"和"业绩考核"一年运行一圈，保证战略转变成行动并推动业绩的增长，确保了深圳广电集团的战略执行。

资料来源：朱雨龙、胡亮明：《基于战略执行的集团财务管理体制构建——以深圳广电集团为例》，《中国总会计师》2007 年第 11 期，第 68～69 页。

思考问题：

1. 深圳广电集团财务管理体制的主要特征是什么？
2. 深圳广电集团财务管理体制与其组织结构和战略目标之间有什么关系？

第一节　财务管理体制概论

财务管理体制是财务管理的重要因素，它确定了财务管理中的权限安排、信息传递路线等，从而在很大程度上影响企业财务管理效率。本节我们主要讨论财务管理体制的基本概念以及集团企业财务管理体制的设计思路和作用。

一、财务管理体制的概念与作用

财务管理体制是企业财务活动中各种制度和程序的总称。企业进行各种财务活动，需要有一定的制度，以决定财务事项的决策者和执行者，以及财务事项决策者和执行者进行决策和执行的具体步骤，这样才能保证企业财务活动有目的有计划地执行。

在财务管理中，财务管理体制的作用体现在以下几个方面。

（一）财务管理体制确定财务管理权限划分

财务管理体制的一个重要任务是确定企业财务管理事项的权限如何在各个层次财务管理人员中进行合理划分。在企业中，所有者、经营者和财务人员都参与企业的财务管理工作，但他们的职权和分工不同。财务管理体制需要解决投资、筹资、日常财务事项、利润分配等财务活动的决策和执行权如何在各个层次管理者之间进行合理分配，使得财务管理工作者既分工负责又密切配合，确保财务活动的高效率。

（二）财务信息传递

企业各个层次的财务管理人员在进行决策时，需要各种财务信息。而有许多信息并不是这些财务人员直接收集和加工的，因此在财务管理活动中需要有预先设定的财务信息收集、加工和传递的制度和规程，才能保证各层次财务管理者决策使用信息的供应。财务管理体制规定了企业财务信息的收集、加工和传递的程序和路径，从而确保了企业内部财务信息传递的效率。

（三）财务决策程序

各种财务事项的决策需要有一个科学的程序，这样才能保证企业内部专家的才能被充分利用，各方面利益相关者的利益得到考虑，从而产生一个客观有效的选择。此外，明确财务决策程序还能够确保各方面信息被充分考虑，减少决策风险。财务管理体制通过制度形式规范了企业投资、筹资、利润分配的各种决策的程序，从而确保的财务决策的程序化。

（四）财务控制过程

财务控制是为确保企业决策目标得到实现而对财务活动进行的干预。在财务控制中，需要通过制度形式，确保财务活动的执行按决策方案进行，以及及时发现执行过程中出现的与预计方案的差异，分析原因，并提出完善措施。企业通过财务管理体制，确定财务活动执行者如何根据决策的要求执行财务活动，分析财务活动实际数据和预计方案的差异及其原因，上报上级，采取改进措施。

【阅读材料 3－1】

万向集团财务管理体制演变过程

1969 年，鲁冠球以 4 000 元钱起家，在他的带领下，"万向"从 7 个人的小铁匠铺发展成为拥有 31 800 名员工，资产超百亿元的大型现代企业集团。企业先后获得全国企业管理优秀奖——金马奖、中国机械十大杰出企业、中国质量效益型先进企业、中国企业管理杰出贡献奖、全国出口创汇先进企业、全国技术创新示范企业、全国先进基层党组织、全国精神文明建设先进单位、全国思想政治工作优秀企业、全国五一劳动奖章等称号，并成为国家 520 重点企业和国务院 120 家试点企业集团中唯一的汽车零部件企业。在鲁冠球的领导下，万向集团 30 多年始终稳健快速发展，实现了"奋斗十年添个零"。到 2005 年，万向实现营业收入 252.15 亿元、利税 13.4 亿元、出口创汇 8.18 亿美元。万向计划到 2009

年,实现日创利润 1 000 万元,员工的最高年收入达到 1 000 万元。

随着集团的发展壮大,为适应不同时期的管理需要,集团财务管理职能也持续地改进和提高。20 世纪 90 年代初,集团公司组建后,集团财务工作重心逐渐由会计核算尤其是成本核算向财务管理转变。随后,根据国家《会计法》修订和会计制度的变革,集团下发了会计核算和财务管理制度。从 1995 年集团公司开始筹划实行预算管理,并逐步向全集团范围推广。1997 年集团确立了"管理以财务为中心"的理念,突出财务管理工作作为集团化管理的中心。

1999 年,随着集团发展壮大,成员企业日益增加,监督工作的难度加大,出现了经营者人为操作经营业绩、会计信息失真现象,甚至导致高层决策失误。为改变这种局面,集团决定实行财务派驻制度。财务派驻制实质是将原来间接管理为主调整为直接管理为主,由原先的分权式财务管理向集权式财务管理模式转变,即各公司的财务经理或主办会计人员由集团委派到各成员企业,并受集团公司财务部管理,其收入由集团公司财务部考核决定,同时明确,各成员企业总经理无权干涉会计核算。财务派驻制有效地保证了财务人员工作的独立性,保障了会计信息的真实性和完整性,同时提高了集团统筹管理效率和决策的科学性。

2002 年,在集团产业布局优化、组织结构和管理模式转变的基础上,集团财务管理工作也进行了重大调整。首先,明确提出了在财务管理方面的六项基本原则,即"指导、统一、培训、监督、检查、达标"。根据六项原则确定了财务管理的主要内容。其次,调整了集团对成员企业的财务管理方式,即集团重点参与各主体公司财务运作的管理,对各主体公司的下属公司,主要由主体公司承担具体财务运作的管理责任,除特殊原因外,集团原则上不再参与其具体财务运作管理。初步形成了集团财务管理三级分工。最后,调整了集团财务人员的管理方式,即撤销了集团公司财务派驻制,各成员企业的财务人员由各公司按其章程和集团相关制度规定聘任。要求凡有具体业务运作的企业或部门,均必须设置专职的会计、出纳,并进一步明确了会计出纳的职责职权。在上述管理方式转变的基础上,进一步提出了"管理以财务为中心,财务以理财为中心"的目标模式。

此次财务管理方式调整实质是将集权式财务管理向适度分权的财务管理模式转变。实践证明,此次财务管理方式的调整给集团财务工作开拓了新局面:首先,增强了集团财务资源的统筹能力,即有效的保证资金、投资、会计人员等重要财务资源实行集团统筹管理。其次,实行财务三级管理分工降低了管理层级,克服了企业规模扩大带来的管理失控或管理效率低下,提高了集团重大财务决策的贯彻执行效率。最后,取消财务派驻制使得财务人员回归了企业,改善了他们和经营者的关系,提高了他们深入企业当家理财的积极性,给企业创造了大量效益。从而达到了集团董事局提出的"集团财务资源流到哪里,财务监管就到哪里"的要求。

2005 年,集团财务部在以上实践的基础上提炼形成了《万向财务管理总则》,并经"万向"董事局批准以制度的形式颁发,落实全集团贯彻执行。《万向财务管理总则》是集团多年财务实践经验的总结,也是"万向"未来财务管理的指针和规范,它的颁布标志着"万向"财务管理体制达到了一个新水平。

资料来源:沈长寿、沈良:《万向集团财务管理体制的创新和实践》,《中国乡镇企业会计》2007年第2期,第9～11页。

思考题:在万向集团不同发展阶段财务管理体制起到了哪些具体作用?

二、企业集团财务管理体制及其具体内容

企业集团财务管理体制是企业集团在组织其财务管理活动中所形成的各种制度和程序的总称。在一个企业集团中,集团总部、子公司经营者、集团总部财务部门和子公司财务部门都要参与企业集团的财务管理,因此企业集团需要制定一系列制度和程序,确定在企业集团财务活动中,每一位财务管理人员的权力,以及各项财务活动的程序,保证企业集团财务活动的有序进行。与单个企业财务管理体制相比,企业集团财务管理体制环境主要的变化在于增加了集团总部与各分(子)公司的财权划分、利益划分以及由此形成的各种相关问题。

为了确保企业集团财务活动在集团战略目标的指导下顺利进行,企业集团需要根据不同的组织结构和市场环境,确定财务管理体制。企业集团财务管理体制包括以下主要内容。

(一) 企业集团投资决策制度

企业集团投资决策制度是指在集团内部针对集团整体、子公司两个层次的投资决策由谁负责以及决策的程序。企业集团投资决策制度是财务管理体制的核心内容,它在很大程度上影响了企业集团财务管理的效率。

企业集团投资决策制度中,集团整体的投资决策与单个企业类似,一般由总经理提出建议,经董事会讨论后,由集团股东大会审核通过。而在子公司这一层次,投资决策制度的安排可能有不同的做法,有的企业集团将子公司投资决策完全由集团董事会或总经理负责,也有企业集团将子公司投资决策由子公司董事会或总经理负责。

投资决策程序是指在各个投资决策者确定各项投资决策时,需要通过的具体程序。一般来说,投资决策的程序包括:产生投资项目建议;审查各投资项目的现金流量;对各投资项目进行财务评价和其他方面的评价;确定具体投资项目,等等。将投资决策权交给不同的部门,会形成不同的投资决策程序和指导思想,我们将在后文讨论这些问题。

(二) 企业集团筹资决策制度

企业集团筹资决策制度是指在集团内部针对集团整体、子公司两个层次的筹资决策由谁负责以及决策的程序。集团整体的筹资决策与单个企业类似,就是重大筹资决策(发行股票、债券等)由总经理建议,经董事会讨论通过后提交股东大会审核。日常的筹资决

策(短期借款等)由总经理负责。子公司筹资决策也分重大筹资决策和日常筹资决策两个方面,重大筹资决策的权力一般由集团总部控制,而日常筹资活动则分不同情况。有的企业集团将日常筹资活动的决策权交给子公司经营者,也有企业集团将日常筹资活动交由子公司董事会或集团总部负责,子公司经理只负责本部门经营活动。

筹资决策程序是指在各个筹资决策者确定各项筹资决策时,需要通过的具体程序。筹资决策程序一般包括如下步骤:确定筹资需要量;提出可能的筹资方式;针对各种可能的筹资方式进行风险和资本成本分析;确定具体筹资方式,等等。决策者不同,筹资程序也会不同。

(三) 企业集团利润分配制度

企业集团利润分配制度是指在集团内部针对集团整体、子公司两个层次的利润分配决策由谁负责以及决策的程序。集团整体的筹资决策与单个企业类似,主要是集团董事会根据企业财务发展战略和股东要求,提出利润分配的基本思想,经股东大会讨论通过。而子公司层次的利润分配决策,主要是子公司董事会根据子公司财务发展战略和股东需求,确定利润分配预案,并提交子公司股东大会讨论通过。

从形式上说,子公司利润分配制度与集团程序基本相同,但子公司的利润分配影响集团母公司利益和子公司未来发展,因此需要母公司合理解决母子公司利益冲突,确定合理的利润分配方案,确保企业集团协调发展。

(四) 企业集团资金管理制度

企业集团资金管理制度包括广义和狭义两个层次。广义的企业集团资金管理制度是指在集团内部针对集团整体、子公司两个层次的营运资金管理由谁负责。集团整体的营运资金管理与单个企业类似,主要由总经理负责。子公司营运资金管理分两种情况,一种情况是,集团总部针对子公司具体情况制定具体的营运资金管理制度,由子公司具体执行;另一种情况是子公司经理负责本部门营运资金的具体管理。

狭义的营运资金管理仅仅指企业集团货币资金的管理制度。集团总部的货币资金管理由总经理负责,子公司的货币资金管理则有多种情况,第一种情况是子公司经理负责本部门的货币资金管理,集团总部不顾问、不干涉;第二种情况是子公司经理负责本部门的货币资金收支,但需要定期向总部提交现金预算备案;第三种情况是子公司经理必须先提交本部门现金预算,经过集团总部审核后才能够实施。

(五) 企业集团财务人员管理制度

企业集团财务人员管理制度是指集团总部对子公司财务人员的聘用、培训、工薪和福利、晋升等方面的具体规定。企业集团财务人员管理制度有多种类型,有的企业集团要求子公司所有的财务人员必须由集团公司指派,其工资福利、晋升等由集团总部负责,并经常统一培训。也有的将子公司财务人员的聘用、福利待遇、培训等完全由子公司负责。我们将在以后的章节中专门讨论。

（六）企业集团预算管理制度

企业集团预算管理制度是指企业集团总部对子公司预算管理所制定的具体规定。企业集团预算管理制度有多种类型，它们的主要区别在于：① 预算制定中的决定权归属不同，有的企业集团子公司预算的最终结果由集团总部掌握，而有的企业集团则规定由子公司自行决定；② 预算执行过程控制不同，有的企业集团要求子公司定期向集团总部报告预算执行实际情况，分析差异和原因，并提出纠正措施，报总部批准；而有的企业集团平时对子公司预算并不关注，只到年终一次考核；③ 考核要求不同，有的企业集团要求严格按预算考核子公司经理人员业绩，并与激励制度挂钩，也有的企业集团并不完全将预算考核与激励制度挂钩。我们将在后续章节继续讨论企业集团不同类型的预算管理制度。

三、企业集团财务管理体制的影响因素

企业集团财务管理体制不是固定不变的，而是随着各种影响因素的变化而变化的。如果按照集团总部财权集中程度将企业集团财务管理体制进行分类的话，可以将企业集团财务管理体制分为三种类型：集权型、分权型和折中型。其中，集权型是指在企业集团财务管理中，大部分权力归集团总部；而分权型则是指子公司大部分财务管理事项由子公司自己负责；折中型则是处于集权和分权两者之间。财务管理体制类型划分与财权划分之间的关系如图 3－1 所示。

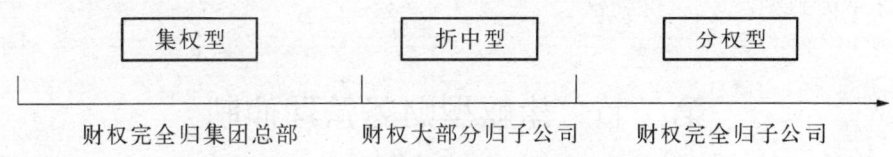

图 3－1 企业集团财务管理体制类型示意图

企业集团财务管理体制选择什么类型受很多因素影响。

（一）企业集团规模

一般来说，在企业集团发展初期，一方面，生产经营规模不大，所涉及产品种类不多，子公司数量也较少，因此企业集团总部会对所有子公司加强管理，以便减少风险，协调整个集团发展。另一方面，由于企业集团在发展初期所拥有资源有限，子公司经营者经验也不丰富，所以集团总部会加强对子公司管理。表现在财务管理体制上，就是集团总部可能会集中子公司财务管理的各种权限，而将经营权交给子公司经理。而随着企业集团的不断发展，子公司数量增多，所涉及的产品和行业增加，集团总部就不能将子公司的财权全部集中，而需要将一部分财务管理权限（比如营运资本管理）交给子公司经营者。

（二）子公司股权结构

企业集团总部针对不同的子公司可能采取不同的财务管理体制。比如，对于全资控

股的子公司可能会将投资、筹资、利润分配和营运资本管理的权限全部集中于集团总部，而对控股子公司只将重大筹资和投资权限集中在集团总部，一般筹资和投资可能会交给子公司董事会和经理，这是因为只要集团对子公司不是全资控股，子公司在法律上就是一个独立法人，拥有法人财产权，有权根据自己的需要独立决策，集团总部只能通过董事会、财务总监等机构影响子公司的筹资和投资政策。

（三）子公司行业特征

一般来说，如果子公司所从事的行业是比较特殊的行业，其经营管理需要专业人才，而集团总部管理者对这个行业的经营不熟悉，那么对这个子公司的财务管理体制就可能趋于分权，因为如果采用集权管理，由于总部对该子公司筹资和投资时机掌握并不准确，因此可能会出现决策失误。

（四）集团企业的管控模式选择

从企业集团总部来说，对子公司可以采取三种管控模式，其中，操作型管控模式要求集团对子公司的战略决策事项和日常经营活动都要参与管理，因此需要对子公司各方面（包括财务方面）加强管理，这时财务管理体制可能会趋于集权；战略型管控模式要求集团总部控制子公司战略，而对子公司的日常经营活动由子公司自行负责，此时对该子公司的财务管理体制可能会采取折中型，将日常财务管理的权限下放给子公司；纯粹控股管控型则要求企业集团对子公司战略和日常经营事项都不干预，因此对该子公司财务管理体制可能会采取分权型。

第二节　集权型财务管理体制

上一节我们讨论了企业集团财务管理体制有三种类型，其中将子公司大部分财权划归集团总部的财务管理体制为集权型财务管理体制。本节我们主要探讨如下问题：集权型财务管理体制中，集团总部要集中哪些财务管理权？集团总部为什么要集权？集权型财务管理体制有什么优缺点？实行集权型财务管理体制需要哪些条件？

一、集权型财务管理体制集权的范围

在一个集权型财务管理体制中，集权的范围可能包括以下几个方面。

（一）筹资和投资决策权

对子公司的集权首先体现在投资和筹资决策上面。一般来说，如果集团总部要采用集权管理，就要求将子公司的投资和筹资权集中在总部，只是将日常经营的权力下放给子公司经营者。例如，某钢铁集团公司下属建设、矿山和炼钢三个子公司，集团总部规定子公司经理只负责按年度预算进行生产经营管理，所需资金由集团负责筹集，并按现金预算投放于子公司；子公司经理无权进行固定资产投资，只能根据生产经营需要提出设备购买和大修建议，上报集团总部批准后才能够实施。

如果集团将子公司筹资和投资权集中到总部，在财务管理中必须要负责以下事务。

1. 负责对子公司投资项目建议进行审核，并最终确定投资方案

由于子公司经营者并不负责投资决策，因此子公司经营者只能根据生产经营需要，提出需要投资的项目和设备建议，经集团派驻子公司的董事或股权代表上报集团总部。集团总部根据该投资项目的财务评价结果和集团战略发展需要，确定是否投资。

2. 负责统筹整个集团的资金需求，并适时进行资本筹集

由于子公司没有对外筹集资金的权力，因此整个集团只有总部负责筹集资本。总部需要定期估计企业集团整体资金需求，并及时做好筹资工作，确保集团运转顺利。因此需要集团财务部门有高效率的工作和很强的融资能力。

（二）资金集中管理

将子公司的资金统一集中于集团总部，由母公司统一安排使用，也是集权型财务管理体制通常使用的做法。企业集团的资金进行集中管理，其基本含义是将整个集团的资金集中到集团总部，由总部统一调度、管理和运用。通过资金的集中管理，企业集团可以实现整个集团内的资金资源整合与宏观调配，提高资金使用效率，降低金融风险。我国集团公司资金集中管理一般常采用以下两种模式：一是内部银行模式，二是财务公司模式。内部银行是一种具备社会银行的基本职能与管理方式的内部资金管理机构，其主要职责是进行企业内部日常往来结算和资金调拨、运筹。集团内部银行是将社会银行的基本职能与管理方式引入集团公司内部，在集团公司内部统一办理各项资金结算和资金融通业务的金融机构。内部银行的主要功能有结算中心、内部货币发行中心、信贷中心和监管中心功能。财务公司是一种经营部分银行业务的非银行金融机构，其经营范围除抵押放款以外，还包括外汇、联合贷款、包销债券、不动产抵押、财务以及投资咨询等业务。集团财务公司是以集团公司为主出资组建，作为集团公司的子公司而设立，并经中国人民银行批准，专门从事集团公司内部资金融通业务的非银行性金融公司。主要功能有结算中心、信贷中心、筹资和投资中心功能。此外，也有许多企业采用资金结算中心的办法进行资金集中管理。所谓资金结算中心，就是在企业集团内部成立专门机构，统一负责整个企业集团的资金收付、结算和调度，以保证资金安全。有关企业集团资金集中管理的形式和具体运作我们将在后面章节进行专题讨论。

如果企业集团进行资金集中管理，需要负责以下事务。

1. 负责统筹安排各子公司的资金支出，确保集团正常运转

由于企业集团下属很多子公司，如果企业集团进行资金集中管理，就需要及时了解各个子公司的资金支出安排，并从整体角度进行统筹，优先保证重要支出。

2. 有效管理集团各项资金收入，确保各项资金收入能进入集团资金管理部门

由于集团进行资金集中管理，各子公司没有资金调度权，因此有些子公司可能会从本部门利益出发隐瞒收入，或将收入转移。集团就需要对收入进行有效管理，保证所有资金能够集中管理。

【阅读材料 3 - 2】

黑龙江垦区的资金集中管理模式

一、传统资金管理面临的主要难题

从现代经济的发展来看，大型集团公司的财务与资金管理日益趋向高度集中是历史的必然。黑龙江垦区，即北大荒集团，下属九个分局和若干个龙头企业，每个分局下辖10个左右国有农牧场，作为一个国有特大型集团公司，仅农业企业（农牧场）就有100多个，地域几乎遍布整个黑龙江省。由于成员企业众多，地域分布广泛，原来资金预算管理"虚"，资金结算管理"散"，监督考核环节"弱"和管理方式手段落后、效率低下。突出表现是：企业集团缺少统一集中的资金管理系统，各个成员企业、各种业务对资金流动的影响没有形成相关联的完整信息，难于有效监督，风险较大，资金管理监控缺乏手段，资金使用率低，已经成为企业管理中迫切需要解决的问题。

二、黑龙江垦区资金集中管理模式

为解决资金管理上存在的问题，黑龙江垦区从2005年起，要求所辖100多个农业企业（即农牧场）的货币资金采取集中监控和预算管理相结合的模式，由9个分局实行统一管理。即坚持货币资金所有权不变，各分局设立资金集中管理办公室（以下简称"资金办"），成员企业将货币资金集中到分局资金办统一管理，专户存储，结余留用。农牧场货币资金所有权不变，企业间不进行调剂，分局不占用，保证成员企业利益不受侵犯。这种管理模式，坚持收支两条线原则，成员企业货币资金必须及时、全额上缴分局资金办设立的专户，统一记账，统一管理，不允许坐收坐支。成员企业按其发展规划自主编制年度财务预算和货币资金预算，不允许编制赤字货币资金预算，经分局批复后定期或定项拨付货币资金，安排各项费用支出。

在资金使用上，坚持先存后拨的原则。货币资金集中管理，目的是要更好地使用资金，企业根据生产经营和税费收缴等情况自行组织货币资金，并存入分局专户，然后分局才能拨付，拨付资金最高不超过企业存储金额。如企业货币资金不足或拨付超计划，分局将停拨资金，由此产生后果成员企业自己承担。

遵循集中管理与科学使用相结合的原则，结合财务刚性预算管理，要求成员企业年初不仅要编制财务收支预算，还要编制货币资金预算。分局资金办负责企业货币资金预算的审核、收缴、拨付和监督工作，确保企业资金量入为出，统筹兼顾，保生产压消耗，保刚性压弹性，发挥资金最大效益。

　　成员企业年初上报资金预算,经分局审批后执行。资金收支预算与资金结算的有机结合,不仅解决了预算对结算的控制问题,也解决了根据资金的不同性质将资金按时、按量回拨的问题。成员企业在上报资金使用申请时,必须按分局统一制定的预算项目填报金额明细用途和具体金额,提交回拨款申请,分局资金办按预算项目逐笔审批、拨付或受托付款,同时以预算项目为指标监控和考核额度执行情况。在资金计划内,成员企业有权自行安排流动资金,但融资权、固定资产投资决策权归分局统一控制,资本性支出必须经分局审批,超计划的经营性支出必须补报预算。分局通过资金定额管理和预算报表,控制成员企业的资金变动和财务状况。分局资金办是资金预算的执行监督机构。

　　为满足资金集中管理的需要,分局和所属企业(各农牧场)分别在当地银行设立两个银行专户,一个是缴存款专户,成员企业将取得的货币资金直接存入该账户,只能存不能支,供分局资金办收缴资金用。分局通过"企业网上银行"理财系统,将各成员企业缴存专户的资金存款定期划归到分局资金办账户,并进行单独记账、统一管理。另一个为基本账户,分局资金办根据批复的预算和用款计划申请拨回的资金存入此账户,成员企业的生产经营支出和日常支出从该账户支付。货币资金集中后的利息收入,按企业集中到分局的资金比例返还,确保农场利益。

　　各分局逐步推行国库支付制度,加大货币支付力度和范围,加强网上银行监管。按预算支出项目和金额将资金直接拨付到相关单位或个人,减少环节,加强管理。货币资金集中后,分局对成员企业实行备用金制度,根据企业规模、距离远近、银行方便条件等情况确定一定量的备用金,确保完成工作。企业支付还贷、陈欠和借(贷)款利息时,纳入全年货币资金预算安排,并提前一周向分局单独申请报告,批复后执行。

　　基本建设、对外投资、设备购置等的货币资金支出和使用时,要纳入年初货币资金预算,经企业职工代表大会通过,向分局申报,分局视企业货币资金预算结余情况批复,方可实施。企业支付和使用生产性大额资金时应严格按国有企业大额资金管理办法规定执行。企业向金融机构和其他单位贷款、借款,必须报分局预算管理委员会批准方可执行。所得资金必须全额上交分局集中管理,实行跟踪管理。企业发生不可预见或预算外货币资金支出,必须报调整预算,纳入财务刚性预算管理。

　　资料来源:黄堂虎、于军、董义胜:《黑龙江垦区的资金集中管理模式》,《中国农业会计》2007年第5期,第36~37页。

　　思考题:

　　1. 黑龙江垦区为什么要实行资金集中管理?

　　2. 黑龙江垦区实行资金集中管理时如何保证所有所属企业支出得到保证?

　　3. 黑龙江垦区实行资金集中管理时如何保证所有所属企业收入全部集中?

(三) 财务人员集中管理

企业集团为了加强对子公司的财务控制,可能会对子公司财务管理人员进行集中管理。对财务管理人员进行集中管理,是指集团总部通过对子公司派出财务管理人员,监督和控制子公司财务活动。企业集团财务人员集中管理的方式有很多,主要包括财务经理委派、财务人员委派和财务总监委派多形式。

企业集团实行财务人员集中管理,需要处理好如下关系。

1. 处理好财务人员委派和子公司独立人事权之间的关系

由于大部分子公司都是独立子公司,母公司并不完全拥有子公司股权,因此子公司经理有权独立聘任财务管理人员。集团总部对子公司派出财务人员,需要通过一定的形式,比如通过董事会聘任财务总监,通过董事会提议聘任财务经理等。这样才能保证子公司的独立人事权和总部加强控制之间的协调。

2. 协调好派出财务人员的参与管理和监督职能之间的关系

企业集团向子公司派出的财务人员要承担两方面的职责,一方面他们要参与子公司财务管理,提出各种建议;另一方面他们需要监督子公司财务活动,并经常向集团总部汇报。这两方面的职责存在一定的矛盾。集团总部需要制定出规范的派出财务人员工作制度,确保派出财务人员的工作程序和指导思想,解决这两方面的矛盾。

3. 协调好集团财务部门和子公司财务部门之间的关系

在存在财务人员集中管理的条件下,集团总部的财务部门和子公司财务部门之间就存在有一定的关系,这种关系一方面有利于集团总部财务部门发挥职能指导作用,另一方面也存在着如何协调好派出财务人员和集团总部财务人员相互关系的问题。一般来说,集团财务部可以通过定期财务人员会议、后续培训等方式达到相互配合的效果。

(四) 集权预算管理

在集权型财务管理体制中,集团总部对子公司的预算管理一般具有如下特点。

1. 将预算方案的最终决定权保留在集团总部

在预算编制过程中,通常集团总部和子公司经理都会对未来预算方案提出自己的意见,当两方面意见不一致而又难以协调的时候,集权型财务管理体制会要求集团总部有最终的决定权以解决双方的矛盾。

2. 集团总部积极参与子公司预算控制工作

在预算编制下达后,集团总部为保证预算目标能够实现,要对子公司预算执行进行监控。集权型财务管理体制要求集团总部积极参与子公司预算执行的控制过程,要求子公司定期上报预算执行情况并分析差异原因,由集团总部根据差异原因提出纠正措施,或子公司提出纠正措施经集团总部同意后执行。

3. 集团总部保留预算的修改和考核权力。

预算的修改和考核涉及预算的严肃性和约束性。在集权型预算管理体制下,集团总部为加强预算对子公司的控制,将预算修改和考核的权力留在集团总部,以利用预算的修改和考核约束子公司经营者的行为。

【阅读材料 3 - 3】

兖矿集团全面预算管理体系的构建

近年来,兖矿集团在宏观政策、市场环境、生产条件等发生变化的新形势下,强化全面预算管理工作,充分发挥全面预算管理的积极作用,促使企业经济效益和经济运行质量显著提高,企业经营管理水平进一步提升。

一、做好全面预算的编制工作

预算编制工作是预算管理工作的开始和基础,在预算编制方面,兖矿集团主要做了以下四个方面的工作:

(1)确定立足点,选准着眼点。以企业集团制定的长远发展规划和年度生产经营计划作为基本的立足点,各生产经营单位根据自身情况以增产增收、增盈减亏、达产达效、节支降耗、资金控制等作为基本的着眼点。在立足于完成集团公司基本指标的前提下,结合本单位生产经营工作实际,提出了盈利单位的增盈措施、亏损单位的减亏措施和新建项目单位的达产达效的具体工作措施。

(2)面对现实,明确重点,克服困难。近年来,兖矿集团以节支降耗为重点,严格控制费用支出,严格资金收支预算,从各种渠道、各种消耗和各种支出上千方百计地降低成本和费用。具体做法是:① 成本预算指标同比降低 10%～15%,可控制造费用及可控管理费用同比降低 5%～10%。② 成本项目主要材料消耗预算与行业先进水平对标,处于先进水平的项目不得低于上年水平,处于一般水平的项目向先进水平靠拢,处于落后水平的不低于历史最高水平并确保提高一个新台阶。③ 压缩修理费用支出预算,一般生产经营单位修理费用预算要求逐年降低,新投产单位原则上当年不安排修理费用预算。④ 将"降本增资"的思想贯彻到整个预算编制过程中,效益不增长不增工资,成本不降低不增工资。⑤ 压缩企业维简资金开支预算,新投产项目当年原则上不安排维简工程开支预算。

(3)规范预算编制程序,提高预算编制质量。按照"上下结合、分级编制、逐级汇总"的预算编制程序,集团公司内部单位,全资子公司、控股子公司和拥有实际控制权的其他被投资企业,均进行全面预算的编制。具体做法是:① 根据本单位、本部门的预算管理模式,确立预算编制的起点,煤炭、煤化工、煤电铝主业单位以销售和成本控制相结合为预算编制的起点;煤炭辅业、实业及经费单位以费用控制和现金流量相结合为预算编制的起点;项目建设单位以投资概算控制为预算编制的起点。② 采用不同的方法保证预算的控制质量,对于业务量及业务水平比较稳定的单位,采用固定预算与弹性预算编制方法;对于新投产项目单位的销售费用、制造费用、管理费用采用零基预算的方法;从分段考核、控制的角度出发,补充编制滚动预算,以月度保季度,以季度保全年。

(4)明确全面预算管理的责任主体,提高全员参与程度。全面预算管理是一种全过程、全方位、全员的管理,任何一项预算管理流程的缺失和缺位均会造成预算控制效果的减弱。按照"谁干事、谁花钱、谁编制预算"的原则,确定预算责任单位(部门、人员)。具体措施是:① 预算指标的分解。从集团公司到班组岗位,从公司领导到岗位职工,逐步完成指标责任落实、考核压力逐级传递的过程。② 考核主体的明确。考核谁,谁就参与预算编制,谁就是责任主体,办什么事、花多少钱、花到什么程度、达到什么效果,都要清清楚楚、明明白白。作为车间、班组(岗位)的预算指标不求全、不求多,但要使预算指标建立在坚实的基础之上。③ 责权利原则的建立。本着"责权利相统一"的原则,使各部门、各单位及个人既感到肩上有压力,也感到行动有动力;通过奖勤罚懒,奖优罚劣,真正树立起成本意识、效益意识,都能学会算账。④ 配套措施的实施。预算指标分解时,要有与指标配套的措施。对于未明确责任主体、无可靠措施的预算不予确认和分解,从根本上解决预算编制完毕就放置一边,在实际工作中抛开预算越道而行的问题。

二、严格预算的执行控制

兖矿集团主要从以下六个方面提高预算执行的控制力度。

(1) 建立健全符合自身实际的预算控制模式。建立"以资金控制为核心,以主动控制为重点,以分层控制为基本手段,以定量化为基本依据"的控制模式,搭建起全方位、全过程的预算控制体系,使预算控制渗透到各个业务流程、各个经营环节和部门岗位,不留盲点死角。

(2) 各预算管理职能部门严格履行职责。按照预算管理制度规定,各单位供销、计划、人资、财务、基建等部门严格"执法",把好关、守好门,对预算指标进行连续、全面的监控,消除隐患、防范风险、规范经营。

(3) 建立预算的预警控制系统,实行事前、事中、事后的监督控制。对预算内事项进行执行预警,及时掌握预算完成进度;对预算外事项进行控制预警,不经授权不得解控。切实做好过程控制,防止前松后紧的现象,预算指标根据控制项目的性质按周、按月、按季分解释放,并做好未来预算的分解落实,实施预算滚动控制管理。

(4) 严格限定审批权限和审批程序。将成本费用项目分为刚性控制和弹性控制。刚性控制项目严格禁止超出当期预算,如办公费、差旅费、车辆费、通讯费、修理费等;弹性控制项目按费用定额、费用标准计算后,在超过当期预算10%的范围内,由分管领导审批后执行。对于超过当期弹性预算10%的费用项目,由单位主要负责人审批。

(5) 推行授权控制制度。各预算单位根据合理分工,授予各层次管理人员以相应的权限,不经授权,任何人不能越权操作;每一项经营业务在执行之前,按照该项业务的授权程序,报经授权的人员或部门审批,不经审批不得办理,确保不合法、不合理、不正确的事项在发生之前得以控制,杜绝先斩后奏的现象。

(6) 完善控制手段,提高控制效率。积极研发全面预算管理信息系统,进一步完善系统参数和设置预算指标控制点。在此基础上,确保预算管理系统与财务管理核算系统实现无缝对接,财务报账时能自动实现按预算控制点的指标进行预警和控制。

三、建立预算分析制度,规范预算调整行为

(1)建立预算分析制度。集团公司实行"月报告、季分析、年考核"制度,各基层单位实行"旬报告、月分析、季考核"制度。各专业公司、各能化公司、各直属机构在月度终了10日内,季度终了15日内,年度终了30日内,将预算执行情况及分析报告报集团公司全面预算管理办公室。通过对预算指标完成情况有重点地分析,找出经营管理中存在的问题,提出针对性措施。

(2)充分利用预算管理信息系统与财务系统进行联动分析。利用两个系统的双向联动功能,从多个层面对利润、收入、成本费用、资金投入等预算指标自动生成完成情况报告及分析报告,提高预算分析的及时性和准确性。

(3)限定预算调整条件。在下列情况下,集团公司可以对各专业公司、各能化公司、各直属机构的预算指标进行调整:一是自然灾害或不可抗力影响;二是国家相关政策发生重大变化,影响"目标管理责任书"范围内预算指标的20%或绝对额4 000万元以上;三是集团公司整体战略发展调整,引起的部门或单位之间的整合、业务及经营范围的变化;四是集团公司对专业(能化)公司下达追加(或减少)生产经营任务;五是生产条件发生不可预见的重大变化,影响"目标管理责任书"范围内预算指标的20%或绝对额4 000万元以上。各专业公司、各能化公司、各直属机构对权属单位预算指标调整的条件自行确定。

(4)限定预算调整内容。一是集团公司对各专业公司、各能化公司、各直属机构符合预算调整条件的年度预算指标进行的调整;二是由于季节性、生产经营环境等发生变化,对季度预算指标产生影响,在不改变年度总预算的情况下,集团公司对季度预算指标进行的调整;调整季度预算指标时,充分考虑年度指标完成的可行性。各专业公司、各能化公司、各直属机构及各级责任主体预算指标的预算调整具体内容自行决定。

(5)明确预算调整权限。集团公司按照预算调整的内容,只受理、审批纳入各专业公司、各能化公司、各直属机构"目标管理责任书"范围的年度预算指标和季度预算指标。各专业公司、各能化公司、各直属机构对权属单位年度预算指标的调整,于调整后20个工作日内报集团公司预算管理办公室备案。各基层单位预算指标的调整审批权限自行确定。

(6)限定预算指标调整时间。集团公司对各专业公司、各能化公司、各直属机构的年度预算指标当年9月下旬调整一次;对于符合调整条件而未予调整的事项,年终审计一次调整预算指标完成额。集团公司对各专业公司、各能化公司、各直属机构季度预算指标的调整,于每季度前10日内进行。各专业公司、各能化公司、各直属机构对基层单位的预算指标(年度、季度)调整可视变化程度,最多每季度进行一次;基层单位及车间班组(职工)的预算指标可适时调整。

(7)明确预算调整流程。各专业公司、各能化公司、各直属机构向集团公司预算管理办公室提出调整申请,详细说明调整的事项、事由,调整的依据,并提供相关资料;预算管理办公室受理并组织各职能部门讨论,形成意见报预算管理委员会通过;随后,制定预算调整方案修改预算,下发预算调整通知书;预算单位执行调整后的预算,并按调整后的预算进行考核。各专业公司、各能化公司、各直属机构对权属单位,以及各预算责任主体的预算调整程序自行制定。

四、严格进行全面预算的考核评价

预算考评是全面预算管理的最后一个环节。确立符合自身实际的考评原则,制定恰当的考评标准并严格按照预算指标完成情况进行考核奖惩,对于全面预算管理工作来说具有极其重要的意义。兖矿集团在考评方面,建立了严密的考评体系,明确了考核的对象,确定了考评时间,制定了 A、B、C、D、E 五级考评体系和评分标准,对矿处级单位和专业公司两个层次进行考核奖惩。

资料来源:孟庆建:《以兖矿集团为例谈全面预算管理体系的构建》,《煤炭经济研究》2007 年第 9 期,第 36～38 页。

思考题:

1. 兖矿集团的预算管理属于何种类型财务管理体制?为什么?

2. 兖矿集团如何通过预算控制子公司财务活动?

3. 兖矿集团在预算管理中主要集中了哪些权力?

二、企业集团实行集权型财务管理体制的原因

企业集团对特定子公司或下属部门实行集权型财务管理体制,主要可能有如下原因。

1. 控制子公司的财务活动,从而控制对子公司的投资风险

在集团企业中,子公司由于具有独立的法人地位,所以集团总部不能全面控制企业的经营活动,但集团总部可以通过对财权的控制(投资、筹资、资金运作、财务人员任命等),间接影响子公司的经营,控制子公司资金运动,预防子公司管理者的逆向选择和道德风险,保证投资的保值和增值。

2. 控制子公司财务运作,从而协调下属子公司的财务活动

企业集团作为一种组织形式的优点在于它的协同效应,而若要取得协同效应,需要各子公司在经营和财务活动中保持协同。为确保各子公司按照集团总部的安排各自进行本部分经营,需要集团总部通过一定的手段控制各子公司的行动,通过财权集中,集团总部可以确保各子公司按集团指定的方向进行运作,从而使下属各单位的财务活动协调。

3. 通过财务集权有利于在整个集团内部实行资源优化配置

在集团企业中,各项资产实际上在各个子公司,如果企业集团不实行财务集权,那么整个集团的资源配置就可能由子公司经理控制,而子公司经理在资源配置时往往从子公司局部利益出发而不从集团整体出发,造成资源配置失误。如果集团实行财务集权,就可以在整个集团范围内作出资源优化配置,这种整体性资源安排的效率显然大于局部的资源安排。

此外,集团发展的阶段、集团的组织体制和集团的行业特征也是影响企业集团实行集权型财务管理体制的原因。

三、集权型财务管理体制优缺点分析

集团公司财务集权的优点主要是:集团公司总部能集中资源,通过合理配置资源,达到规模效益;能全方位控制子公司的财务行为,有效实施总部战略;高级人才有放大效用;能减低组织、代理成本。集团公司财务集权的弊端主要是:不利于调动子公司经营者的积极性;因决策信息不灵导致工作效率较低;易形成官僚主义。试分别讨论如下。

（一）集权型财务管理体制优点

1. 优化集团资源配置

在集权型财务管理体制下,集团总部可以在集团范围内筹集资金,并根据整个集团各个投资项目的投资效率安排资金的使用,这样企业集团的资金使用效率能够得到显著提高。

例如,A 公司是一个集团企业,下属三个子公司 B、C 和 D 公司,三个子公司 2007 年度拥有的资金和投资项目情况如表 3-1 所示。

表 3-1　A 集团公司下属子公司自有资金和投资项目表　　　　单位:万元

部　门	自有资金	投资项目需要资金	项目内含报酬率	资金溢缺
B公司	1 000	3 000	20%	−2 000
C公司	2 000	2 000	15%	0
D公司	3 000	1 000	10%	2 000
合　计	6 000	6 000		..

如果企业集团不对子公司进行干预,则各个子公司投资规模和投资增值情况如表 3-2 所示。

表 3-2　A 集团公司下属子公司投资和收益表　　　　单位:万元

部　门	自有资金	投资项目需要资金	项目净现值率	投资数额	企业价值增值	闲置资金
B公司	1 000	3 000	20%	1 000	200	0
C公司	2 000	2 000	15%	2 000	300	0
D公司	3 000	1 000	10%	1 000	100	2 000
合　计	6 000	6 000		4 000	600	2 000

而如果企业集团实行集权型财务管理体制,企业集团就可以将 D 公司闲置的 2 000 万元投资于 B 公司,这样投资的收益就如表 3 - 3 所示。

表 3 - 3　A 集团公司下属子公司投资和收益表　　　　单位:万元

部　门	自有资金	投资项目需要资金	项目净现值率	投资数额	企业价值增值	闲置资金
B公司	1 000	3 000	20%	3 000	600	0
C公司	2 000	2 000	15%	2 000	300	0
D公司	3 000	1 000	10%	1 000	100	0
合　计	6 000	6 000		6 000	1 000	0

通过实行集权型财务管理体制,企业集团可以将内部资金优化配置,增加企业价值 400 万元。

2. 确保企业集团战略发展方向和步骤的落实

在企业集团中,战略发展方向要由集团总部作出抉择,而具体的落实要在各个子公司进行。为了确保子公司将资金投资于集团总部确定的投资方向和项目,集团总部需要将集团的财权集中于总部。

例如,安泰集团是一个生产联合收割机的集团企业,下属发动机子公司、收割装备子公司、配件和装配子公司。2005 年安泰集团准备投资建设一种新的发动机,为此制定了集团公司各下属子公司 2006—2010 年 5 年投资计划,如表 3 - 4 所示。

表 3 - 4　安泰集团下属子公司 2006—2010 年 5 年投资计划

投资单位	2006 年	2007 年	2008 年	2009 年	2010 年
发动机公司	新发动机研发	新发动机生产			
收割装备公司		收割装备研发	收割装备生产		
配件子公司			配件研发	配件生产	
装配子公司					整机生产

从整个集团来看,新联合收割机项目的投资回报率为 18%,其中发动机子公司、收割装备子公司、配件和装配子公司的投资报酬率分别为 16%、17%、18% 和 19%。

而 2005 年,发动机子公司通过调查发现目前本部门市场的产品仍然有很大的市场潜力,如果扩大生产能力,可以取得每年 18% 的投资报酬率,为此该公司经营者向本公司董事会建议投资扩大现有产品市场能力,以占领市场。

如果发动机子公司不能在 2006 年开始投资研发新产品,该产品市场可能被其他集团公司开发并占领,使集团其他子公司无法实施新产品开发计划,面临市场萎缩的威胁。

在这种情况下,安泰集团利用集团总部的集权型财务管理体制,在发动机子公司的董事会上否决了扩大现有产品的建议,而是投资于新产品研发,从而确保了企业集团下一阶段的发展战略,获得了预期收益。

3. 保证集团总部对子公司财务活动的控制,降低投资风险

对于一些由集团绝对控股的子公司,其经营成果直接关系到集团总部的投资增值效果,为了确保集团总部投资和经营计划的落实,集团总部需要通过财务预算、财务人员集中、资金集中控制等方式,确保子公司的财务活动按照预定的计划开展,降低公司的投资风险。

(二) 集权型财务管理体制缺点

集权型财务管理体制缺点主要表现在如下几个方面。

1. 企业集团的各种决策可能会由于集团总部对市场信息动态的缺乏掌握而失误

在集权型财务管理体制中,大部分财务事项的决策权集中在总部,而总部的管理人员并不在子公司直接工作,因此他们对子公司存在的优点和缺陷、外部市场未来发展趋势和竞争对手的威胁等信息缺乏了解,他们所做的决策可能并不比子公司经营者更好,因此可能会造成决策失误。在【阅读材料 2-6】中,奥克斯集团总部由于不理解中低端 SUV 市场竞争趋势,不理解汽车制造在市场广告投入和技术投入的需求,更不理解汽车行业的发展周期和经营关键环节,盲目进入该行业投资,造成巨大投资损失,就是属于集权过度导致决策失误的明显例证。

2. 企业集团总部的过于集权可能会影响子公司管理人员的理财能力

如果企业集团过于集权,将资金、预算、投资和筹资全部集中于总部管理,则子公司经理就只进行经营管理,而不关注资金的筹集和投放,更不考虑如何提高资金使用效率,长此以往,不仅集团总部财务管理的压力增大,也不利于锻炼企业中层管理人员的综合能力。

3. 企业集团总部过于集权可能会使集团子公司丧失参与财务决策的积极性

由于企业集团过于集权,子公司管理层可能会习惯于听从集团总部指挥,不从自己管理的实际经验出发提出一些更好的建议;此外,由于子公司经理人员也可能因为集团总部过于集权,自己的建议不能被采纳,而不愿意为提高企业财务管理活动献计献策。

四、实行集权型财务管理体制需要的条件

如何发挥集权型财务管理体制的优点,避免其缺点,是准备运用集权型财务管理体制企业集团要考虑的关键问题。从这一点来看,集团企业要想实行集权型财务管理体制,需要具备如下条件。

（一）高度发达的内部管理信息系统

在企业实行集权型财务管理体制时，为保证集团总部正确使用财务决策权，需要给集团总部管理者及时提供准确的信息，因此企业集团内部需要建立起高度发达的管理信息系统。这种信息系统不仅需要在各部门中建立现代的电子计算机网络系统，还需要在各个基层部门建立起信息收集和传递制度和程序，确保与决策有关的信息及时输入管理信息系统，供管理者决策使用。

（二）良好的企业文化

良好的企业文化是企业集团财务集权有效实施的基础，这种良好的企业文化包括：① 各子公司之间相互支持，相互依靠的精神；② 子公司经营者对企业集团总部的绝对支持和尊重，对总部管理者的信息要求能全盘相告；③ 企业集团总部对各子公司公平对待，不厚此薄彼。如果没有良好的企业文化，企业集团总部很难从各个子公司获得正确的信息，就很难进行正确的决策。

（三）子公司之间高度的行业相关性

企业集团进行集权型财务管理的一个重要优点是能够在集团内部进行资源优化配置，而这种优化配置的一个前提条件是子公司之间在业务上具有高度的相关性。如果各子公司之间业务上互不相关，那么彼此之间的决策就是独立决策，无需集团总部干预。因此，一个行业高度集中的企业集团往往实行财务集权，而多元化企业集团却不一定要集权。

（四）集团总部具有很强的实业管理能力

在集权型财务管理体制下，企业集团总部不仅需要从全盘角度考虑企业集团发展的战略问题，还需要对子公司的筹资、投资和运营管理进行控制，因此集团总部管理者不仅在战略管理上有很强的能力，还要能够根据不同的环境对各种生产经营具体事务作出决策，这对集团总部的管理者提出很高的要求。

第三节　分权型财务管理体制

根据上一节讨论的结果，企业集团如不满足实行集权型财务管理体制需要的条件，就不能实行财务集权，因此分权型财务管理体制就成为一些企业集团采用的政策。所谓分权型财务管理体制，就是企业集团将子公司的财务管理权限大部分交给子公司经营者和董事会，自己只保留一些重大的财务决策权。本节我们主要讨论如下问题：分权型财务管理体制中，集团总部要分给子公司哪些财务管理权？集团总部为什么要分权？分权型财务管理体制有什么优缺点？实行分权型财务管理体制需要哪些条件？

一、分权型财务管理体制分权的对象

在分权型财务管理体制中,集团总部一般将以下财务管理分配给子公司。

(一)营运资金管理权

在分权型财务管理体制中,集团总部首先会将子公司的营运资金管理权交给子公司,这种营运资金管理权包括以下几方面:

1. 资金使用权

在分权型财务管理体制中,子公司的资金由子公司自己使用,集团总部不予以干预,如果子公司自有资金不足,可以向集团申请调剂,但必须支付利息费用。此外,集团总部并不保证子公司运营资金不足的补给。在这种情况下,子公司经营者需要根据自身的经营状况,做好流动资金的管理,确保本部门资金运转顺利。

2. 存货、应收款管理权限

在分权型财务管理体制中,集团总部对子公司的日常运营不进行干预,子公司的存货购买、储存水平完全由子公司经营者负责;子公司的产品销售政策也完全由子公司经营者负责,因此如何进行信用管理,确定赊销政策、赊销标准等完全由子公司经营者负责。集团总部只要求子公司将本部门的存货和应收款管理制度上报集团总部备案。在这种情况下,子公司经营者需要根据本部门情况,制定切实可行的存货和应收款管理制度,确保本部门营运资金的使用效率。

3. 短期负债筹资决策权

在分权型财务管理体制中,由于集团总部并不负责子公司营运资金的供给,因此如果子公司在经营过程中出现临时周转困难,可以自行向银行借款,但必须向总部备案,且借款金额必须要在一定的范围之内,以确保企业集团对子公司的投资安全。在这种情况下,子公司经营者要具有短期融资能力,根据现金预算及时做好短期借款安排,确保子公司资金周转顺利。

(二)财务人员管理权

为了让子公司经营者能够更有效地管理自己的财务事项,集团总部不再对子公司直接派出财务人员,而是由子公司经营者自主聘任,从而提高子公司经营者与本部门财务人员之间的协作效果。此外,企业集团总部财务部门也不再对子公司财务人员进行统一薪酬安排和晋升安排,子公司财务人员的未来发展完全取决于自己在子公司进行财务管理工作的效果。

(三)预算管理权

在分权型财务管理体制下,预算管理的主导权在子公司经营者手中。这主要表现在如下几个方面:① 预算方案由子公司董事会根据子公司发展情况确定,集团总部不进行干预;② 预算的执行情况由子公司经营者负责,集团总部只是定期了解子公司预算执行

的实际情况,而不负责根据实际与预算方案之间的差异提出具体的纠偏措施;③ 如在预算执行过程中发现预算与实际相差过大无法完成,子公司经营者可以提出修改建议,经子公司董事会讨论后确定预算方案的修改,集团总部不进行干预;④ 子公司经理的预算业绩考核由子公司董事会确定,集团总部财务部门和其他部门并不参与。

(四) 重大投资决策权

在分权型财务管理体制下,集团总部除对于影响子公司未来发展方向的投资决策要进行控制以外,对于大部分投资决策均交给子公司董事会。在这种情况下,子公司的投资决策往往由其经营者根据企业发展方向提出建议,交给子公司董事会讨论。董事会根据本单位发展战略和规划,确定子公司投资方案,并报集团总部备案。

在极端的分权型财务管理体制中,子公司的财务战略也由子公司董事会根据本单位的具体情况制定,只要本单位的财务战略与集团整体财务战略没有违背,集团总部就不会干预。

(五) 重大筹资权

在分权型财务管理体制下,除子公司股份的增减决策权集团总部需要控制以外,子公司发行债券、长期借款和其他筹集资金的决策都由子公司经营者和董事会分别根据情况控制,只要这种筹资方案不影响到集团投资的风险,集团总部都不会进行直接干预。在极端分权型的财务管理体制中,集团总部完全不对子公司的筹资决策施加影响。

【阅读材料 3 - 4】

美国通用电气公司(GE)的财务分权

美国通用电气公司(GE)总公司设有财务部,这是全公司的中央机构。各集团均设有集团级的财务部,集团财务部门直接向公司的财务副总裁负责。各集团根据各自的不同业务构成来设置其财务机构。子公司只能在公司制定的财务制度范围内活动,不能作出违反公司财务制度的事。在遵守财务制度的情况下,子公司享有完全的财务自主权。这种财务自主权包括:

(1) 投资。投资的权利集中于母公司,由其决定投资方向、投资金额的分配等。子公司向母公司提出各自的资金要求,由母公司决定在哪个领域投资、何时投资、投资多少,并在各集团和海外子公司间进行投资资金的调配。

(2) 利润。各海外子公司都是利润中心。在接受 GE 公司下达的利润指标后,努力增加销售、提高产品质量、降低成本、力争完成利润指标。同时 GE 公司准许各子公司实行利润留成。

(3) 成本控制。GE 公司将基层的生产、服务单位作为成本管理中心,对成本的核算、控制、反馈、跟踪等各方面加以控制。GE 公司财务部采取直接任命子公司财务长官和派驻监督代表两种形式,在人事上对财务管理加以控制。一方面可以了解子公司的实际情况,避免作弊;另一方面具有较高素质的财务人员可以帮助各集团和子公司改进工作。

资料来源：赵杰：《美国通用电气的集权与分权》，《政策与管理》2000 年第 10 期，第 50～52 页。

思考题：

1. 通用电气公司总部给各子公司授予哪些财务管理权？
2. 试分析通用电气公司实行分权型财务管理体制的原因。

二、企业集团采用分权型财务管理体制的原因

企业集团总部对子公司采用集权型财务管理体制，可能的原因有以下几个方面。

（一）集团总部管理者对子公司业务不熟悉无法进行集权管理

如果集团总部管理者对子公司业务不熟悉，就无法就未来发展方向、产品改进方向和满足客户需求进行决策，从而无法对子公司的经营和投资进行决策；相反，子公司经营者由于专门从事该类业务，熟悉公司情况，对于这些问题的解决可能比总部管理者更有效。只有将这些问题交给子公司经营者和子公司董事会，利用专业分工优势，才能确保子公司的顺利发展。所以对于一些高科技子公司来说，大部分企业集团都采取相对比较分权的财务管理体制。

（二）子公司规模过于庞大，集团总部无法进行集权管理

即使一些子公司的业务是集团总部管理者比较熟悉的，集团总部也可能对这些子公司进行分权管理。这是因为如果对于这些大的公司管理得过于细致，会大大消耗集团总部管理其他子公司事务的精力，难以领导整个集团。因此对于一些大企业集团下属的规模比较大的子公司，集团总部会倾向于实行分权型财务管理体制。

（三）企业集团下属子公司数量过多，集团总部无法全部集权管理

如果企业集团下属子公司很多，企业集团必须要放弃对一部分子公司的集权管理，将主要精力用于对核心企业和产品的管理，这样对于一些非核心产品生产的子公司就倾向于分权；如果企业集团总部对所有子公司都实行集权型财务管理体制，可能会因为集团总部管理人员精力不足而产生决策失误。

（四）集团总部管理者受制于企业战略管理无暇进行子公司的具体事务管理

对于一些规模比较大，面临市场激烈竞争的企业集团，如果不能在战略上领先对手，就可能退出市场。为了确定公司未来发展方向和战略，总部管理者放弃对子公司的日常事务管理，只注重对整个集团发展方向的设计，在这种情况下，分权型财务管理体制成为比较好的选择。

【阅读材料 3－5】

影响企业集团财务管理集权和分权程度的因素

根据企业的内在要求，影响企业集团财务管理集权和分权程度的因素主要有三种：

各企业之间的财务费用;企业集团的风险;集团财务职能结构。

(1) 各公司间的财务费用决定了集权与分权的程度。企业集团在决定集权与分权管理时要考虑财务费用的决定问题。当企业集团分权时,各企业间相互独立性比较大,集团与子公司之间的信息不对称程度相对较严重,信息不对称会导致两种风险的存在:一是逆向选择,二是道德风险。这两个方面的因素会导致企业集团财务费用的增加。集权管理会导致财务控制的难度加大,对下属子公司的财务监督更加困难,企业集团机构的财务组织结构更加复杂,财务费用会非线性地增长。最终导致集权的边际财务费用大于分权的边际财务费用。因此企业要充分考虑自身的信息传递结构和监督机制,合理评估集权与分权的财务费用,确定企业集团集权与分权的控制程度。

(2) 集团风险的发生概率决定了集权与分权的控制方式。企业集团的外部风险主要来源于投资风险和融资风险。一个企业集团内部不同子公司之间有不同的投资风险,有的相互叠加放大,有的相互抵消减少。因此,企业不能仅仅从某个子公司的角度考虑风险,必须根据风险组合的观点,从贯穿整个企业的角度看风险,实行全面风险管理(Enterprise Risk Management,简称 ERM)。因此这种全面风险管理决定了企业集团集权的必要性。

(3) 企业集团财务职能的系统性决定了集权的有效性。无论是在控制费用还是在控制风险上,目前中国企业家都意识到集权模式是最有效的方式,但是从控制效果上来看,都不是很理想,究其原因,主要是因为缺乏对集团财务职能系统性的了解,缺乏合理的组织架构,形成一套空虚的组织架构:一方面表现在分工不明确,存在相互推诿的现象;另一方面集团的财务管理不具备输出职能,也就是自身的财务结构并不适应子公司的发展。根据集团财务控制的内容,目前的组织架构一般要具备三种功能:一是决策;二是执行;三是核算。只有实现了这三种功能才能保证企业价值最大化的实现,企业集团应据此分配权利。

资料来源:胡萍:《企业集团财务管理集权与分权控制问题探析》,《重庆工学院学报(社会科学版)》2007 年第 7 期,第 65~67 页。

思考题:

1. 上文中作者认为:"集权管理会导致财务控制的难度加大,对下属子公司的财务监督更加困难,企业集团机构的财务组织结构更加复杂,财务费用会非线性地增长。最终导致集权的边际财务费用大于分权的边际财务费用。"你认为这样的观点对吗?

2. 作者认为,企业集团的外部风险主要来源于投资风险和融资风险。请思考得出这一论断的原因及其存在的问题。

3. 作者认为,企业集团财务职能的系统性决定了集权的有效性。你能否反驳其观点?

三、分权型财务管理体制优缺点

(一) 分权型财务管理体制优点

与集权型财务管理体制相比,分权型财务管理体制具有如下优点。

1. 有利于将财务决策与信息更紧密地结合起来,提高决策效率

在分权型财务管理体制下,子公司的大部分财务管理事项(除特别重大的事项如发行股票等)由子公司进行决策,而子公司的财务决策者(董事会和总经理)大多直接参与子公司的经营管理,对子公司的情况有直接的了解,这样作出的决策往往具有更强的针对性,从而改进的决策的效率。

2. 有利于培养和锻炼子公司管理人员能力,为集团发展培养全能人才

在分权型财务管理体制下,子公司的高层管理者既要负责本单位的业务经营(包括生产、采购、营销等),也要负责本单位的财务管理,使得子公司经营者得到各方面的锻炼,为以后担任更高层次的管理任务奠定了基础。

3. 有利于集团总部集中精力对集团战略发展进行规划

子公司管理层(子公司董事和经理人员)在分权型财务管理体制下承担了子公司的经营和财务大部分事务,因此集团总部管理者无须为这些日常事务花更多的精力,可以将大部分精力投入到集团整体发展战略上,从而改进企业集团的发展思路。

4. 有利于充分调动子公司管理人员的积极性和创造性

如果企业集团实行分权型财务管理体制,子公司管理层就有更大的权力来管理子公司,因此他们就不必就许多事务向集团总部请示,而是根据自己的管理才智进行决策,这客观上提高了管理者创新的积极性,从而提高管理效率。

(二) 分权型财务管理体制缺点

企业集团实行分权型财务管理体制也会产生一些缺陷,主要包括以下一些方面。

1. 不利于集团财务控制效率

在分权型财务管理体制下,企业集团日常的财务活动由子公司管理层负责,集团总部只能根据期末子公司财务业绩对子公司经营者进行考核,而不能直接对子公司的财务活动进行指挥。在外部经济环境发生变化时,企业集团总部无权直接调整子公司财务活动,容易降低集团财务控制效率。

2. 容易增加代理成本

在子公司财务管理的大部分权限转交给子公司管理层后,企业集团总部成为子公司经营的委托人,而子公司管理层成为代理人。委托人为促进代理人积极工作提高子公司财务管理效率,势必要对代理人进行监督和激励。此外,由于子公司管理层并不是子公司股东,因此他们在经济人假设下存在有道德风险和逆向选择可能,如将财务管理权限交给他们,势必增大代理风险。

3. 不利于企业集团整体财务活动协调

在集权型财务管理体制下,子公司的财务活动由集团总部进行直接控制,因此集团总部可以在整个集团范围内对各个子公司的财务活动进行调整,确保企业集团内部各公司资金收支整体平衡,从而最大限度保证集团整体财务协调。而若采取分权型财务管理体制,各子公司由于资金收支不均衡而容易出现资金溢缺不均的现象,此时由于集团总部无权干涉而难以解决。

4. 不利于企业集团整体资源配置优化

在分权型财务管理体制下,企业集团的资源配置权力大部分集中在子公司。每个子公司根据自身情况在本单位内安排资源配置,由于资源的来源和用途相对于集团整体更小,因此集团内子公司进行资源配置的效率显然小于在集权条件下由集团总部在整体范围内进行的资源配置。

四、实行分权型财务管理体制需要的条件

根据以上分析可知道,企业集团实行分权型财务管理体制既有一定的缺点也有它的长处,如何扬长避短呢? 关键是看一个企业集团是否具备分权型财务管理体制所需要的条件。一般来说,企业集团实行分权型财务管理体制,需要具备如下条件。

(一) 强大的中层管理力量

实行分权型财务管理体制,需要企业子公司管理者既懂得产品经营,又懂得财务管理。这在一些处于发展初期的企业集团来说很难实现。由于企业集团刚刚起步,许多子公司的经理只懂得如何开拓市场、生产产品,而对如何调度资金、提高资金使用效率缺乏认识,此时如果将子公司大部分财权转交给他们显然不合适。

(二) 协作的企业文化

在分权型财务管理体制下,子公司具有相对独立的财权。如果企业集团中没有协作精神,集团总部就无法在各个子公司之间进行财务协调,造成各个子公司独自为战,集而不团,就无法实现集团的协同效应。

(三) 复杂多变的市场环境

在子公司的市场环境比较简单和稳定时,企业集团应该实行集权型财务管理体制,因为这时对于子公司的财务决策不需要很多及时的信息支持,集团总部管理者可以直接进行决策,从而实现集团整体资源配置优化的目的。一旦子公司市场环境复杂多变,企业集团就应该实行分权型财务管理体制,确保子公司财务决策者能及时根据市场变化制定相应决策,提高决策准确性。

【阅读材料 3 - 6】

我国民营企业集团分权管理的应用状况和阻碍

一、民营企业所有权和控制权的分布情况

企业在市场经营与竞争中,对内需有严格有效的管理,对外需有市场快速反应的果断

决策能力。从这点上说,民营企业具有明显的优势。民营企业主的绝对权威,能够为企业统帅人物的决策与管理提供有力保证。同时,民营企业以家族血缘关系为纽带,又使相互之间有着超强的凝聚力、忠诚度和互信感。这对形成民营企业的整体力量,降低管理成本,保守商业秘密,提高企业经营管理效益都是非常有效的。但是民营企业要谋求长远发展,必须走所有权和经营权分离之路,即建立真正的现代企业制度。而建立现代企业制度,必须要有职业经理人的参与。引入职业经理人,不会改变企业的所有权,但是却意味着对民营企业的控制权的重新分配。

很多民营企业主在引入经理人后,却不愿意让渡自己的控制权,如表 3-5 所示,在企业的重大决策问题上,有 58.5% 是完全由企业主一人作出的,企业一般的管理决策,也有54.7% 由业主单独作出,这也是民营企业普遍的两权合一的必然结果。

表 3-5　中国私营企业的决策分布

决　策　者	经营决策	一般管理决策
业主本人	58.5%	54.7%
业主和主要管理者	29.7%	34.5%
业主和其他人	0.3%	0.4%
董　事　会	11.0%	10.0%
其　他　人	0.5%	0.4%

民营企业主的这种对决策控制权的完全掌控,使得职业经理人在经营过程中权限不足,很多管理举措难以实现。职业经理虽然肩负重担,但有时只能看着企业超自己所不希望的方向发展。这使得经理人实际所承担的风险进一步增大,而这种剩余控制权不充分的风险是无法在契约中体现的。

二、企业控制权的分权遇到的困难

1. 民营企业主的"权力"情结

中国民营企业的第一代创业者从零开始,靠着敏锐的经济头脑和不畏艰难的创业精神,造就了自己的企业王国。这些创业者对自己创办的企业往往怀有一种深深的眷恋,因为拥有企业就意味着拥有权力、地位和荣誉。他们无法放弃自己的这种权威,把企业控制权转让给他人。此外,如果重新配置企业管理权力,部分企业初创时期的"功臣"就不得不让出自己的权力,他们会本能地对此产生抵触,从而增加权利转移的成本和风险。

2. 信任因素

民营企业主和职业经理人之间的关系可以看做是一种契约关系,对于职业经理人,出让的是具有经营和管理能力的人力资本,得到的是企业的控制权以及个人的收益;而对于企业所有者,出让的是企业的控制权,得到的是企业价值和投资回报的提升,企业所有者关注的应该是结果(投资回报、企业价值),这个过程应该由经理人来主导完成,而大多数的民营企业在引入职业经理人后,企业老板并没有交出企业的控制权,仍然很关注经营管理的过程,对放权不放心。

民营企业主要聘用职业经理人就必须让渡部分控制权。在这个意义上,民营企业引进职业经理的风险就是让渡控制权的风险,就是导致分权后失控的风险。而企业主为什么对让渡控制权心存疑虑,归根结底就是职业经理不能给企业主带来等同于家族成员的信任感。此外,作为企业的创业者,他们对职业经理人往往会提出过于理想化的要求。比如,忠诚于企业,有很强的管理才能,能够处理好企业内外的关系等。而目前的经理人市场是一个"柠檬市场",其中的次品率相当高。按照张维迎的话就是"如果没有职业道德,对所有者忠诚,就不会有资本家信任他们(职业经理)"。企业主对职业经理人难以建立起血缘关系内的信任关系,而双方之间又由于受到传统的等级、秩序、人治因素的影响,彼此之间缺乏对超越于利益、关系考虑的共同的原则思想的认同和忠诚;而职业经理人希望能得到更多的人力资本回报,以及拥有足够的剩余控制权,这就需要得到企业主更多的信任,承担起更多的信托责任。有学者通过实证研究发现,影响私营企业职业经理人流失原因的重要因素中,企业主对经理人的信任排在第五位。这些原因都导致了民营企业主和职业经理人之间建立理念型心理契约较为困难。但是,如果企业主和职业经理人能够超越传统文化的一些消极范畴,在管理视野上得到更新和提升,将有助于雇佣关系中理念型心理契约的构建。

3. 职业经理人高期望值

经理人与企业中一般员工的目标函数是不同的,除了普通员工在企业中投入劳动以期得到有趣富挑战性的工作、更高的薪资、更好的福利、重要的晋升、学习深造机会、长期工作安全等回报以外,职业经理人还期望得到更大的管理权限、期权奖励、职业发展声誉、社会荣誉和地位,以及被家族成员当自家人参与讨论重大决策和利润共享的家族接纳。另外,职业经理人的劳动不是简单的劳动,而是一种企业家活动,被雇用的经理人在意愿上希望能成为企业的决策领导者,享有足够的剩余控制权。私营企业在吸纳和集成职业经理人的管理资源的过程中,企业主必然要授让部分控制权和付出整合成本。在企业剩余控制权(利润分享、获取财务信息和参与决策)的授让和整合过程中,职业经理人目标期望拥有更多的剩余控制权,而足够的控制权才能更好地让他发挥企业家才能。

资料来源:孙桂国:《民营企业企业主与经理人分权研究》,《集团经济研究》2007年10月中旬刊(总第245期)第241~242页。

思考题:你觉得还有哪些因素可能是分权型财务管理体制实施的条件?

第四节　折中型财务管理体制

由于集权型和分权型财务管理体制各自有自己的优点和缺点,因此在管理事务中企业集团往往会将财权的分配在集权和分权间进行折中。所谓折中型财务管理体制,是指将子公司重大财务事项的决策权放在集团总部,而将日常财务管理决策权放在子公司董事会及其经营者的一种财务管理体制。本节我们主要介绍折中型财务管理体制的主要财权配置、理论依据和运用条件。

一、折中型财务管理体制的财权划分

折中型财务管理体制中,集团总部和子公司管理层之间的财权按图3-2划分。

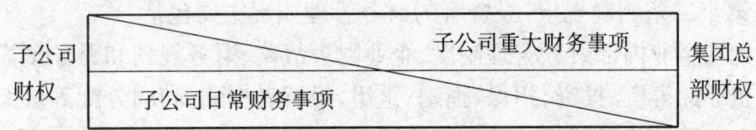

图3-2　折中型财务管理体制的财权划分示意图

图3-2中,矩形整体表示某个子公司的所有财务事项,上半部分矩形表示子公司重大财务事项(比如发行股票、重大筹资和投资决策),下半部分矩形表示子公司日常财务事项(比如日常资金运作,营运资金管理等)。由对角线分开的两个三角形中,左下方三角形表示由子公司(董事会和经营者)负责的财务事项,右上方三角形表示由集团总部负责的财权。

具体地说,折中型财务管理体制的财权按如下思路进行划分。

(一)投资和筹资事项

在折中型财务管理体制中,子公司重大的筹资和投资事项主要由集团总部负责,其中,影响子公司未来发展方向和规模的重大财务事项由集团总部直接负责,而一些虽然金额比较大,但尚未重大影响子公司未来发展方向和规模的筹资和投资事项则应由子公司管理层(董事会、经理)提出建议,报集团总部审批。日常的筹资和投资事项则由集团总部制定子公司筹资和投资制度,由子公司管理层按制度进行决策。

(二)营运资金管理

在折中型财务管理体制中,子公司营运资金管理属于子公司日常财务事项,因此由子公司管理层根据集团总部审批的管理制度统一管理,集团总部不直接进行控制。具体地说,子公司的货币资金由子公司根据现金预算自行安排收支,子公司的存货和销售业务由子公司根据制度自行处理。

(三) 财务人员管理

在折中型财务管理体制中,子公司经理根据管理需要独立聘请财务人员,但子公司的财务负责人须由集团总部任命;此外,为监控子公司财务活动,集团总部还可能对子公司财务人员进行统一培训和考核。

(四) 预算管理

在折中型财务管理体制中,子公司预算的制定和执行需要集团总部和子公司管理层共同参与。一般来说,集团总部有权确定最终的预算方案(但在确定最终方案前需要与子公司经营者协商),而预算执行过程由子公司经营者负责,集团公司只负责根据预算完成情况对子公司经营者进行奖惩。

二、折中型财务管理体制的理论依据

折中型财务管理体制的直接理论依据是我国 2006 年制定的《企业财务通则》。《企业财务通则》在第十二条明确规定,投资者的财务管理职责主要包括:

① 审议批准企业内部财务管理制度、企业财务战略、财务规划和财务预算。

② 决定企业的筹资、投资、担保、捐赠、重组、经营者报酬、利润分配等重大财务事项。

③ 决定企业聘请或者解聘会计师事务所、资产评估机构等中介机构事项。

④ 对经营者实施财务监督和财务考核。

⑤ 按照规定向全资或者控股企业委派或者推荐财务总监。

第十三条规定,经营者的财务管理职责主要包括:

① 拟订企业内部财务管理制度、财务战略、财务规划,编制财务预算。

② 组织实施企业筹资、投资、担保、捐赠、重组和利润分配等财务方案,诚信履行企业偿债义务。

③ 执行国家有关职工劳动报酬和劳动保护的规定,依法缴纳社会保险费、住房公积金等,保障职工合法权益。

④ 组织财务预测和财务分析,实施财务控制。

⑤ 编制并提供企业财务会计报告,如实反映财务信息和有关情况。

⑥ 配合有关机构依法进行审计、评估、财务监督等工作。

在企业集团中,集团总部是代表投资者利益的机构,掌握着子公司重大财务决策权,而组织实施财务决策,管理日常财务事务,则是子公司经营者应负担的职责。

【阅读材料 3 - 7】

我国企业集团建立以相对集权为主的财务管理体制的必要性

一、面临的形势要求

随着市场经济体制逐步完善,经济体制改革进一步深化,中国加入 WTO,市场竞争加剧,政府监管进一步加强,对集团公司财务治理权合理分配提出了新的要求;信息技术和网络技术的飞速发展,网络财务的出现,为创新财务管理体制提供了条件。

1. 极度集权模式不符合现代管理思想的发展趋势,必须采用相对集权

与世界上其他国家一样,我国企业所面临的经济环境已经发生了巨大变化,同时,企业管理思想也发生了变革。在日益提倡"人本"管理的今天,人力资源被看做是企业最重要的生产要素,各企业把如何发挥职工的创造力和调动其工作的积极性作为一项重要任务来看待。而在极度集权制下,子公司没有任何财务权限,其财务人员在业务上完全听从于母公司的安排,这使他们的工作积极性得不到发挥,从而降低工作效率,影响公司目标的实现。

2. 信息技术的发展和网络财务的出现,使集团公司财务管理体制重新构建具有可行性

母公司要对子公司进行相对集中的财务管理,首先必须及时取得子公司的相关财务信息,然后才能在此基础上作出正确的财务决策。财务信息化,为财务管理实现有效集中和集成提供了条件。进入 21 世纪,以计算机和网络技术为代表的信息技术革命席卷全球,正在改变着我们的理财观念和理财模式。依托财务管理信息系统,财务管理可以从传统的分散管理走向集中式管理;从相对分割的职能管理走向相对集成的综合管理;从相对分散的粗放管理走向精细的集约式管理;从事后的静态管理走向实时的动态管理。这些手段加快了企业间信息传递的速度,使母公司的管理人员能够及时通过网络了解子公司的财务状况,为其进行财务决策提供信息保障。通过网络,也可以使母公司的财务政策迅速传递到各个子公司,便于子公司及时调整其经营策略,最终实现公司整体价值的最大化。

二、采用集权为主、分权为辅的财务管理体制是发展的内在要求

1. 集团公司所处的发展阶段决定其必须采取相对集权的财务管理模式

我国集团公司从总体而言,还正处于发展的初期,公司制定的发展战略尚未得到集团内其他成员企业的认同和贯彻执行,各成员企业在资金配置、市场定位及企业文化方面尚未形成合力,没有达到规模经济,完全分权管理的条件还不成熟。所以,母公司有必要对各子公司进行一定程度的集权管理,根据产权关系,使子公司在其所划定的范围内开展财务活动。但出于调动子公司财务人员工作积极性的考虑,母公司应将子公司的一些日常财务活动的管理权下放给子公司的财务人员,而将涉及子公司发展前景乃至影响整个公司战略目标实现的重要资本变动权、重大投资权、重大筹资权、重大资产的处置权、财务机构的设置权、财务经理的任免权及预算的审定权等财务事项的决策权集中于母公司,以实现对子公司的财务监控。通过适当的分权,可以使母公司的财务人员有时间和精力参与整个公司的战略管理。

2. 集团公司的组织结构状况,要求采用相对集权的财务管理体制

我国集团公司组织结构多是典型的直线职能制,母公司要严格控制财务决策权,是公

司的投资中心，下属成员企业是利润中心和成本中心。所以财务管理体制必须采取相对集权型模式。

资料来源：李燕：《集团公司应建立以相对集权为主的财务管理体制》，《会计之友》2007年第4期中，第18～19页。

思考题：根据上文，你认为我国企业集团为什么要实行折中型财务管理体制？

三、折中型财务管理体制的应用条件

一般来说，大部分企业集团都可采用折中型财务管理体制，特别是以下情况下，折中型财务管理体制有更大的适应性。

（一）集团所属子公司存在一定的产品差异，但有一定的相关性

目前，我国大部分大型集团企业的子公司都属于这一类别，对于这类子公司如果完全采用集权，则由于产品差异而造成集团总部可能作出错误决策，若完全分权，就又不能让各子公司相互协调，降低公司的协同效应。因此需要在集权和分权中作出一定的折中。

（二）企业集团正处于成长阶段

对于成长阶段的企业集团，由于发展需要资金，因此企业集团总部需要集中一定的财权保证集团协调发展，但也需要给子公司经理一定财务管理权限，以锻炼他们的综合能力，为以后承担更重的管理任务奠定基础，因此需要采取折中型财务管理体制。

（三）企业集团中对核心产品有支持作用的子公司

对于为企业集团核心产品提供支持的子公司需要有一定的控制力，以确保其对核心产品的支持，但是，由于该子公司产品并非核心产品，集团总部无需集中过多的精力投入管理，影响核心产品的经营管理，因此应该给这些子公司经营者一定的财权，使其在总部的领导下处理好子公司的日常财务事项。

本 章 小 结

（1）财务管理体制是企业财务活动中各种制度和程序的总称。财务管理体制是财务管理的重要因素，它确定了财务管理中的权限安排、信息传递路线等，从而在很大程度上影响企业财务管理效率。

（2）企业集团财务管理体制包括企业集团投资决策制度、企业集团筹资决策制度、企业集团利润分配制度、企业集团资金管理制度、企业集团财务人员管理制度和企业集团预算管理制度等主要方面。

（3）企业集团财务管理体制不是一个固定不变的，而是随着各种影响因素的变化而

变化的。如果按照集团总部财权集中程度将企业集团财务管理体制进行分类的话，可以将企业集团财务管理体制分为三种类型：集权型、分权型和折中型。

（4）企业集团财务集权的优点主要是：集团公司总部能集中资源，通过合理配置资源，达到规模效益；能全方位控制子公司的财务行为，有效实施总部战略；高级人才有放大效用；能减低组织、代理成本。集团公司财务集权的弊端主要是：不利于调动子公司经营者的积极性；因决策信息不灵导致工作效率较低；易形成官僚主义。

（5）分权型财务管理体制具有如下优点：有利于将财务决策与信息更紧密地结合起来，提高决策效率；有利于培养和锻炼子公司管理人员能力，为集团发展培养全能人才；有利于集团总部集中精力对集团战略发展进行规划；有利于充分调动子公司管理人员的积极性和创造性。分权型财务管理体制缺点：不利于集团财务控制效率；容易增加代理成本；不利于企业集团整体财务活动协调；不利于企业集团整体资源配置优化。

（6）折中型财务管理体制是指将子公司重大财务事项的决策权放在集团总部，而将日常财务管理决策权放在子公司董事会及其经营者的一种财务管理体制。一般来说，大部分企业集团都可采用折中型财务管理体制。

本章参考文献

1. 刘林. 对集团公司财务集权的思考[J]. 会计之友，2007(10月上旬刊)：23.

2. 李燕. 集团公司应建立以相对集权为主的财务管理体制[J]. 会计之友，2007(4月中旬刊)：18-19.

3. 朱雨龙，胡亮明. 基于战略执行的集团财务管理体制构建——以深圳广电集团为例[J]. 中国总会计师，2007(11)：68-69.

4. 沈长寿，沈良. 万向集团财务管理体制的创新和实践[J]. 中国乡镇企业会计，2007(2)：9-11.

5. 黄堂虎，于军，董义胜. 黑龙江垦区的资金集中管理模式[J]. 中国农业会计，2007(5)：36-37.

6. 孟庆建. 以兖矿集团为例谈全面预算管理体系的构建[J]. 煤炭经济研究，2007(9)：36-38.

7. 赵杰. 美国通用电气的集权与分权[J]. 政策与管理，2000(10)：50-52.

8. 胡萍. 企业集团财务管理集权与分权控制问题探析[J]. 重庆工学院学报(社会科学版)，2007(7)：65-67.

9. 孙栓国. 民营企业企业主与经理人分权研究[J]. 集团经济研究，2007(10月中旬刊)：241-242.

复习思考题

1. 企业集团财务管理体制受哪些因素影响？
2. 为什么我国大部分企业集团采用集权型财务管理体制？
3. 企业集团采取折中型财务管理体制时，子公司投资权限如何安排？
4. 企业集团财务管理体制与企业文化有什么关系？为什么？
5. 如何理解企业集团财务管理体制与企业组织形式之间的关系？

案 例 题

美的集团财务管理体制发展

美的的成长经历了三个阶段：第一阶段是从建厂初期 1968 年到 1997 年，属于寻找方向定位，缓慢发展阶段；第二阶段从 1998 年到 2004 年，这一阶段是美的集团的关键时刻，发展遇到瓶颈，美的面临着艰难选择，一方面有前车之鉴——万宝集团放权后集团变为一盘散沙，最终走向破产倒闭；另一方面若不放权，则会遭遇发展过程中的"天花板"，似乎已经到了事业顶端，利润增长规模扩大都十分艰难。时任美的总裁的何享健带领美的进行了大规模的组织结构改革，实行了高度放权的事业部制，为之后的集团快速发展奠定了制度基础。第三阶段从 2006 年到 2010 年，这也正是我国的第十一个五年计划期间。美的集团又一次进行创新性的改革，在原来的产品事业部的基础上进行调整和优化，建立起横向协同的区域事业部。图 3-3 是美的集团股份有限公司的组织结构示意图。

企业建立初期选择的是集权型的管理模式，在资金的使用、分配等方面由管理者和决策者统一调配和安排，保证了有限资源的最有效利用。经过一段时间的快速成长，美的集团已具有较大规模，产品也更加多元，单靠领导层的有限能力和精力已经不能管理好日趋庞大的企业了，美的变革势在必行。此次结构调整美的创新性地引入事业部制，将美的集团划分为五大事业部：压缩机事业部、厨具事业部、家庭电器事业部、电机事业部、空调事业部。各事业部之间由于产品差异而互相独立，每个事业部都相当于一个单一产品类型的小规模企业，在经营管理上享有很大的自主权，自行组织生产、研发、销售、核算、管理等日常经营事项，而对于集团总部来说，事业部是其生产中心和利润中心。美的集团的分散化管理，必然也影响财务管理结构，这个时期的财务管理模式由集权过渡为分权制。将集团由大化小，各事业部管理更加直接，打破了天花板效应，有利于集团整体目标的完成。各事业部的财务部门直接受控于集团总部的财务部，对总部直接负责，财务人员由总部选拔并安排到各事业部。

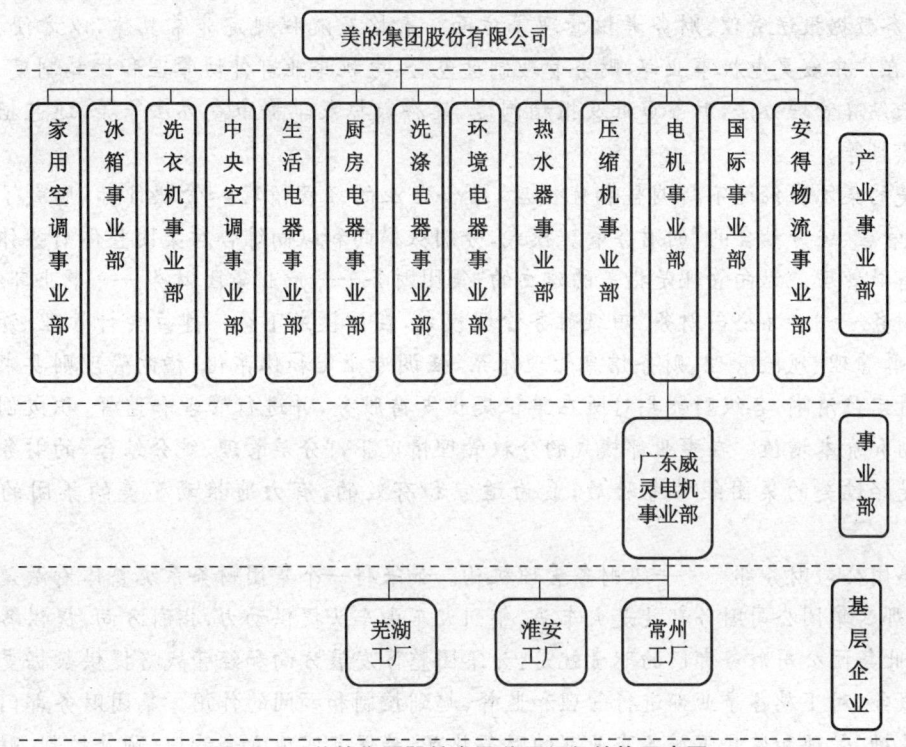

图 3-3　美的集团股份有限公司组织结构示意图

　　由于美的集团所处的行业类别和性行业特征,美的集团资金需求量较大但是周转速度较快,这就决定了企业必须具备较高水平的资金的管控能力,在财务管理方面,明确划分管理权限。战略定制、资金划拨、重大财务决策由集团总部制定;各事业部财务部门对日常财务活动进行核算和统计,在一定的资金数额之内有自主决定权,超过权限的项目或重大财务事项必须上报集团总部,由总部进行审批和决策,事业部在财务管理和会计核算方面严格遵守集团总部制定的各项规章制度,严格按照所要求的财务流程开展财务活动。这种管理模式属于适度的集权与分权相结合,集中的是重大事项决策权和领导权,下放的是事业部日常经营所涉及业务的管理权。这种管理模式要求企业有完善的管理制度,科学的财务流程,面对紧急问题时还应有相应的应对措施,对执行者,也就是众多的财务人员管理来讲,也应有较好的执行力。

　　美的集团财务管理非常全面,各项制度非常细化,集团总部财务部门要求财务每个环节统一标准和规范程序,整个集团的财务模式活动是以集团公司财务中心编制的财务管理制度为基础展开的。财务管理制度汇编的内容包括:资产管理、资金管理、费用核算与管理、业务性支出支付管理、分支机构资金划拨审批管理、内部往来核算管理、外汇业务管理、会计核算实务管理、财务系统使用和维护管理、现金流量核算管理、财务报表报送管理、财务数据报送管理、财务考核管理等方面。表格及流程规定非常具体，以方便操作。例如，在广东威灵电机事业部，财务管理制度包含：电机事业部外协管理和核算制度、供应商往来结算管理办法，财务审批及报销制度，库存数据及单据审查办法等等，还包括各种表格模板等。

美的集团在经过不断调整和优化后，结合企业的经营情况和管理目标，形成了目前"分层管理、统分结合的"的财务管理模式，分别从横向和纵向综合对集团整体财务体系进行了有效管理。纵向管理是指美的建立的"集团财务——产业集团财务——事业部/经营单位财务——产品公司财务"四级财务管理模式，在该模式下统一建立会计管理、资金管理、预算管理、风险管理、财务信息管理体系，强调专业化和体系化；横向管理则要求各层级职责定位清晰，各级财务要对所在单位提供支持服务，并进行管理和监督，积极创造经营增值和资本增值。在事业部模式的分权管理情况下，"分层管理、统分结合"的财务管理模式是经过美的集团经营考验后，最为适宜和有效的，有力地推动了美的集团的快速发展。

集团公司财务部——一级财务管理机构。如果将一个集团财务系统整体看做是一列火车，那么集团公司财务部就是火车头，整列火车由车头提供动力，指引方向，提供各种帮助，因此集团公司财务部门的职责就是：为集团整体发展方向和经营战略提供数据支持和财务服务，对下属各事业部进行管理和监督，起到控制和顾问的作用。集团财务部门以预算为基础，管理和监督下属各事业部的财务状况，确保其实现资金管理、预算控制、财务分析、成本管理、会计核算的基本职能。集团财务部设有预算、资金管理、成本费用核算、税务、审计等机构和岗位，对整个集团公司财务系统进行管理。

产业集团财务部——二级财务管理机构。相当于一个承上启下的管理机构，其上层管理机构是集团公司财务部，下级直接管理机构是事业部直属财务部。其主要职责是根据集团财务部制定的年度计划、目标等宏观指标和管理方向，针对所辖事业部制定较为详细的财务管理要求，并且对事业部工作进行监督和指导。当事业部在生产经营过程中遇到需要审批审核的财务事项时，首先向直属上层产业集团财务部进行汇报，而产业集团财务部也需要定期或不定期的将下辖事业部财务管理状况向总部汇报，以便管理人员随时全面了解集团运营管理情况。

事业部直属财务部——三级财务管理机构。各事业部是企业集团的利润中心，主要是以生产和销售为主，事业部的财务人员由集团统一选拔和调配，直接受控于集团财务部，事业部财务部门的职责主要是核算、监督和评价，做好事业部资产管理、成本核算，及时准确、详尽地向集团财务部报送各项财务数据，提供相关信息，以便集团了解各事业部经营状况，制定宏观生产经营计划。事业部财务部门通过"管"和"算"两个手段，为企业管理提供财务依据。财务管钱：通过资金的运作实现增值；会计算钱：对经济活动进行计量和核算，提供量化依据。"算为管用，管算结合"，发挥财务管理的核心作用，真正做到向管理要效益。

基层职能单位财务核算岗位——四级财务管理机构。在事业部内设置的基层职能单位是指生产、销售、供应等业务部门。设置这一层级的财务管理岗位,是为了将成本、财务、销售联系起来,核算成本与销售情况,同时财务数据信息反作用于成本管理,更好地进行经营管理。这一层级的主要职能是:做好相关业务的真实、原始财务数据的记录,进行差异分析,提供各项控制指标的数据依据。

资料来源:秦祯:《企业集团财务管理体制研究——以美的集团为例》,内蒙古大学硕士学位论文. 2014 年。

思考题:

1. 试分析美的集团财务管理体制的变迁与公司经营规模及战略之间的关系。

2. 根据案例资料,总结美的集团在资金、预算、财务人员等方面管理的财权配置。

3. 讨论四级财务管理机构在美的集团财务管理职能中的划分。

第四章　企业集团财务人员管理

【本章主要内容和学习要点】

本章主要介绍企业集团对下属子公司财务人员管理的主要做法,包括财务经理委派、财务总监委派和财务人员委派三种类型。根据每一种类型,讨论派出财务人员的职责、工作权限和优缺点。

【课前案例】

广钢集团委派财务总监的主要做法

广钢集团制定了《广钢集团财务总监管理暂行办法》(下称《暂行办法》)等一系列财务总监管理制度,明确了财务总监的委派聘任办法、任职资格、职责权限、管理待遇,规定了工作报告、工作考核办法及勤政廉政要求,为确保财务总监能发挥作用提供了制度保证。经过几年的实践,广钢集团逐步形成了较为完善的财务总监管理工作机制。

(1)选拔聘任。财务总监制度的产生源于产权与经营权分割所带来的矛盾。一方面,财务总监作为一个理性的"经济人",也有其自身的效用目标,而这一效用目标不可能与委派方的效用目标完全一致,因此,财务总监的个人道德品质极为重要;另一方面,财务总监的特殊身份决定了其在所派驻企业中处于尴尬地位,由于财务总监处于企业运行过程之外的监督,出于人们逆反心理的本能,使财务总监的工作变得十分微妙和复杂。在这种情况下,如何完善财务总监的选拔聘任机制,选拔德才兼备的财务总监,就成了财务总监制度成败的关键。广钢集团《暂行办法》明确规定:财务总监应有较高的政治素质、业务素质和工作能力;具有经济管理类中级以上职称,并有5年以上财会、审计工作经验;能独立开展工作,坚持原则,秉公办事;身体健康。在具体操作中,采用集团内部选拔和社会公开招聘两种方式。集团内部选拔的财务总监,由集团公司财务部提名,组织人事部门考察,集团公司党委扩大会议研究决定,集团公司总经理聘任;向社会公开招聘的财务总监,按公开、公平、公正的原则,按照德才兼备的标准,采取考试与考核相结合的办法择优录取。

（续上）

　　（2）工作参与。财务总监在派驻单位的工作参与程度，是委派财务总监制度能否取得实效的关键因素之一。而派出单位对财务总监的权责是否明确，财务总监个人是否有较高的工作技能，又是决定其工作参与程度的重要方面。这主要体现在：① 职责：根据《暂行办法》的规定，财务总监的主要职责为：严格执行国家的财经法规及集团的有关规定，列席派驻单位董事会会议，参加有关资本经营、生产经营和财务决策研究会议，提出财务管理和财务运作方面的建议；对派驻单位董事会、总经理和财务人员在决策及经营过程中执行财经法律、法规情况进行监督；监督企业财务管理，协调企业和集团的关系；参与企业生产经营方针、年度计划等重大问题的决策，协助落实资金；协助审查企业的财务收支计划、信贷计划、成本费用计划，加强成本管理；参与新项目投资的可行性研究并提出独立评估意见；指导企业经济核算工作，监督财务人员按制度要求开展会计核算工作；负责审核对外报送的财务报告等。② 权限：对企业财务收支、资金使用、会计核算有监督权；对企业经营管理制度、规划、预算、计划有参与制定权；对企业财务会计工作会议的召开有主持权；对企业重大财务决策（如贷款担保、投资技改、产权转让）有参与权；对重大资产变动和大额资金流动事项，如企业改制、兼并、破产、解散、关闭，企业的债务重组、资产转让、贷款担保和资产抵押，数额较大的资金调拨和现金支付，对外举债、担保、发行债券等，与董事长或总经理有联合审签权；对派驻单位财务人员的任用、晋升、调动、奖惩有建议权。③ 财务总监的个人工作技能。财务总监的特殊角色决定其必须具有较高的工作技能。从财务总监担负的责任来看，其要求就是德才兼备，即要求财务总监不仅要廉洁自律，具有良好的政治素养和高尚的职业道德，扎实的专业理论知识，而且更要有丰富的实践经验，较强的协调工作能力，善于处理好委派单位、企业经营者和财务总监之间错综复杂的关系。广钢集团对财务总监这方面的要求，在选拔聘任以及业绩考评机制中都得到了体现。

　　（3）责权保证。除了制度明确职责、权限外，集团主要通过以下几个方面来保证财务总监工作的顺利开展：① 行政待遇保证。制度明确规定，财务总监享受所派驻单位的行政副职待遇，这就从制度上保证了财务总监的地位，便于顺利开展工作。② 经济待遇保证。财务总监任职期间，薪酬及福利待遇由集团公司确定，工资由集团统发，并享受集团总部同级人员的所有福利，其工资待遇不与派驻单位经营业绩的好坏挂钩。同时，财务总监不得接受其所在单位的任何报酬、福利待遇和馈赠，不得在所在公司报销任何费用。这样，可以有效防止财务总监与企业经营者合谋"以权谋私"，降低损害出资人利益的风险。③ 工作待遇保证。对于财务总监个人来说，只有保证对派驻单位工作的全面参与权、知情权，才能真正行使监督权，对此，《暂行办法》明确规定了财务总监的工作待遇及派驻单位的责任。而且，无论是集团领导，还是集团

（续上）

财务部门或企划部等管理部门,在日常工作中都不断强化财务总监的工作参与意识,努力营造有利于财务总监工作参与的外部环境,力争使财务总监不仅在行政上享受派驻单位副职待遇,而且要以相当于派驻企业副职的身份参与各项工作。这一点对财务总监的工作心态及派驻企业各部门的工作配合都是极为重要的。

（4）信息沟通。对于集团公司来说,由于财务总监对派驻单位的活动全程参与,"贴身"监控,其所掌握的信息具有很强的时效性,因此,规范财务总监与集团公司的信息沟通机制就有着特殊意义。集团公司主要通过落实以下要求来保证财务总监与集团公司之间信息渠道的畅通:① 月度例会。月度例会由集团财务部召开,是最主要的信息通道。在例会上,各财务总监汇报一个月来的工作情况,反映所在单位财务营运情况及工作中的问题,同时集团财务部也要对工作进行安排;对工作中所碰到的难点问题进行讨论,集中大家智慧找到解决办法。所以,月度例会,既是反映情况的场所,也是布置工作的良机,还是学习文件、研究问题、寻求解决办法的好机会。② 重大事项报告。遇到制度规定或财务总监认为应该报告的重大事项,财务总监应该随时报告;遇有特别重大问题,可直接向集团主管领导报告。③ 专题报告。集团公司有关部门,对一些专门事项要求财务总监进行跟踪并作出及时报告,或要求有关企业财务部门迅速报告,但须经过财务总监审核。

（5）业绩考评。业绩考评是财务总监制度的重要组成部分,集团公司委派财务总监的根本目的,就是要使企业经营者的行为与企业集团作为出资人的利益相一致。财务总监制度作为一种监督机制,构成了对企业经营者的利益约束,但同时,财务总监个人是否积极监督、工作是否富有成效,也必须进行业绩考评,并与收入奖惩挂钩,才能实现委派者对财务总监行为的导向、监督和约束。对此,广钢集团制定了专门管理办法,从定性和定量两个方面进行考核。财务总监每年年终要向集团公司财务部做述职报告,集团公司财务部对财务总监实行定期和任期考核。考核分为优秀、称职、基本称职、不称职四个等级。如未达到60分,视作不称职;年度考核在90分以上,视作优秀。考核结果作为财务总监薪酬发放、续任续聘和奖励处罚的重要依据。实践证明,强化业绩考核对财务总监的工作起到了良好的导向和促进作用。

资料来源:节选自何利民:《委派财务总监　加强财务监督——广钢集团委派财务总监的实践与思考》,《冶金财会》2003年第12期,第4～8页。

思考问题:

1. 广钢集团派出财务总监的职责是什么?

2. 广钢集团如何派出财务总监对子公司实现有效财务控制?

企业集团要想获得集团经营的协同效应,必须要保证各个子公司在经营和财务活动上的步调一致。为确保子公司之间在财务上保持呼应,集团总部需要对子公司财务活动进行控制。除对子公司财务活动的决策权进行控制外,集团总部对子公司财务人员的控制也是一个重要环节。本章将重点讨论企业集团如何通过派出财务人员控制子公司财务活动。

第一节　财务经理委派制

财务经理委派制是指企业集团总部向子公司直接派出财务部门经理(负责人),对子公司进行财务监控的一种制度。为了实现对子公司财务监控的目的,集团总部制定派出财务经理制度时,需要解决如下问题:派出财务经理需要具备的素质;财务经理的职责和权利;财务经理的业绩考核与激励方式。这些问题都将是本节需要讨论的问题,此外,财务经理委派作为一种集团财务人员管理制度的优缺点也是本节需要考虑的一个问题。

一、派出财务经理的职责与权利

明确派出财务经理的职责和权利是财务经理委派制首先要考虑的问题。职责和权利过多,不仅会对子公司的财务活动造成过多干预,也使得派出财务经理人员工作负担过重。但若职责和权利过少又会降低财务经理委派的作用。

(一) 派出财务经理的职责

从保证子公司财权完整和集团总部对子公司财务的合理控制两方面看,派出经理人员一般要履行如下几个方面的职责。

1. 保障子公司执行集团总部财务制度和决策

企业集团为控制各个子公司财务活动,会对子公司重大财务事项作出决策,并制定子公司一些重要财务活动的管理制度。由于集团总部财务人员不能直接从事子公司财务活动,因此集团总部就很难知道对子公司所作出的财务决策和财务制度是否在子公司得到落实、落实效果如何。集团总部通过对子公司派出财务经理,直接主管子公司财务活动的安排,派出财务经理就可以根据集团总部决策和财务制度的精神安排子公司财务活动,从而确保集团总部对子公司财务的控制效率。

2. 及时反映子公司重要财务信息,并上报集团总部作为财务控制依据

子公司的一些重要财务信息是集团总部财务控制的重要依据,而由于集团总部并不直接从事子公司财务活动,因此不能及时了解子公司重要财务信息。为此,集团总部派出财务经理需要随时掌握子公司财务活动的重要信息,并及时报告集团总部。

3. 监督子公司从事一些危害集团总部利益的财务活动

由于子公司经营者并不一定是企业集团控股股东,而可能作出一些对自己有利却危

害集团控股股东利益的行为。比如,子公司经营者可能会投资一些风险过高的项目,或对下属职工滥发奖金实物,从而降低股东收益。由于集团总部无法直接了解子公司财务活动的真相,因此无法进行及时干预。集团总部派出的子公司财务经理应通过其对子公司财务活动的安排和分析,及时发现这些不利行为,并上报集团总部,由集团总部予以制止。

4. 提高子公司财务管理水平

有时集团某些子公司因为财务管理水平差,造成子公司业绩不佳。为了提高子公司财务管理水平,集团总部可能会选派财务经理直接到子公司从事财务管理工作,此时,派出财务经理需要通过自身的领导和管理,改进子公司财务管理制度和方法,提高财务管理效率。

(二) 派出财务经理的权利

为了有效履行上述职责,派出财务经理需要具有如下权利。

1. 作为子公司财务部门负责人应具有的财务活动安排权

子公司的各项财务活动需要通过其职能部门——财务部门来具体安排,集团派出的财务经理要具有筹划安排子公司的资金调度、预算管理等财务活动的安排权。有了这种安排权,子公司经理可以确保集团总部的财务制度和财务决策在子公司的财务活动中得到具体落实。

2. 作为子公司财务负责人应具有的财务信息管理权

子公司的重要财务信息通常由其财务部门负责收集和加工,并向经营者传递。作为部门负责人,集团派出子公司财务经理要能够接触到子公司各种重要财务信息,这样,派出财务经理才能发现子公司各种危害集团总部利益的财务行为,从而上报总部予以制止。

3. 作为集团总部代理人对各种不利行为进行干预的权利

集团派出子公司财务经理与普通财务经理最大的不同是他不是由所在单位经营者聘任,而是由总部直接派出,因此他有权对于他认为损害集团利益的行为不予以执行,并申请集团总部复议。这一权利对于阻止子公司从事不利于集团利益行为来说是十分必要的,它在第一时间行使了集团的财务监控权,确保集团总部利益不受到进一步侵害。

【阅读材料 4 - 1】

蒲白矿务局的财务科长委派制

蒲白矿务局是一个具有建局 50 多年历史的老企业,经过几十年的发展壮大,目前已拥有原煤生产矿井三对,陕北建庄、榆阳两个相对控股煤业公司,七个经营公司,四个社区,一个矸石电厂,一个职工医院,一个教育培训中心和一个生活服务中心等大小 20 个单位,是一个年产值达 11 亿元的大型煤炭企业。几十年来,矿务局以煤为主、多种经营,产品除煤炭外,近几年积极发展多种经营,电力、水泥、高岭土等产品正逐步发展成为骨干项目。随着企业公司制改造的不断深入和扩大,逐步建立现代企业制度和法人治理机制,加强基层单位的财务管理和会计监督工作,保证会计信息的真实性,已成为目前一段时期财务工作的重点。为此,该局从2004年7月开始在全局范围内推行二级单位财务科长委派制。

蒲白矿务局推行财务科长委派制的主要特点,表现在以下几个方面:

第一,委派后的财务科长具有较强的独立性。财务科长委派制实施办法赋予了财务科长很大的职权,委派后的财务科长在财务管理方面具有较强的独立性。财务科长在行使自己的职权时,可以按照会计法和财经法规要求有权拒绝受理和支付不符合规定的财务收支,在很大程度上摆脱了单位负责人的行政约束。

第二,冲破了传统会计监督机制障碍,建立直接协调监督机制。多年以来,企业在计划经济模式下,会计监督只是表面现象,上级主管财务部门只是简单的宏观控制,而实行委派制后,矿务局对基层财务部门的会计监督既可以宏观监控,也可以微观控制,由矿务局直接担负协调监督职能,完善了会计监督机制。

第三,实行财务科长定期报告制度。财务科长必须对本单位的财务收支、经营成果、重大财务事项每月在委派科长例会上向财务处进行汇报,重大收支必须及时进行信息反馈,有利于矿务局掌握各单位的重大经济活动。

第四,实行财务科长定期考核和轮岗制度。年度终结,由干部处和财务处对委派科长进行考核,根据工作等各方面表现打分排序,张榜公布。同时,对财务科长实行定期轮岗制度,这些制度有利于加强财务科长的工作责任心,加强财务科长的廉洁自律意识,有利于先进管理经验的交流和推广。

第五,财务科长的职权具有管理和服务双重性。实行财务科长委派制,强化了财务科长管理的职能。

资料来源:张小燕:《推行财务科长委派制　加强企业财务管理》,《合作经济与科技》2007年9月号(下),第73～74页。

思考题:蒲白矿务局派出的财务科长具有哪些职责和权利?

二、派出财务经理需要具备的素质

为实现集团财务控制目标,履行派出财务经理的职责,作为集团总部派出的财务经理,需要具备如下几个方面的素质:遵守国家法律和财经纪律,具有良好的会计职业道德,有扎实的会计专业知识和较强的财务管理和组织能力。此外,派出财务经理还需要具备一定的组织协调能力,以便与所在子公司经营者密切配合,共同做好本职工作。

(一)良好的职业道德素质

作为集团派出子公司的财务经理,为监督和控制所在子公司的财务活动,其本身必须要具备良好的职业道德。这种职业道德包括:信守子公司商业秘密(向集团总部上报信息除外);在从事财务管理活动中应具有的诚信态度;维护所在单位的合法利益;遵守所在单位工作制度;遵守国家财经法纪和集团相关制度等。这些良好的职业道德素质,是集团总部派出财务经理与所在单位工作人员和谐工作,取得所在子公司工作支持的重要保证。

（二）扎实的会计专业知识和较强的财务管理和组织能力

集团总部派出子公司的财务经理首先需要做好子公司的财务管理工作,提高子公司财务运作效率。而为了做好财务管理工作,财务经理要有扎实的会计专业知识,这是因为财务工作的信息基础是会计信息,只有通晓会计专业知识,才能及时分析企业会计信息,并转化为财务管理工作中的知识和信息。另外,财务经理需要对本单位财务活动进行全面安排,因此对财务知识的掌握和财务活动安排的能力就成为财务经理必须要具备的基础能力。

（三）具备一定的组织协调能力

派出财务经理一般组织关系在集团总部,与所在子公司没有人事关系,因此容易引起子公司经营者的戒备,也不容易与子公司其他人员形成很和谐的关系。但在子公司财务工作中,财务经理又需要和各个部门的人员协调,因此需要派出子公司财务经理具有很高的组织协调能力,组织本部门人员做好财务工作,协调好与其他部门之间的关系。做好财务工作。

【阅读材料 4 - 2】

山东省外经贸直属企业财务负责人委派的素质要求

山东省外经贸厅向直属国有及国有控股企业（以下简称"国有企业"）委派财会负责人;各集团公司直属国有企业的财务负责人,报经省外经贸厅备案同意后,由集团公司委派。

委派人员任职条件:

（1）政治素质好,拥护党的路线、方针、政策,坚持四项基本原则,思想作风正派。

（2）热爱财会工作,敢于坚持原则,依法办事,廉洁奉公。

（3）持有财政部门颁发的有效会计从业资格证书。

（4）具有财会、经济管理专业大专及以上学历。

（5）具有会计师及以上任职资格或从事财务、会计、审计等工作 3 年以上。

（6）年龄女 45 周岁、男 50 周岁以下,身体健康。

（7）按《山东省实施〈会计法〉办法》的规定实行回避制度。

资料来源:《山东省外经贸直属企业财务负责人委派试行办法》,鲁外经贸计财字〔2001〕1403 号。

三、派出财务经理的业绩考核与激励方式

（一）派出财务经理的业绩考核

派出财务经理后,企业集团需要采用一定的方式考核其工作业绩,并给予相应的激

励。然而,如何确定派出财务经理的业绩,确定恰当的考核方式却比较困难。困难的原因如下。

1. 派出财务经理的业绩考核没有一个比较恰当的衡量指标

派出财务经理由于其工作目的的多样性,很难用一个衡量指标来测量。一般来说,派出财务经理的目的主要有执行集团财务政策和决策、信息收集和监督不利行为三个方面,这三个方面的目的都不能直接通过财务分析来完成。

2. 派出财务经理的业绩与所在公司业绩的不一致性

如果用所在子公司的业绩来衡量派出财务经理的业绩,能够在一定程度上反映财务经理对子公司财务管理的业绩,比如通过资金周转速度、坏账损失比率等指标,可以反映派出财务经理对所在子公司营运资金管理的效率,但所在子公司的大部分财务业绩并非派出子公司个人的效果,而可能是子公司经营者的业绩。更要注意的是,如果将财务经理的业绩依所在子公司的业绩来衡量,就有可能使派出财务经理与子公司经营者短期利益一致,从而放松对子公司不利财务活动的监管。

3. 派出财务经理工作的非程序性

财务经理作为一个管理职能部门的负责人,其工作是柔性的、易于变化的,需要根据不同的时期进行安排,这种工作的非程序性使得财务经理的工作缺乏事先明确具体的计划,从而造成考核的难度。

为了客观而全面地考核派出财务经理的业绩,企业集团可以通过以下方式考核派出财务经理的业绩。

1. 派出前,分析拟派驻子公司财务状况和存在问题

在派出财务经理前,集团总部需要和派出财务经理一起分析拟派驻子公司财务状况和存在问题,分析其存在的原因。集团总部可以通过子公司历年财务报告以及其他子公司报告的信息,并与同行财务信息进行对比,评价拟派驻子公司财务现状,查找其存在的问题。

2. 分析问题原因,提出改进计划

在分析了拟派驻子公司财务状况和存在问题后,集团总部管理者需要和派出经理一起探讨问题的原因,并根据原因提出可行的改进计划。在本步骤,派出财务经理需要在认真研究的基础上,提出多个可行计划,并和集团总部管理者一起确定最优的改进计划。

改进计划内容可能有多个方面,但应有如下主要内容:

(1)未来拟派驻子公司财务规章制度的修订和执行。派出财务经理需要针对目前子公司财务管理制度存在的漏洞和问题,提出修正措施,提高财务管理效率。

(2)未来拟派驻子公司重要财务活动安排。派出财务经理需要根据目前子公司主要财务活动存在的问题,提出未来投资、筹资、营运资本管理的计划安排,并提出预期效果。

(3)对未来拟派驻子公司经济活动监督的预期目标,包括财务信息报告频率、重大财务管理事项失误比率等可计量指标。

3. 定期汇报工作成果,进行工作分析

由于派出财务经理工作的重点在于日常财务管理和监控,因此集团总部不能在派出工作期结束后考核派出财务经理的业绩,而必须要在平时就做考核。这种考核主要通过派出财务经理定期汇报工作形式完成,派出财务经理要每隔一定时期,向集团总部报告工作。报告应包括如下几个方面内容:子公司财务状况和经营成果,预算业绩完成情况和存在问题分析;子公司财务制度执行情况和存在问题分析;子公司财务计划落实情况和财务管理存在的问题;子公司存在的不利财务行为和制止方案,等等。

4. 每年进行一次综合考核

根据派出财务经理派出前提出的改进计划,结合其年度工作实际成果,考核其综合业绩。考核业绩时,要根据各个不同方面的目标,分别进行考核,以便得出全面的考核意见。

(二) 派出财务经理的激励制度

在评价了派出财务经理的工作业绩后,需要对其进行适当的激励。激励的方式包括支撑变动、岗位调整、薪酬增减等。集团总部可以根据本企业员工的具体激励方式,确定合适的激励方法。

【阅读材料4-3】

山东省外经贸厅委派直属企业财务负责人的业绩考核和薪酬待遇管理

一、委派人员的管理

1. 成立省外经贸厅财会负责人委派工作管理办公室(简称"委派办公室"),隶属省政府厅领导,接受省财政厅领导,负责委派财会负责人的业务管理与考核。委派办公室设在外经贸厅计财处。

2. 委派人员原则上实行直接委派和受派企业推荐相结合,经委派办公室审查考试符合任职条件的拟委派人员,由外经贸厅人事教育处考察合格后,委派办公室颁发委派证书实施委派。

3. 受派人员的个人档案等,转入外经贸厅由人教处负责集中管理。委派办公室建立受派人员业务档案,对受派人员进行定期考评,每年度向外经贸厅报告考评结果,考评结果作为提拔、任用、职称评定和调配的主要依据。

4. 受派人员的组织关系转入受派企业,参加受派企业的组织生活,接受受派企业党组织的领导。

5. 受派人员的劳动关系转入山东省对外经济贸易财务服务公司管理;受派企业承担受派人员的各项社会保险费、工资待遇等资金,并按省外经贸厅制定的标准于每年年初将全年数额一次性缴纳到省外经贸厅,由委派办公室统一发放工资、按有关规定上缴各项社会保险费。

6. 受派人员实行定期交流制度，一般 2～3 年交流一次。符合条件但不服从调整交流的，经本人提出申请，由其所在企业安排其他工作，但不得担任母公司财务部副经理等职务。

7. 受派人员专业技术职务的任职资格，一律按现行规定办理。

二、受派人员的职责

1. 业务上服从受派企业总经理的领导，做好企业财会服务工作，及时向受派企业领导人汇报工作情况，提出工作建议。

2. 接受委派办公室的协调领导，按要求完成委派办公室统一部署的工作任务，定期向委派办公室报告工作情况。每半年向委派办公室写一次述职报告，年终总结汇报本年度工作，提出下年度工作计划和建议。

3. 在受派企业认真贯彻执行《会计法》和国家及省有关财经法规、负责制订受派企业的财务管理和会计核算的具体规章制度并组织实施。

4. 组织受派企业的财会工作，对受派企业的财会工作质量负责，保证财务会计报告和其他会计资料的真实性、完整性；负责受派企业的财会人员队伍建设。

5. 在受派企业参与经营、投资等重大事项的论证、研究、决策，负责财务收支和资金调配的审核把关。

6. 履行《会计法》及国家有关法规赋予的其他职责。

三、委派人员的奖惩

1. 受派人员有下列行为之一的，应由委派办公室报请省外经贸厅给予奖励：

第一，执行财经法律、法规和财务、会计制度成绩显著，或检举、抵制违纪违法行为事迹突出的；

第二，给受派企业提出合理化建议，取得明显成效的；

第三，在经济活动中，杜绝或避免经济损失的；

第四，为维护国家利益作出重要贡献的；

第五，应予奖励的其他行为。

2. 受派人员有下列行为之一的，应由厅委派办公室报请省外经贸视情节轻重给予通报批评、行政处分直至追究法律责任：

第一，弄虚作假、财会信息失真的；

第二，在财务工作中，监督不力导致企业发生违法违纪问题的；

第三，有行贿、受贿行为的；

第四，与受派企业串通作弊的；

第五，在业务往来中给企业造成严重经济损失的；

第六，泄露受派企业商业秘密的；

第七，应予处罚的其他行为。

资料来源：《山东省外经贸直属企业财务负责人委派试行办法》，鲁外经贸计财字〔2001〕1403号。

思考题：

1. 山东省外经贸厅对进行委派直属企业财务负责人的业绩考核的根据是什么？存在什么问题？

2. 山东省外经贸厅对进行委派直属企业财务负责人薪酬待遇管理的根据是什么？存在什么问题？

四、财务经理委派制优缺点分析

作为一种集团总部对子公司财务人员管理的方式，财务经理委派制具有如下优点：

（1）企业集团总部可以直接通过财务经理控制子公司财务活动。由于子公司财务部门直接从事子公司财务活动，而派出财务经理直接负责财务部门，使得集团总部可以直接通过派出财务经理执行集团财务战略。相反，如果不派出财务经理，则子公司财务部门就不直接受集团总部管理，因此集团总部财务监控的力度就要小得多。

（2）企业集团可以通过派出财务经理获取子公司更真实和全面的财务信息。集团总部可以通过派出财务经理的定期汇报，了解子公司财务状况和存在问题。虽然集团总部也可以通过子公司财务报告了解情况，但通过子公司财务经理，所了解的情况更全面，也更客观。

（3）企业集团可以通过派出财务经理及时阻止子公司不利财务活动，从而确保集团整体利益。派出子公司财务经理薪酬待遇和晋升由集团总部确定，因此其在子公司将代表集团总部行使监督权，发现问题及时制止，从而能有效确保子公司经济活动的合法性和有效性。

（4）作为集团选派到子公司的财务经理，由于其素质和能力经过一定的考核，具有很强的专业胜任力，从而有利于提高子公司财务管理水平，改进子公司效率。

【阅读材料4-4】

财务委派制度在公路施工项目的应用

笔者曾工作的单位是一家公路工程一级施工企业，每年产值有几亿。公司长期有4～8个跨省市的工程项目同时施工，项目相当分散，施工条件也很艰苦，大多数工程在偏远地区，财务管理严重滞后，主要表现在：

（1）每个项目部要配备2名财务人员，甚至3～4名，他们远离公司，常住在项目部，再加上通信、交通严重不便，根本无法及时准确传达公司指示、完成公司交办的任务，公司需要的报表经常滞后1～2周，甚至1个多月。

（2）公司很难及时准确了解项目资金使用情况，项目部经常是"先斩后奏"，只有在项目资金短缺时项目部财务才主动联系公司解决困难。反之，公司很难从项目部调配资金。由于每一个项目公司都必须提供现金预付款保函，通常为中标价的5%，保证期为工程完工。而且每一个工程完工后，建设单位都要扣除工程计量款的5%作为保质金，从而公司资金周转就非常困难。

（3）项目财务人员由项目经理委任，对项目经理负责，公司财务部只能对其进行业务指导，整个公司财务管理相当松散、混乱，项目财务信息漏报、瞒报时有发生，甚至有个别项目成员变卖公司在项目部的资产，公司资产安全受到严重威胁。

为了扭转财务管理的被动局面，经公司领导班子研究决定，从2003年起在公司内部项目试行项目财务人员委派制。经过4年多来的努力，取得了明显成效。

有关财务人员委派制的具体做法如下。

一、职权分配

项目经理对公司负责，受公司委托领导项目部的经营管理工作，项目委派财务（主管）人员对公司财务部负责，是管理项目资产、提供优质财务服务、监督项目资产使用的具体人员。在公司批准并授权的日常财务预算范围内，项目经理有权使用项目资产、资金，对预算外资产、资金由财务人员上报公司审批，委派的项目财务人员必须常驻项目部，对项目财务管理真正起到监督、服务作用。具体岗位职责如下。

1. 会计岗位职责

（1）遵守公司和项目部各项收入、开支范围及标准的规定，加强项目部财务监督力度，保证资金预算的正常实施，并对预算超支负直接责任。

（2）保证项目会计核算的全面、及时和准确，对项目经营方面的决策提供财务依据，参与项目预算、结算编制。

（3）负责控制、审查各项日常开支计划，监督检查各类日常开支计划执行情况。

（4）保证资产的安全性，合理使用资金，及时向上级汇报工作。

（5）定时与公司和外单位核对往来款项。

（6）完成领导交办的其他事项。

2. 出纳岗位职责

（1）遵守公司财务管理，负责按正常工作程序支付款项。

（2）按规定记账、结账、报账，做到手续完备、内容真实、数目准确、账目清楚。

（3）协助会计做好相关财务工作。

（4）负责银行对账，并报会计审核。

（5）定期报送相关报表。

（6）完成领导交办的其他事项。

3. 委派财务人员权限

（1）委派的项目财务人员有权要求有关部门、人员认真执行国家政策、法规，遵守公司财务制度;如有违反,财务人员有权拒绝付款、拒绝报销或执行,并向公司汇报。

(2)财务人员对违反制度、法令的事项,不拒绝执行,又不向上级汇报,应负连带责任。

(3)财务人员有权监督、检查各个部门财务收支、资金使用和财产保管情况。

二、效果

公司通过3年多来的实践,项目财务人员委派制度不仅使财务的控制与监管职能在公司财务活动的全过程中得以发挥,克服了公司监控乏力的问题,起到了规范公司财务行为、约束各种作业活动、维护公司整体利益的作用,而且提高了财会信息的及时性与准确性,充分调动了财务负责人参与经营管理的积极性与主动性,避免了公司在财会信息的生成、成本费用的规划与控制,以及财务决策与资本运营等方面低效率的重复与内耗等现象,较好地发挥了公司财务上的整体协同效应。

资料来源:黄沛聪:《财务委派制度在公路施工项目的应用》,《广东交通职业技术学院学报》2007年第4期,第72~74页。

思考题:

1. 在实行财务人员委派制之前,公司存在哪些财务问题?

2. 委派财务主管的职责是如何针对存在问题进行规定的?

3. 财务主管委派在本公司中主要起到了哪些作用?

当然,作为集团财务人员管理的一种形式,财务经理委派制也存在一些问题,主要表现在如下几个方面。

1. 派出财务经理的双重身份矛盾

派出财务经理具有双重身份,一方面,派出财务经理作为子公司财务管理人员,需要参与子公司的财务决策,并具体执行这些决策;另一方面,财务经理作为集团总部派出人员,需要监督子公司财务活动的执行情况,两方面身份造成了派出财务经理有时要监督自身决策行为,因而有矛盾。这种矛盾使派出财务经理有时感到无所适从。

2. 派出财务经理难以进行激励

对于子公司其他部门经理通常根据子公司业绩进行激励,因此激励方案比较简单可行,而对于派出财务经理,不能直接根据子公司业绩进行激励,而需要综合各方面因素进行激励。这种激励的复杂性造成派出财务经理有时对工作感到茫然不知所措。

3. 派出财务经理在子公司中地位特殊,很难融入子公司管理层

从子公司管理层角度看,派出财务经理属于集团的人员,与子公司管理层没有很多的共同利益,因此他们在管理子公司时可能会回避派出财务经理,使派出财务经理工作难度加大。从这个角度说,派出财务经理要有很高的素质,以处理这些困难。

第二节　财务总监委派制

集团总部为强调对子公司的监督控制，可能会强化派出财务管理人员的职权。此时财务总监的委派就成为一个比较合适的选择。本节我们主要讨论财务总监委派的概念、基本制度和优缺点。

一、财务总监委派的概念和意义

企业投资者为监督投资的安全和增值，有时会对所投资企业派出专人进行财务监督。所谓财务总监，是指受投资者委托而在被投资企业负责财务监督的专业人士。在企业集团背景下，财务总监是指企业集团总部为保证投资的安全和增值，而向下属子公司派出的专司财务监督的人员。为加强财务控制效果，一般派出主体要将派出财务总监兼任子公司董事，加强对被投资企业经营者的制衡。

在企业集团背景下，财务总监委派有重要意义。集团公司是单独的公司法人，在大多数情况下有较多的下属企业，或关联、控股公司，实质上构成一个利益群体。由于集团投资者、子公司经营者在所有权和经营权上的分离，加上他们之间存在的信息不对称和效用不一致，造成子公司经营者可能会从个人利益出发作出损害集团利益的行为。财务总监制度是顺应现代企业制度要求而建立的一种有效监督机制。财务总监制的建立，对集团公司的意义是多方面的：其一是能够加强子公司资产的管理，防止资产流失，对保证投资者投资安全与保值增值有积极的作用；其二是财务总监可以适当制衡经营者的权力，同时起到抵制腐败和不良社会风气的侵蚀的作用；其三是财务总监制度的建立是对约束机制的一种尝试，对完善法人治理，建立现代企业制度是非常有益的。具体地说，企业集团财务总监委派制度有如下几个方面的作用。

(一) 使所有者快捷地获取内部人信息

在现行财务报告披露制度下，企业对外披露会计信息是有时间性的，除上市公司每年披露两次报表即中期报告和年度报告外，一般是按年对外提供会计报表；所有者也主要是从有限的会计信息披露中获取内部人信息。在这种情况下，如果内部人存在着败德行为，所有者也只能是在会计报表披露之后才能了解到，这种滞后的监督对于所有者来说在经济上已失去了意义。而实行财务总监委派制，由于在制度设计上保证财务总监进入企业决策部门，参与制定企业财务计划、监控企业的财务活动，从而为所有者及时获取企业内部信息创造了便利条件。

(二) 有利于提高会计信息质量

会计信息是国家进行宏观经济管理以及企业有关方面进行决策的重要依据。目前，我国会计信息失真现象严重,有些单位利用假发票、假账本、假报表、假审计报告等进行偷税漏税、截留财政收入、侵占国有资产、骗取荣誉。造成会计失真的原因是多方面的,其主要原因是由于对经营者监督弱化造成的。治理会计信息失真问题,不可单纯依靠会计本身的监督,必须由会计信息系统以外的力量来实施才能标本兼治。在财务总监委派制下,企业一切重大财务开支、资金调拨都必须有财务总监的认可,财务总监有对有关原始单据的审核权,这犹如在经营者与会计人员之间建立起一道坚固的屏障,可以在很大程度上保证会计信息的可靠性。

（三）有效地降低所有者的监督成本

监督成本包括两个方面:一是所有者为获取内部人信息所开支的费用,如专设机构经费、专职人员工资及各种福利等;二是由于监督滞后,内部人的败德行为给所有者造成的经济损失。在传统的所有者对内部人的监督方式下,由于信息不对称的存在,作为非专业人士的外部股东,要了解企业的真实信息是非常困难的;再者即使事后确认了内部人的败德行为,但此时"木已成舟",已无法挽回经济损失,所以这种监督的成本是相当高昂的。但在财务总监委派制下,除了能提高会计信息的可靠性之外,更重要的是财务总监能将内部人的败德行为及时向委托人报告,便于委托方采取相应对策,如解除经营者职务、冻结企业资产等,从而避免更大的经济损失。当然,向企业委派财务总监,也要有一定的费用,但相对于这种监督形式所带来的利益而言,这种监督的成本实在是微乎其微。

（四）进一步完善现行公司治理结构

完善的公司治理结构,应该是在明晰产权基础上的"三权"分立,即形成决策权（股东大会、董事会）、监督权（监事会）和经营权（经营者）"三驾马车"各司其职、相互制衡的运行机制。在我国一些已经改制的集团公司中,监事会形同虚设并非个别现象,这也是我国企业内部财产运行失控的一个重要原因。企业的生产经营和财务收支必须体现所有者的利益和意志,这是任何社会经济制度下任何企业都应遵循的基本原则。财务总监作为产权代表派驻企业,赋予其代表所有者行使监督的权力,实际上就是承担监事会的责任,这无疑是对现行公司治理结构的进一步完善。

二、委派财务总监的职责

财务总监既不是一般的会计人员,也不是一般意义上的财务经理人员,在本质上,也不同于总会计师。财务总监受股东或董事会委派,在公司治理中与总经理处于平行地位。财务总监必须是公司财务资源调配的第一把关人,对公司现金和中长期投资握有集中的控制权;财务总监必须能主导公司的会计及其组织体系,其工作是相对独立的。这是对当代公司治理中财务总监制度的本质概括。

委派的财务总监在公司治理结构层面,主要履行监督职责,其角色定位是股东代表,因此,最好能够进入公司董事会,拥有董事的所有权利和责任,管理和控制企业所有的会计、财务与审计职能，并直接向董事会或派出股东报告，可以将财务总监的角色简洁地概括为"CFA＋CMA＋CPA"，意指财务总监兼具财务分析师、管理会计师和注册会计师这三种基本角色，财务总监在公司治理和公司管理中承担着理财、控制和监督这三种职责。

因此，委派财务总监的职责定位是：履行所有者监督职责；建设一个能够有利于增加公司价值的工作平台；重要的价值创造职能；完善管理控制系统的职责。

一般财务总监的岗位职责可以概括如下：

（1）审核所在公司的重要财务报表和报告，与所在公司总经理共同对财务报表和报告的质量负责。

（2）参与审定所在公司的财务管理规定及其他经济管理制度，监督检查集团子公司财务运作和资金收支情况。

（3）与所在公司总经理联合审批规定限额范围内的企业经营性、融资性、投资性、固定资产购建支出和汇往境外资金及担保贷款事项。

（4）参与审定公司重大财务决策，包括审定集团公司财务预、决算方案，审定公司重大经营性、投资性、融资性的计划和合同以及资产重组和债务重组方案，参与拟订公司的利润分配方案和弥补亏损方案。

（5）对董事会批准的公司重大经营计划、方案的执行情况进行监督。

（6）依法检查公司财务会计活动及相关业务活动的合法性、真实性和有效性，及时发现和制止违反国家财经法律、法规的行为和可能造成出资者重大损失的经营行为，并向董事会或派出股东报告。

（7）组织公司各项审计工作，包括公司的内部审计和年度报表审计工作。

（8）依法审定所在公司财务、会计、审计机构负责人的任免、晋升、调动、奖惩事项。

在国有企业集团中，财务总监与总会计师以及财务经理有很大的不同。以总会计师为例，财务总监与总会计师的差别如下：

（1）设立的法理依据和适用范围不同。总会计师制度是根据我国统一制定颁布实施的《会计法》和《总会计师条例》设立的。多年来在全国各类国有大中型企业中得到普遍实行；而财务总监制度在我国仍处于探索试行阶段，仅在一些省市的国有试点企业中（主要限于未改制的国有大中型企业和已改制的国有独资公司、国有控股公司）推行，国家并未制定统一的法律依据，而是由所在的各地政府根据国家有关精神，自行制定相应的《财务总监管理暂行办法》来实施和推行。

（2）任职条件不同。总会计师主要是根据《总会计师条例》所规定的任职条件来选拔。而财务总监的特殊地位和职能，决定了在遴选财务总监时，必须符合更高的选拔标准。具体而言，两者均须具有高尚的政治素质和职业道德，能坚持原则，自觉地维护国家利益；应有深厚的会计、审计、计算机技术的基本功，精通财务管理和现代化企业管理监控知识；熟悉财经、税务、工商政策法令。而对财务总监来说，尤为强调必须具备丰富的工作经验,包括有相当时间的财务领导经验,有高水平的政策把握能力,并经过严格的笔试、面试和考核程序。与选拔总会计师相比,财务总监筛选应更严。

(3) 任命方式及负责对象不同。总会计师作为所在单位行政领导成员之一,由厂长或总经理任命,并对其负责;从当前各试点的实践来看,国有企业集团派出财务总监一般是由国有资产管理部门直接委派(以深圳、四川、湖北等为代表),或经上级党组织审查批准后由企业的董事会聘任(以上海为代表),主要对委派机关或董事会负责。显而易见,财务总监首先是对国有资产的所有者负责,其次才对子公司经营者负责;而总会计师直接对子公司经营者负责,对国有资产的所有者没有明确的直接义务。

(4) 工作独立性不同。为确保财务总监的独立性,财务总监的人事关系隶属于派出机构,任免、考核及工资福利待遇等也都由派出机构集中管理和负担;其作为企业董事会成员,享受企业行政副职待遇,同时规定财务总监应设专职,不得由董事会正副董事长、经理班子成员或财务、会计、审计部门负责人兼任;财务总监直接受派出机构领导并对其负责,定期向派出机构汇报工作,并实行定期轮换制。这就使财务总监在人事利益和经济利益上完全独立于企业,为其超然独立地行使财务监督权,确保监管的客观公正性提供了坚强有力的制度保证。相比之下,总会计师的独立性就不如财务总监。一方面,其由所在企业负责人任命,在其领导下开展工作,只能处于助手的地位;另一方面,由于其人事行政关系隶属于本企业,工资、奖金、福利等待遇均由企业决定,在这样休戚相关的利益关系驱动下,决定了总会计师很难超然独立于所在单位负责人之外。他们在面临国家和企业利益发生矛盾时必然就会进退维谷,难以取舍,这也是造成当前国有企业集团"内部人控制"严重,国有资产流失惊人,会计信息失真的重要原因之一。

(5) 职权和工作重点不同。财务总监的工作重点是对企业领导行为和企业行为进行财务监督,防止企业弄虚作假、违规操作,以保护国有资产所有者的合法权益。而根据《总会计师条例》的要求,总会计师作为企业的行政领导班子成员,其主要职能是领导本单位的财务会计工作,严格遵守国家财经法律法规,精打细算,开辟财源,在企业重大经营决策和财务管理方面成为厂长、总经理的得力助手。其工作重点是要贯彻企业领导的意图,完成各项经济指标,提高企业的经济效益。

【阅读材料4-5】

江苏农垦集团推行财务总监制做法与效果

1997年12月,江苏农垦集团制定了《江苏农垦集团有限公司财务总监管理办法》,对所属企业共委派了两批共24个财务总监,聘用期3年。其基本做法为:

(1) 明确了财务总监的身份和职责。财务总监是企事业单位行政领导成员(行政副职),受集团公司聘用担任企事业单位财务管理和监督职责的工作人员。其两个基本职责:一是对集团公司(出资人)负责,实施财务管理和监督,避免集团公司资产流失。二是对企业负责,受单位主要行政领导人的领导,为提高企业效益服务。两者不可偏废。

(2) 赋予财务总监履行职责、维护投资主体利益必要的权限。财务总监享有五大权力:① 汇报权。对企业重大投资活动、筹资活动、资金转移活动、资产处置行为、消费资金使用、会计现象资料及单位异常收支等情况,有及时向集团公司汇报的权力。② 组织权。对本单位各部门、所属单位的经济核算、财务会计和成本管理、国有资产管理等方面的工作,有组织、领导权。③ 审核权。企业的重大财务收支活动、成本和费用、信贷计划、财务分析报告、会计决算报告、国有资产统计年报等,需经财务总监审签。④ 人事权。所属企业的财会人员的任用、晋升、调动、奖惩、报酬都须经财务总监审核后报单位主要行政领导批准执行,但企业本部财务负责人、会计任用和所属企业财务负责人(总账会计)应当由财务总监同单位主要行政人同意后聘用。⑤ 维护权。即维护集团公司利益的权力。凡上缴集团公司费用,所得税等,归还集团公司借款,由财务总监根据集团公司收缴费用等进度计划或借款合同执行,无需请示单位主要行政领导。

江苏农垦集团在推行财务总监时,将财务总监设计为:企业经济效益的推进者;企业资金运营的指挥者;企业生产经营、决策的参与者;企业财务管理的组织者;企业规章制度的制定和执行者;企业财产完整、财经纪律执行的监督者;企业财会人员的保护者;集团公司利益的维护者。财务总监制试行以来,财务总监已经在其岗位上发挥重要的作用:

(1) 制定和执行企业内部的财务规章制度,抓好企业财会基础工作,解决了长期以来基层会计工作操作的随意性,保证了会计信息的准确、及时。

(2) 参与制定和审核企业的财务计划和决算,监控不合理的企业财务活动,堵住国有资产流失的源头。① 严格把好投资关。据统计,1997 年江苏农垦全系统对外投资 1.5 亿元,分红 360 万元,投资收益率仅为 2.4%,低于银行同期利率。而推行财务总监制后的 1998 年,全系统投资 1.48 亿元,投资收益 1980 万元,投资收益率为 13.3%,而且,全系统无一重大投资损失事件。② 严格把好费用关。1997 年,全系统管理费用为 5.4 亿元,其中仅业务招待费就达 3100 万元,相当于当年利润的 83.3%。1998 年通过执行费用开支计划和报销把关,管理费用下降了 7000 万元,超过 1997 年的利润,起到了很好的效果。

(3) 对企业资金运营进行统一管理,既提高资金的收益,又能保证财务上的安全。首先,严格控制贷款规模,减少财务费用开支。1998 年与 1997 年相比,负债总量减少 1.55 亿元,财务费用减少 4500 万元。同时利用国家对银行利率调整的机遇,将高利率转为低利率,及时转变贷款结构,将长期贷款转为短期贷款。以东辛农场为例,仅此一项就减少财务费用 365 万元。其次,搞活资金运转,减少"两项"(存货和应收账款)资金的占用。1998 年全系统存货比上年减少 2.2 亿元,降幅达 12.2%;应收款余额 13.7 亿元,比上年减少了 1 亿元。而且,由于"两项"资金占用减少,资金周转畅通,企业树立了较好的信誉。1998 年,江苏农垦被评为江苏省"三 A"级信用企业。

(4) 定期向集团公司汇报信息,及时上缴集团公司的管理费,保证集团公司的整体利益。①定期汇报企业一般情况,遇有重大情况,及时反映,便于总公司作出决策,从而保证集团公司的整体利益。②督促企业按时上缴总公司的管理费和所得税。江苏农垦下属单位每年以企业困难为理由而拖欠总公司的所得税和管理费达总额的40%以上,严重影响了公司的运行。推行财务总监制后,集团公司将管理费和所得税的上缴跟财务总监业绩考核联系起来,要求工业企业按月上缴,农业企业下半年按月平均上缴,财务总监在资金运行中一定要保证应交费用的及时上缴。从实际效果来看,1998年费用上缴率达99.7%,各企业基本上都能按时缴纳,只有部分企业因确有困难并经总公司同意后拖欠了部分款项。

(5) 保证会计人员的利益,对会计人员进行后续教育和竞争上岗,提高会计队伍的整体素质。

资料来源:仲小兵:《大型企业集团内的财务总监委派制——江苏农垦推行财务总监制的案例分析》,《中国农垦经济》1999年第8期,第6～9页。

思考题:

1. 江苏农垦集团派出财务总监的职责和权力是什么?

2. 江苏农垦集团派出财务总监取得了哪些效果?这些效果与财务总监的哪些职责有关?

三、委派财务总监的素质要求

企业集团委派的财务总监需要承担很多的职责,这就对财务总监的素质提出了多方面要求。包括财务运营方面和处理事务方面。陆正华等(2006)经过调查分析,按重要性排序提出委派的财务总监要具有如下素质:

(1) 以职业道德为首。由于会计信息具有公共属性,财务总监个人的发展要以道德和职业操守为前提,而财务总监源于诚信的职业道德是一个公司财务环境良性发展的关键。只有财务总监具有良好的职业道德,才能保证其在对子公司的会计信息和财务活动的监督中保持客观和公正的态度,提高监督效率。

(2) 发挥影响力。财务总监在实际工作中应具备影响和带动他人的能力,发挥影响力主要强调个人发展过程中的内在品格,诸如富于同情心、精益求精和追求完美等,这些都是财务总监具有影响力的重要因素。这种影响力可以影响子公司财务管理人员,影响子公司管理层的工作态度,从而改进子公司管理。

(3) 具有与公司文化相融合的价值观。它主要是指财务总监深信自己所做事情的价值、具有清晰的使命感并且认同公司文化,它是个人和公司发展的共同前提,也是对团队产生积极影响力的基础。财务总监要对所在集团的公司文化有很高的领悟能力和执行能力,确保在子公司扩大公司文化的影响,从而提高集团的团队作战能力。

(4) 强调团队精神。作为公司财务管理的领航者,财务总监既是公司整个团队的合作伙伴,也是财务团队的直接参与者,培育高效、务实的财务团队精神是财务总监的重要职责。此外,由于财务总监要与子公司经营者一起对子公司重大事务进行决策,因此需要财务总监能够作为高层决策团队成员,与其他合作者团结合作,改进子公司管理效率。

(5)相关财务专业技能不可或缺。财务总监除应具有现代高层管理者应具备的基本能力和素质外,还应具有主管公司战略计划、会计信息、价值管理、资金筹划、财务监督等财务专业工作的特殊素质,要由传统的账房先生转变为现代公司团队的商业合作伙伴和公司治理的领导者,改进公司的财务管理方法和模式。

(6)确认公共关系协调处理能力的重要性。财务总监在管理过程中扮演着"协调者"的角色,需要具备较强的沟通能力、协调能力和人际关系处理能力。比如,财务总监需要与各职能部门协调;讨论预算的制定和执行;与战略管理部门人员协调,确定财务发展战略,等等。

(7)以人为本,注重对下属的培养。高效团队成功的关键在于团队各个个体的自身发展和相互团结,所以财务总监应注重对自己下属的培养,提高团队的整体素质。财务总监的很多工作需要子公司财务部门人员的支持。只有以人为本,才能使子公司财务管理人员支持财务总监的工作,改进财务监督效率。

(8)具有创新观念、勇于创新。财务总监必须具有创新观念,勇于创新才能及时发现发展中不合理的症结,抓住发展的契机,趋利避害。在现代市场经济中,新的财务管理模式和方法越来越多,财务总监必须要紧跟发展形势,创新管理理念和方法,才能确保带动公司财务管理水平的发展。

【阅读材料 4 - 6】

北京用友软件股份有限公司财务总监吴政平谈如何做好财务总监

如果说是用友软件公司每股 36.68 元的股票发行价让大众知晓吴政平的名字,那么荣膺"2004 中国 CFO 年度人物"则让吴政平受到了更多的瞩目。在接受记者访问时,吴政平认为,"沉下去"做工作是财务总监的基础工作。

很多人对用友公司辉煌的上市经历并不陌生,而"2004 中国 CFO 年度人物"的评选专家们对此也有相当高的评价:"吴政平先生在用友公司发展过程中较早运用融资手段为公司发展在资金上提供了保障,作为公司上市工作主要负责人之一,组织并推进和实施了用友软件的上市工作"。尽管如此,吴政平还对现今中国企业 CFO 的评价标准提出自己的看法,即扎实做好财务基本职能对中国企业 CFO 尤为重要。

"现在社会上对 CFO 优秀与否可能存在一种评判误区,就是将融资工作看做是最主要的标准和衡量尺,其实这是片面的",吴政平说,"融资工作只是 CFO 职责中的一个最基本的职责,上市也只是企业融资的一个手段之一。对于一个优秀的 CFO 来说,在企业的各个发展时期运用不同的融资手段为公司发展在资金上提供保障是必需的。同时,更为重要的是把自己基本的财务工作做好,为企业的业务经营活动提供更主动及时的会计服务,对企业重大决策发表准确、客观、独立的财务意见,充分体现财务工作的价值。这样的财务工作对于企业更有意义。"

现在用友公司内部正在推行的"用友集中财务管理模式",其实就是吴政平"扎实做好财务基本职能"财务思想的具体体现。"用友集中财务管理模式"主要包括集中核算、全面预算、资金集中管理、集团采购、财务干部垂直管理五方面内容。集中核算解决用友公司在全国的近六十家独立核算单位的会计处理实时监控,并且使集团统一的会计政策和各项管理规定准确地得到贯彻和执行。同时,提高会计基本工作效率,为企业提供准确及时的会计信息;全面预算管理是企业的所有经营活动通过数字化战线做到事前控制;资金集中管理使分散在各个独立核算分子机构的资金得到有效监控,统一调度发挥最大资金效益;集团采购堵塞漏洞、降低成本;财务干部的垂直管理,建立一支敬业、专业、职业、乐业的财务队伍。

都知道CFO要做好CEO的参谋和助手,可是怎么做才算是做好呢?吴政平给我们讲了一个给他留下深刻印象的事情。几年前,在一次和公司CEO一起与公司聘请的会计师事务所作交流。会计师事务所的首席合伙人根据这几年对公司的审计资料,对公司主要产品的投入产出情况作了一个分析,并据此提出了一些关于公司产品生命周期的看法。这样的财务角度意见就更充分更有说服力,这就是财务分析。

说来这些内容都是最普通、最基本的财务工作,扎扎实实做到位,对企业的价值是巨大的。"我们现在正在踏踏实实地推进实施,也希望'用财务总监委派制的优点和缺点分析财务管理模式'能给其他同类型的企业有一些帮助或启发,共同探索提高中国集团型企业的财务管理水平"。而使用公司自主品牌的软件产品,实现用友财务管理信息化更是吴政平觉得自豪的事情。"作为一家专业提供财务及企业管理软件的产品及服务供应商,用友公司愿意也希望能够以自己的产品和服务为更多的中国企业服务,帮助中国企业提高管理水平、提升竞争力"。吴政平认真地为用友产品又作了一次宣传。

资料来源:刘海玲:《平淡从容走出一片似锦繁花——记北京用友软件股份有限公司财务总监吴政平》,《会计师》2005年第5期,第60~62页。

思考题:如何通过吴政平的总结分析财务总监的基本素质要求?

四、财务总监委派制的优缺点分析

(一)财务总监委派制的优点

财务总监委派加大了企业集团委派财务人员对子公司的监督和控制力度,从而更有利于企业集团总部对子公司财务的控制。这是财务经理委派所无法达到的效果。具体来说,财务总监委派制有如下优点:

(1)加强对子公司经营者财务管理决策的监督。在财务经理委派制条件下,财务经理不能直接监督和干预子公司经营者的财务管理活动,而只能通过财务分析判断其是否对企业集团有利,进而进行报告。派出财务总监后,财务总监可以直接对子公司重大财务管理决策行使决策参与甚至否决权,从而加强了对子公司经营者的监督。

(2) 加强对子公司财务活动的控制。财务总监作为子公司董事会的成员,可以利用董事会作为对子公司财务控制的平台,通过董事会检查子公司财务活动及其效果,并制定财务制度控制子公司财务活动。

(3) 加强对子公司财务战略的控制。财务总监在财务战略设计和战略管理方面应该比子公司董事会其他人具有更强的高瞻远瞩和运筹帷幄的能力;在风险预警和风险控制方面,具有更敏锐的洞察力和高效的监控能力,能够有针对性地提出令人信服的、能为战略发展带来重大影响的新的财务理念;在解决问题的方法和措施上,能够创建一个切实可行的、足以使公司实现战略目标和获得持续发展能力的新的财务支持系统。

(4) 强化财务监管,及时了解并报告企业财务会计工作中的不当或违规情况。对企业重大财务事项,能作出及时恰当的专业评价。财务总监通过与子公司经营者共同努力工作,可以发现子公司财务收支中存在的重大问题和违规行为,并随时报告。而若派出财务经理,由于在企业中的地位不如财务总监,因而难以达到监督效果。

(二) 财务总监委派制的缺点

具体来说,财务总监委派制有如下缺点:

(1) 业绩难以衡量。对经营者可以用税后利润和现金流量等有关指标来衡量其经营业绩。但是,对于财务总监,其监督的目的是为了得出真实的利润数据、现金的高效合理使用等指标,若仍用一些利润指标来衡量显然不能反映财务总监的工作业绩,反而会加大财务总监作假的可能性。从理论上讲,财务总监代表所有者的意志,最终目的是为了实现国有资本的保值、增值,似乎可以用国有资本的增值程度来衡量其业绩。但是国有资本的增值状况难以计算,这就导致了难以衡量的财务总监的工作业绩,难以合理确定其报酬方案。

(2) 财务总监的素质有待提高。一是业务技能有待提高。虽然委派财务总监是优中选优,但客观上讲,担任财务总监的人员业务技能参差不齐,或多或少存在一定缺陷,完全适应工作要求的不多。二是财务总监的职业道德有待提高。虽然上级明确了财务总监的职责、权利和义务,但一些接受委派的财务总监受人情等因素的影响,对企业违规违纪等问题睁一只眼闭一只眼,不愿履行监督职责。

(3) 财务总监不能超脱代理关系的局限性。财务总监同样处于代理人地位,它与委派者之间的委托代理关系决定了财务总监也可能存在代理问题。尽管财务总监的产生源自产权分割而带来的矛盾,但是,财务总监也有其自身的效用目标,这一效用目标与委派者的效用目标不可能完全一致,也即财务总监并不能完全地代表所有者的利益来行使监督权。虽然在委派财务总监时,财务总监个人的道德品质已经提到了相当重要的地位,但是我们不可以断言经营者的道德品质一定比财务总监的道德品质差,只有厂长经理才会损害所有者的利益,而财务总监就不会。因此,财务总监并不能从根本上解决权利分割产生的问题。

(4) 委派财务总监与被派驻单位关系问题。长期以来,企业集团财务总监基本上都是由所在单位选拔产生,由于其个人经济利益和政治前途大多关乎和维系于所服务的集团,因而,集团财务总监在积极维护本集团利益和设法推进本单位发展方面便十分投入。而委派财务总监直接由服务单位以外的会计公司派出,其个人政治、经济利益直接源于会计公司,与所服务单位不发生任何经济纠葛,这就从经济关系方面客观地决定了委派财务总监很难像单位会计那样积极主动地为单位发展与繁荣倾心出力。目前有些委派财务总监在单位经营中投入不积极、不主动,言行举止冷漠。被委派单位对委派财务总监产生某些戒备心理也是顺理成章的了。这就使委派财务总监与单位领导、单位会计之间埋下关系危机的隐患。要处理好这两者之间的关系需建立委派财务总监与被委派单位之间的协调机制。

第三节　财务会计人员委派制

为了提高对子公司财务活动的控制,企业集团总部除了派出财务经理或财务总监外,还可能对子公司其他财务会计人员进行直接委派。本节我们讨论的财务会计人员委派,是指企业集团总部对下属子公司财务部门其他工作人员都实行由集团委派的管理办法。当然,一般来说,子公司其他财务人员由集团委派需要一定的条件,即集团总部(母公司)控制了子公司绝大部分股权,从而可以通过董事会决定财务会计人员的委派。

财务会计人员委派有多种形式,主要的形式有会计委派制和会计主管委派制两种形式,分别讨论如下。

一、会计委派制

会计委派制也称为会计人员委派制,是政府部门和产权管理部门以所有者身份,委派会计人员代表政府和产权管理部门监督国有单位或集体企业资产经营和财务会计情况的一种制度。20 世纪 90 年代初,会计委派制的试点最早在江苏苏州的甪直镇、湖北襄樊市、利川市等地展开。在总结试点情况的基础上,中纪委提出:"改革会计人员管理体制,在国有企业、国有控股企业进行会计委派制度试点,有条件的地方和部门也可以试行会计委派制度"。此后,试点工作在全国各地迅速展开。据不完全统计,截至 1998 年底,全国共有 105 个地级区(市)、414 个县(市)进行了试点,直接或间接委派会计人员达 14 472 人。从近年来对一些试点地区和单位的调查看,各地会计委派制的试点,大体上可归纳为三大类：对行政事业单位委派、对国有企业委派和对乡镇集体企业和农村经济组织委派。其中，对国有企业的会计委派形式，主要可分为三种：① 对国有大型企业委派财务总监；② 对国有中、小型企业委派会计负责人；③ 企业集团内部委派制。即由集团（总公司、母公司）向下属企业或子公司委派会计人员，对被委派的会计人员一般由集团进行直接管理（包括行政关系、个人档案、工资福利等）。这一模式在全国许多大型企业集团（或大型的事业单位）都有试点，如武汉钢铁集团公司、山东潍坊亚星集团公司、北京华都集团等。

从国有企业集团角度而言，实行会计人员委派具有如下优点：

（1）通过向子公司直接委派会计人员，能够直接了解企业的会计信息，从而保证集团总部全面客观了解子公司会计信息。

（2）通过向子公司直接委派会计人员，能够确保委派财务经理更有效地控制子公司的财务活动，确保集团总部的控制效率。

（3）通过向子公司直接委派会计人员，能够确保子公司执行集团总部制定的会计政策，确保会计信息质量，确保会计控制的有效性。

然而，企业集团总部直接向子公司委派会计人员却一直存在争论，有学者认为，会计委派制存在如下缺陷：

（1）从法律上说，国有企业施行会计委派制违反了公司法。《公司法》规定：董事会对股东负责，有权聘任或解聘公司经理，根据经理的提名，聘任或者解聘公司副经理、财务负责人，决定其报酬事项。有限责任公司设经理，由董事会聘任或者解聘。经理对董事会负责，有权提请聘任或者解聘公司副经理、财务负责人。对于国有独资公司，《公司法》规定国有独资公司设经理，由董事会聘任或者解聘。经理按照规定行使职权。从上述规定可以看出国有企业的财务负责人是由企业经理提名，董事会任免。显然在国有企业施行会计委派制，财务负责人由政府有关部门直接任免的做法，违反了公司法。

（2）从企业组织理论考察，国有企业施行会计委派制不符合企业的管理要求。首先，会计委派制损害了财会工作的服务功能。财会部门是企业的一个管理部门，它负责企业资金的筹集和运用，承担企业效益的核算，因此可以说它是企业经营管理的一个枢纽，在很大程度上决定着企业运行的效率，影响着企业经营管理的质量和效益。从企业经营管理的角度看，财会部门必须听从企业经理的决策指挥，为经营者提供决策信息和建议，做好经营者的参谋，迅速贯彻决策层作出安排，成为实现企业经营目标的得力工具。从财会部门是企业的一项经营工具看，它只能为企业经理服务，而不能与经理发生摩擦，更不能凌驾于经理之上对企业经营者实施监督，否则就不成为经营管理的工具，而是一项监督工具了。若果真如此，财会部门势必影响企业管理的效率，损害其服务职能。此时企业经理人员就可能另起炉灶，又任命一个财务负责人，甚至再设立一个能切实履行财会服务职能的机构，架空委派的财务负责人，使其成为只能监督而不能参与经营管理的人员。

在企业集团财务管理的实际工作中，集团总部委派会计有多种职责，其中主要的职责是：

（1）确保集团总部会计制度得到执行。

（2）确保子公司会计信息真实可靠。

（3）确保子公司主要财务活动不违反国家法规和集团整体利益。

【阅读材料 4 - 7】

新疆生产建设兵团会计人员委派制暂行办法

第一章　总则

第一条　为进一步推进会计管理体制改革，规范会计工作，充分发挥会计工作在强化财务管理和财务监督中的职能作用，促进廉政建设，根据党和国家有关干部人事制度改革的精神和实行干部分类管理的原则，结合兵团实际，特制定本办法。

第二条　委派会计人员是指在会计机构不变、会计地位不变、会计职能不变的情况下，对会计人员的人事档案、职务任免、晋升、工作调动、工资奖金等实行统管。

第三条　会计人员委派制工作在兵团、师（局）、企业主管部门领导下，由兵、师（局）、企业主管部门的人事部门、财务部门、国有资产管理部门具体组织实施。

第四条　实行会计人员委派制的单位是：

（一）兵团、师（局）所属工交商建企业、农牧团场。（二）兵团、师（局）所属国有资产控股的有限责任公司、股份有限公司。（三）兵团、师（局）所属事业单位。（四）兵团、师（局）机关部分工作部门。

第五条　委派的会计人员包括：总会计师、财会机构负责人、主管会计等。在一般情况下，对兵团、师（局）所属工交商建企业、农牧团场、控股公司委派总会计师或财务机构负责人，对兵团、师（局）所属事业单位，兵团、师（局）机关部分工作部门委派财会机构负责人或主管会计。

第二章　会计人员的条件

第六条　会计人员应当具备下列条件：（一）具有坚定正确的理想和信念，坚持党的基本路线，努力为社会主义建设和改革开放服务。（二）坚持原则，廉洁奉公，遵守有关国家财经法律、法规、规章制度，有良好的职业道德，有维护国有资产安全、确保国有资产保值增值的事业心和责任感。（三）具有扎实的财会专业基础知识和现代管理的基础知识，有较强的业务工作能力和较丰富的实践经验及组织能力。（四）身体健康。

第七条　委派会计人员的任职资格：（一）担任兵团所属正、副师级企业单位的总会计师，一般应具有财会类高级职称，担任过处级财会机构领导职务两年以上，并有十年以上的财会专业的工作经历。（二）担任兵团、师（局）所属正、副师级企业单位财会机构负责人以及团级企业单位、农牧团场、控股公司的总会计师，一般应具有财会类中级职称，担任过科级财会机构领导职务两年以上，并有八年以上财会专业的工作经历。（三）担任兵、师(局)所属团级企业、控股公司财务机构负责人以及事业单位,兵团、师(局)机关工作部门财会机构负责人或主管会计的,需具有财会专业中专以上学历,并有五年以上财会专业的工作经历,其中委派到兵团、师(局)机关的,还需符合《国家公务员职务升降暂行规定》所规定的相应的任职资格。

第八条　凡有下列情况之一者,不得委派为会计人员:(一)曾因渎职造成国有资产流失的;(二)曾违反财经纪律、制度,有弄虚作假,贪污受贿等违法乱纪行为的。

第三章　会计人员的职责

第九条　委派的会计人员向委派方负责,并在上一级财务部门和所在单位的领导下开展工作。

第十条　主要职责:(一)组织本单位执行国家有关财经工作的法律、法规、规章制度;对各项财会工作进行研究、布置、检查、总结;组织制订和完善各项财务管理、会计核算以及资产运营过程中的规章制度。(二)参与编制并组织实施单位财务收支计划、信贷计划;拟订资金筹措和使用方案;预测、分析单位经营和财务状况并参与经济决策和经营管理。(三)向所在单位领导和职工代表大会(股东大会)报告财务状况;向有关部门报送财务报告和会计报表;向上一级财务部门及委派方报告有关财务管理、资产营运、财务收支计划执行中的重大事项。(四)监督所在单位及时、足额上缴国家规定的税、利、费;拒绝执行国家已明文规定取消的不合理收费;及时发现和制止单位违反国家法律、法规、规章制度的行为和有可能造成国有资产浪费和损失的行为。(五)参与研究所在单位和下属单位财务机构的设置、会计专业职务的设置和会计人员的任免、晋升、调配、奖惩;组织会计人员的培训和考核。(六)有关规章制度规定的其他职权。

第十一条　主要责任:(一)对财务会计活动的正常健康运行负责。(二)对财务报告、会计报表的真实性、合法性、完整性负责。(三)对参与拟订的计划、决策失误所造成的经济损失承担相应责任。(四)对未能发现和制止所在单位违反国家法律、法规、规章制度的行为和造成国有资产浪费和损失的行为承担相应责任。(五)有关规章制度规定的其他责任。

第十二条　委派的会计人员有下列情形之一的,应解除委派的职务,并给予行政处分,对其中触犯刑律的,移交司法机构处理。(一)违反国家法律、法规和规章制度,造成财务工作严重混乱的。(二)对偷税、漏税、截留国家收入、挥霍浪费国家财产、损害国家利益的行为不抵制、不制止、不报告,致使国家利益遭受损失的。(三)以权谋私、隐匿、谎报、弄虚作假、徇私舞弊,致使国家利益遭受损失或造成恶劣影响的。(四)对所在单位造假账、报假数、开假票据的行为不制止、不报告或与其共同编制、提供虚假会计报表和信息的。

第四章　会计人员的管理

第十三条　管理权限及任免程序:(一)兵团所属正、副师级工交商建企业的总会计师,由兵团管理。对他们的任免,由兵团人事部门、财务部门、国有资产管理部门提议,经兵团人事部门考察并提交兵团行政办公会议研究同意后,由兵团下达委派书或撤销委派的通知,对其中设立了董事会的单位,由董事会办理有关聘(解)任手续。(二)兵团、师(局)所属正、副师级企业单位财会机构负责人以及团级工交商建企业、农牧场、控股公司的总会计师,分别由兵团、师(局)、企业主管部门管理。对他们的任免,由兵团、师(局)、企业主管部门的人事部门、财务部门、国有资产管理部门提议,经兵团、师(局)、企业主管部门的人事部门考察并提交兵团、师(局)、企业主管部门行政办公会议研究同意后,由兵团、师(局)、企业主管部门下达委派书或撤销委派的通知,对其中设立了董事会的单位,由董事会办理有关聘(解)任手续。(三)兵团、师(局)所属团级企业、控股公司财务机构负责人和事业单位、兵团、师(局)机关部分工作部门的财会机构负责人以及主管会计,分别由兵团、师(局)人事部门管理。对他们的任免由兵团、师(局)财务部门、国有资产管理部门提议,经兵团、师(局)人事部门按有关规定程序审批同意后,由兵团、师(局)人事部门和财务部门共同下达委派书或撤销委派的通知。对其中设立了董事会的单位,由董事会办理有关聘(解)任手续。

第十四条　对委派的会计人员实行平时考核、年度考核和任期考核制度。考核工作由兵团、师(局)、企业主管部门的人事部门组织,兵团、师(局)、企业主管部门的财务部门、国有资产管理部门派员参加进行。考核按优秀、称职、不称职评定等次。考核结果作为委派的会计人员续聘、解聘、奖惩及晋升的依据。

第十五条　委派的会计人员,可以是本单位的原工作人员,也可以从外单位派进。任期一般为三年。可以连续委派。委派任总会计师享受行政副职的待遇,财会机构负责人、主管会计根据其所任职务确定相应的待遇。

第十六条　委派到企、事业单位任职的会计人员执行所在单位的工资标准,并可以与专业技术职务挂钩。其工资由用人单位按年工资总额分季度向兵团、师(局)、企业主管部门的财务部门缴纳并由财务部门实行专账管理,一般每月发放标准工资的80%,其余20%视年终考核情况而定,即:凡定为称职以上等次的,全额兑现;凡定为不称职的,予以扣发。委派到兵团、师(局)机关工作部门任职的会计人员在委派期间执行国家机关的工资标准,每季度由用人单位向财务部门足额缴纳,并由财务部门每月足额发放。

第十七条　委派的会计人员的奖金由用人单位支付,其中委派到企业单位任职的,发放标准由委派方根据年度工作考核情况确定,委派到兵团、师(局)所属事业单位及机关工作部门任职的,发放标准按所在单位执行的有关规定办理。

第十八条　委派的会计人员的住房、社会统筹保险、医疗以及其他福利待遇仍由其原工作单位负责。

第十九条　委派的会计人员被解聘或委派期满不再续聘的,不再保留委派期间的待遇,一般仍回原单位安排工作,并比照原单位同等条件人员重新确定工资等待遇。

第五章　其他事项

第二十条　凡委派了会计人员的单位和部门再设置与委派人员职权相重叠的职务。

被委派的人员一般也不得再兼任其他职务。

第二十一条　对委派的会计人员的任职条件兵团、师(局)、企业主管部门的人事部门会同财务组成专门机构认定,并逐步实行任职资格证书制度。

第二十二条　委派会计人员一般不跨地区进行,如确需跨地区进行的,应向兵团、师(局)人事部案,对其中需要跨地区调动的应按干部调动的程理。

第二十三条　企事业单位正科级及以下会计委派到兵团、师(局)机关工作部门任职的,应参加兵团、师(局)人事部门统一组织的公务员招录考试后,才予委派。

第二十四条　委派会计人员的工作实行任职制度。

第二十五条　兵团、师(局)所属企事业单位、团场、控股公司可在本单位范围内实行内部会计委派制,具体办法可参照本办法制定。

第二十六条　对于兵团、师(局)所属的其他资产参股的有限责任公司、股份有限公司,应通商,争取委派会计人员,有关事项可参照本办法办。

第六章　附则(略)

思考题:

1. 新疆生产建设兵团委派会计人员的主要动机是什么?

2. 委派会计人员的主要职责是什么?

二、会计主管委派制

所谓会计主管委派制,是指集团以出资人身份向下属单位派遣会计主管,并对其选拔、任免、业绩考核、奖惩、工资福利等进行统一管理的一种集团财务会计人员委派制度。

为改进对子公司财务信息的控制,提高对子公司财务控制的力度,我国有许多国有企业集团在 21 世纪初开始推行会计主管委派制,其主要做法包括: ① 向集团下属控股子公司派出会计主管,会计主管的人事工资关系由集团总部管理,被委派会计主管不在子公司领取任何个人收入,其他财务人员的人事工资关系由本人所在单位管理。② 明确了被委派会计主管的工作职责,其主要职责一般包括如下几个方面:负责主管所在子公司会计处理;制定和修改本单位会计制度;负责对本单位会计人员进行管理;负责对本部门经济业务进行会计监督;负责本单位会计报表的编制;等等。

(一) 会计主管委派制的积极作用

会计主管委派制的积极作用有:

(1) 有利于会计监督职能的实现,提高了会计信息的质量。企业集团实行委派制,集团和下属单位的行政领导权与会计监督权在一定程度上实现分离和制约,使会计主管能够相对独立地行使监督职权,实现对会计报表的真实性、合法性、准确性、完整性进行监督,为防止会计信息失真提供了保障。

(2) 有利于服务集团的战略目标,提高财务管理水平。实行委派制后,集团能顺利地实现自身财务管理总目标,引领下属单位的主要财务收支计划和目标,会计主管能及时向集团反馈真实的会计信息,并在授权范围内对所在单位的经营决策活动进行财务监督,从而使财务管理有效地服务于集团的战略目标。

(3) 有利于内部控制和监督制度的执行,提高了内部控制和会计监督的效率。实行委派制后,集团可以较好地实现对下属单位财务行为事前、事中和事后各个环节的监督,有利于及时发现问题,有针对性地采取措施。

(4) 有利于对会计队伍的统一管理,提高会计队伍的专业素质。实行委派制后,会计主管与派驻单位由以前的从属关系变为服务关系,有利于统一管理。竞聘上岗、定期培训考核、横向交流等配套制度的实施,也促进了整个会计队伍业务和道德素质的提高。

(5) 有利于对派驻单位行政领导的财务监督,促进集团的党风廉政建设和国有资产的保值增值。会计主管委派制较好地解决了国有产权代表缺位问题,约束了国有资产管理、处置和财务审批方面的随意性,派驻单位经营管理行为进一步规范,财经纪律得到更好的执行,对所在单位行政领导的财务监督力度加强,既防止了国有资产的流失,促其保值增值,又促进了党风廉政建设。

(二) 会计主管委派制存在的主要问题

目前国有企业集团会计主管委派制在实施过程中还不尽成熟,也存在着一定的问题:

(1) 对委派会计主管的后续管理跟不上。一是集团财务、人事部门人员少、任务重,对委派人员的管理无法到位。二是集团对委派人员没能实行分类管理,科学性有待提高。三是与委派制配套的制度措施不够健全,影响了委派制的落实和成效。

(2) 委派会计主管的地位、职权与职责不配套。委派会计主管不同于财务总监,大都是派入单位的原财务部门负责人,其地位和职权有很大的局限性,事实上主要受派入单位负责人的领导,行使监督职能遇到的阻力和难度较大。

(3) 委派会计主管的待遇不尽合理,影响了工作积极性。一是派往不同企业、属同一类编制(事业编制或编外聘用)的委派人员,其工作难度、工作量和工作责任不同,但在待遇上没有明显区别,干多干少、干好干坏一个样。二是在编(事业编制)和编外聘用的委派会计主管,其工资、福利和职称职务晋升上有明显差异,同岗不同酬。三是缺乏科学的考核标准。考评主要取决于派入单位的评价,"听话"的委派人员往往得高分,不利于体现客观公正。四是对编外聘任委派人员的医疗、住房保障、晋升等切身利益问题重视不够或是力不从心,不利于会计委派制的深入发展。

(4) 委派会计主管的理财和服务的职能有所弱化。一方面由于委派会计主管强化了监督的功能,容易被派入单位孤立,另一方面集团对委派人员服务、理财的工作强调不够。委派会计主管为派入单位出谋划策的条件和积极性受损。

(5) 委派会计主管队伍建设有待加强。由于委派会计主管中有相当一部分来源于派入单位,曾长期从事事业单位的财务会计工作,对转为企业管理后的企业财务工作不够熟练,精通核算、懂管理控制和企业理财的少,工作技能有待提高。此外,一些委派人员存在不敢、不愿忠实履行监督职责的情况,职业道德素质有待提升。

本 章 小 结

(1) 财务经理委派制是指企业集团总部向子公司直接派出财务部门经理(负责人),对子公司进行财务监控的一种制度。委派财务经理要履行以下职责:保障子公司执行集团总部财务制度和决策;及时反映子公司重要财务信息,上报集团总部作为财务控制依据;监督子公司从事一些危害集团总部利益的财务活动;提高子公司财务管理水平。

(2) 财务总监是指受投资者委托而在被投资企业负责财务监督的专业人员。在企业集团背景下,财务总监是指企业集团总部为保证投资的安全和增值,而向下属子公司派出的专司财务监督的人员。为加强财务控制效果,一般派出主体要将派出财务总监兼任子公司董事,加强对被投资企业经营者的制衡。一般财务总监的岗位职责可以概括如下:审核所在公司的重要财务报表和报告,与所在公司总经理共同对财务报表和报告的质量负责;参与审定所在公司的财务管理规定及其他经济管理制度,监督检查集团子公司财务运作和资金收支情况;与所在公司总经理联合审批规定限额范围内的企业经营性、融资性、投资性、固定资产购建支出和汇往境外资金及担保贷款事项;参与审定公司重大财务决策,包括审定集团公司财务预、决算方案,审定公司重大经营性、投资性、融资性的计划和合同以及资产重组和债务重组方案,参与拟订公司的利润分配方案和弥补亏损方案;对董事会批准的公司重大经营计划、方案的执行情况进行监督;依法检查公司财务会计活动及相关业务活动的合法性、真实性和有效性,及时发现和制止违反国家财经法律、法规的行为和可能造成出资者重大损失的经营行为,并向董事会或派出股东报告;组织公司各项审计工作,包括公司的内部审计和年度报表审计工作;依法审定所在公司财务、会计、审计机构负责人的任免、晋升、调动、奖惩事项。

(3) 会计委派制也称为会计人员委派制,是政府部门和产权管理部门以所有者身份,委派会计人员代表政府和产权管理部门监督国有单位或集体企业资产经营和财务会计情况的一种制度。在企业集团财务管理的实际工作中,集团总部委派会计有多种职责,其中主要的职责是:① 确保集团总部会计制度得到执行;② 确保子公司会计信息真实可靠;③ 确保子公司主要财务活动不违反国家法规和集团整体利益。

(4) 所谓会计主管委派制,是指集团以出资人身份向下属单位派遣会计主管,并对其选拔、任免、业绩考核、奖惩、工资福利等进行统一管理的一种集团财务人员委派制度。其主要职责一般包括如下几个方面:负责主管所在子公司会计处理;制定和修改本单位会计制度;负责对本单位会计人员进行管理;负责对本部门经济业务进行会计监督;负责本单位会计报表的编制;等等。

本章参考文献

1. 郭晓峰. 试论集团公司财务总监委派制[J]. 兰州商学院学报，2006(6)：104 - 107.

2. 朱胜利. 浅析企业集团财务总监委派制[J]. 西部财会，2006(5)：40 - 43.

3. 侯改清. 国有企业财务总监与总会计师制度之比较[J]. 金融经济，2006(18)：173 -174.

4. 陆正华，吕君，杨锋. 浅析财务总监的胜任能力特征[J]. 财会月刊(理论)，2006(6)：56 - 57.

5. 李淑琴. 企业集团财务总监委派制实施中的问题与对策[J]. 内蒙古科技与经济，2007(5)：74 - 76.

6. 郜进兴. 关于"会计委派制"的若干问题[J]. 会计研究，1999(9)：8 - 12.

7. 王跃堂，郭永清. 关于会计委派制可行性研究[J]. 财经论丛，1999(5)：59 - 63.

8. 刘宇红. 完善会计主管委派制的对策建议[J]. 中共福建省委党校学报，2007(11)：70 - 71.

9. 刘海玲. 平淡从容走出一片似锦繁花——记北京用友软件股份有限公司财务总监吴政平[J]. 会计师，2005(5)：60 - 62.

10. 何利民. 委派财务总监，加强财务监督——广钢集团委派财务总监的实践与思考[J]. 冶金财会，(12)：4 - 8.

11. 张小燕. 推行财务科长委派制，加强企业财务管理[J]. 合作经济与科技，2007(9月号下)：73 - 74.

12. 黄沛聪. 财务委派制度在公路施工项目的应用[J]. 广东交通职业技术学院学报，2007(4)：72 - 74.

13. 仲小兵. 大型企业集团内的财务总监委派制——江苏农垦推行财务总监制的案例分析[J]. 中国农垦经济，1999(8)：6 - 9.

14. 吕高翔，童万民. "中铝公司"创新财务管理体系的探索与思考——访中国铝业股份有限公司执行董事、副总裁兼财务总监陈基华[J]. 中国总会计师，2006(2)：41 - 43.

复习思考题

1. 企业集团向子公司派出财务人员的目的是什么？存在什么问题？

2. 我国国有企业集团治理存在问题与企业集团财务人员派出之间有什么关系？

3. 财务总监委派制、财务经理委派制和会计主管委派制之间有什么区别和联系？

案 例 题

兵团实施会计委派制的作用、存在问题及解决办法

一、会计委派制的积极作用

会计委派制在新疆生产建设兵团第十二师实施 10 多年来,取得了显著的成效,主要体现在以下几方面:

(1) 堵塞财务漏洞,预防国有资产流失。以往会计信息失真现象非常普遍,企业造假主要为了短期利益,企业的资产不能增值甚至不能保值。会计委派制将事后监督变为事前、事中、事后相结合的经常性、普遍性监督,强化了财务收支管理和国有资产管理,在一定程度上防止了国有资产的流失,严肃了财经纪律,杜绝了不合理的开支。

(2) 遏制腐败,杜绝"小金库"。以前财务人员的任免、奖惩都由单位做主,"端人家碗,受人家管,就不能揭人家短",会计人员发现单位违规违纪时不能坚决抵制。实行会计委派制,使会计人员摆脱了与核算单位之间的依附关系,工作相对独立,在做好会计核算的同时,能够依法大胆地抵制不法行为,进行独立、客观、公正的会计监督,使会计工作进入良性的循环。

(3) 有利于提高会计队伍的整体水平。会计人员具有一定的文化素养和业务水平,才能具备派出资格。这样增加了会计人员之间的竞争,促进其学习的积极性,从而提高其业务水平。会计委派制实行定期轮换制,不同单位有不同的管理模式,对会计人员的管理水平也是一种提升,从而整体提高会计人员的素质,规范基础会计工作。

二、会计委派制存在的问题

(1) 削弱会计的分析决策职能。由于委派会计不属于企业的一员,企业的经营好坏与其没有直接的利益关系。委派会计所强调的只是会计核算与监督,而不太重视经营管理上所需要的会计预测、分析、决策,从而大大削弱了会计原本作为企业负责人左膀右臂的参谋作用,不利于会计管理职能的发挥,不利于会计本身的发展。

(2) 缺乏激励,流于形式。对委派的会计人员只有使用、考核,缺乏必要的激励制度,造成做好做坏一个样,使委派制流于形式。

(3) 缺乏激励,挫伤积极性。委派人员的身份定位不明确,具有双重身份,如果由派出单位考核、提拔,必然脱离实际;如果由派驻单位考核、提拔又与委派制相矛盾,这是一个较难处理的问题。另外,委派会计的工资不与企业的经济效益挂钩,又不能直接对委派人员的工作进行考核和评估,无法作出奖惩判别,可能会挫伤委派会计的工作积极性。

(4) 不能保证原始信息不失真。国家的财务会计制度规定,企业很多方面的支出在财务上是不允许开支的,而现实社会环境下又不得不在一些方面支出。委派会计也许能够依法大胆抵制不合法行为,但只能保证会计信息处理不失真,而不能保证原始信息不失

真。委派会计要制约花钱,于是企业负责人就考虑其他办法解决,会计信息将失真。

(5) 只派不管,缺乏管理。目前,在实行会计委派制的单位中,存在着部分管理不善的现象。有的会计负责人的工资、奖金由该单位发放,该单位领导可以直接决定会计负责人的经济收入,这样会计负责人的地位就不是超然的,他的行动受制于单位;有的会计负责人派出去后,没有汇报、检查和考核,这样的委派制就起不到监督作用。

三、解决办法

(1) 加大培训,轮岗委派。委派会计自身水平的提高,是发挥现有会计委派制度作用的必要条件。选拔委派人员要高标准,严要求,要对委派会计的政治素质和思想素质进行考核,把那些德、能、勤、绩都达到标准的有真才实学的人选拔为委派人员,才有可能加大监督力度、强化监督深度。实行轮岗委派,选派政治素质高、业务技能过硬、经验丰富、适应性强的财务科长一名,在受派单位选聘一名业务能力强的会计人员任主办会计,这样,更利于会计作用的发挥,确保会计工作不致脱节。

(2) 强化内部监督,完善内部审计制度。单位负责人要对会计工作给予重视,给会计人员充分权力,保障会计工作能够严格、独立地按照财经制度、法规和有关的核算要求高质量地有序运作。要进一步强化会计监督职能。同时,要完善内部审计制度,通过内部审计对会计部门进行监督,检查会计工作质量,防止核算失误,保证会计信息质量。

(3) 因地制宜、注重实际。会计委派制的实现形式是多种多样的,选择适当的委派形式,是保证委派工作取得成效的重要环节。要从自身实际出发,根据不同的会计监管对象和监管的侧重点,选择不同的会计委派形式,不能搞"一刀切"。

(4) 规范委派。加强对委派会计进行继续教育,有针对性地制订培训计划,确定培训内容并组织好各类培训工作;及时了解和掌握委派会计人员的工作进展情况,在可能的条件下积极帮助其协调和解决工作中遇到的困难。同时,为了保证会计委派工作取得成效,委派部门要明确委派会计人员的职责、权限。要建立健全一套管理制度,以保证操作规范化,主要包括:持证上岗制度、会计任用制度、离任审计制度、会计交流制度、会计回避制度、会计例会制度、定期检查制度、继续教育制度、考核奖惩制度、重大事项报告制度等。要保证委派制的实施,只有在执行中不断完善,真正把会计委派制落到实处,收到良好的效果。对此,企业管理人员应全力支持,保证委派会计严格履行职能。

资料来源:孙海霞:《兵团实施会计委派制的作用、存在问题及解决办法》,《中国农业会计》2015年第7期,第22-23页。

思考题:

1. 会计委派制在公司"遏制腐败,杜绝小金库"的作用是如何发挥的?

2. 会计委派制在公司缺乏激励,流于形式的主要原因是什么?

3. 如何确保所委派的会计人员严格履行内部监督职能?

第五章　企业集团预算管理

【本章主要内容和学习要点】

本章主要介绍企业集团预算管理的理论基础，以及预算管理的主要程序，包括预算的制定、执行、修改、考核和激励五个部分。通过本章的学习，读者要了解企业集团为什么要进行预算管理，以及在各种不同财务管理体制下预算管理的不同做法。

【课前案例】

铜陵有色运输部以成本控制为核心的全面预算管理

铜陵有色运输部建于1952年，是铜陵有色金属（集团）公司下属单位，现有职工746人，下设两个行车单位和两个辅助单位，2005年度铁路货运量522万吨，主营业务收入3 882万元，实现利润11.634万元。资产总额6 548万元。主营业务为承担铜陵有色金属（集团）公司、铜陵及周边地区部分厂矿生产原料、产品、生活用品及军需品的运输任务，年运输能力达500万吨以上，同时还承担铁路线路、通讯信号、机车及车辆等维修任务。

以前铜陵有色金属（集团）公司对运输部的考核基本是在上年的基础之上将利润指标做一些增减并下达工资计划。运输部根据集团公司下达的利润指标和全年销售收入情况，倒推成本，每年成本按块状来进行分配，首先是在工资指标不突破公司要求的前提下保证职工收入的兑现以及职工统筹支出的保障，其次是物资成本消耗控制，再次是一些可控费用划分和控制，最后是看剩余成本多少来安排机车、车辆、线路的大中修理。这种管理模式给运输带来的弊端较多。第一，成本控制是粗线条的，控制停留在部高层，基层只在指标范围内完成工作任务，只管结果，不注重过程。第二，人为因素较多，缺乏科学性部门及项目需要多少支出，往往根据以往发生情况和本年度的指标按比例确定，考虑目前状况的较多指标经常与实际不相符。第三，对安全生产影响较大。运输部是个老企业，运输设备陈旧，线路老化固定资产的更新与修理是迫在眉睫的大事情，但以往的管理方式对这一块成本支出安排是看有无剩余指标，指标多就多进行更改与修理，指标少就不安排更改与修理，根本不从运输需要与设备本

（续上）

身状况出发,不但不能保障运输生产的正常进行,还存在着很大的安全隐患。综上所述,运输部的经营范围、运输市场、市场占有率、运输价格等都处于较稳定的局面,收入固定在一定的范围内,要想获取较高的利润,主要在成本控制上下工夫,少花一分钱就是一分钱的利润。成本控制成为管理工作的重中之重。实行成本控制按以前的倒推法又缺少科学、系统、有效的控制机制所以铜陵有色运输部从2004年在原承包经营考核的基础上开始实施以成本控制为核心的全面预算管理。

　　预算原指财务预算,是对企业任何未来成本包括人力、物力及其他资源运用的有系统的计划,是将来组织运营的准绳,并用以控制将来营运进行的一种财务计划。全面预算管理是将预算的范围拓展到销售、生产、采购、库存、投资等企业管理业务的所有内容,其管理意义更为广阔,能有效地控制成本支出。

　　以成本控制为核心的全面预算管理的特点:① 抓成本,促效益,实现目标利润最大化是成本控制为核心的全面预算管理的最终目的;② 设立费用中心,明确责任单位;③ 全程管控的对象主要是细分的各成本项目以及专门项目的成本支出。

　　以成本控制为核心的全面预算管理主要做法包括:① 以经营性质为基础,建立有自身特色的预算模式和相关制度;② 以细化预算编制为手段,形成全面合理的预算指标体系;③ 以落实为前提,注重预算执行过程的全程管控;④ 以差异分析为纲,形成有效的激励与约束机制;⑤ 以软件开发和运用为平台,初步构建了预算管理长效机制;⑥ 以实现企业战略发展规划为核心,抓好全面预算管理与改革改制和管理创新的结合。

　　运输部预算编制的细化主要表现在以下几个方面:

　　(1) 预算项目的细化。全面预算管理是对企业生产经营全过程的规划与控制,所以编制预算也要涵盖企业的方方面面,传统的管理方式只注重收入、成本及利润预算,现在把资源、资产、能耗、物耗、工时、资金等全部纳入编制范畴。同时,责任中心预算项目细化到具体对象上,如交通费的预算以每个职工为对象,以上班路程的远近确定报销数额;工务段的水电消耗预算细化到道班房及各道口,以班组为对象;重点工程办公室的房屋维修预算以房产为对象。

　　(2) 预算部门的细化。也就是归口管理,全面预算深入到产供销各个领域,仅靠财务部门来做预算难以达到科学合理的要求,必须有各部门的配合。一方面,随着预算的深入,会越来越多涉及生产经营活动的专业范围和细节,财务人员不能准确把握,需要专业人员的介入,如蒸汽机车的煤耗、内燃机车的油耗,物资管理部门要参照历年来的基础资料及行业标准等来确定吨·千米消耗定额,编制物资采购与消耗预算。同样,生产部门通过市场调查编制生产及销售预算,机动部门根据生产计划及运输能力编制大修理预算,重点工程办公室根据资金状况及企业发展规划编制投资预算

（续上）

等。另一方面,通过归口管理可以实现统一协调,避免重复投入和浪费,提高了预算管理的控制力度,保证全面预算的广泛性和科学性。

（3）预算时间的细化。第一,编制时间上的要求,每年10月份,运输部决策层根据预算期经济形势的初步预测以及本部发展的战略目标,提出下一年度的经营方针目标,预算管理办公室根据这一大框架制定预算编制纲要,于11月初下发到归口部门及各责任中心,确定下一年度预算编制原则和要求。各责任中心结合自身特点和预测执行条件编制预算方案分别报归口部门审阅后于11月中旬报财务部,财务部进行初审,形成草案11月底前报预算管理委员会审查,12月底预算方案形成后层层下达执行。第二,将年度预算指标细分为季度及月度指标,便于考核和差异分析。这种细分不是简单的平均计算,还要考虑季节变化因素,如:电消耗1月、7月、8月、12月是高峰期,水耗夏季为高峰,预算比平常要高;各项修理根据路局要求也有一定的季节性等。

（4）细化与可操作性相结合。一味地细化也会产生矛盾,不仅消耗大量的人力、物力,有时还收不到很好的效果。编制预算的粗与细,关键看执行效果,可操作性要强。对不经常发生的项目预算做得要略粗一些,如大修理支出,不细化到责任中心和班组,大修理一般由高层管理人员来决策。从运输能力和安全因素来考虑,如果把大修理指标下到基层,基层也许为粉饰业绩,减少大修理支出或挪作他用,这样会对运输生产和企业整体业绩造成损失,所以把大修理预算放在职能部门,由生产安环部统一安排。另外对一些科学制定定额较难的项目,编制的预算暂时粗放一些,等积累一定的经验、条件成熟时再渐渐细化。

资料来源：节选自盛晓菲：《铜陵有色运输部以成本控制为核心的全面预算管理》,《有色金属》2007年第4期,第166~171页。

思考问题：

1. 以前铜陵有色金属（集团）公司对运输部的考核存在什么问题?
2. 为什么铜陵有色运输部实行以成本控制为核心的全面预算管理?
3. 铜陵有色运输部在全面预算管理编制中如何体现成本控制为核心?

第一节 企业集团预算管理基本理论

在企业集团中,总部需要通过各种手段对子公司进行财务控制,而通过预算控制就是比较好的一种方法。本节我们将主要研究企业集团预算管理的必要性、需要的条件和我国企业集团预算管理发展概况。

一、企业集团实行预算管理的必要性

所谓预算管理,是指企业通过预算的制定、执行、考核和激励等过程,对企业经营活动进行计划、控制,对企业人员进行考核和激励的综合管理活动。预算管理是企业重要的管理工具,具有资源配置、过程控制、沟通协调和业绩考核等多方面作用。为此,我国财政部于 2002 年 4 月 10 日印发《关于企业实行财务预算管理的指导意见》(财会[2002]102 号),指导国有企业实施预算管理。从企业集团角度来说,实施预算管理的必要性在于以下几个方面。

(一) 解决企业集团财务控制难题

财务控制是指"财务控制主体按照一定程序和方式、方法,调节和控制企业资金的筹集、垫支、耗费、收回、分配,综合平衡、合理配置相应的财务收支、人财物、供产销、责权利,确保财务目标实现的管理活动"。(王明虎等,2006)[①]从单个企业来说,一方面,其财务控制主体是董事会和总经理,为实现企业财务目标,董事会和总经理可以采用制度、计划等形式进行间接控制,也可以通过行政命令方式直接控制;另一方面,单个企业财务控制主体与控制对象(各种财务活动)距离比较近,可以随时对财务活动进行适当的控制,确保企业目标的实现。

而从企业集团来说,其财务控制包括两个层次,一是子公司层次的财务控制,二是集团公司总部对子公司的财务控制。其中,子公司层次的财务控制主要是子公司董事会和总经理对本单位的财务活动控制,与单个企业财务控制相同。集团公司总部对子公司的财务控制则与单个企业财务控制不同。这种不同表现在:① 控制方式不同,单个企业财务控制方式很多,既包括制度控制,也包括行政命令等方式的直接控制,而集团公司总部对子公司的财务控制很难通过行政命令等直接方式控制,这是因为集团总部与子公司可能在地理位置上存在距离,也可能是集团总部并不全资拥有子公司因而不能直接对子公司管理层发布命令,此外根据企业财务通则,子公司拥有一定的法人财产权,母公司不能直接干涉,也造成集团总部不能直接干涉子公司财务活动。在缺乏直接控制方式下如何有效控制子公司财务活动成为一个问题。② 控制主体与控制对象上存在认知差异。由于集团总部管理者对子公司行业特征不了解,因此对其财务活动的规律也不清楚,难以及时准确作出具体控制指示。而在单个企业财务控制中,企业董事会和总经理对企业的经营状况和存在问题非常了解,因此控制措施比较及时也比较具体。③ 存在多层次代理关系。单个企业财务控制主要是企业董事会和总经理直接控制企业财务活动,而企业集团

---

① 王明虎主编:《财务管理原理》,中国商业出版社 2006 年版,第 292 页。

对子公司财务控制需要通过集团总部管理者、子公司管理者两个层次的代理关系。在存在代理关系的情况下,控制效率可能下降。

而通过预算管理方式对子公司进行控制,集团总部可以部分解决上述问题:

(1)通过预算控制,既能避免直接控制子公司财务活动,也能够取得比较好的控制效率。具体地说,集团总部通过预算的制定、执行、分析、考核等活动,确定子公司的经营目标,分析其执行过程中存在的问题,并将预算执行结果与子公司经理人员报酬和人事晋升结合起来。迫使子公司经理层努力完成集团总部的预算目标,同时避免行政命令等直接控制方式的使用,保证了公司治理结构的有效运行。

(2)通过预算管理,集团公司能够获得部分子公司经营过程中的知识和信息,从而及时作出经营决策。集团公司通过子公司预算制定过程的控制,能够在一定程度上了解子公司生产经营和市场需求方面的信息;通过预算执行过程分析,能够发现部分子公司生产经营过程中的问题;通过预算执行过程分析和业绩评价,能够发现子公司经营者经营能力上的优点和存在的问题,进而提出改进措施。

(3)代理关系是集团财务管理中必然存在的结果,但代理关系产生代理成本的必要条件有两个方面,一方面是委托人和代理人之间存在着信息不对称;另一方面是委托人和代理人之间存在着效用上的对立。通过预算管理,集团公司总部可以获得一部分子公司经营过程的信息,降低了信息不对称;同时通过预算考核和激励,大大提高集团总部和子公司经理之间的效用一致性,从而大大降低了代理成本的发生。

(二)企业集团资源优化配置的必然要求

企业集团与多个单兵作战的单个企业相比的最大优势是其协同效应,而协同效应的发生需要一些条件,其中在整个集团范围内做到资源优化配置是一项重要条件。面对集团内各个子公司的资源要求,集团总部要想做到资源配置最优化,需要了解各个子公司未来发展和经营方案,通过不断修正和调节,才能使整个公司资源配置最佳。而预算方案就成为企业集团了解各个子公司未来发展和经营方案的重要文件,通过预算的制定和修改,集团总部可以了解各子公司未来的市场需求和各种投资和经营决策方案的效益,从而进行运筹安排,寻找出实现集团资源配置最优的方案。

(三)提高企业集团管理水平的必然要求

企业集团达到一定的经营规模后,对子公司经理层的管理水平要求成为企业集团发展的瓶颈。只有提高子公司经营者的管理水平,才能使集团总部管理者将精力重点放在集团的发展战略安排上,确保集团稳定发展。因此如何稳步提高企业集团子公司经理的管理水平成为一个关键问题。通过预算的制定、执行、分析和考核,企业集团可以多方面锻炼子公司经理人员的独立管理能力,为以后子公司经理层管理水平的提高提供台阶。此外,在预算管理过程中,需要有基础的管理制度和管理方法,通过预算管理的推行,能使集团基层部门改进管理基础和管理方法,从而带动集团管理水平的提高。

二、企业集团实行预算管理需要的条件

预算管理作为一项全方位的管理方法,其实行需要一定的条件。总体来说,需要如下基本条件。

(一) 集团领导人的重视

推行预算管理是一项全方面的工作,需要做许多的制度改进和管理方法改动,也会涉及集团中各公司、部门以及职工的利益,因此在推行时会受到很多阻力。比如在进行预算编制时,需要各个部门的基层工作人员采集基本数据和未来发展预测信息,并要对这些数据进行反复核对,增加了许多工作量,因此可能会受到基层工作人员的抵制;又比如在对各部门进行费用预算时,由于费用预算使各部门未来开支范围受到限制,因此各部门可能对财务持消极应付态度,等等。在这种情况下,如果光靠集团财务管理部门努力协调,显然不能完成任务。只有集团领导人高度重视,要求各部门、子公司领导人认真履行本部门预算管理的责任,才能使整个集团的管理人员感受到推动预算管理的动力和压力,采取措施努力推进预算管理。

(二) 企业中层管理人员的认可

在企业集团中,子公司管理者起着非常重要的作用,集团总部的管理需要通过他们才能传达到各个基层。如果企业中层管理人员对预算管理的实行存在疑问,则他们在推进过程中可能不积极,这样到基层就不会认真履行其预算管理的职责,使得整个集团的预算管理工作变形。而企业集团的中层管理人员在刚开始推行预算管理时,总会有各种不正确的认识,因此企业集团在推行预算管理之前,一定要对中层管理干部进行教育和引导,消除片面认识,使预算管理得到顺利实施。

【阅读材料 5 - 1】

阻碍全面预算推行的几种常见错误观念及与其对立的预算观点

在企业集团推行预算管理时,在各级中层干部中经常存在以下错误认识,这些认识如不改变就会影响到预算管理的推行:

(1) 有了计划就不必再有全面预算,全面预算的可替代论。其实,基于运营的"计划"远比基于战略目标的"预算"具有善变性,更不可靠。因为计划与预算比,存在着短期性、局部性、片面性等缺点,缺少相关性、系统性和刚性,一旦遇有困难,更容易被改变或放弃。

(2) 企业环境复杂,预算约束具有不适用性。这种观念认为,企业内、外部环境复杂多变,由于预算编制的预先性,决定了预算必将与实际不符,预算不可能准确,没有执行的必要。

(3) 预算费力,效果不大,投入产出效果不明显,不必实行。预算是在企业发展战略指导下,在充分分析内外部环境和企业客观实际的基础上,对预算经营的静态规划,目的

正是为了对多变的企业外部环境和内部情况尽可能早地、充分地预见,以避免盲目性,减少损失,提高工作效率,这也是管理的实质和管理人员的职责。国内外的大量实践证明,只要合理地运用预算管理工具,全面预算管理的效果是显著的。

（4）预算管理的刚性太强,是管理的上层给下层强加的枷锁,如实行之,管理层都将成为其奴隶。实际上,科学的预算划分了权利界限,预算本身给管理人员进行了合理的授权,执行预算是管理人员在合理的授权约束范围内真正的行权,超越预算授权时,以相互沟通的方式解决是增强管理透明度的需要。

（5）预算可以模仿,企业不必构建。其实,不同的行业或类型的企业,其预算模式和关键点必有差异,这是由企业所处的不同环境和企业自身的条件不同所决定的,不可照抄照搬或一味地模仿他人。

（6）预算误差难以避免,预算不足以成为考核的依据。一般而言,科学的预算管理应当依据"跳起来摘桃子"的原则制定,预算目标的完成是存在一定难度的,预算指标与实际执行结果之间存在差异几乎是一种必然,不能因此而否定预算成为考核依据的应有地位,科学的态度应当是正视和认真分析差异形成的根本原因,及时采取必要的纠偏行动或修正预算。

资料来源：王福海：《浅议企业构建和推行全面预算管理的重点和难点》,《科技资讯》,2007 年第 26 期,第 166～167 页。

思考题：

1. 为什么企业集团在推行预算管理时下属部门和子公司管理人员会有以上错误认识?
2. 如何正确认识上述问题的本质?

三、我国企业集团预算管理基本情况

我国企业集团对子公司财务控制的方式转变有一个过程,在 20 世纪 80 年代,集团对子公司采用承包方式进行考核,因此对子公司主要要求完成利润指标,对子公司控制也主要采用利润计划。随着预算等先进管理方式从西方的逐渐引入,我国企业开始逐步推行预算管理。在 90 年代初,预算被一些企业用作费用控制的工具,到 90 年代末,企业集团管理者认识到预算不仅可以用来控制费用,也可以用来控制收入、现金等项目,逐渐形成财务控制在企业集团的应用。财政部《关于企业实行财务预算管理的指导意见》在 2002年发布后,许多企业集团认识到全面预算的作用,开始逐步推行全面预算,这使得预算管理在我国企业集团的推进达到一个新台阶。

我国企业集团实行预算管理的基本情况可以总结为以下几个方面。①

---

① 本段内容摘引自李开军：《我国企业全面预算管理应用研究——现状、问题及对策》,武汉大学硕士学位论文,第 10～13 页。

(一) 全面预算管理越来越受到重视,但应用普及率不高

2004 年,韦德洪等对广西企业的问卷调查显示:从总体上看,有 89.33％的企业认为需要实行全面预算管理,但仍有 10.67％的企业认为不需要实行全面预算管理。从行业来看,认为需要实行全面预算管理的企业,建筑业的比率最高(100％),其次是制造业(94.51％)、交通运输业(91.67％)、服务业(85.71％);房地产业的比率最低(62.5％)。从企业规模来看,认为需要实行全面预算管理的企业,企业集团的比率最高(95％),其次是中小企业(88.89％),大型企业的比率最低(84.21％)。但从是否实行了全面预算管理的调查结果来看,从总体上只有 50.67％的企业实行了全面预算管理,其他 49.33％的企业尚未实行全面预算管理。全面预算管理的普及率较低,这与企业对全面预算管理的了解和认识程度很不相称。从行业来看,全面预算管理的普及率最高是制造业(达到62.16％),其次是交通运输业(41.67％)和服务业(42.86％);最低是房地产业(只有25％)。而未实行全面预算管理的 37 家企业中,有 34 家企业编制财务收支预算(占91.89％),只有 3 家企业不编制财务收支预算(占 8.1％)。

(二) 全面预算管理的机构设置和职能发挥企业间存在较大差异

韦德洪等的调查显示:从总体上看,只有 23 家企业(占 30.67％)设置了全面预算管理的专门机构,而另外 52 家企业(占 69.33％)则不设置全面预算管理专门机构。这说明,在实行了全面预算管理的 38 家企业(占 50.67％)中,仍有 15 家企业(占 20％)不设置全面预算管理专门机构。从企业规模来看,设置全面预算管理专门机构的比率,大型企业为 42.11％,企业集团为 35.00％,中小企业为 22.22％,2003 年对中国石化总公司及其分公司的调查也表明,在实行全面预算管理的公司中存在预算管理组织体制存在缺位现象。中石化总部和一些直属单位存在没有设立或只是形式上设立预算管理委员会和监督机构的现象,没有从上至下建立起全面预算管理体制。

2001 年南京大学预算管理现状调查课题组调查也显示:有 57.1％的企业没有设立负责预算工作的专门机构(预算小组、预算委员会、预算处)。其中企业资产规模大的老工业企业和商业企业建立专门机构的比例较高超过 66.7％,而纺织、化工、建设等行业较差,低于 50％。未建立专门预算机构的企业预算管理机构大都设在财务部门或计划部门。调查结果显示,从总体上看,77％的企业选择由财务部门对预算执行情况进行跟踪调查。在预算编制工作的参与者中,财务人员的比例列第一位。其他选项的选择率依次是计划部门(41％)、专门的预算机构(8.2％)和董事会(3.3％)。其中,计划部门参与预算编制的程度也较高;而专门的预算机构在中国运用较少,董事会也没有发挥应有的作用,这两个机构在预算编制过程中的参与度就不高,在执行过程中的作用更小。

(三) 对全面预算编制内容的认识存在偏差

全面预算是一个由各种具体预算有机联系起来的预算体系,各企业根据业务特点和自己编制预算的能力选择具体的预算对象和重点。

　　对中国石化总公司及其分公司的调查也表明,企业对全面预算管理的认识存在偏差,至今仍有一些单位认为全面预算就是财务预算,没有把全面预算管理的目标、起点、依据、编制过程及方法、预算组织与控制、预算考核等贯穿到企业生产、经营、财务、人事、项目管理等每一个职能部门及个人。

　　从南京大学的调查结果看,编制管理费用预算的企业最多,其次是编制销售预算的企业。编制预计资产负债表、投资收益预算、现金流量预算、资本支出预算的企业较少,其中编制预计资产负债表的企业最少。从地区差异看,在各项与生产有关的预算中,老工业基地的编制比例都是最高的,如生产预算、采购预算、人工预算、制造费用预算、制造成本预算,而在销售预算和销售费用预算中,东部地区的选择率都最高,中西部地区在这两方面预算的选择率都最低。在管理费用、财务费用预算方面,三地区选择率较为一致,且都较高。

(四) 预算指标的决定权不同企业存在较大差异

　　在预算指标的最终决定权上,根据《公司法》有关规定,制定公司的年度财务预算方案是公司董事会的职权,审议批准公司的年度财务预算方案是股东大会的职权。而南京大学调查结果显示从总体上看由总经理(经理)作出最终决定的企业比重最大(43.3%),由董事会最终决定的企业数量次之(30%),由专门的预算机构作出最终决定的企业明显少于前两者(15%),仅有11.7%的企业由财务部门对预算指标作出最终决定。

　　在目标利润的制定过程中,是上级与下级一方占主导,还是上下级讨价还价,反映企业在制定预算过程中选择集权还是分权的模式。以调查结果看,80.6%的企业都选择了上级占主导。由下级占主导比例最小,仅为6.5%。从地区差异看,各地区也都是选择上级占主导比例最大,其中老工业基地最高达100%。可见老工业基地目标利润的制定采取较为集权的模式;东部地区在三个地区选择下级占主导和上下级讨价还价的比例都是最高的,可见东部地区目标利润制定过程更为民主一些。从资产规模差异看,小规模企业选择上级占主导的比例比大规模企业小近30个百分点,而选择下级占主导和上下级讨价还价的企业比例都远高于大规模企业。

(五) 全面预算编制的具体内容及方法企业之间也存在较多不同

　　全面预算编制程序和方法是全面预算管理的基础工作,能够反映出中国企业现有预算工作的细致程度和科学性。理论上讲,一般企业的全面预算应以目标利润为起点,从销售预算开始,编制各生产、费用预算。从南京大学的调查结果看,有63.5%的企业以目标利润为预算编制出发点。从行业差异看,建筑行业由于业务的特殊情况,产量是其首要的出发点,其次才是目标利润,销量和上级任务的选择率均为零,建筑行业制定预算的自主性较强;纺织行业由于当时市场情况较为严峻,所以以销量为出发点的企业占100%,其次才是目标利润,再次是产量和上级任务;石油行业上级任务与目标利润一样排在首位。

对中国石化总公司及其分公司的调查也表明,预算编制程序、方法、指标的科学性和合理性有待进一步提高。

韦德洪等的调查显示:在采用哪些方法来编制全面预算或财务收支预算上,从总体上看,固定预算法和弹性预算法被采用的比率较高,分别为 52.78％和 47.22％;概率预算法和滚动预算法被采用的比率较低,分别为 15.28％和 13.89％;零基预算法被采用的比率则介于较高和较低之间,为 29.17％。从行业来看,制造业采用得较多的是固定预算法(51.35％)和弹性预算法(48.65％),商品流通业采用得较多的是零基预算法(43.75％)和弹性预算法(37.50％);交通运输业采用得较多的是固定预算法(58.33％)和弹性预算法(50％);建筑业采用得较多的是固定预算法(83.33％)、弹性预算法(50％)和零基预算法(50％);房地产业采用得较多的是固定预算法(41.67％)和弹性预算法(50％);其他行业采用得较多的是固定预算法(35.71％)和零基预算法(50％)。

(六) 全面预算管理的执行监督情况不一

全面预算管理一方面是要对企业的经济活动和资源进行事前的安排,以规范企业活动;另一方面是要对企业的经济活动和资源运用情况进行事中和事后的控制,以避免或减少不必要的偏差。

韦德洪等的调查显示:国有独资企业和国有控股企业都大约有 2/3 的样本企业对全面预算或财务收支预算的执行过程进行了严格监督,而民营企业则有 2/3 的样本企业没有进行严格监督。关于年度终了后是否编制年终决算报告的调查结果表明:国有控股企业有 18.75％的样本企业不编制全面预算或财务收支预算的年终决算报告,而民营企业则都编制年终决算报告。关于对全面预算或财务收支预算的执行结果是否进行严格考核的调查结果表明:从企业性质来看,对全面预算或财务收支预算的执行结果进行严格考核,并将考核结果与员工薪酬密切挂钩的样本企业:国有独资企业最多(占样本企业的72.97％),国有控股企业次之(占样本企业的 65.63％),民营企业最少(仅占样本企业的33.33％)。

(七) 全面预算管理业务量大

中国石化总公司及其分公司对全面预算管理应用的调查表明:中石化资金预算管理涉及的种类繁多、业务量大,全靠手工操作,工作量非常大,并且存在业务信息收集不及时、统计口径不一致、数据不准确、不全面等问题,需要通过信息系统提高业务处理数据的质量和效率;目前资金业务采用的管理工具繁杂,无法实现对资金管理标准和业务流程的统一控制;种类繁多、大量的资金业务分布在异地各分子公司处理,传统的定期报表方式不能对整个公司资金业务实时掌控;缺少必要的资金预算、资金分析、决策支持工具,全靠手工作业不易做到有效地进行资金的分析、预测和辅助决策。需要建立一套资金预算分析模型,以提供方便灵活、强大的资金管理与分析平台。这种情况在各业务预算和财务预算中同样存在。

第二节　企业集团预算的制定

企业集团预算的制定过程基本上相似,主要包括步骤如图5-1所示。

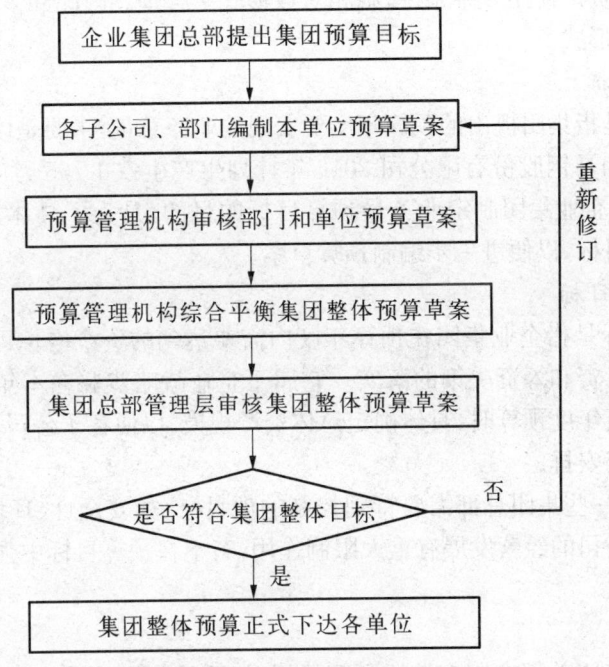

图 5-1　企业集团预算的制定过程

但在不同的财务管理体制下,预算制定的主导权不同。在此将在一般情况下企业集团编制预算的过程分别讨论如下。

一、企业集团总部提出集团整体预算目标

企业集团总部提出集团整体预算目标在预算管理中有特别重要的意义:它一方面是集团战略规划与年度经营计划的结合点,使集团各年预算与集团战略目标相适应;另一方面企业集团整体预算目标对各个子公司和部门的预算编制有指导作用,集团子公司和各部门必须以集团总部提出的预算目标为依据,制定本单位的预算草案。集团总部整体预算目标具有如下特点。

(一) 概括性
概括性要求企业集团总部在提出的预算目标能概括地反映企业各方面的预算目标。

从这一角度说,集团总部预算目标一般包括以下几个维度。

1. 利润目标

集团提出的利润目标是指企业集团整体在预算年度所要实现的预算目标。这个目标可以是绝对数形式,比如全年净利润、利润总额等,也可以是相对数形式,比如全年实现净资产收益率达到的指标。一般来说,从预算目标分解角度来说,绝对数目标更容易被分解和控制,而从衡量资产使用效率来说,则相对数形式更合理。因此许多企业集团以绝对数为主,辅以相对数形式。

2. 业务量目标

业务量目标是指集团提出的预算年度要实现的业务总量,主要是以销售额为主,辅以产量等指标。比如马钢股份有限公司 2016 年计划生产生铁 1 766 万吨,粗钢 1 860 万吨,钢材 1 768 万吨。企业集团制定业务量预算目标的目的,是为了具体指导经营部门和子公司具体的业务目标,以便进一步编制预算草案。

3. 资产规模目标

资产规模目标是指企业集团在预算年度内需要达到的资产增长目标,它影响到企业集团年度内重大投资和筹资决策的落实。它属于企业战略步骤在本年度的落实,因此企业集团需要在制定年度预算时,具体确定总体资产规模,以便各子公司和部门考虑年度内重大的投资和筹资安排。

此外,还包括一些集团总部需要特别控制的项目,比如安全性、环境保护等方面的目标。这些指标对公司的经营发展有重大限制作用,若不在预算目标中强调,可能会被各单位和部门忽视。

(二) 战略性

战略性要求集团总部在制定整体预算目标时,要从集团发展战略角度确定本预算年度应完成的目标。这是因为预算是企业实现战略规划的步骤安排,只有各个年度按战略规划安排确定预算,才能保证战略整体的实现。从子公司和部门角度说,预算要服从大局需要,集团预算目标的战略性只能由总部提出,再向子公司和部门传达,确保集团整体战略的实现。

企业集团战略规划与预算关系如图 5-2 所示。

(三) 可实现性

可实现性是指企业集团总部在拟订整体预算目标时,要考虑整体目标是否符合市场竞争形势和本集团实际情况,确保集团整体目标在集团经过一定的努力可以实现。只有预算目标整体可实现,才能保证集团各部门和子公司努力工作实现目标,否则预算就成为空中楼阁,无法实现其资源配置和考核激励的作用。为了保证预算目标的可实现性,企业集团总部在拟订整体预算目标时,要进行充分的调查研究。这种调查研究既包括市场总体需求、原材料供应等因素,也要考虑到竞争对手的动态和本集团的优势和劣势。

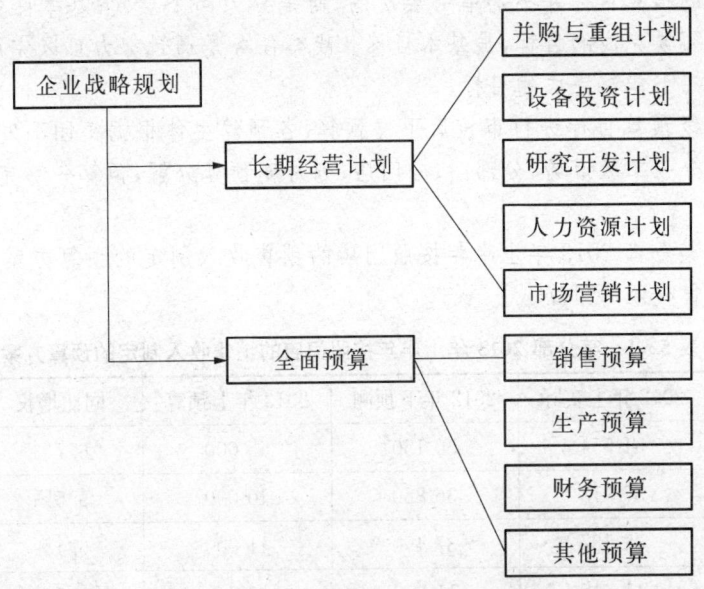

图 5-2　企业集团战略规划与预算关系

【阅读材料 5-2】

国美电器预算目标的确定方法

　　国美电器在制定集团预算编制方案时,对预算销售额和利润增长都有最低规定:销售预算环比增长不能低于 6‰;净利润预算环比增长不能低于 8%。国美在制定预算目标时,对一级市场和二级市场进行深入分析,结合竞争对手的销售业绩和销售任务以及同期历史数据来制定销售任务,体现了激励性和实践性相结合的原则。目前国美电器重视二级市场的开发,在制定企业战略时也特别提到要在二级市场扩大销售网络,争夺市场份额。一级市场和二级市场在地理位置和经济发展水平方面有着很大的差别,因此要对两者单独进行预算管理。分部在制定销售预算时,着重提出了二级市场的发展举措,从品牌结构、产品结构调整等方面优化二级市场。结合二级市场不同阶段的销售额和销售占比进行预期销售预测。近日,国美电器提出电商在所有分部的销售额不再计入分部考核,公司对新业务独立进行预算编制。国美这一系列预算措施,正符合企业战略的发展,体现了预算目标和企业战略目标相结合的原则。国美电器预算编制是两上两下的过程,各分部和大区根据自己的实际情况编制预算交由上级审批,上级进行审核后再进行预算分配,各大区和分部采用科学的方法,并结合实际情况,将预算分配额分解到不同月份、不同门店和不同品类中,交由预算决策委员会审批后开始执行。国美电器这种两上两下的预算编制方法,能够保证企业总体目标和分部预算目标保持一致。

国美电器的预算目标并不是单一层次的,而是分为两个层次:基本任务和战略任务。基本任务是必须要完成的目标,是基本目标。战略任务是通过努力可以完成的,而战略目标是在理想状态下能够完成的目标。

总部对各级预算目标进行审核后下发预算,各预算主体根据集团下发的半年度分配预算数据进行分一二级市场、分部门、分门店、分月度预算分解,预算分解完毕进行审核并上报。

表5-1是某分部2013年上半年按照门店的销售收入制定的预算方案。表5-2是分部不同品类销售收入的预算。

表 5 - 1　某分部 2013 年上半年按照门店的销售收入制定的预算方案　单位:万元

项目	2012 年上实际	2012 年下预测	2013 年上预算	同比增长	环比增长
彩电	51 554	50 150	55 000	6.7%	9.7%
空调	37 913	36 880	40 000	5.5%	8.5%
冰箱	38 537	37 490	41 000	6.4%	9.4%
小家电	11 615	11 300	12 700	9.3%	12.4%
厨卫	17 389	16 920	18 690	7.5%	10.5%
通讯	50 272	48 910	51 000	1.4%	4.3%
电脑	31 066	30 220	34 172	10.0%	13.1%
数码	11 445	11 130	12 000	4.8%	7.8%
合计	24 9790	243 000	264 562	5.9%	8.9%

表 5 - 2　分部不同品类销售收入预算　单位:万元

项目	2012 年上实际	2012 年下预测	2013 年上预算	同比增长	环比增长
旗舰店	172 382.8	171 392.4	186 600.4	8.25%	8.87%
标准店	63 622.7	64 057.9	69 741.9	9.62%	8.87%
畅品店	7 256.8	7 549.7	8 219.7	13.27%	8.87%

国美电器现有的预算目标的制定方法相对比较科学,但是预算目标相对比较单一,同预算考评的指标一样,集中于利润和收入两个方面,没有考虑其他方面的指标。在引入平衡计分卡的预算管理流程中,预算目标的设计应该是全方位的,涉及平衡计分卡四个维度。确定四个维度的预算目标,从根本上来说就是确定平衡计分卡四个维度的关键指标值。指标值的设定不是凭空想象的,而是要根据企业的实际情况,设定可以实现的、又能激励员工的目标。所以,国美电器在确定各个维度的预算目标之前,应该对国美的管理现

状进行充分的调查研究,从平衡计分卡四个维度全面评价各项指标,计算出各项指标现有水平。通过对企业资源以及各维度指标之间的关系分析,得出预算期内通过努力可以实现的指标水平,因此确定国美的各项预算目标,并分别确定基本目标和挑战目标。

资料来源:王慧聪:《引入平衡积分卡的全面预算管理研究——以国美电器为例》,首都经济贸易大学硕士学位论文,2014年。

思考题:

1. "国美电器在制定集团预算编制方案时,对预算销售额和利润增长都有最低规定:销售预算环比增长不能低于6%;净利润预算环比增长不能低于8%。"您对这一规定有何看法?

2. "国美电器现有的预算目标的制定方法相对比较科学,但是预算目标相对比较单一,同预算考评的指标一样,集中于利润和收入两个方面,没有考虑其他方面的指标。"这样做有什么优点和缺点?

3. 从表5-1来看,不同的商品类别销售收入预算增长比例不同,您认为这一增长比例的确定应考虑哪些主要因素?

二、各子公司、部门编制本单位预算草案

在企业集团总部提出预算整体目标后,各子公司、部门要根据集团整体目标的要求,结合本单位情况,提出本单位的预算草案。本步骤主要包括如下几个方面的问题。

(一) 集团整体预算目标的分解

企业集团整体预算目标的实现需要各部门、单位预算落实,因此必须要将企业集团整体预算目标分解为集团各子公司、部门的预算目标。进行预算目标分解的方法有很多,在实际经济生活中主要应用的是按职能部门进行指标分解,其基本思想如下。

1. 将利润目标分解为各子公司利润预算和各部门费用预算之间的和

总体来说,企业集团利润由各子公司利润之和减去部门费用后形成,因此集团整体利润目标要由各子公司利润和部门费用来分担。但在分解各子公司利润和部门费用时,要注意各子公司经营状况和部门控制费用的潜力,确保所分解目标的可行性。

2. 将业务目标按职能分解到相应各子公司和部门

业务目标具有不同的职能属性,因此应按职能属性分配业务目标。比如营销目标由营销部门来完成,生产目标由生产部门完成,研究和发展目标由研发部门完成,等等。

3. 将资产规模目标分解到各子公司

资产规模的发展主要是各个子公司生产经营规模的发展,因此资产规模的发展可直接归结到各个子公司,集团总部可根据预算年度各子公司生产经营需要分解资产规模目标到各个子公司。

（二）各子公司、部门根据分解到本公司的预算目标,制定预算草案

企业集团各子公司、部门负责人在确定了上级分配的预算目标任务后,结合自身的市场预测信息和内在条件,组织人员编制本单位的预算草案。各子公司、部门编制预算草案时,要做到以下几点。

1. 集中本单位资源,优先考虑完成上级分配的预算目标

各子公司、部门在制定预算草案时,首先应确定上级分配预算目标对本单位的要求,然后根据本单位的资源情况,集中资源用于完成上级分配预算目标。在此基础上,单位负责人应考虑本单位其他可以开展的业务以及资源需要情况,按收益大于成本的原则安排业务。在安排好全部业务的基础上,各子公司、部门要编制本单位的财务预算(收入/费用和现金预算),以便财务部门汇总。

2. 编制预算草案时,既要积极可靠,又要留有一定的余地

各子公司、部门在编制预算草案时,一方面要做到指标先进(预算要经过一定的努力才能完成,而不是保守估计),这样更有利于集团资源的优化配置。另一方面要留有一定的余地,比如在安排现金收支时,要考虑一些突发事件的发生,因而留一部分机动资金。

3. 在编制业务预算时,要与其他相关业务部门协调

在企业集团中,各子公司的业务相互关联,因此下游子公司在安排本单位的业务时,要考虑上游子公司业务安排规模,确保上下游企业业务相互支持。此外,子公司在编制本部门的预算时,还需要考虑其他职能部门的业务安排,比如了解采购部门的采购计划、仓储部门的存货情况等,保证预算草案能够得到其他部门预算的支持。

三、预算管理机构审核部门和单位预算草案

在企业集团中,为保证预算管理的顺利进行,集团总部要成立专门的预算管理机构。这个预算管理机构可以是专门的机构(如在集团总部成立预算管理部),也可以在其他的职能部门(一般是财务部门)设立专门的机构。在我国许多企业集团的实务中,在财务部门设置专门的预算科,负责整个集团的预算管理日常事务。

企业集团预算管理机构主要职责如下：

(1) 负责对各单位上报的预算草案进行初步审核。

(2) 负责对集团所属各单位预算进行综合平衡。

(3) 负责对集团各所属单位预算的执行情况进行分析和调查。

(4) 负责对集团各所属单位预算业绩进行分析考核。

(5) 其他与预算管理有关的日常事务。

企业集团预算管理机构在收到集团所属各单位的预算草案后,要进行初步审核。审核包括如下主要内容。

1. 各单位预算草案是否完整

企业集团预算管理机构在收到各预算单位草案后,应首先审查是否完整。审查的具体内容如下:

(1) 审查业务预算、财务预算是否齐全。

(2) 审查表格的主要内容是否填报完整。

(3) 审查有无漏报业务项目。

2. 各单位预算草案是否符合上级预算目标分解要求

预算管理机构在确定各单位预算草案完整后,首先要看其预算草案内容是否符合上级预算目标分解到该单位的要求,具体包括如下内容审查:

(1) 审查其业务安排能否保证完成集团总部分配给该单位的目标要求。

(2) 审查其财务预算是否超越集团总部设置的费用(成本)要求,是否能完成总部要求的效益指标。

对审查不完整或不符合集团总部预算目标分解要求的单位预算,集团预算管理部门应退回预算编制单位并要求修正。

四、预算管理机构综合平衡集团整体预算草案

在对各单位预算草案的形式和内容审核完毕后,预算管理机构应将集团各单位预算进行初步汇总并综合平衡。本阶段的基本工作内容如下。

(一) 汇总集团各单位预算

本步骤主要是要将各单位的业务预算和财务预算进行初步汇总。在进行业务汇总时,要将内部交易进行抵消,比如上下游子公司之间的内部交易形成的下游企业存货成本和上游企业的销售收入要进行抵消,确保集团汇总预算内容真实。

(二) 对汇总后的集团整体预算进行平衡

由于各单位预算是各单位分别编制的,因此可能在业务安排和财务安排上出现不协调,比如采购部门的预算不能满足各子公司进货需求,或营销部门的销售预算不能满足各子公司销售的收入预算。如出现这些情况,预算管理机构要对相关单位的预算进行重新审核,如发现确实不协调的,要让有关单位重新编制预算草案,直到整体平衡为止。经过综合平衡后的预算应符合以下要求:

(1) 各子公司业务预算相互协调,没有生产多余存货或原材料不足的现象。

(2) 采购、销售等部门的预算能满足各子公司采购和销售的需要。

(3) 汇总后整体集团的现金收支平衡。

经过综合平衡后的集团整体预算草案由集团预算管理机构上报集团最高决策层审核。

五、集团总部管理层审核集团整体预算草案

集团总部管理层在收到预算管理机构的集团整体预算草案后,要进行审核,确定预算草案是否通过。审核预算草案的机构在不同的情况下有不同的安排。一般来说,如果企业集团母公司有董事会,应由董事会负责审核预算草案,如没有董事会,应由母公司总经理及其领导的经理办公会负责审核(以下将董事会和总经理领导的经理办公会统称为集团总部管理层)。

集团总部管理层在审核整体预算草案时,主要看预算草案能否全面实现集团总部预算整体目标。如能够全面实现目标,则该草案能够通过,若大部分目标能够实现,只是少部分目标需要调整,则总部管理层会对预算草案进行修正并通过。若大部分预算目标不能实现,则总部管理层会要求各单位重新按整体预算目标重新编制预算草案,并重新汇总、平衡和审核。

经集团总部管理层审核通过的预算,由预算管理机构下达各单位作为正式的年度预算方案。

【阅读材料 5 - 3】

预算准确程度问题

所谓预算准确性,是指预算与实际执行结果的偏差。偏差越小,说明预算越准确。从这个定义看,预算准确性问题是客观存在的,它来自人们事先的主观认识与客观结果的偏差。

预算准确性问题产生的原因主要有如下几个方面。

1. 市场因素的不确定性

在市场经济条件下,市场要素千变万化,即使企业在预算期初做了准确估计,也难以预料某些突发性事件的发生。这对于某些受市场需求变动影响较大的企业如外贸、生产资料行业来说尤为如此。

2. 企业管理者的素质

毫无疑问,高素质的管理者对市场的把握准确度要高于低素质的管理人员,因此在编制预算时更可能得出一个比较准确的估计;而低素质的管理人员往往只看到市场的一个或几个有限的方面,不能从全局分析,因此其预算往往有比较大的主观性。

3. 企业的预算组织和方法

根据调查,我国不同的行业和地区,预算机构构成不同。企业规模越大,专设预算机构地位越高;另外,老工业基地的专设预算机构明显高于其他地区。企业如有专门的预算机构,其预算准确程度将大大高于无专门预算机构的企业。

不同的方法也影响到预算的准确性。由于我国从计划经济转型不久,许多企业仍袭用原先的生产经营计划编制方法来编制全面预算,这同面向市场、以销售预算为起点编制

的预算体系相比,其准确性显然比较差。

4. 企业的治理结构因素

在企业集团中,存在着层层的委托——代理关系,其中集团总部——子公司经理之间的代理关系对企业集团预算的准确性具有主导作用。在这个委托代理关系中,集团总部与子公司经理之间的目标显然不一致。集团总部将经营权委托给代理人,主要想通过子公司经理的努力工作获得较好的经营成果;子公司经理作为代理人,其主要目标是获得比较高的薪金和闲暇、职务消费等。在委托人和代理人目标不一致的情况下,集团总部为激励子公司经理努力完成企业集团的目标,对每个子公司的经营编制预算,通过预算完成的考核来确定子公司经理业绩完成情况,并据以确定奖惩,这就使得公司预算成为集团总部和子公司经理之间委托代理关系的一个重要契约。

然而,集团总部和子公司经理之间存在着信息不对称,即在代理人受托经营子公司时,自己知道子公司的经营信息,而集团总部却难以知道这些信息。为了降低自身的风险,子公司经理往往会在编制预算时故意压低预算收入和收益,以减轻完成预算的压力,而集团总部由于信息劣势无法判断其预算的正确性,往往达成协议,这样就产生了预算准确性问题。

5. 企业的激励方案

企业集团对子公司经理人员的激励方案往往是根据预算方案编制的,因此激励方案经常会影响子公司经理对预算的态度。至少有两种结论可以得到证实:① 如果企业集团在对子公司的经理激励计划中不含有预算指标,则经理人员可能会提出一个相对比较准确的预算数;② 如经理人员的激励计划对预算指标的准确程度和实际完成情况分别进行考核和奖惩,也能促使经理人员客观进行预算。

如果预算不准确,则将出现如下后果:① 导致企业集团资源配置扭曲;② 导致企业整体活动失调;③ 导致集团经营活动控制失败;④ 导致考核失真。

资料来源:王明虎:《集团财务预算管理》,载自戴新民主编:《现代会计前沿问题》,经济管理出版社 2003 年版,第 310～350 页。

思考题:

1. 影响企业集团预算编制准确性因素有哪些?

2. 企业集团预算准确性是否重要? 为什么?

第三节 企业集团预算的执行和修改

企业集团在完成预算制定后,一方面,需要在实际工作中执行,如何保证企业集团实际经营活动按预算执行是问题的关键;另一方面,预算若在执行过程中被发现存在脱离实际的问题,就需要修改。本节我们将主要讨论如何进行预算的执行和修改问题。

一、预算执行的过程控制

预算的执行主要由各子公司和部门完成,为了完成预算目标,子公司经营者要对预算执行过程进行控制,其控制思路如图 5-3 所示。

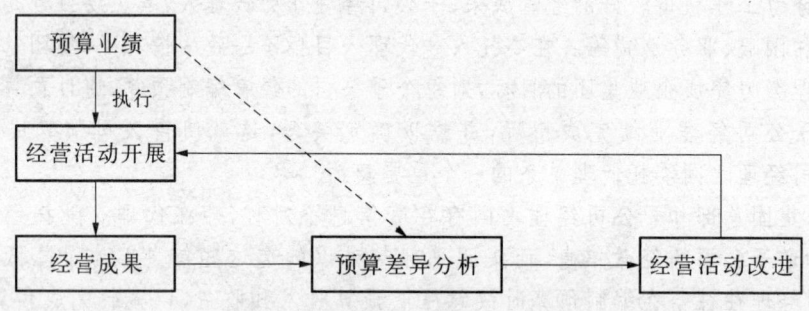

图 5-3　预算执行的过程控制思路

为了正确了解预算完成情况,分析预算差异及其形成原因,子公司和部门需要编制预算报告,并根据预算报告分析预算完成情况,提出改进建议,现分别描述如下。

(一) 预算报告

预算报告是预算管理系统中的中枢神经,它是指在预算执行过程中由预算单位(子公司或集团职能部门)定期编制的有关预算执行情况和差异原因分析的报告,具体格式如表 5-3 所示。

表 5-3　某子公司预算报告　　　　　　　　　　　　单位:万元

预算指标	预算数据	实际完成情况	差额	原因分析	改进建议
销售收入	1 000	800	-200	产品市场份额下降	扩大市场营销力度
变动成本	500	500	100	原材料单位成本上升	改进采购制度
固定成本	100	100	0		
利息费用	100	100	0		
所得税	90	0	-90		
税后利润	210	0	-210		

1. 预算报告在企业集团预算管理中的特殊意义

由于在企业集团中存在着集团总部和子公司之间的委托—代理关系,因此在集团总部和子公司之间的预算报告制度就有了特殊意义。这种意义表现在如下几个方面:

（1）预算报告对集团总部与子公司之间的信息不对称的减缓作用。由于集团总部与子公司经理在关于子公司经营的信息关系中处于劣势地位，因此为了能够有效控制子公司经营，集团总部必须获得更多有关子公司经营状况的信息。集团总部获得这种信息的方式很多，比如会计信息、集中会议等。但会计信息由于其过于强调可靠性而失去相关性；集中会议又受到时间、人员、会议内容等多方面因素影响而难以保证其提供信息的及时性和全面性，因此预算报告对集团总部就具有特别重要的意义。

（2）预算报告对集团总部发挥监控职能的重要作用。集团总部将子公司经营权委托给子公司经理，但并不能就此对各子公司不顾不问。这就要求集团总部能及时发现子公司经营中的偏差，分析其原因，责成子公司经理改正，而此时预算报告就成为发现偏差、分析原因的重要工具。

2. 预算报告制度安排

（1）报告模式的选择问题。预算报告模式是指集团总部对子公司预算报告编制单位编制以及编制依据的不同选择形成的不同预算报告方式。从现实情况看，预算报告有单轨制和双轨制两种形式。所谓单轨制，是指将企业预算报告系统和财务会计系统合而为一。如果从企业集团环境分析，则意味着每一个子公司都有一个财务会计/预算信息管理系统，该系统既负责所属子公司的会计信息的输入、加工和输出，又负责预算管理信息的输入、加工和输出。则编制单位应为该子公司的财务会计部门。所谓双轨制，是指预算单位（子公司、部门）单独设立预算报告系统，独立进行预算信息的输入、加工和输出。

单轨制和双轨制各具有优缺点：双轨制由于具有独立的预算信息系统，因此系统的设计可更偏向于预算管理专业化，适合管理需要，但双轨制由于需要两套系统而显得比较复杂；单轨制只设立一套系统，因而显得比较简单，信息传递线路清晰，便于会计信息的综合利用；但由于系统要考虑会计信息的加工输出，因此在系统设计上不可能完全考虑管理需要，显得功能不够优化。

有学者认为，双轨制存在着非常明显的缺陷，即重复设置两种反馈系统必将导致大量的重复劳动，增加核算工作量；所提供的双重数据缺少直接联系甚至还可能导致两种核算之间的信息冲突，从而加大企业内部管理对信息可理解和可利用的难度。因此，他们认为，双轨制作为一种权宜之计，只在企业实施预算管理的初期采用。随着企业管理水平、环境条件以及会计人员素质的提高，应逐步向单轨制转换。

本文认为，以上观点值得商榷：① 双轨制虽然同时设立预算信息系统和会计信息系统，但这两者的机构设置、功能均不相同，不可称之为重复设置；② 由于两套系统存在原始数据的共同享用，因此不存在增加工作量之说（至少在计算机系统情况下如此）；③ 由于两种信息系统数据均取自企业生产经营的同一来源，因此不可能发生冲突。

那种认为双轨制应逐渐向单轨制过渡的说法并无充足理由。如果我们从企业集团的角度出发再研究这个问题，则结论更不相同。在企业集团的环境下，采用单轨制，则预算单位

(子公司/部门)的会计信息系统和预算信息系统均在子公司经理的领导之下,其向集团总部报告的预算报告必然有利于子公司经理,对企业集团统一控制不利;而若采用双轨制,则可以集团总部为核心建立一个紧密联系的预算管理网络,对集团总部的加强控制大有益处。

(2) 预算报告编制机构的设置问题。企业集团的各种预算单位均应设置专职预算管理机构,负责预算的编制、执行和报告工作。这个机构可受子公司经理领导,也可直接受集团总部领导。如果该机构属于子公司领导,则有利于该机构在子公司领导下积极参与子公司的预算管理事务,但不利于预算部门独立地分析子公司预算完成情况和存在问题;而如果将该预算机构直接划归集团总部预算管理委员会领导,则情况恰恰相反:预算报告的编制机构将能客观独立地分析子公司预算执行情况及存在问题,但不利于其积极地参加子公司经营管理。综上所述,如集团总部需要通过预算管理加强其控制职能,应将各子公司预算报告编制机构划归总部领导。

(3) 预算报告的频率问题。考虑到集团总部对各子公司的监控一般采取"例外管理"原则,因此各子公司的预算报告应该采取定期报告与临时报告相结合的规则。当预算执行的实际情况与预算相差不大的时候,可定期上报预算报告;一旦实际情况与预算发生比较大的偏差,则应立即上报预算报告,分析原因。以便集团总部和子公司领导能够迅速采取措施纠正偏差。

(二)差异原因分析

预算与实际执行情况的差异原因可以有多种情况,一方面是预算本身在编制时,可能有一些因素未能充分考虑,而在实际执行过程中这些因素的影响显现,致使实际情况与预算相差很大;另一方面是企业集团各预算单位在执行时未能充分利用自身有利因素,避免不利因素,或工作不积极,导致实际情况与预算目标相差太远。企业集团在发现预算与实际的差异时,应重点分析不利差异,仔细分析其原因。有关预算执行差异分析读者可参见各类财务管理教材中有关预算管理部分的内容。

二、预算修改

当某子公司的预算报告显示出实际情况与预算有较大差异时,可采取的措施有两种,一种是采取措施纠正偏差;另一种则是修改预算,使预算与实际情况相吻合。

1. 修改预算的前提条件

造成子公司预算与实际执行结果之间的偏差的原因有两种:第一种是由于制定预算时没有正确预测到外部环境因素,或在预算执行时外部环境突变,而使得实际执行情况与预算发生比较大的偏差;第二种则是由于预算单位经营管理效率低下而未能达到预算要求,发生偏差。

根据以上分析,对实际情况与预算有较大偏差,经分析原因是属于第一种的,应考虑修改预算。因为这时预算已被证明是代表了一种错误方向,如盲目执行会给企业带来损失;但如果经分析原因属于第二种情况的,则应维持预算不变,因为这是预算仍代表着企业经营的正确的方向,企业应考虑如何纠正错误,以朝着预算目标努力。

2. 修改预算的利弊分析

杨雄胜等人(2001)[①]曾就中国企业预算管理的现状做了一个全面调查,他们对中国企业中进行预算管理的企业预算调整的原因进行调查分析的结果如表 5-4 所示。

表 5-4　企业预算调整的原因调查表

类　　别		原有预算要求过高		市场行情意外变化		企业内部强烈要求		主要领导发生变动		其　　他	
		家数	百分比	家数	百分比	家数	百分比	家数	百分比	家数	百分比
总　　计	58	7	12.1%	50	86.2%	6	10.3%	1	1.7%	5	8.6%
纺　　织	3	0	0	2	66.7%	0	0	0	0	1	33.3%
化　　工	11	2	18.2%	10	90.9%	1	9.1%	0	0	1	9.1%
石　　油	3	0	0	2	66.7%	0	0	0	0	1	33.3%
机　　械	14	3	21.4%	13	92.9%	2	14.3%	0	0	0	0
建　　设	5	0	0	4	80%	1	20%	0	0	1	20%
其他工业	9	0	0	8	88.9%	2	22.2%	1	20%	0	0
农　　垦	5	1	20%	4	80%	0	0	0	0	0	0
商　　业	6	1	16.7%	6	100%	0	0	0	0	0	0
其　　他	2	0	0	1	50%	0	0	0	0	1	50%

从表 5-4 中我们可看出:我国企业预算调整的主要原因为市场行情意外变化,约占调整原因的 80%,而原有预算要求过高以及企业内部强烈要求的原因比例差不多,约为15%,其他原因如主要领导发生变动而改变预算的比例不多,约 5%。

那么预算修改究竟有什么优缺点呢? 本书认为这要看各种不同情况而定。首先,如果无市场行情意外变化,仅因为企业内部强烈要求就修改预算,那就不利于集团总部利用预算对子公司进行控制,因为此时的预算缺乏约束力。其次,即使市场行情意外变化,也应先考虑能否让子公司经理努力克服不利因素,完成预算任务;如经分析确实无法完成,才考虑修改预算。这是因为企业的预算是全面的,涉及公司长期战略的完成,涉及人、财、物和产、供、销各环节,如果轻易修改某个环节,即使是轻微变化,也会牵一发而动全身,引起企业集团各方面预算的变动。最后,如果经分析确属于原有预算要求过高,则应重新全方位修改预算,以找回正确的目标;如此时仍坚持原错误预算,势必带来更大的损失。

---

① 南京大学会计系课题组:《中国企业预算管理现状的判断及其评价》,《会计研究》2001 年第 4 期,第 15~29 页。

3. 预算修改的权限的划分

预算修改权是集团总部对子公司控制的一个关键点。如果将预算的修改权划归子公司，则根本无法实现集团总部的控制作用，因此预算的修改权应划归集团总部。

然而，即使将预算修改权划归了集团总部，也还存在着如何安排预算调整权属的问题。杨雄胜等人(2001)对中国企业中进行预算管理的企业预算修改权归属进行调查分析的结果表明：我国企业中拥有预算调整权的机构有董事会、专门的预算机构、计划部门、财务部门、董事会和计划部门所占的比例比较高。这大概与我国目前正处于计划经济与市场经济交替，企业的管理方法多种情况并存有关。从理论上说，拥有预算调整权的机构和个人必须具有统筹全局的能力，因此以财务部门、计划部门或总会计师作为预算的修改部门并不妥当。最佳的安排是应将预算修改放在以行政领导为首的预算管理委员会下。

第四节　企业集团预算的审核——预算审计[①]

企业集团在预算期结束后，要对各预算单位的预算完成情况进行考核，并据以进行激励。这其中涉及预算审计、考核和激励的具体问题。本节将重点讨论预算审计问题。

一、问题的提出：谁来监督和考核企业集团各预算单位的预算完成情况

目前，企业集团预算执行的监督和考核有以下几种情况：① 总经理负责的全集团预算由集团公司董事会负责监督和考核；② 各子公司或部门预算完成情况有多种考核情况：由集团总部总经理负责监督和考核；由财务预算委员会负责监督，总经理负责考核；由财务预算委员会负责监督和考核；由财务管理部门负责监督，总经理或财务预算委员会负责考核。

根据以上情况，如果对上述机构设置进行分析，便可看出为什么我国企业预算监督和考核效率低下的症结所在：一是上述单位和个人对企业预算的执行过程监督缺乏职业性。董事会、总经理、财务预算委员会和财务管理部门由于其职能原因，无法对企业全体和各部门预算完成情况进行监督。董事会和财务委员会是会议机构，不可能跟踪企业各子公司和部门的预算执行情况；总经理的主要职责是指挥、协调各部门的经营活动，财务管理部门的主要职责是负责全集团资金的筹集和使用，都难以兼顾企业集团各单位的预算执行情况。二是上述单位和个人考核预算缺乏独立性和技术性。由于董事会、财务预算委员会和总经理对责任会计并无专业理解，且总经理和财务预算委员会成员在考核预算完成情况时不具有实质独立性（预算完成情况与财务预算委员会成员及总经理有利益

---

① 本部分内容节选自王明虎：《企业预算审计初探》，《审计理论与实践》2003 年第 7 期，第 20～21 页。

关系），因此这种预算考核必将缺乏准确性和公正性。

考虑到上述难点问题，企业集团应考虑以内部审计机构来作为企业预算执行的监督和考核机构，即企业应采取预算审计的方法作为预算管理的一个重要环节。

二、预算审计的概念和可行性分析

预算审计是企业内部审计机构和人员对企业预算执行过程中存在的问题、预算执行结果进行审计，以鉴证审计执行结果，发现问题和弊端，维护预算的严肃性，改善企业预算管理水平。

内部审计机构进行预算审计的可行性体现在以下几个方面。

1. 内部审计机构具有相对独立性

内部审计的独立性来自两个方面：行政地位方面和经济利益方面。在一般企业机构设置中，内部审计机构的经济利益并不取决于各部门预算业绩完成情况，内部审计人员的任免也不决定于部门经理，有时甚至连总经理也不得干涉，因此内部审计机构在企业中具有相对独立性，这种独立性保证了内部审计机构在进行预算审计时能够以客观公正的心态进行审计。

2. 内部审计机构在管理审计方面所具有的主导地位

我国会计学者王光远教授将管理审计划分为内向型管理审计和外向型管理审计两个方面，内向型管理审计"是对组织内部的各种管理活动进行独立的、客观的、综合的、建设性的面向未来的检查和评价，以帮助管理当局这一资金受托人改进决策，提高获利能力和经营能力，更好地完成受托责任"。而外向型管理审计"是由独立的外部注册会计师，为了维护股东、投资者、债权人及其他受托人的利益，通过对组织的资金状况、盈利能力及组织结构等的分项研究，来就受托人对受托管理责任的履行情况发表批判性意见一，并对外报告"。显然，内部审计机构所进行的预算审计属于内向型的管理审计。与外部审计（特别是注册会计师审计）相比，内部审计机构在管理审计方面占有主导地位，这种地位来自内部审计人员对企业内部控制制度的了解和对企业经营的了解，以及较低的审计成本上。

3. 内部审计机构的职业胜任力

由于职业原因，内部审计人员对于鉴证、评价、检查等审计任务都十分胜任，这也是其可以担任预算审计的一个重要保证。

三、预算审计的内容

内部审计机构在进行预算审计时，其审计的内容应包括如下几个方面。

1. 鉴证：预算业绩报告的真实性

每个预算期末，子公司经理和部门负责人都要向董事会和总经理上报其预算执行报告，即责任报告书。由于效用不一致和信息不对称，报告人很可能作虚假陈述以获取利益;此时就要求内部审计机构对报告人所提交报告的真实性和准确性进行审查,这在某种程度上类似于注册会计师的年度报告审计。

2. 检查:预算执行过程中的违规行为

企业的预算是企业未来行动的指南,要求企业各组成部分协调行动,才能取得好的效益。然而,现实生活中有许多子公司经理为了本单位利益擅自改变经营方案,违背预算,致使企业集团整体利益受损。因此内部审计人员在进行预算审计时,要及时发现那些违背预算方案经营的行为,提交上级决策处理,这在某种程度上类似于国家审计机关的财经法纪审计。

3. 评价:预算指标差异原因分析

企业子公司经理人员在提交预算报告时,都进行差异分析,但由于其对自身利益的考虑,在进行预算差异分析时,大多将有利差异归属于主观因素,将不利差异归于客观因素,从而误导预算报告使用者。此时,就需要内部审计人员站在独立立场,运用其职业能力和对经营的理解,分析预算执行结果各种差异原因,为董事会或总经理正确考核预算责任人提供依据。

4. 建议:预算管理体系存在的问题及改进

内部审计人员在进行预算审计时,通过其对被审计部门所了解的实际情况,以及对企业预算管理运行程序了解,能够发现企业在预算管理体系中存在的问题。

四、预算审计实行的现实问题探讨

(一) 审计独立性问题

在内部审计机构进行预算审计时,审计独立性遇到两个方面的挑战。

1. 审计机构的地位

在内部审计的定位上,传统有两种观点:受控于总经理和受控于审计委员会。受控于审计委员会的内部控制有利于保持审计人员的独立性,发挥内部审计的监督作用,但却不利于内部审计人员了解企业预算管理的整个过程;而若将内部审计置于总经理之下,内部审计人员有更多的机会了解企业预算管理过程,但其独立性却有所削弱。这是在解决预算审计机制时必须要慎重考虑的问题。我们认为,可效法西方的审计委员会制度,将内部审计划归由非独立董事担任的审计委员会领导。为了解决审计人员在这种情况下对企业预算管理过程了解的缺乏问题,可考虑将内部审计人员的日常工作与对企业各预算部门信息调查相结合,使审计人员在平时的工作中能获得较多的资料。

2. 审计机构所提供的服务不相容

按照某些学者的观点,内部审计在企业担任着两种不相容的角色:警察和顾问。作为警察,他要随时揭发被审计单位的违规行为,并提供证据;作为顾问,他要向被审计单位提供管理咨询和建议。当这两种角色同时由内部审计机构担任时,内部审计机构就很难保持独立性。为了解决这个问题,可考虑将企业内部审计机构划分为两个部门:咨询部和审计部。审计部人员担任警察角色,咨询部人员担任顾问角色。咨询部对企业其他部门进行咨询,获得预算管理方面的信息,然后在企业内部审计部门进行交流。这样不仅解决了独立性问题,也有利于内部审计人员的合理分工。

(二) 审计技术问题

受我国企业管理制度的长期影响,我国内部审计机构长期偏向于财务审计业务,对管理审计重视不够,预算管理更是一个全新事物,因此如何进行预算审计存在一定的技术问题。但预算审计从本质上说只是管理审计的一种特殊形式,随着我国内部审计事业的不断发展,相信这方面的经验、技术会日趋完善。

(三) 内部审计与企业预算管理体系的沟通问题

由于传统观点认为内部审计只定位于内部财经制度和会计制度审计,而不了解企业管理过程,因此企业其他管理部门对内部审计参与预算考核审查有可能持怀疑态度,进而影响部门之间的合作,因此内部审计部门要经常与企业各管理部门特别是预算管理部门保持联系,了解预算制定和执行过程中的一些技术和管理问题,取得其他部门的信任,这样才能有效地执行内部审计工作。

第五节　企业集团预算的考核与激励

一、预算考核

所谓预算考核,是指企业预算管理部门对企业各部门预算完成情况进行考察,以评价各预算单位的业绩。从企业集团角度看,预算考核是指集团总部对各子公司和部门预算完成情况的考察,以此作为评价该单位的业绩的依据。集团总部在对各子公司和部门进行考核时,需要确定如下事项。

(一) 考核指标

由于全面预算的内容太多,难以全面考核,因此选择适当的考核指标就成为集团总部对子公司考核的一个关键问题。在实际工作中,许多企业集团以净资产收益率作为考核指标来考核各子公司预算业绩完成情况,其实这样是有些问题的。本书认为,选择预算考核的内容至少应当考虑到如下问题:

1. 预算考核的内容不能仅以财务业绩指标为准。

西方著名管理会计学者卡普兰认为:"财务性业绩指标的广泛运用有两个主要的原因:第一,财务性指标,如利润,它直接和公司的长期目标衔接,而公司的长期目标几乎是纯财务的;第二,恰当的财务性业绩指标能综合地反映公司业绩。"本书认为,除此以外,财务指标在各子公司之间的可比性也使其成为考核内容的重要原因。但把财务业绩指标作为考核内容也有其明显缺陷：首先，财务业绩指标容易被操纵，从 21 世纪初的"安然事件""世界通信丑闻""施乐公司会计做假案"可以看出，即使是以会计准则严谨著称的美国也有大量操纵会计利润的行为。其次，财务业绩指标过于强调有形资产和收益，对核心竞争力、各种无形资产缺少应有关注。最后，由于财务业绩指标具有分期计算的特点，因此以财务业绩指标作为唯一的考核内容容易诱发各子公司经营的短期行为倾向。

2. 非财务业绩指标应与财务业绩指标配合使用

有许多国内学者认为，选用非财务业绩指标作为考核内容主要有两方面的原因，一方面是因为非财务业绩体现企业的成长和战略性；另一方面是因为财务业绩只是事后的考核，所以无法在事中过程或事前防范经营不善的风险等。另外，选用非财务业绩指标作为考核内容还有以下优点：① 非财务指标较之财务指标更难被经理人员操纵，如股票价格，市场占有率等；② 非财务指标更客观，更容易被人理解。

虽然用非财务业绩指标作为考核内容具有如上各种优点，但一项国外调查表明，只有 2% 不到的被调查公司使用非财务业绩指标作为业绩考核的主要指标，国内也很少用非财务指标作为考核内容的公司。这说明非财务业绩指标作为考核指标还存在一些缺陷。比如，非财务指标大多数难以全面衡量企业经营效率；非财务指标很难用于在各企业之间进行比较。

正因为如此，本书认为对子公司的预算考核应当包括财务指标和非财务指标两个方面，这样才能全面考核其业绩。这一类型的考核方法很多，如卡普兰的平衡计分卡法、我国财政部规定的《国有资本金效绩评价细则》等。

【阅读材料 5-4】

湖南正虹科技发展股份有限公司的预算考核指标设计

湖南正虹科技发展股份有限公司，是一家以生产销售饲料产品为主营业务的大型企业集团。正虹科技公司集团总部作为公司的投资中心，一方面由于公司仍为国有控制的性质，在考核指标的选择上要遵循《国有资本金效绩评价规则》的相关规定，另一方面公司作为一家上市公司，且流通股占有很大的投资比例，公司必须考虑能够为股东增加价值，公司可选择市场增加值或经济增加值作为公司的考核指标。在确定考核权重方面，拟订的原则是偏重于考虑公司的发展以及上市公司非流通股改革的趋势，给予后一方面较大的权重。主要财务指标值的确定，如净资产收益率、市场增加值等，以公司的上一年度的财务指标，扣除非正常因素的影响，作为确定公司 2005 年度目标考核值的基数，并考虑公司的发展战略的要求，以年度增加 20% 作为公司的目标值。非财务指标如市场占有率等，区别考虑公司核心产品和非核心产品的市场占有率和增长要求，再加权后确定年度目标增长率为 10%。

正虹科技公司利润中心主要包括各分公司和各子公司，各中心能控制该责任中心的收入、成本和费用。集团对其的考核重心主要为利润和现金流的实现情况，以及责任中心的长远发展能力上，故在考核指标的选择上应既包括各项财务指标，又包括非财务指标；且由于各分子公司不具有长期规划决策的职能，故在权重的选择上偏重于财务指标的考核。另外，由于公司的生产流程为由下属的力得公司生产核心预混料，各其他分子公司以利润中心确定的价格（以市场原材料价格确定的配方成本加一定比例的利润确定的内部转移价格）向力得公司购买预混料再继续加工成饲料成品对外销售，力得公司仅部分直接对外销售。故力得公司的考核指标区别于其他分子公司，以外销利润指标作为重点考核指标，内销集团部分仅考核成本费用。此外，在权重的确定上，其他分子公司由于其销量的增加能同时增加力得公司及集团的总利润，故对利润和销量指标给予相同的权重。

1. 财务目标和考核指标值的确定

（1）目标销量：以上一年度实现数为基数，按下列原则确定增长比例：对于非上一年度新办企业增长比例为：① 实现销量 1 万吨以下的增长 35%～60%；② 1 万～5 万吨的增长 20%～30%；③ 5 万吨以上的增长 12%～15%；④ 力得公司内销与全集团饲料行业平均增长水平一致，外销按照 20% 的比例增长；对于上一年度新办企业的增长比例按照企业实际情况及参照同等规模企业的销量情况确定，以 2005 年为例，沭阳正虹的增长比例为 173%，焦作正虹的增长比例为 68%。

（2）目标利润：公司综合两个方案确定，方案一为按照上述原则确定的目标销量，按照浓乳料 60%、全价料 40% 的标准确定大类产品的销量，在此基础上，考虑公司在区域市场的主导竞争地位和价格导向能力，要求每大类产品必须达到吨净利润标准，以此确定方案一的目标利润要求；方案二为按照各分子公司上一年度实际赢利水平，要求按照 20% 比例增长，其中上一年度每吨净利润低于 50 元/吨的，按照 50 元/吨计算作为 2005 年度的基数。方案一体现了公司总部对各分子公司产品赢利能力的要求，方案二体现了各分子公司历年的实际赢利状况及赢利能力，属于公司目标要求与企业实际情况的结合；在两个方案中，前者权重占 60%，后者权重占 40%，即在确定的目标利润中偏重于公司总部的目标赢利能力的要求；其他财务类指标主要在上述确定的核心指标的基础上，要求各分子公司协调一致，并有所改进。

2. 非财务考核指标的确定

（1）对于市场占有率等非财务类指标，与集团总部原则一致，首先区分上一年度新设和非新设公司，对于上一年度非新设公司，再区分公司核心产品和非核心产品，加权后确定预算年度的目标增长率为 10%；对于上一年度新设公司，要求公司的目标增长率必须达到 50%。

（2）对于其他非财务类指标，采用集团内标杆企业淮北正虹的指标作为先进指标，要求公司在 3 年内有计划地达到相关标准。

资料来源：节选自袁丰：《湖南正虹科技股份公司全面预算管理体系设计与实施》，湖

南大学硕士学位论文20060418，第24～26页。

思考题：湖南正虹科技发展股份有限公司的预算考核指标包括哪些？其中有哪些财务指标和非财务指标？其原因是什么？

（二）预算考核的评价标准

企业集团对子公司预算考核的评价标准有两种：一是预算完成程度，就是设定一个预算标准，超过预算标准完成任务越多越好，如税后利润、权益报酬率、成本降低额等。二是预算完成准确度，它以实际数与预算数之间的差异程度为标准，完成实际数越接近预算数，则认为预算完成程度越好。例如，某子公司预算销售收入100万元，实际完成有两种情况，一种完成98万元，另一种完成120万元。则如按第一种评价标准，实际完成120万元比98万元好（120万元超额完成预算，而98万元未完成预算）。而若按第二种评价标准则，是98万元完成更好（98万元与预算差异率为−2％，而120万元与预算差异率为20％）。

以上两种评价方式各有优缺点。以预算完成程度作为考核标准有利于鼓励子公司创造出更好的业绩，但容易诱使子公司经理低报预算，造成预算失实；以预算完成准确度作为评价标准有利于子公司准确上报预算，但不利于鼓励子公司多创造业绩。从以上分析我们可看出，预算考核时最好应同时兼顾两个考核标准。

（三）预算考核的制度问题

1. 考核数据的鉴定问题

预算完成的实际数据不能仅看各子公司上报的数据，而应有所鉴别。财务数据可由外部审计完成，而非财务数据则应由集团企业内部审计机构进行审计，以保证其质量。

2. 考核的频率问题

在我国许多企业集团的实际工作中，对子公司的预算考核只在年末进行一次，以确定其工作业绩。这实际上很值得研究。由于企业的预算一般以1年为一个预算期，因此只有各子公司经理平时兢兢业业，积累业绩，才能在期末考核中完成预算。这正如学生学习，只有平时努力，才能在期末考出好成绩，如果平时不注意学习，期末除非作弊，不可能取得优良成绩。如果企业集团只对各子公司进行年度期末考核，平时不过问，则子公司很容易平时放松管理，导致预算难以完成，给集团带来损失。

但如果考核过于频繁，也有问题。一是容易打乱子公司的工作，二是平时考核过于详细，也增加集团总部压力，不利于贯彻例外管理原则。

因此，企业集团对子公司考核应分两种方式进行，一种是全面考核，在预算期末进行，全面衡量预算完成情况；另一种是主要指标考核，在平时定期进行（如每个月），考察子公司预算主要指标完成的动态情况，以全方位了解子公司预算的执行，给予客观评价。

【阅读材料 5 - 5】

超越预算的发展

超越预算是近年来欧美盛行的一种新预算管理理念,杰里米和罗宾将其定义为:为满足位于管理一线经理人对决策权的需求而设置的一套替代性管理模式、一个合理的替代流程。因而超越预算并非对传统预算的否定,而是在其基础上的修订、补充和超越。

1998 年"超越预算圆桌会议"(BBRT)论坛依据项目管理提出了"超越预算"这一概念,BBRT 认为:传统的预算制度虽然是在产业社会时代有用的方法,但随着社会进入信息化时代,其有用性已经不复存在。BBRT 在解决传统预算弊端的基础上,根据那些摒弃传统预算的企业经验,总结出超越预算的最佳学习模式(分为三部分):第一部分是柔性、动态财务预测和计划。通过预算来协调资源配置,平衡企业的研、产、销各项活动,使资源的应用同外部环境的变化高度匹配。第二部分是以综合指标为基础的绩效管理与评价系统。综合业绩评价系统不同于传统预算考评的之处在于:要求部门和个人更全面、深入地了解组织的特点和任务性质,明确不同战略成功的关键因素。第三部分是以相对标准为基础激励机制,主要指运用标杆法对相对业绩水平进行奖励,而非以传统预算中的既定预算目标为依据。据此对企业进行业绩评价,消除传统预算业绩评价所带来的负面影响。以上三部分为实施超越预算初始的预算管理阶段,到了组织管理模式阶段,BBRT 倡导企业组织的彻底分权,即将权限委托给企业高层的管理人员。BBRT 认为,为了维持卓越的竞争业绩,构建精简、适用、守信的企业是必要的。

资料来源:周竞男:《超越预算模式及其应用价值探讨》,《财会月刊》2008 年第 3 期,第 23~24 页。

思考题:超越预算的发展说明传统的预算考核方式存在什么问题?

二、预算激励

所谓激励,就是组织通过设计适当的外部报酬形式和工作环境,以一定的行为规范和惩罚性措施,借助信息沟通,来激发、引导、保持和规划组织成员的行为,以有效地实现组织及其成员个人目标的系统活动。企业激励主要包括内在激励和外在激励两种形式。外在激励是指利用那些能满足外在性需要的奖励资源进行激励,包括物质性激励因素(如工资、奖金、住房、工作环境等)和社会性激励因素(如信任、表扬、荣誉等);内在激励是指通过利用那些能够满足内在性需要的奖励资源进行的激励,包括过程性激励和成果性激励。

(一) 企业预算的激励作用

预算考核与激励是两个既联系又区别的问题。预算考核是指判断预算的完成情况;预算激励则是指根据预算完成情况,给予一定的奖励。企业激励的依据有多种:可以实际完成的业绩(净利润、营业利润等)为依据,也可以预算完成程度或预算完成准确度为依据。当企业以预算完成情况作为激励依据,预算考核就成为预算激励的基础。

企业预算作为一种管理工具,其激励作用表现为两个方面:一是预算本身,即下级职员对上级预算(任务)完成所产生的压力感(过程型激励)和成功的自豪感(成果型激励),属于内在激励范畴;二是企业根据员工预算完成情况给予奖惩(外在激励)。本书主要讨论第二种激励。这是因为第一种激励对激励对象的个人性格和心理影响很大,难以确定。

(二) 企业集团进行预算激励的必要性

有许多观点认为,企业进行预算管理时,最好将预算的业绩评价与考核脱钩。他们的理由是:首先,在预算的资源配置职能和考核激励职能之间存在矛盾,如依据预算进行考核,会影响预算资源配置的正确性,进而使预算管理失效。其次,如以预算完成情况作为激励依据,会使得企业集团各子公司、部门之间为完成本单位预算而各自为战,影响预算的协调全体功能的发挥。最后,如以预算作为激励依据,会使子公司预算目标替代企业整体目标,因为这时子公司经理人员主要关注的不是企业集团整体,而是本部门利益。

本书认为,以上观点有失偏颇。首先,从整体上说,预算激励是预算考核乃至整个预算管理的保证。如果企业不以预算作为激励的依据,则对子公司经理的预算业绩考核只能是流于形式,而利用预算进行控制就会失去约束力,因为此时子公司经理已并不在意预算与实际的偏差。其次,在预算的资源配置职能与激励职能之间确实存在着一种偏差,但并不是互不相容的矛盾。从本质上说,预算的考核激励职能是预算发挥控制作用的关键,而预算的控制作用是预算资源配置作用的保证,因为在企业编出预算后,企业资源配置还只是在纸上,没有落实。企业预算的资源配置作用只有等到预算落实后才能实现。正因为如此,本文认为预算的考核激励职能是预算资源配置职能的前提。最后,那种认为预算的激励职能妨碍企业各部门之间沟通协调、使得子公司预算目标替代集团目标的说法也是一面之词。发挥预算沟通职能是企业每个部门在执行预算时必须遵守的,如果每个部门不和其他部门协调,很难完成本部门预算;部门目标是企业集团整体目标分解下来的,两者并无根本矛盾。即使偶尔子公司目标与集团整体目标发生矛盾,只要企业集团总部及时发现和调节,就完全可以化解。

(三) 企业集团预算激励的难点问题

在此主要讨论企业集团总部对子公司预算激励,这一层次代表了集团预算管理的特点。企业集团预算激励存在如下难点问题。

1. 激励频率问题

激励频率是指每隔一段时间内给予员工激励的次数。由于企业预算大多数以 1 年为期限,因此预算频率就可用 1 年内对员工激励报酬的次数表示。我们在前文曾说过,企业的预算考核可分为两种形式:定期进行的主要指标考核和期末进行的全面考核,那么企业的激励是否也应分期进行呢? 从我国企业对经理人员的激励制度来看,大多数为平时固定工资加年终奖金的形式,我们认为这种方法值得探讨。

首先,平时不予以激励不利于发挥各子公司经理的积极性。根据现代激励理论,人们在努力完成一项工作后,往往迫切需要外界给予一定的报答。如报答适当,会进一步促进人们努力工作的积极性;如外界对其工作成果不作反应,人们会不自觉地产生懈怠情绪。因此,若集团企业在平时子公司的工作中给予适当激励,将更有利于其努力工作;相反,如一切激励均在年末进行,则在平时就不利于子公司经理长时期保持比较高的工作效率。

其次,平时不激励可能会导致子公司经理人员平时工作松懈,而在期末利用会计政策操纵业绩来完成任务。

正是从以上角度,我们认为企业集团激励应采用平时激励和期末激励相结合的方式。平时根据定期考核的结果,给予适当激励;期末根据预算综合完成情况,给予全面激励。

2. 激励依据指标的选择问题

预算激励是根据预算的完成情况进行激励,因此其激励的依据必然包括预算指标。由于预算指标有多种,因此在进行预算激励时也不可能包括所有预算指标,而仅包括主要指标,即使这些主要指标中也存在财务指标和非财务指标的选择问题。考虑到财务指标和非财务指标各自的优缺点,本书认为,在激励指标依据中应既包括财务指标,也应包括非财务指标。

3. 激励方案构成问题

集团总部对子公司的激励一般由两部分构成:一部分是固定收入,用以降低子公司经理人员的风险;另一部分是与预算完成情况相挂钩部分的激励。从构成比例角度说,对子公司经理人员固定收入的激励不宜过高,这是因为如子公司经理人员固定收入过高,就会使他们承担的风险太低,压力过小,以致产生工作上的消极。从国外的基本情况看,一项调查表明大公司的首席执行官的总报酬分布如表 5-5 所示。[1]

表 5-5　大公司首席执行官的总报酬分布

报酬种类	百分比	报酬种类	百分比
薪　金	21%	长期激励	16%
短期激励	27%	以股票为基础的激励	36%

上表说明,在西方大公司中,首席执行官的总报酬的 79% 是与业绩有关的,处于有风险状态,在对我国集团公司预算激励制度的设置很有参考价值。

对于激励方案中与预算完成情况相挂钩部分的激励报酬,在实务中有两种做法:一

---

① 转引自[美]罗伯特·S·卡普兰、安东尼·A·阿特金森著,吕长江主译:《高级管理会计》,东北财经大学出版社 1999 年版,第 694 页。

种是依据预算完成情况作为激励依据。例如,山东华乐集团对分厂厂长的激励方案,是根据分厂利润实际完成程度,将实际完成利润额与利润预算的差额按一定比例奖罚分厂厂长,这种激励方式在实务中运用较多。另一种是依据预算完成准确度作为激励的依据,这种方式相对要少得多。

(1)以预算完成程度作为激励依据。集团总部以预算完成程度来激励子公司经理,其初衷大多为激励子公司经理超额完成预算任务,防止其完成预算后产生懈怠情绪,这是因为子公司经理超额完成预算任务越多,其得到的报酬将越多。但这其中存在着完成预算部分的报酬和超额完成预算部分报酬的设计问题。

设某集团公司对某子公司经理的激励报酬为:

$$W = a + bE + c(X - E)$$

其中,W 为子公司经理的报酬总额,a 为固定收入,E 为预算指标[①],X 为预算实际完成数,b 和 c 均为奖励系数。

对于 a、b 和 c 的设计有多种方案。

第一种方案:设 b 为零,a 和 c 为大于零的常数。此时 a 相当于每年固定工作的年薪,$c(X-E)$ 相当于随预算完成情况的附加奖惩。这种方案不考虑预算方案的各年变动,是其一重要缺点。例如,某子公司经理去年完成的预算业绩为 E_0,今年为 E_1,去年完成预算为 X_0,今年完成预算为 X_1,且有 $E_1 < X_1 < X_0 < E_0$,则会出现子公司经理虽然实际业绩去年比今年好,但报酬却今年比去年好的现象$[C(X_1 - E_1) > C(X_0 - E_0)]$。这种预算激励的另一缺点是子公司经理为超额完成预算,必然力争压低预算指标,使预算达不到资源配置和激励先进的作用。

第二种方案:设 a、b 和 c 均为大于零的常数。此时 a 相当于每年固定工作的年薪,BE 相当于完成预算的年薪,$c(X - E)$ 相当于随预算完成情况的附加奖惩。这时有两种情况,[②]第一种情况是 $b > c$,即集团总部对子公司经理完成预算的奖励系数大于对超额完成预算部分的奖励系数;第二种情况是 $b < c$,即集团总部对完成预算的奖励系数小于超额完成预算部分的奖励。这两种方案各有优缺点。从克服预算激励对预算资源配置的消极影响角度说,我们认为第一种情况比较好,因为它鼓励准确上报预算而不是低报预算以图超额完成预算,子公司经理为获得更高的报酬,必不会故意低报预算;而从努力更好地完成预算的角度说,由于超额完成预算的难度要大于完成预算部分的任务,所以给超额完成预算部分以更大的激励系数显然更有利于促使子公司经理努力赶超目标以获得更多的报酬。

---

① 此处预算指标可以是一个,也可以是多个;可以是财务指标,也可以是非财务指标。

② 此处不可能出现 $b = c$ 的情况,因为如果这样,则变成 $W = a + bE + c(X - E) = W = a + bX$,就不能称为预算激励了。

（2）以完成预算准确度作为激励依据。也有少部分集团公司以预算准确度作为激励依据，其激励的初衷是促使子公司在上报预算时力求准确，然后在执行预算时力求按质按量完成。

设某集团公司对子公司经理人员的激励方案如下：

$$W = a + bE - c(X - E)/E$$

这种激励方案的含义很清楚：子公司经理所得到的报酬有三个部分：固定报酬、预算任务报酬和预算完成不准确的经济处罚。该方案的设计关键在于 a、b 和 c 的不同取值。试分析不同的方案如下：

第一种方案，设 b 为零，a 和 c 为大于零的常数。这种方案的缺点已于前文分析过，不再讨论。

第二种方案：设 a、b 和 c 均大于零，将 c 设定为一个固定的值，将后面的预算完成准确度设置为绝对值，即：

$$W = a + bE - c \,|\, X - E \,|\, /E$$

该激励方案的意图很明显：不论子公司是超额完成还是不足完成预算，均视同预算上报不准确，因而给予经济处罚。这种方案最有利于子公司提出一个准确的预算。但它有一个明显缺点：它将完成预算不足等同于超额完成预算，因此对子公司经理的积极性有一定的抑制作用。

第三种情况是考虑到预算完成不足和预算超额完成之间在对企业的效益和经理人员的努力程度不同，给予不同的处罚。其激励方案可如下设置：

$$W = a + bE - c_1 \,|\, X - E \,|\, /E \quad X > E$$

$$W = a + bE - c_2 \,|\, X - E \,|\, /E \quad X < E$$

$$0 < c_1 < c_2$$

这种方案的主要目的在于将完成预算不足与超额完成预算分开，对超额完成预算者少给予处罚，以鼓励经营者为企业创造更多的效益。

以预算完成准确度作为主要激励依据的最大不足在于：由于片面强调预算准确性，有可能迫使子公司经理故意低报预算，以稳求预算精确度（高预算更难以准确完成），这反而达不到其原有的追求预算准确的目的。

（3）全面考虑预算完成程度与预算准确性的激励方案。前面两种预算激励方案都存在着一些不足。为克服上述激励方案的不足，本书认为预算激励方案应同时考虑预算完成程度和预算准确度。按照这一思路，预算激励方案可设置为：

$$W = a + bE + c(X-E) - d \mid X-E \mid /E$$

对于这种方案,a、b、c 和 d 有多种选择,其中 a 和 b 均应大于零,理由已在前文叙述。对于 c 和 d 的选择也应考虑 c 和 d 大于零。现在主要问题就是 a、b、c 和 d 的大小问题。a 不能过大也不能过小。过大则子公司经理风险过小,难以促进他们努力工作以获取高额报酬;过小则经理人员承担风险过大,因而他们可能会拒绝接受,或采取高风险的经营策略以弥补固定收入的不足,进而给企业带来损失。b 和 c 的关系要看集团总部的管理思想而定。如果集团总部强调完成预算任务,而非超额完成预算,则 $b>c$,否则 $b<c$;最后是 $c(X-E)$ 和 $d \mid X-E \mid /E$ 之间的关系。如果公司更看中超额完成预算,而非完成预算准确度,则 $c(X-E)$ 应大于 $d \mid X-E \mid /E$。

本 章 小 结

本章主要介绍集团预算管理的基本理论,以及集团预算管理的主要环节,具体结论如下:

(1)所谓预算管理,是指企业通过预算的制定、执行、考核和激励等过程,对企业经营活动进行计划、控制,对企业人员进行考核和激励的综合管理活动。预算管理是企业重要的管理工具,具有资源配置、过程控制、沟通协调和业绩考核等多方面作用。从企业集团角度来说,实施预算管理的必要性在于:① 解决企业集团财务控制难题;② 企业集团资源优化配置的必然要求;③ 提高企业集团管理水平的必然要求。

(2)预算管理作为一项全方位的管理方法,其实行需要一定的条件。总体来说,需要如下基本条件:① 集团领导人的重视;② 企业中层管理人员的认可。

(3)企业集团预算的制定的程序如下:集团总部提出集团整体预算目标;各子公司、部门编制本单位预算草案;预算管理机构审核部门和单位预算草案;预算管理机构综合平衡集团整体预算草案;集团总部管理层审核集团整体预算草案;集团整体预算正式下达各单位。

(4)企业集团预算的执行过程包括预算报告、差异分析、提出纠正措施等主要程序,其中预算报告是核心环节,是集团财务控制的主要工具;预算修改的权限设置要根据具体情况而具体决定。

(5)企业集团预算审计是预算管理的重要环节,它保证了预算考核的真实性和建设性。在企业集团中,应由专门的内部审计部门进行预算审计,鉴定成绩、分析原因,改进预算管理水平。

(6)企业集团应定期和不定期进行预算考核,以确保经理人员积极完成预算;对于不同预算完成情况,应给予激励,确保预算的严肃性和有效性。

本章参考文献

1. 盛晓菲. 铜陵有色运输部以成本控制为核心的全面预算管理[J]. 有色金属,2007 (4)：166 - 171.
2. 王明虎. 财务管理原理[M]. 北京：中国商业出版社,2006：292.
3. 王福海. 浅议企业构建和推行全面预算管理的重点和难点[J]. 科技资讯,2007(26)： 166 - 167.
4. 李开军. 我国企业全面预算管理应用研究——现状、问题及对策[D]. 武汉大学硕士 学位论文：10 - 13.
5. 戴新民. 现代会计前沿问题[M]. 北京：经济管理出版社,2003：310 - 350.
6. 南京大学会计系课题组. 中国企业预算管理现状的判断及其评价[J]. 会计研究, 2001(4)：15 - 29.
7. 王明虎. 企业预算审计初探[J]. 审计理论与实践,2003(7)：20 - 21.
8. 袁丰. 湖南正虹科技股份公司全面预算管理体系设计与实施[D]. 湖南大学硕士学位 论文(20060418)：24 - 26.
9. 周竞男. 超越预算模式及其应用价值探讨[J]. 财会月刊, 2008(3)：23 - 24.
10. 罗伯特·S·卡普兰,安东尼·A·阿特金森. 高级管理会计[M]. 吕长江,主译. 大 连：东北财经大学出版社,1999：694.

复习思考题

1. 企业集团为什么要进行预算管理？
2. 企业集团进行预算管理需要哪些条件？
3. 企业集团进行预算管理时,财务部门需要承担哪些职责？
4. 我国企业集团预算管理的主要问题有哪些？ 其主要原因是什么？
5. 为什么企业要根据预算进行考核？ 预算考核存在的问题有哪些？

案 例 题

国投新集能源股份有限公司全面预算管理实践

新的历史时期,煤炭企业成本增长过快、成本增幅大于价格上涨、企业盈利能力下降等客观因素制约着煤炭经济的发展。实施具有前瞻性和指导性的全面预算管理,对企业自身资源进行合理整合,实现企业既定的战略目标,成为众多煤炭企业加强企业管理的重要方法。国投新集能源股份有限公司(以下简称"国投新集")经过多年的探索,通过实施全面预算管理,逐渐摸索出了一套具有国投新集特色的预算管理体系,为企业实现跨越式发展奠定了良好的基础。

(一)预算编制的方法及要点

全面预算是指企业结合生产经营目标及资源调配能力,经过综合计算和全面平衡,对当年或者超过一个年度的生产经营和财务事项进行相关经费、额度的测算和安排的过程。其一般包括经营预算、资本预算和财务预算,各部分预算前后衔接、互相勾稽。企业全面预算必须站在战略管理的高度,实现企业短期的预算指标与未来长期的发展规划相互衔接。

国投新集为了有效地对企业生产、经营进行全面控制,把企业的所有部门、所有人员、所有涉及费用的生产经营环节均纳入了预算管理体系。预算编制的主要内容如下:

(1)以安徽省煤矿安全监察机构下达的矿井核定能力为依据,根据市场预测及公司各生产矿井的生产布局、接替条件、地质赋存等确定目标产量生产预算的编制,除了要考虑矿井的产能情况外,还要考虑现有存货和年末存货。

(2)根据市场预计的可接受价格,在产能指标既定的前提下,充分考虑各种收入变动因素,确定企业的目标收入。销售预算编制是否得当,关系到整个预算的合理性和可行性。

(3)根据生产预算编制的直接材料预算、直接人工预算和制造费用预算构成的成本费用预算,是全面预算支出的重点,在收入一定的情况下,成本费用成为决定企业经济效益高低的关键因素。编制生产成本预算时,要充分考虑上游产品价格变动因素及本公司的消化潜力。

(4)以历史数据为参照,采用零基预算方法,编制管理费用和销售费用预算,根据年度融资比例和金额,编制财务费用预算。

(5)根据收入及各项成本费用预算及其他企业增收节支因素,汇总产品成本预算和现金预算,汇总编制损益、资产负债、现金流量等全面财务预算,确定企业目标利润。

(二)预算指标的分解及责任系统的建立

1. 预算指标的分解

全面预算指标审定后,结合企业生产工艺技术过程和企业组织特点来分解预算指标,逐级落实到单位和个人,是进行预算控制的必要前提。预算指标的分解要有利于明确经济责任、加强控制,不仅要使各个单位和个人明确自己的责任,而且要给予相应的管理权限和经济利益。分解给各个单位和个人的指标必须是其能控制或能够施加影响的。

煤炭生产属于地下作业,生产环节多,工作地点不断移动,劳动强度大,劳动组织复杂,是多工种、多工序的连续性作业和多环节的综合性作业。国投新集对从事生产经营的单位按其性质和特点,分别确定经营考核指标,如对子公司考核利润和资产运行质量等指标;对生产矿井考核可控成本、产量、质量、安全和后劲等指标。这样就形成了层层分解、层层保证的纵横交错的预算指标控制体系。预算指标的分解做到了"横到边、竖到底",形成了"千斤重担大家挑,人人头上有指标"的局面。

2. 预算的考核

预算指标分解完成后,能否避免出现"重指标分解,轻预算执行",维护预算应有的权威性和严肃性,成为企业的"硬约束",相应的预算考核兑现制度必不可少。好的预算考核兑现制度不仅能大大调动企业员工的工作热情,而且能使企业的全面预算顺利完成。国投新集对单位领导及普通职工按照不同的责任范围,采用定量与定性相结合的多重奖罚指标进行考核。

(1) 对单位领导的考核。企业对各部门或厂矿的人事管理从宏观角度来抓,主要应管好矿长、党委书记、总工程师这3个人。生产矿井主要考核指标设定为:产量、责任成本、开拓进尺、煤炭质量、安全生产、全员工效、职工满意度等;基建矿井主要考核指标可设定为:基建投资完成额、工程优良品率、安全生产、三类工程的形象进度等。

(2) 对企业普通职工的考核。以职工工资收入为切入点,对职工按其劳动成果采取"以量计资"的方式确定工资基数,以安全生产、责任成本、煤炭质量、敬业精神等挂钩指标进行调整,同时辅之其他非货币手段。

为了维护考核制度的严肃性,指标下达后,一般不做调整,要使大家树立起"效果第一、理由第二"的考核理念,以强化考核制度的刚性。当各级各部门意识到其工作业绩与自身的经济利益息息相关时,他们便会自觉地努力工作,完成各自承担的责任指标。

(三) 预算完成差异的原因及解决方法

1. 预算完成差异的原因

企业的全面预算制定后,企业上级部门总是希望预算指标与实际完成情况尽量相符,但预算执行的结果却往往是:很少有企业预算指标同实际执行结果接近或相符,要么远远超过预算指标,要么大大低于预算指标。笔者认为,产生差异的原因主要有两方面:

(1) 实行绩效考核的企业,为了能较好地完成预算任务,往往编报水分较大的预算方案,争夺企业稀缺资源,留下足够的弹性空间,通过争取到的宽松指标,不需付出太大努力,便能得到上级部门的丰厚奖励,获得部门利益。

(2) 预算执行过程中,由于市场环境、采掘接替安排、国家产业政策调整、生产经营条件等发生重大变化,致使预算编制基础发生变化。国投新集在编制全面预算时,先由各矿根据各自生产经营实际情况编制相应预算初稿,再由公司相关业务部门及领导复审。如公司安全生产部门主要审查矿井生产的接续状况、产能情况、地质构造及安全维护等方面;公司经营部门主要负责审查各矿编制的材料预算、工资预算等;机电部门主要负责审查修理费预算、电力预算、租赁费预算等。

各部门分工明确,并对审核后的预算签字认可,明确责任。这样,经过层层把关审定后的预算,有效地避免了基层侥幸编报注水预算的现象发生,使预算更贴近于实际。

2. 预算指标的修正调整

预算的真正目的是有助于应变,它给人们展现了未来各种预期,促使企业制定出相应的应急计划,它是一个超前思考的过程。它可以提高企业对不确定事项的反应能力,减少企业不利事件出现带来的损失,增加利用有利机会带来的收益。

全面预算在公司正式下达执行后,各部门都应将其视为企业的"法律"严格执行,一般不予调整。但预算在执行中由于市场环境、采掘接替安排、国家产业政策调整、生产经营条件等发生重大变化,致使预算的编制基础发生变化时,或者将导致预算执行结果产生重大偏差的,便需要相应调整预算。上级部门对于预算执行单位提出的预算调整事项进行决策时,要维护预算的严肃性,除需履行相关的审批手续外,一般应当遵循以下原则:预算调整事项不能偏离公司发展战略和年度目标,预算调整方案应当在经济上能够实现优化,预算调整重点应当放在预算执行中出现的重要的、非正常的、不符合常规的关键性差异等方面。

通过全面预算管理,可以充分发挥预算的全面、系统、导向性作用。作为一项全员参与、全面覆盖和全程跟踪控制的闭环的系统工程,实施全面预算管理,既是现代企业规范管理制度的客观要求,也是企业在新形势下谋生存、求发展的必然选择。

资料来源:杜立东:《国投新集全面预算管理实践》,《中国煤炭》2008 年第 2 期,第 25~26 页。

思考题:

1. 国投新集有没有对预算进行考核? 为什么?

2. 国投新集预算指标是如何分解的? 其效果在哪里?

第六章 企业集团资金管理

【本章主要内容和学习要点】

本章主要阐述了企业集团资金集中管理的意义,企业集团常见的几种资金集中管理模式,重点介绍了资金结算中心、财务公司这两种资金管理的模式。通过本章的学习,读者可以了解为什么企业集团要实施资金的集中管理以及如何对企业集团资金进行统一控制和管理。

【课前案例】

山西晋能集团对资金管理方法的探索历程

山西晋能集团有限公司(以下简称"晋能集团")是一个以煤—电—冶金和煤—电—铝—铝加工两条产业链为主导,国际贸易、高新科技、社会服务等多业并举的大型企业集团。在企业快速发展的过程中,集团始终在探索和寻求最适合集团实际情况的资金管理方法,旨在加强和控制集团企业资金的运营,提高集团的管理水平和经济效益。

1999—2001年,晋能集团处于重组、改制阶段,主要生产设备的盈利能力低或尚无盈利能力,自我积累能力差,难以建立正常的银企关系,融资非常困难,面临现金极度匮乏的问题。当时,集团公司确立了"集中管理、综合平衡、统筹调剂、优化投向"的资金管理原则,提出了加强资金集中管理的策略,制定了银行账户集中管理、现金集中调度暂行办法,设立了内部结算中心,以实现资金调控,但由于集团整体缺乏资金,上述措施并未明显见效。为此,集团公司于2002年初提出了"三步走"的五年总体发展战略,大力实施产业结构调整,以煤—电—冶金一体化产业为主导,加快企业改组、改制,优化组织结构,建立现代企业制度。在集团内部营造集团公司和各分、子公司两个层面的管理平台,集团公司定位于资产经营、资本运营型企业,分、子公司定位于生产经营型企业。主导产业明确之后,集团公司迎来高速扩张发展阶段,需要大量资金。除了依靠自身积累以外,集团公司积极主动与多家银行接触,2003年获得银行信贷资金8亿元,为集团公司发展打开了局面。

（续上）

　　随着集团公司规模的扩大，资金越来越处于分散状态，出现了资金散乱、监控不力、信息失真、效率低下等诸多问题。为促进资金在集团公司两个层面之间的有序流动，提高对资金的调控能力和使用效率，集团公司提出"大资金"概念，构想建立资金运营中心，按照集中管理、统一调度、集约经营、集成监控的原则，以资金中介运作模式，依托网络技术，控制集团公司整体的现金流，实现集团内部资金的统一筹划、统一平衡、统一调度。建立和完善了财务控制制度，制定了集团公司资金管理办法、借款担保管理办法、固定资产管理办法、投资管理办法等规章制度，确立了"计划在先，预算平衡，统一调度，分层管理"的资金管理原则，明确了集团公司资产运营部和成员企业财务部门的职责划分，对银行账户、信贷资金、营运资金、项目资金、内部借款、担保等财务活动进行全面管理。

　　随着宏观经济环境的变化，主导产品中的铁合金市场行情变化快，2004年处于波峰，2005年随即一路下跌至谷底，低迷状态一直延续至2006年，部分项目融资贷款进度缓慢，集团公司又面临整体资金状况极为紧张的局面。当时，在2004年年底时，集团公司仅铁合金产业物流总量就达到75万吨的规模，分散的物流系统必然导致资金流分散，在集团内部不能形成合力，降低了集团公司的资金使用效率。因此，集团公司全力以赴推行内部资源整合，实施业务流程再造，对企业产品、产业进行整合，对人流、物流、资金流进行再造。通过物流整合既能保持货物价格在内部流转过程中的合理性，又能使集团公司层面实现对资金的集中管理，调整集团整体税负，更能通过规模效益、品牌运作、集中策划、风险化解等优势实现集团整体效益最大化。在原材料价格上升时，一方面大宗采购能够以较低价格成交，另一方面集团公司集中资金增加原料储备规避了原材料价格上涨的风险。在此阶段，集团公司借助银行的网上银行系统实现了对集团公司所有成员企业资金的实时监控，真正实现了资金在控。通过资金流整合，集团公司在和各银行业务合作中增加了筹码，利用多家银行竞争的局面，努力为企业谋取利益，以基准利率获取贷款，降低承兑汇票贴现利率，节省了大量财务费用。

　　资料来源：晋能集团资金管理课题组：《企业集团资金管理探讨》，《会计之友》2007年第12期（中）。

思考问题：

　　1. 晋能集团的资金管理经历了怎样的变化？为什么会有这种变化？

　　2. 晋能集团在资金管理上该如何处理和协调银企关系？

第一节　资金集中管理的意义和形式

一、企业集团资金集中管理的内涵

资金是企业的"血液"，每一个企业都应当非常重视资金管理。对于企业集团而言，资金管理更是显得重要，因为企业集团是一种具有资源配置功能的经济组织，其最大的优势体现为资源的聚集整合性与管理的协同性以及由此复合而生成的集团整体竞争优势。为发挥这种优势，国外许多大型企业(集团)都将企业(集团)能够控制或掌握的资金，依托信息技术的支撑实现集中化管理，如 IBM、通用电气、西门子等。改革开放以来，我国企业集团发展迅速，这种管理模式也逐渐成为我国大多数企业集团的共识。

那么，什么是资金集中管理呢？资金集中管理也称"司库制度"，已经成为一种国际通行的大型企业集团资金管理模式，其基本含义是将整个集团能够控制的资金全部集中到集团总部，由集团总部统一调度、统一管理和统一运用。

需要注意的是，我们这里所提到的企业集团的资金集中管理与本书第三章所述的集权制的管理模式有所不同。因为集权与分权涉及的是企业集团的管理体制问题，所关注的是"权限"范畴的界定及其所体现的层次结构特征。与之不同，企业集团资金集中管理指的是企业集团为了谋求财务资源的聚合协同效应，而由集团总部通过一定的模式把资金集中起来，从而实现整个集团资金的有效控制和高效运转。因此，在某种程度上来看，集团资金集中管理所关注的是整个集团内部资金的集中调度方法、策略以及动作方式等资金管理上的技术问题。对于企业集团而言，无论在管理模式上采用集权还是分权，要想有效发挥整个集团财务资源的整体优势，实行资金集中管理是其不二选择。毕竟，对于企业集团来说，现金资源的均衡配置和有效运作是体现其管理能力的重要标志之一。集权也好，分权也罢，体现在资金管理问题上，都是必须要讲究现金资源的均衡性和有效性。当然，反对者也许会说，企业集团所辖的子公司是独立法人，需要进行独立核算，集团总部进行资金集中管理是一种"侵权"行为。事实上，企业集团资金集中管理并非一定要把所有资金集中到一个地点、一个银行账户，而是在管理上要做到集中管理，首先是资金信息要共享，资金安排要从集团整体角度来权衡；其次是要在信息共享的基础上，凭借集团总部的掌控权威，实现资金在集团内部可控范围的快速流动，减少个别企业可能存在的资金沉淀，将多个企业可能拥有的少量、分散资金集中使用，提高资金使用的规模效益。从这样的角度来看，集团资金集中管理，不仅没有"侵权"，而是在企业集团这样一个统一的有机体内充分体现子公司的法人地位，更符合子公司提高资金使用效益，促成财务目标实现的需求。要是不集中管理，不仅集团内部各成员企业可能存在不同形式的资金"跑、冒、滴、漏"，而且极有可能发生集团内部各子公司资金分散、各自为战的现象，这样所导致的结果必然是与集团财务目标相背离的。

从目标上看,企业集团资金集中管理,是要实现资金的实时监控、资金的合理配置、锁定资金风险、集中资金运行数据资源。其中,资金的实时监控主要是通过资金的集中管理实现对集团资金使用的合规性、合法性和合理性等方面的监控。资金的合理配置主要是从资源调配的视角来看的,通过资金的集中管理实现对沉淀资金的集中、降低资金成本、提供理财服务和利用金融产品。锁定资金风险主要是通过集中管理实现对集团资金运行的风险预警、控制和管理。集中资金运行数据资源主要是通过集中管理可以实现集团资金运行数据的集中,形成数据资源上的优势,为集团战略发展提供数据支撑。

二、企业集团资金集中管理的意义

实现资金均衡、顺畅地流动,是企业集团生存和发展的基础,在一定程度上,企业集团的资金状况代表着集团资源的配置状况、资源的数量和质量,是对各方面经济活动的财务反映。从集团发展战略的高度来看,加强资金集中管理,对于提高资金的使用效率和企业集团整体经济效益,合理配置资源,扩大企业信用,提高企业集团整体竞争力等方面都具有重要作用或意义。

1. 优化集团资金配置,提升集团资金整体运作水平

单一法人企业由于受到财务资源的约束,其所涉及的财务活动领域相对狭窄,资金运作的形式或手段有限,资金的调剂弹性较小,在风险管理上也面临着很大的刚性压力,企业集团实施资金集中管理后,可从集团整体上把握资金的运作情况,通过对资金的整合和协同管理,发挥企业集团的资源调配优势,使资金在企业集团内达到优化配置。具体表现在以下几个方面:

(1) 通过集中结算,提高资金的划转效率,加速资金周转。企业集团内部通常会存在成员企业间跨行业、跨地域的交易行为,如果内部交易产生的大量资金结算业务只能通过外部银行进行,一笔资金从付款方到收款方需要通过多个银行结算环节,资金到账需要一定时间,此外还要支付一定的手续费。实施集中结算后,可将这部分体外流转的资金转向体内流转,减少了结算环节,加速了资金的回笼。

(2) 盘活闲置资金,减少资金沉淀,提高资金效益。集团企业内部各成员企业由于各自发展情况不同,在资金的使用、周转需求上往往存在一个"时间差",企业集团实施资金集中管理后,既可利用这种时间差在成员企业间调剂余缺,也可将闲置的资金用于股票、债券等其他投资。这一方面盘活了闲置资金,另一方面也降低了资金需求企业对外筹资的规模,减少了财务费用。

(3) 提高企业集团的银行信誉,增强筹资能力,优化企业集团的资金结构。实施资金集中管理后,企业集团统一对外开户,统一对外进行筹资,由于其偿债能力、收益能力和管理水平都以集团整体水平来衡量,信用较高,相对较单一的成员企业具有更强的筹资能

力,更容易筹到大笔资金,成员企业则只通过结算中心就能够获得所需资金,省去了各成员企业与外部银行大量的协商、签约、担保等繁杂手续和筹资费用。更重要的是,企业集团可从整体上把握对外信贷的规模,优化集团资产负债结构,降低财务风险。

(4) 积聚闲散资金,凸显资金集中管理的优势。在一定时期内,企业集团内各成员企业银行账户中会或多或少占用一些资金余额。分散在各个企业的存款余额,从单个账户看,可能一般都不会很大,也不足以办大事,但如果集中起来,其总量有可能是一笔数目可观的金额,能够满足较大额度的资金需求。企业集团通过资金的集中管理与控制,可挖掘规模效益,将分散的资金积少成多,合理调配,统一安排,将资金运用于最需要的地方,有助于企业集团内部落实"抓大放小"、"扶优扶强"政策。

2. 有助于企业集团整体发展战略的实现,追求企业集团整体利益的最大化

企业集团是一个由核心企业控制的多层次企业联合体,这种多层次企业联合体特征表现在财务管理上就是理财主体的多元化。不仅母公司具有独立的法人地位以及与之相对应的独立的经营理财自主权,子孙公司以及其他成员企业同样也有着独立的法人地位以及与之相对应的独立的经营理财自主权,成员企业与母公司在法律上有着同等的法人地位,是彼此独立的利益主体,因此,各成员企业在理财过程中不可避免地会诱发谋求自身局部利益最大化的倾向,这种倾向会导致单个企业在资金运作时违背企业集团整体的发展战略,导致成员企业利益与集团整体利益之间的矛盾。通过企业集团资金的集中管理,母公司能够从集团整体利益最大化出发,对母公司与子公司、母公司与其他成员企业、子公司以及其他成员企业彼此间的利益冲突与财务目标进行统一协调与统一规划,有利于防止各成员企业以局部利益最大化取代集团整体利益最大化而滥用财权,各自为政,最终在确保集团整体利益最大化的前提下,实现成员企业个体利益的最大化,从而促进集团内各级财务目标之间的统一,在整体与个体财务目标间形成一种依存互动机制。

3. 加强集团内部资金监控,防范集团资金运作风险

集团的整体战略和具体成员企业的财务目标往往存在差异,各层级资金管理人员资金使用的动机自然存在一定差异,对集团整体而言,如不加强监管,不合理地使用资金的情况就随时可能发生。因此,如何对企业集团资金的流量、流向及存量实行有效控制,确保集团资金使用行为规范、合理,从而实现集团整体战略目标是集团资金管理的一个重要方面。当企业集团的资金分散管理时,由于各个成员企业单独在外部银行开立账户,拥有资金自主使用权,容易造成资金使用上的随意性。虽然有些企业集团通过采用一些措施加以控制,在一定程度上对成员企业的资金使用行为实施了控制,但往往由于目标和动机等方面的差异难以协调,资金控制难以达到满意的效果。实现集团资金集中管理,成员企业不设外部银行账户或者只设对应的受集团控制的二级账户或子账户,各成员企业的所有资金流动都要经过集团公司审批后才能进行,其资金流量、流向、存量完全置于集团的监管之下,企业集团能够对其对外收款、付款,对内资金结算进行全方位、全过程地控制,

对其合理性和合法性进行监督,在投资等重大事项上形成有效的决策约束机制,及时发现问题,纠正资金使用的盲目性,使其符合企业集团的整体发展战略方向,同时也能够有效地防范资金流失的风险。

总体来看,企业集团应重视资金的管理,以资金为纽带或链条,将企业集团内部各层次、各部门及其以外的管理对象和业务职能紧密地联系在一起,并恰当赋予财务部门以外的管理部门一定的资金管理职能,从而有利于处理和协调管理中心与非管理中心的纵向、横向关系,以系统科学的观点保证企业集团实现资金管理整体效果最优化。

三、企业集团资金集中管理的形式

集团资金集中管理到底应当怎么管? 不同类型的集团应当选择什么样的资金管理模式? 是一个困扰企业集团多年的难题。这也在一个侧面说明,选择适合的资金管理模式是企业集团资金集中管理能否取得成功的关键。事实上,企业集团应该采取哪种模式对其成员企业的资金进行集中管理,并没有一个定论,每一个企业集团需根据各自所处的经营环境结合自身条件和管理的需要,并考虑每种资金集中管理模式的特点来灵活选择,目前运用比较多的有四种形式:统收统支、拨付备用金、建立结算中心、成立财务公司。

1. 统收统支

这种形式是指企业的一切现金收付活动都集中在企业集团总部的财务部门,各分支机构或子公司不单独设立账号,一切现金支出都通过集团总部财务部门付出,现金收支的批准权高度集中在经营者或者经营者授权的代表手中。统收统支的方式有助于企业集团实现全面收支平衡,提高现金的流转效率,减少资金的沉淀,控制现金的流出;但是不利于调动各层次开源节流的积极性,影响各层次经营的灵活性,以致降低集团经营活动和财务活动的效率。

2. 拨付备用金

这种形式是指集团总部按照一定的期限统拨给所属分支机构和子公司一定数额的现金,备其使用。成员企业的所有现金收入必须集中到集团财务部门,各分支机构或子公司发生现金支出后,持有关凭证到企业财务部报销以补足备用金。与统收统支方式比较,其特点是:① 集团所属各分支机构或子公司有了一定的现金经营权;② 集团所属各分支机构或子公司在集团规定的现金支出范围和支出标准之内,可以对拨付的备用金的使用行使决策权。但是集团所属各分支机构或子公司仍不独立设置财务部门,其每一笔支出仍必须通过集团财务部门的审核,超范围和超标准的开支必须经过集团总部的批准。

应当说,统收统支和拨付备用金均属高度集权的资金管理模式,仅适合于在企业集团组建初期及同城或相距不远的非独立核算的分支机构使用,至于子公司或跨地区的独立核算的分支机构通常不宜采取这种资金控制方式。近些年,随着我国市场经济的发展和国有企业改革的深化,我国企业集团获得了长足的发展,大多已经发展成为规模庞大、地区分布广、组织结构和产权结构比较复杂的大型企业集团,建立资金结算中心和成立财务公司已成为我国企业集团实践中通行的两种资金集中管理模式,因此,下面将对此两种形式作重点介绍。

第二节　资金结算中心

结算中心是企业发展到一定规模的产物。试想,要是夫妻俩开个店,要结算中心干什么? 因为企业发展集团化了,原来的管理模式不适用了,俗话说,"人长大了,衣服就要改"。在企业集团化发展的进程中,必须建立一种"业务分散经营、资源统一调配、资金集中监控"的集团化运作模式,为此,很多公司开始下决心建立结算中心,以统一监控集团的资金的进出和调度,达到有利于合理地控制资金和提高资金的利用效率。

一、资金结算中心及其业务模型

结算中心,也称内部银行,通常是由企业集团内部设立的,办理集团内部各成员或分公司现金收付和往来结算业务的专门机构。它通常设立于财务部门内,是一个独立运行的职能机构。应当明确,企业集团的资金结算中心是属于企业集团内部的一个服务机构,既不是集团下属的分公司,更不是独立核算、自负盈亏的具有法人地位的子公司,只是一个资金集中管理与运作的职能部门。因为其不是经营单位,不以盈利为目的,这就从本质上区别于财务公司等非银行类金融机构。

企业集团资金结算中心的业务模型一般如图 6-1 所示,在此模式下,资金结算中心需要在银行开设集中账户,各成员企业在此账户下向其所在地商业银行以其企业实名开设两个账户①,一个专用收款账户和一个付款账户,所有外部收款只能进专用收款账户,付款用付款账户,成员企业还应在集团结算中心开设虚拟账户,用于内部往来结算及内部计息。成员企业、企业集团、开户银行应就账户的开设、管理及资金结算签订相关协议,成员企业应委托资金结算中心管理其在商业银行的账户,包括资金的自动划转,并将此委托与其开户的商业银行达成书面协议。当成员企业与业务往来单位发生业务进行收付款时,按照协议约定的条件将收款账户资金自动划转到集团资金结算中心账户,对外付款按照企业结算中心规定的审批流程由集团公司审批或成员企业自行审批后交资金结算中心直接办理。资金结算中心根据审批后的付款金额将款项先拨入成员企业的付款账户,然后再从成员企业付款账户付往集团外部单位。

---

①　资金结算中心在银行开立的账号除保留资金结算中心的户名外,还同时接受成员企业的户名,即一个账号多个户名,由不同的户名区分是谁的款。

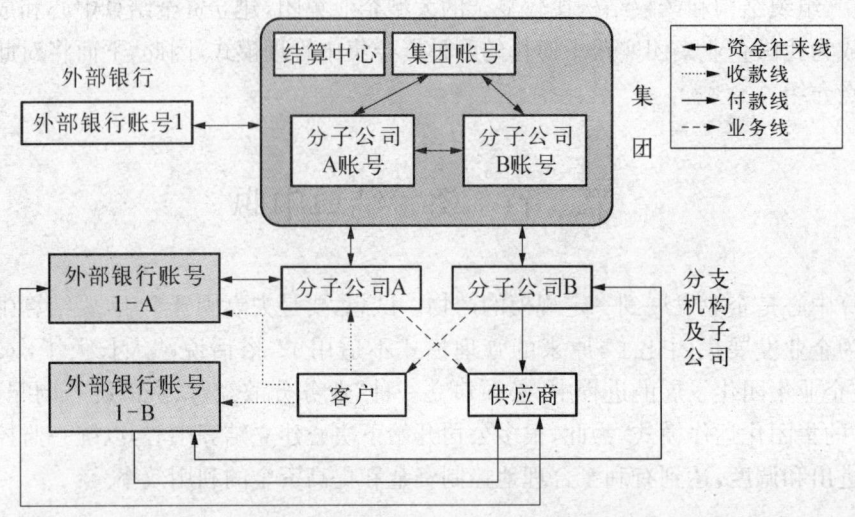

图 6-1 资金结算中心业务模型

从职责上看,资金结算中心主要有以下职责:① 集中管理各分公司的现金收入,当各分公司有现金收入时,都必须通过转账方式存入集团资金结算中心在银行开立的账户,不得擅自挪用(如坐支);② 核定各分公司日常活动需要备用的现金余额;③ 按规定统一拨付各分公司因业务需要而必备的货币资金,并采取有效措施监控货币资金的使用方向;④ 负责统一对外筹措资金,以确保整个集团的资金需要;⑤ 办理各分公司之间的业务往来结算,计算各分公司在集团资金结算中心的现金流入净额及相关的利息成本或利息收入。

上述只是就企业集团资金结算中心所具备的主要职责进行列示。应当说,不同企业集团在组建资金结算中心时应当有着多方面的考虑,因而,各集团的资金结算中心在职责履行上应当有所差异,具体应当履行什么职责,可以根据集团财务管理制度的规定执行。不过,可以将资金结算中心最主要职责用"服务"两个字来表达,为企业集团内部成员单位服务,为集团公司整体利益最大化服务。

二、资金结算中心的职能与特点

为了更好地把握资金结算中的业务运作模式,需要进一步了解其职能与特点。

1. 资金结算中心的主要职能

(1)计划职能。结算中心在掌握好集团各成员企业的资金需求及流向的基础上,在资金的流量、流速、流向、时间安排以及资金的平衡与调整等方面均须作出详细的安排和计划。

(2)结算职能。结算中心归集并统一管理集团下属公司及各部门的银行结算账户,将下属公司及部门视同为结算中心的客户,负责客户经济业务收支的日常结算工作,并计算各分公司在结算中心的现金流入净额和相关的利息成本或利息收入。

（3）调控职能。结算中心作为企业集团的资金调控监督中心，要根据企业集团总体规划，充分发挥资金调控功能。对集团及参与结算中心结算的各成员单位的财务活动，尤其是对资金活动的流量与流向、时间的妥当与否、合理性与合法性等实施日常监督、调节与控制，严格控制不合理支出。

（4）筹资职能。结算中心可以通过申请银行贷款、发行债券及股票的方式，统一对外筹资，确保整个集团的资金需要。同时，接受客户贷款申请，通过对外筹资和调剂企业存款，将所筹的资金以信贷方式发放给客户。各分公司不直接对外直接借款，由结算中心统一办理，可以充分利用集团的优势。

2. 资金结算中心的主要特点

（1）各成员企业都有自己的财务部门，有独立的账号（通常是二级账号）进行独立核算，拥有现金的经营权和决策权。

（2）为了减少因分散管理而导致的现金沉淀增加，提高现金的周转效率，节约资金成本，集团公司将各成员企业的现金实施统一调控，统一结算。资金结算中心以集团公司总部的名义在银行开设账户，用于归集成员企业的资金。

（3）实行收支两条线管理。各成员企业根据结算中心所核定的最高现金保存额（通常按日常零星支出支付需要确定），将每日超出部分的现金收入转入结算中心设立的专门账户，当各成员企业超过核定定额的现金时，必须事先向结算中心提出申请。

（4）对成员企业提出的申请有两种管理方式：一是逐项审批制，对各项要款必须列明用途、数额、时间，经营者或其授权人批准后方可拨出；二是超权限审批制，超过成员企业经理审批权限的部分，必须经过经营者或其授权人批准。权限有三种表达方式，一是每笔现金支用的额度；二是一定时间（如日、月）现金支用的额度；三是超过现金流入量的现金支用。

（5）由企业集团制定现金管理的规定，包括收入和支出的规定，结算中心根据这些规定监控各成员企业的现金缴纳与支用，如不执行，处以重罚。

（6）各成员企业不直接对外直接借款，由结算中心统一对外办理。

【阅读材料 6 - 1】

大唐集团公司成立资金结算中心

据大唐集团公司网站报道，为充分发挥集团公司整体资金优势，贯彻集团公司"两型、四化、三个能力"的发展战略，提高资金使用效率，降低集团资金成本，防范资金风险，推动以资金管理带动集团化的经营理念，集团公司决定成立资金结算中心，负责对集团公司各成员单位资金进行统一管理。3 月 15 日，集团公司召开资金结算中心动员大会，集团公司刘副总经理，集团公司胡总会计师到会讲话。

刘副总经理要求系统各单位要把握大局,从集团公司发展战略的高度思考问题,找准定位,同时,抓住当前的重点工作,通过制度创新、管理创新、技术创新,做到与时俱进。胡总会计师就组建集团公司资金结算中心的重要性、必要性、可行性进行了详细阐述,要求各单位在资金运作过程中处理好各方的利益关系,并对资金运作提出了措施和要求。

会上,为集团公司资金结算中心提供技术支撑平台的中国工商银行和中国建设银行工作人员向与会人员作了网上银行流程操作介绍。

资料来源:http://www.china-cdt.com/news/importantnews/79051.html。

思考题:

1. 你认为大唐集团对公司成立资金结算中心的重视程度如何?

2. 假如你是大唐集团的总会计师,在这样的会议上将会如何发言?

三、组建资金结算中心的一般步骤

成立资金结算中心是企业集团财务管理的重大改革,是实行集团资金集中管理的关键,资金结算中心的组建步骤也是企业集团资金集中方案的实施过程,资金结算中心的组建一般需经过以下步骤:

(1) 成立资金结算中心筹备小组。由集团公司总会计师或主管财务工作的副总负责,抽调财务、金融、银行结算、计算机、法律等方面的专业人员组成筹备小组,开展具体的筹建工作。

(2) 做好调查摸底工作。调查了解集团公司的组织结构、性质、数量、规模等情况,分析集团及各成员企业资金状况,掌握企业在银行的开户账号、存贷款余额和资信情况以及结算量等。由于资金结算中心的成立,要求将原来各企业大量的银行账户取消,这对某些银行的分支机构来说,会减少结算量和存款余额,会影响到银行分支机构的利益,要求企业集团以灵活务实的方法与总行或企业所在地各专业分行协商,然后再由总行或各地专业分行协调其下属分支机构的工作,支持成立资金结算中心。如果某些银行一时持不同意见,资金结算中心可以逐步减少在该行的结算量,随着我国商业银行系统的完善和企业集团资金集中面的扩大,银行协作已不再是设立资金结算中心的障碍了。

(3) 参观、考察、学习。组织筹备小组成员到已经设立资金结算中心的企业集团进行参观、考察,学习了解兄弟单位资金集中运作的情况,特别是他们在这方面的经验和教训,为本集团下一步设立资金中心提供借鉴,也可以从这些单位获得一些制度方面的文件以及他们与银行、软件商间的信息,在资金集中管理过程中少走弯路。

(4) 选择合适的资金管理软件。要想成功实施集团的资金集中管理,必须充分利用现代计算机技术,包括软、硬件技术。在这阶段主要是选择资金集中管理软件,它与财务软件和银行软件都不同,在选择和评估软件时,可以从以下几个方面考虑:是否经过政府部门鉴定;所拥有的用户数量、性质及其使用情况;是某个集团的专用软件还是商品化软件;是否符合本集团的情况,是否能够满足本集团的一些特殊要求;能否提供可靠的事前、事后服务;能否提供资金集中业务方面的支持、银行接口支持等;软件所采用的技术是否为目前较先进的,是否还在继续研发,研发人员的数量和技术组成等。选择一套好的资金管理软件,可以为进入资金结算中心的成员提供先进、良好的服务,可以提高结算中心本身的工作效率、减少人工成本。之所以要将选择资金集中管理软件放在实施步骤的前面,是因为这些软件供应商积累了企业集团实施资金集中管理的经验和教训,以及大量的资金集中管理方面的制度和规范,可以很好地指导企业如何成功实施资金的集中管理。

(5) 确定加入资金结算中心的企业和银行。为顺利稳妥地实施企业集团的资金集中,首先选择资金运作较好的企业加入,然后扩大到所有全资、控股企业,最后发展到参股及协作企业。从对各银行的考察结果中,根据银行的实力、以往的合作关系以及对资金结算中心的支持程度等确定最后的协作银行,建议企业集团可以考虑两家以上的协作银行,但也不宜太多。

(6) 制定有关规章制度。根据前期的考察了解,结合本集团的实际,写出成立资金结算中心的可行性报告,提交集团公司讨论。在集团确定设立资金结算中心后,制定资金集中管理办法、结算制度、贷款细则等规章制度,对具体的结算办法、账户管理、资金预算、资金支付审批、贷款程序等作出明确的规定。在这一阶段,可以不断地与软件供应商联系,在他们的协助下完成规章制度的建设,大多数软件供应商都提供事前的咨询和服务业务。

(7) 与银行签订合作协议及开设银行账户。在资金结算中心正式运作前,需要在银行开设资金集中账户以及要求各加入企业在各地指定银行开设收款户和付款户。这一阶段需要与银行签订银企合作协议,内容包括存贷款利率、综合授信、手续费标准、自动汇划、实时结算与查询等。在很多方面还要求成员企业、企业集团、银行三家签订合作协议。

(8) 确定办公场所,印刷各种单据,购置计算机系统。由于资金结算中心数据的安全性和保密性,需要有专门的主机房和数据存储场所,有的资金结算中心还需要柜台对外办公。资金结算中用到的"付款通知单""借款单据""贴现凭证"等单据需在开业前就印制好,并注明填写要求。根据前期对软件供应商的考察以及该系统对硬件的要求,委托集团内的信息中心购买计算机硬件,并建设好网络,安装软件和接口,进行调试和试运行。

(9) 确定资金结算中心组织机构及人员培训。根据集团的具体情况,确定资金结算中心的组织管理机构及职责,并挑选合适的管理人员。一般来讲,资金结算中心主任由集团总会计师或主管财务的领导兼任,并配以副主任主持日常工作,其他还有银行结算、会计、审核、电算化等专业人员。人员确定后需要对他们进行业务和计算机培训,培训内容包括资金结算基础知识、计算机基础知识、资金结算软件的操作等,达到上岗要求。

(10) 引进或落实铺底资金,为资金结算中心的启动做好充分的资金准备。资金结算中心要成功运作,就必须有一定的启动资金,这部分资金可以由集团总部先行垫付,也可以是企业集团中首批加入的成员企业的沉淀资金。

(11) 为首批加入资金结算中心的企业开立新的结算账户。为进入资金结算中心的企业在其所在地银行和资金结算中心开设银行账户和内部结算账户。

(12) 协助成员企业取消其在银行所开设的其他账户,并将其余额转到资金结算中心指定的账户。

总之,企业集团通过建立结算中心,可以实现资金的统一集中管理,从而通过改善资金的运行机制,调整原有资金的分布方式,盘活存量资金,实现提高资金使用效率的目的。通过结算中心,企业集团不仅可以实现资金的实时管理和控制,对资金实行有效的集中管理和控制,能够适当监控下属公司的资金运营,合理调配企业集团的资金,最大限度地提高资金使用效率,而且可以增强在银行的融资能力,降低资金成本,从而有利于企业集团的发展,推动集团整体目标的实现。

【阅读材料6-2】

××××集团有限公司资金结算中心运作办法

为提高企业资金利用效率和管理效益,有效监控资金流向,合理调节资金余缺,根据总公司有关规定,结合集团公司资金状况,制定本办法。

一、机构名称:××××集团有限公司资金结算中心(以下简称资金中心)。

二、机构和编制。资金中心隶属财务部管理,按部门副职编制设置,设财务部副部长兼主任一名,常设资金管理科和资金结算科两个机构。另可根据实际需要分设营业部,目前,首先在湖北武汉、襄樊和十堰成立三个营业部。资金中心常设编制10人,各营业部实施弹性编制,根据实际需要增减。

三、管理体制。资金中心是集团公司资金管理机构、资金调控中心和结算中心,经济类型是内部独立核算单位,主要是根据企业需要,拟定资金管理政策,通过行政手段,对全系统资金履行管理职能;通过经济手段、优惠政策和优质服务吸引全系统资金,按照市场规则,为内部单位结算和调剂资金;坚持"市场为主、银企互联、存调并举、双向调节"的原则,采取"集中结算和银行账户、上存资金、内部调剂、网上银行实时划拨、核定定额流动资金"等方式,提高资金使用效率。

四、职责和义务。① 代表集团公司行使资金集中管理的职能,集中集团公司所属各单位的银行账户和资金;② 为集团公司内部开户单位提供银行授信、结算业务和资金调剂服务;③ 分析汇总集团资金供需状况,反映资金分布和动向,监控资金尤其是大额资金流向;④ 办理集团公司银行贷款、担保、保函等业务,监控银行贷款的使用和偿还,监控被担保单位经济义务的履行,监控保函所涉义务的履行,以及贷款、担保、保函和投资的风险评估与防范;⑤ 协助实施投资项目可行性分析;⑥ 负责单位内部债权债务纠纷处理和清理结算;⑦ 负责上交款清收和清理外欠款等。

五、人员和经费。开办费由集团公司核定拨付,日常经费纳入集团公司机关管理费用预算,在资金管理收益中抵支。工作人员首先在集团内现有财务人员中选调,主任由高级会计师职称人员担任,其他人员基本要求是大专及大专以上会计专业学历,具备会计师职称。

六、银行账户和资金管理。① 全集团所有银行账户的开设权由资金中心负责审批和备案,并对未纳入资金中心管理的账户适时清理和核销,对需要新开设的银行账户逐户核批,未经批准而私自设立的账户一律作为非法账户收缴资金。② 资金中心将借助用友NC系统、网上银行系统和会计报表,及时反映集团公司资金流向,建立资金旬报制度,监控资金动态,对于单笔提现在 5 万元和结算 50 万元的大额资金实施重点监控。对于违反集团公司资金管理规定的,提出处理意见。③ 集团公司财务部只保留基本账户,用于对外结算和内部报销,其他账户全部移交资金中心管理,有关内部债权债务全部移交资金中心管理;机关有关单位如劳资社保部、工会等单位银行账户全部撤销,在资金中心开户存款结算。④ 集团公司所属的二级单位(各子、分公司、工程项目部等)必须在资金中心开设内部账户,对其保留的银行账户存款实行限额管理方式,超限额的存款一律上存资金中心;各子公司机关银行存款限额为 500 万元,集团公司项目部为 300 万元,各子公司项目部为 200 万元等,具体限额可根据实际情况研究确定。⑤ 子公司机关只保留基本账户和贷款的一般账户;子公司所属会计核算机构在武汉、襄樊、十堰的所有二级单位一律撤销全部银行账户,所有资金全部存入资金中心在当地的营业部。⑥ 所属单位银行账户撤销后,为保证其正常的生产经营和资金结算,资金中心将建立详细准确的资金供求信息体系,借助银行快速便捷的结算系统,对所属单位资金实施安全结算。

七、优惠政策。为吸引内部单位上存资金,资金中心除提供优质服务、最大限度融通资金,保证存款单位自主支配自有资金外,采取存款利率比银行同期利率高 1 个百分点、贷款利率与银行同期利率相同优惠政策。

八、资金调剂业务。资金中心根据集团所属企业资金供求情况,按程序经集团公司审批后,在内部单位有效实施资金余缺调剂,最大限度地满足企业内部资金需求,降低资金使用成本,并按资金价值规律和有偿使用原则办理结算。

九、银行授信业务。负责办理全集团银行授信,根据内部单位金融需求,办理额度分配,监督集团授信额度的有效利用,降低集团金融风险,为企业发展提供金融需求保障;研究分析内部单位贷款的可行性方案,监督其贷款偿还方案的执行;协助内部单位办理自身所需的银行授信和金融支持;协调各子公司因资金上存后的经营投标工作所需的银行存款证明,办理保函和信贷证明业务等。

十、经济担保。负责办理内部单位经济担保业务,拟定集团公司实施担保的管理制度以及防范和化解财务风险的预案,对集团公司每项经济担保业务,提出可供决策的基础意见,评估集团公司因实施经济担保产生的风险。

十一、清欠业务。负责企业外欠款管理工作,制定和完善企业清收外欠款的管理制度;负责集团公司内部单位上交款清收考核;按照市场有偿互利原则,负责集团成员企业内部债权债务的清理和经济纠纷的处理。

十二、保证措施。当前,集团公司资金十分紧张,资金余缺调节势在必行,必须采取强有力的行政手段、优惠的经济政策和优质的服务质量有效实施全集团资金集中管理,达到宏观调控集团资金,降低资金成本的作用。① 限期内不在资金中心开设银行账户且不上存超限额资金的内部单位,停办其在集团公司全部金融业务,并对其单位负责人和总会计师行政警告处分,撤销会计机构负责人(会计主管人员)职务;对于故意分散、隐匿资金,阻挠资金集中管理的从重处罚。② 子公司所属非企业法人单位的会计核算机构在武汉、襄樊和十堰的,不撤销银行账户,不将资金上存至子公司财务部和集团公司资金中心的,撤销其会计核算机构,停止会计主管人员工作和会计从业资格的年检(审)工作,对其单位负责人行政警告处分。③ 资金中心不能完全履行职责的,损害集团公司利益的,撤销资金中心主任职务及追究相关人员责任。

资料来源:http://www.cr11ja.com/dqgz/onews.asp? id=388。

思考题:

1.《××××集团有限公司资金结算中心运作办法》对你有什么启示?

2. 假如你今年刚好被分配到该公司,财务主管要求你修订这份文件,你的修改思路是什么?

第三节　财务公司

在中国经济市场化改革的进程中,一些大型的企业集团纷纷涌现,为了解决集团内部资金运行效率等问题,结算中心这种模式开始在一些企业集团实施。但是结算中心本身并非金融机构,在融资功能上受到一定程度的限制,充其量只是一种以企业集团财务部为主体的内部资金集中管理的方式,还无法承担企业集团金融服务体系的职能。在这种情况下,一些大型企业集团开始考虑将结算中心从集团总部中分离出来,组建拥有多种金融手段、独立核算、具有法人资格的企业集团财务公司。早在 1987 年,经中国人民银行总行批准,中国第一家财务公司——东风汽车工业财务公司成立,此后,经中国人民银行批准又成立了多家财务公司。我们根据中国财务公司协会(China National Association of Finance Companies,缩写为 CNAFC,简称中财协会)网站(http://www.cnafc.org)发布的资料显示,2007 年该协会会员单位有 81 家,如中国电力财务有限责任公司、中国石化财务有限责任公司等。

一、财务公司及其基本特征

应当说,企业集团财务公司是随着我国经济体制及金融体制改革而出现的具有中国特色的为企业集团发展配套的非银行金融机构,实质上是大型企业集团附属的金融公司。大多数情况下,我国的财务公司是在企业集团发展到一定水平后由企业集团申请,主要由集团成员投资入股,经由中国银行业监督管理委员会批准设立的,为本集团成员企业提供企业发展配套金融服务的金融机构,其名称规范为××(集团)财务有限公司。

为了与我国重点大型企业集团改革相配套,我国政府不仅支持企业集团设立财务公司,而且还积极为财务公司的发展创造良好的政策环境。1996 年中国人民银行颁发《企业集团财务公司管理暂行办法》,2004 年 7 月 27 日中国银行业监督管理委员会令 2004 年第 5 号发布《企业集团财务公司管理办法》,2006 年 12 月 28 日中国银行业监督管理委员会令 2006 年第 8 号发布《中国银行业监督管理委员会关于修改〈企业集团财务公司管理办法〉的决定》,明确规定,财务公司是指以加强企业集团资金集中管理和提高企业集团资金使用效率为目的,为企业集团成员单位(以下简称成员单位)提供财务管理服务的非银行金融机构。这个定义,对于企业集团财务公司的基本性质和功能给予了明确定位,对企业集团加强资金管理、提高资金使用效率、依法合规经营提出了要求,为财务公司持续稳定发展定下了基调。

从隶属关系来看,我国的财务公司行政上隶属于大型企业集团公司,是企业集团的成员,受本集团公司的直接领导,业务上受中国人民银行和中国银行业监督管理委员会管理、协调、监督和稽核,是独立核算、自负盈亏、自主经营、照章纳税的企业法人。财务公司与我国银行、证券、信托、保险等金融机构比较,其主要特征表现为:① 在服务范围上,前者局限于某一企业集团内部,而后者是面向社会的;② 前者业务种类更为综合但服务范围不如后者广泛,前者的产业服务专业性突出,后者的金融专业性强。

二、财务公司的组建条件与业务范围

1. 企业集团申请组建财务公司的必备条件

实现从资金结算中心到财务公司的转换,不是所有集团都有资格,必须在符合以下条件的前提下经过中国银行业监督管理委员会审批之后,才能成立。《企业集团财务公司管理办法》规定,申请设立财务公司的企业集团应当具备下列条件:① 符合国家的产业政策;② 申请前 1 年,母公司的注册资本金不低于 8 亿元人民币;③ 申请前 1 年,按规定并表核算的成员单位资产总额不低于 50 亿元人民币,净资产率不低于 30%;④ 申请前连续 2 年,按规定并表核算的成员单位营业收入总额每年不低于 40 亿元人民币,税前利润总额每年不低于 2 亿元人民币;⑤ 现金流量稳定并具有较大规模;⑥ 母公司成立 2 年以上并且具有企业集团内部财务管理和资金管理经验;⑦ 母公司具有健全的公司法人治理结构,未发生违法违规行为,近 3 年无不良诚信纪录;⑧ 母公司拥有核心主业;⑨ 母公司无不当关联交易。

企业集团把一种完全市场化的企业与企业或企业与银行的关系引入到了企业集团的资金管理中,不仅使得集团各子公司具有完全独立的财权,而且还可以通过财务公司以各自独立的经济利益为基础实现对各子公司所进行的约束和现金控制。可见,企业集团财务公司的设置,使得集团最高决策机构对子公司的现金使用和取得由直接干预转变为间接控制,进一步强化了集团总部的管控职能。财务公司作为独立的法人,纳税是必须的,可能加重集团税收负担。同时,财务公司在运营的过程中还要接受来自中国人民银行和中国银行业监督管理委员会的监管,这将有可能导致企业集团资金运作方面的限制。

2. 财务公司业务范围

财务公司可以经营下列部分或者全部业务:① 对成员单位办理财务和融资顾问、信用鉴证及相关的咨询、代理业务;② 协助成员单位实现交易款项的收付;③ 经批准的保险代理业务;④ 对成员单位提供担保;⑤ 办理成员单位之间的委托贷款及委托投资;⑥ 对成员单位办理票据承兑与贴现;⑦ 办理成员单位之间的内部转账结算及相应的结算、清算方案设计;⑧ 吸收成员单位的存款;⑨ 对成员单位办理贷款及融资租赁;⑩ 从事同业拆借;⑪ 中国银行业监督管理委员会批准的其他业务。

可见,在业务范围上,财务公司已经大大超越了资金结算中心,发展成为一个兼具结算中心与融资中心、信贷中心、投资中心于一体的资金管理机构。已有多项证据表明,企业集团财务公司对我国大型企业集团内部成员资金往来的沟通、集团金融资源的有效管理、提升集团凝聚力和竞争力发挥着重要作用。如东风汽车工业财务公司利用金融手段服务于集团资金融通、管理和技术改造,从 1987~2000 年年底累计向企业发放贷款6 500亿元,创利 150 亿元,累计上缴所得税 40 多亿元。

总体来看,资金结算中心和财务公司等不同模式都有着各自的优缺点,对于企业集团来说,采用哪种资金集中管理的模式,不仅要符合国家有关政策法规,更是要结合企业集团发展的实际状况进行选择。只要能够有效改善企业集团资金管理分散、低效的状况,只要能够有效提升企业集团资金管理的效率和效益,只要有利于企业集团财务管理目标的实现,也就达到了集团资金集中管理的目的了。

【阅读材料 6 - 3】

中国石化集团财务公司结算中心的运作模式

中国石化集团公司于 1988 年 7 月成立了中国石化财务公司,经中国人民银行批准于1993 年改制为有限责任公司。集团公司通过在财务公司建立结算中心来开展内部结算,其具体的运作模式如下。

(一)限定结算范围及对象

(1)结算范围只限于集团公司所属成员单位,包括集团公司的全资企业、控股企业和参股企业(包括上市公司和非上市公司),各类企业主体的下属单位只能通过主体企业办理结算业务。

(2)结算对象主要限于集团公司内部的主营产品和业务,如原油购销、成品油购销、原料互供、关联交易等。

(二)资金结算和集中控制体现为"四个统一、三项协议、二级财务控制"

(1)四个统一:①统一结算软件;②统一凭证格式;③统一票据传递;④统一结算报表,参加统一结算的各分支机构必须按公司统一规定的报表格式、时间和要求向财务公司结算中心报送结算统计报表,由总部结算中心每月2日前汇总编报结算报表,送有关领导;分支机构每天下午4:00将"转账结算资金收付及余额日报表"传真至公司结算中心,由结算中心上报有关领导。

(2)三项协议:①转账结算协议。参与内部转账结算的石化企业、大区公司和省市公司分别与集团财务公司签订"内部转账结算协议书",用以规定各方的权利、义务及规范各方经营、结算行为,严格结算纪律,协议主要涉及供货方、收货方、财务公司三方。②周转贷款协议书。为便于结算业务正常开展,严格贷款纪律,界定借贷双方权利与责任,依据"中国石化集团成品油贷款内部转账协议书"的有关规定,甲方(借款方)向乙方(贷款方)申请内部结算周转贷款,专项用于贷款的封闭结算,并由借款方、贷款方签订协议。③票贴现、转贴现协议书。财务公司对开展内部转账结算的企业提供商业承兑汇票和银行承兑汇票贴现业务,财务公司总部按人民银行有关要求,对已贴现的汇票,首先安排向人民银行申请再贴现,其次安排向商业银行办理转贴现。参与贴现的单位首先需持票向财务公司申请、报批、审核、查询并签署是否同意贴现的意见书及转贴现操作建议(包括行别、金额等),申请贴现的单位与财务公司之间必须签订商业承兑汇票和银行承兑汇票协议书。申请单位必须承诺遵守《中国石化财务有限责任公司票据贴现业务管理办法》的各项规定,无条件承担因票据最终承付发生纠纷所造成的一切经济损失,整个结算系统的运作体现了权利、义务和责任的统一。

(3)二级财务控制:第一层级的管理是将整个集团财务公司划分为七块,即中国石化财务有限责任公司和六个财务分支机构(业务点或办事处),每个办事处由财务总部制定所有岗位的责任,从分支机构主任岗、资金计划调度岗、资金结算岗、信贷岗、会计核算岗等均制定了详细而严格的岗位制度,做到各司其职各负其责。各分支机构负责制定自身的经营计划并上报总部,管理所属辖区内各分子公司的资金转账结算(包括票据的流动、资金的流动和信息的传递)、票据贴现和转贴现的协议签订、审核、周转贷款协议的签订和办理存贷款、对各分(子)公司头寸进行控制与集中、内部稽核以及会计核算等业务。第二层级的管理是作为石化财务有限责任总公司又是整个集团财务控制的最高层级,负责整个分支机构经营计划和资金占用额度的审核与批准;内部转账结算、贷款协议、贴现协议、统一票据等规则的制定与审批;对各财务分支机构再贴现和转贴现的统一安排;负责整个集团各分支机构资金统一调配、统一管理头寸,并每日将各分支机构的超定额资金通过银行集中到财务公司总部的银行加以控制和监督;统一由总部稽核处负责对公司本部及各分支机构进行现场和非现场稽核和专项稽核,其职能可以概括为负责整个集团统一信贷、统一规则、统一资金集中、统一资金调配,统一稽核监管,因此这个层级是票据流、资金流和信息流的终端,业务的发生与监控主要是在各财务分支机构与财务公司总部之间进行。

在中国石化的模式中,集团对各分子公司的控制是通过各财务分支机构来实现的,从而体现出资者对资金运用的最终决策和控制权。财务总部对各分支机构的监督与控制,一方面使财务的分层控制成为现实,另一方面更多地体现了总部的战略意图、全局思想、金融风险防范和对出资者利益的保护。

资料来源:选自袁琳、胡德芳:《结算中心案例研究》,经济科学出版社 2004 年版,第 1~14 页。

思考题:

1. 该结算系统的运作中,票据流、资金流和信息流是如何在财务公司结算中心与各分支机构和银行之间实现的? 对参与集中结算的各方是如何界定其权限和责任的?

2. 财务公司采用二级控制的重点和难点何在?

3. 该公司将全资、控股和参股企业的结算和资金集中均纳入财务总公司范围,这是目前大多数公司的做法,你认为这样做,在现阶段有何好处,有何不妥?

三、财务公司的主要职能

根据财务公司的业务范围,在企业集团内,财务公司的主要职能在于:(1)汇集资金,减少集团对外部融资的需求,提高集团资金使用效率;(2)优化集团资源配置,通过财务公司对集团内部资金的统一管理,将闲置资金用于集团急需要发展的项目;(3)通过票据贴现、发行金融债券等方式,增强集团对外融资能力,降低集团资本成本;(4)加强资金使用信息监督,及时了解各子公司资金使用方面的情况,保障集团股东的权益不受侵害。

【阅读材料 6 - 4】

陕煤化集团财务公司资金集中管理面临的问题及对策

我国自 1987 年经中国人民银行批准在东风汽车工业集团成立第一家财务公司,发展至今已特指由银监会行政许可的企业集团内部非银行金融机构,即企业集团财务公司。财务公司不同于单一法人企业的内部银行和结算中心,而是以政府赋予的政策优势和金融功能,更适应多法人的企业集团资金集中管理。陕煤化集团财务公司,2012 年 8 月 28 日经批准设立。截至 2015 年 9 月,公司资产总额 105.7 亿元,其中货币资金 37.24 亿元。负债总额 94.21 亿元,存款余额 73.47 亿元。自陕煤化集团财务公司成立以来,集团资金集约化水平显著提高,全集团资金存量明显下降。但由于开业时间短,其在运行中还存在一些问题。

一、陕煤化集团财务公司资金集中管理存在的问题

（一）资金归集度偏低

2015 年 9 月末，陕煤化集团财务公司资金集中度为 29.42%，远低于财务公司行业平均水平（财务公司行业平均水平已超过 40%）。对于财务公司而言，资金集中度是关键。成立财务公司就是为了集中管理企业的零散资金，提高资金利用率，节省财务交易成本，降低交易费用。资金的集中以及调配是财务公司最基本的职能，可以说没有资金集中就没有财务公司。资金集中度高低往往被作为财务公司资金管理能力的评价指标之一，尽管不能绝对化，但没有资金集中，就如无源之水，财务公司几乎就失去其存在的意义。将资金集中尽量覆盖到集团公司所有或是大部分成员公司，是众多财务公司的愿望，对于众多新开业或开业不久的财务公司而言，这就更需要有一个艰难的过程。

（二）金融服务水平不高

财务公司开始运营至今，由于对成员单位的调研不足，了解不够，金融产品与金融创新还未能有效发挥作用。财务公司对成员单位和集团的了解还处于比较粗浅的程度，对服务对象的需求了解不够，对了解到的很多问题还没有好的产品与办法协助解决。金融产品与服务不能很好地满足成员单位需求，业务品种不全面，服务能力有待提高。其主要表现在两个方面，一是应收票据等集团面临的紧迫的问题，财务公司还没有成熟的产品与方案。二是财务公司肩负集团融资重任，面临金融产品及服务创新的发展压力。

（三）风险管理不到位

陕煤化集团财务公司由于开业时间不长，机构设置较为精简，在内部控制方面做到不兼容职责完全分离十分困难；从业人员很多来自集团其他单位、部门，专业技能略显欠缺；风险管理技术方法相对落后。缺乏系统的风险评估机制，风险管理部现有人员数量与其承担职责不匹配，且风险管理能力有所欠缺。

二、陕煤化集团财务公司资金集中管理产生问题的原因分析

（一）资金流散情况凸显

财务公司的定位不明确，资金管理零散，导致资金集中管理水平低下。对于企业集团财务公司的信贷投放规模有直接影响，并对财务公司进行债券发行与承销、保险代理业务、投资业务等新业务申请产生不利影响，也在一定程度上影响着财务公司行业平均资金集中水平。

（二）金融服务功能创新不足

陕煤化集团财务公司当前的金融服务功能主要是资金集中管理与内部资金结算，单一的金融服务不能满足陕煤化集团企业发展需求。最近几年来，陕煤化集团为了整合上市出现的一系列的经济活动，包括资产重组、股权并购等经济活动，都需要相应的金融服务。受金融分业的限制，陕煤化集团财务公司尚不能满足企业集团快速发展中的金融服

务需求,尤其是综合性的金融服务需求,包括多元化的信贷服务,与金融理财工具等。

（三）未建立全面的风险管理体系

风险管理制度流于形式。财务公司虽明确了风险管理目标,能够根据自身风险承受能力和风险偏好制定相关业务政策,并制定了风险管理的相关规章制度。但在风险管理政策指导具体不同种类风险策略选择和资源配置等方面尚未发挥指导作用,面临着形式主义的情况。

没有形成全面的金融风险管控体系。陕煤化集团财务公司并未采取统一的标准对公司面临的风险进行全面评估,同时存在定性为主、定量不足的问题。由于缺乏技术手段、数据模型,财务公司在金融风险、市场风险与信用风险等评估与分析存在空白。

三、陕煤化集团财务公司资金集中管理改进对策及建议

（一）多举并重提高资金归集度

1. 确立陕煤化集团财务公司为集团资金归集的唯一平台

理顺陕煤化集团财务公司与集团财务部的关系,必须将集团资金整体平移至财务公司,将财务公司作为集团唯一的资金集中管理平台,统一归集资金,发挥财务公司应有的作用。

2. 盘活集团成员单位外部银行的沉淀资金

针对成员单位外部银行资金沉淀问题,陕煤化集团财务公司应该更加深入了解成员单位,加强金融服务满足其业务需求,并由财务公司和集团出面平衡银企关系,通过即将推行的网络化财务核算系统及建立银行账户实时监控来加强资金管理,控制外部银行资金沉淀。

3. 通过金融服务协议归集陕煤股份公司资金

陕西煤业股份公司（以下简称"股份公司"）成立于2008年12月,成立7年多来,股份公司一直为上市做努力,2014年1月28日,股份公司在上海证券交易所正式挂牌交易。在财务公司成立之后,股份公司上市之前,由于考虑到关联交易等政策性制约因素,财务公司一直未将股份公司的资金做统一归集。目前,股份公司拥有大量资金,这部分资金对于提升集团资金集中度、提高资金运营效率有较大影响。鉴于股份公司现在已经上市,财务公司可考虑在政策允许的范围内,通过一系列金融合作服务协议,将股份公司的资金集中到财务公司,切实提高财务公司的资金归集度。

（二）建立电子商业汇票系统提升金融服务水平

陕煤化集团目前资金需求量大,财务公司新增融资任务艰巨,如何充分发挥财务公司的作用,为集团打通融资渠道,切实降低集团的资产负债率,成为财务公司的工作要点之一。但是,目前财务公司的资金主要来源于成员单位的存款和少量其他流动负债。要完成融资任务,并更好地为集团和成员单位做好金融服务,财务公司应积极进行融资业务的创新,围绕企业集团发展的特点,深入研究成员单位需求,培育自己的核心竞争力,使自己的产品和服务不可替代。财务公司在开发票据池产品的同时,应该趁热打铁,建立

电子商业汇票管理平台，实现信息化、电子化流转，提升工作与资金结算效率，降低签票手续费支出，减小纸质票据的管理风险，为成员单位提供便捷高效的商业汇票服务。通过电子商业汇票的转贴现，成功打通票据融资渠道。

（三）建立全面风险管理体系加强风险管理

1. 营造良好的风险管理文化氛围

在全公司范围内进行风险管理文化的宣传、灌输，营造公司整体风险管理氛围。开展风险管理的各类培训，进行风险管理相关知识传递，建立并培养全体员工对风险的认知，创建学习型组织。把每一个岗位作为风险防控的关键点，树立人人有责的观念，使全员自觉加强风险管理。

2. 完善制度保障机制，谨防制度流于形式

要建立完善的财务公司各个部门的制度规范、岗位职责、操作指南、业务流程，确定各个部门、工作岗位、两级机构之间的工作职能，实行权责统一、相互监控的风险管理制度。并加强规章制度的实施，保障财务公司全部的规章制度的实施。在此基础上，持续监控与评估财务公司的相关管理制度，保障公司的规章制度的合理有效适当。

3. 建立全面风险管理机制

建立全面的风险管控组织结构，企业集团财务公司需要确定循序渐进的三道监控防线，建立完善的风险管理组织体系。第一道防线：按照法律、法规和有关制度、流程的规定从事业务经营活动，对经营和业务流程中的风险进行识别和报告，针对薄弱环节及时进行整改。第二道防线：以财务公司风险管理部门为主，联合法律事务部，以企业风险管理制度为中心，加强不同业务部门与职能部门之间的风险辨识、评测、管理与处理工作方案，形成重大风险预警体系，建立风险检测指标评估制度，并加强落实与整体实施。第三道防线：稽查监察功能的职能部门。财务公司的审计部门是独立的部门，负责企业风险内部制度建设与整体工作情况的评估与报告。

资料来源：张碧宇：《陕煤化集团财务公司资金集中管理面临的问题及对策》，现代经济信息，2016 年第 2 期，第 195、211 页

思考题：

1. 哪些因素影响案例中财务公司资金归集度？

2. 在财务服务方面，财务公司可以在哪些方面进行改进？

3. 金融服务功能创新可以从哪些方面着手开展？

本 章 小 结

资金是企业的"血液"，每一个企业都应当非常重视资金管理。企业集团最大的优

势体现为资源的聚集整合性与管理的协同性以及由此复合而生成的集团整体竞争优势。资金集中管理也称"司库制度",其基本含义是将整个集团能够控制的资金全部集中到集团总部,由集团总部统一调度、统一管理和统一运用。企业集团资金集中管理并非一定要把所有资金集中到一个地点、一个银行账户,而是在管理上要做到集中管理,首先是资金信息要共享,资金安排要从集团整体角度来权衡;其次是要在信息共享的基础上,凭借集团总部的掌控权威,实现资金在集团内部可控范围的快速流动,减少个别企业可能存在的资金沉淀,将多个企业可能拥有的少量、分散资金集中使用,提高资金使用的规模效益。

实现资金均衡、顺畅地流动,是企业集团生存和发展的基础。从集团发展战略的高度来看,加强资金集中管理,对于提高资金的使用效率和企业集团整体经济效益,合理配置资源,扩大企业信用,提高企业集团整体竞争力等方面都具有重要作用或意义。选择适合的资金管理模式是企业集团资金集中管理能否取得成功的关键。每一个企业集团需根据各自所处的经营环境结合自身条件和管理的需要,并考虑每种资金集中管理模式的特点来灵活选择,目前运用比较多的有四种形式:统收统支、拨付备用金、建立结算中心、成立财务公司。

资金结算中心是企业发展到一定规模的产物。资金结算中心通常是由企业集团内部设立的,办理集团内部各成员或分公司现金收付和往来结算业务的专门机构。它属于企业集团内部的一个服务机构,既不是集团下属的分公司,更不是独立核算、自负盈亏的具有法人地位的子公司,只是一个资金集中管理与运作的职能部门。资金结算中心最主要的职责是"服务",为企业集团内部成员单位服务,为集团公司整体利益最大化服务。资金结算中心具有计划、结算、调控、筹资等方面的职能。组建资金结算中心需要经过一系列步骤。

企业集团财务公司是随着我国经济体制及金融体制改革而出现的具有中国特色的为企业集团发展配套的非银行金融机构,实质上是大型企业集团附属的金融公司。《企业集团财务公司管理办法》中规定,财务公司是指以加强企业集团资金集中管理和提高企业集团资金使用效率为目的,为企业集团成员单位(以下简称成员单位)提供财务管理服务的非银行金融机构。财务公司的组建必须符合特定条件并经中国银行业监督管理委员会审批;在业务范围上,财务公司已经大大超越了结算中心,发展成为一个兼具结算中心与融资中心、信贷中心、投资中心于一体的资金管理机构。

资金结算中心和财务公司等不同模式都有着各自的优缺点,对于企业集团来说,采用哪种资金集中管理的模式,不仅要符合国家有关政策法规,更是要结合企业集团发展的实际状况进行选择。只要能够有效改善企业集团资金管理分散、低效的状况,只要能够有效提升企业集团资金管理的效率和效益,只要有利于企业集团财务管理目标的实现,也就达到了集团资金集中管理的目的了。

本章参考文献

1. 李春献,陈泽明. 企业集团资金管理的主要模式[J]. 企业改革与管理,2007(7).
2. 陈月明. 企业集团财务问题研究[M]. 大连：东北财经大学出版社,2007.
3. 党五喜. 发挥财务公司功能,发展企业集团功能[J]. 中国财务公司,2001(1).
4. 汤谷良. 高级财务管理[M]. 北京：中信出版社,2006.
5. 孙静芹. 集团公司资金集中管理研究[M]. 北京：中国经济出版社,2004.
6. 袁琳,胡德芳. 结算中心案例研究[M]. 北京：经济科学出版社,2004.
7. 石友蓉,唐玉莲. 企业集团财务管理[N]. 武汉：武汉理工大学出版社,2003.
8. 余咏梅,陈巍珊. 对企业集团组建资金结算中心有关问题的思考[J]. 西华大学学报(哲学社会科学版),2007(6).
9. 王华. 试探企业集团资金管理模式[J]. 财会通讯(理财版),2007(5).
10. 商讫. 我国企业集团资金集中管理的模式,石油科技论坛[J]. 2006(4).
11. 刘烜,谭晓慧. 现代企业集团加强资金管理思路探析[J]. 集团经济研究,2007(5月下旬刊).
12. 李彬. 资金集中管理在集团企业中的运用[J]. 经济师,2007(8).
13. 熊永根. 浅议企业集团资金集中管理的意义[J]. 集团经济研究,2007(4月上旬刊).
14. 石红莲,王克西：企业集团资金集中管理模式初探[J]. 财会研究,2006(4).

复习思考题

1. 请查阅中国人民银行 2006 年 12 月 28 日修订后发布的《企业集团财务公司管理办法》,进一步了解企业集团财务公司相关政策依据,思考《企业集团财务公司管理办法》是如何为财务公司定位的。
2. 资金结算中心和财务公司在运营过程中各有什么特点？
3. 请结合一家企业集团的实例,说明企业集团资金集中管理的重要性。

案 例 题

香港招商局集团资金管理案例

香港招商局集团是一个大型企业集团,自 2001 年秦晓任董事长以来,取得了长足的发展。集团在深圳的蛇口工业区建立了集团结算中心,实行资金集中管理。为保证在资金集中管理的过程中,能够快速为业务服务,公司选购了金蝶 e. 网上结算系统,实现资金结算、融资、定期存取款、利息计算、资金分析、往来账分析、各种表单的输出查询等功能的联网,以满足内部各单位之间的资金结算、融资存款、资金计息和资金分析等方面的需要。该系统的运行,加速了资金周转,同时也有效控制了资金管理的风险。

随着信息化的发展,集团又进一步将网上银行与 ERP(Enterprise resource planning,企业资源计划)系统相结合,实现"银企互联",使得集团资金的统一调配、管理和资金流动的集中监控成为现实。这样一来,集团资金管理体系和资金管理模式的建立、资金流入流出的控制、资金使用的审批流程和特批流程的建议与控制、资金占用的考核、现金流量动态、资金状况和使用情况的实时查询都在一定程度上实现了网络化,体现了与业务系统的关联化和与成员企业财务信息系统的对接。图 6-2 表述了招商局集团资金管理的应用方案。

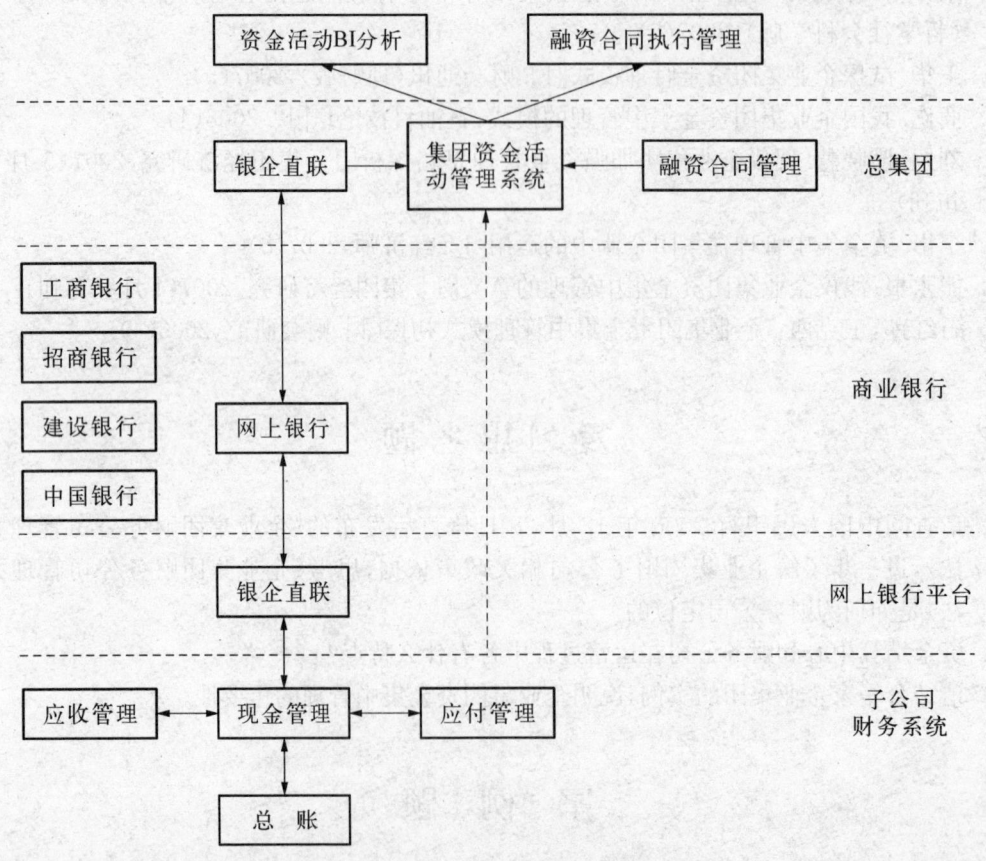

图 6-2　招商局集团资金管理的应用方案

在这个系统中,子公司在现金管理系统中申请付款,审核审批后通过网上银行平台提交到对应的银行网银系统,进行日常收支交易。集团公司通过集团资金活动管理系统进行初始化设置,然后通过网上银行平台的银企业互联从银行的网银系统取得整个集团子公司账号的交易数据。

资料来源:曲海燕:《集团管控和集团供应链管理》,电子工业出版社 2007 年版,第 82 页。

思考题:

1. 什么是应用方案? 它有什么样的功能或作用?

2. 实现"银企互联"对于集团资金管理起到什么作用?

3. 集团资金信息化管理的投资较大,但很多企业集团却还"趋之若鹜",你认为最重要的原因有哪些?

第七章　企业集团投资管理

【本章主要内容和学习要点】

本章主要对企业集团投资管理进行分析和讨论,包括企业集团投资管理的概述、企业集团投资决策分析、集团内部资源的配置和投资风险管理等。在学习过程中,要着重于企业集团投资战略(包括投资风险)方面的考虑,侧重企业集团内部资源的配置,以便最大限度地发挥企业集团的优势。

【课前案例】

摩托罗拉集团的"铱星计划"

摩托罗拉公司是世界财富 500 强企业之一,拥有全球性的业务和影响力,其麾下有三大业务集团:企业移动解决方案部、宽带及移动网络事业部和移动终端事业部。1987 年,摩托罗拉公司的一些工程师考虑使用一个全球卫星系统来建立世界范围的电话通信网络,以保证全球任何一个区域范围内都能够进行电话通信,保证通讯信号的覆盖范围,获得清晰的通话讯号。这一革命性的想法来自摩托罗拉的工程师巴里·伯蒂格的妻子在加勒比海度假时的一个抱怨,说她无法用手机联系到她的客户。回到家以后,巴里和摩托罗拉在亚利桑那州工作的卫星通信小组的另外两名工程师想到了一种铱星①解决方案:由 66 颗近地卫星组成的星群,让用户从世界上任何地方都可以打电话。在一次与摩托罗拉公司高层的见面中提出了项目建议,当时摩托罗拉公司的高层领导是罗伯特·高而文(Robert Galvin)、约翰·米切尔(John Mitchell)和威廉姆·韦茨(William Weisz)。在持续大约两个小时的谈话后,这一计划得到了时任摩托罗拉公司的首席执行官罗伯特·高而文的青睐,他说:"没有任何犹豫,我们三个人在第一次会谈时就批准了这个项目。"他们认为,铱星计划是摩托罗拉技术高超的显示,具有巨大潜力,令人振奋,绝不可放弃,因而"他们没有要求进行

---

① 全球性卫星移动通信系统必须在天空上设置 7 条卫星运行轨道,每条轨道上均匀分布 11 颗卫星,组成一个完整的卫星移动通信的星座系统。由于它们就像化学元素铱(Iridium)原子核外的 77 个电子围绕其运转一样,所以该全球性卫星移动通信系统被称为铱星。

（续上）

现金流预测",在"没有折现,没有净现值,没有内部收益率,甚至没有项目回收期分析"的情况下就给予了支持——他们用主观的判断代替了严格的财务投资分析。

这一项目 1991 年正式启动。摩托罗拉公司投资 4 亿美元建立"铱星世界通讯公司"(Iridium World Communications Co. Ltd)。摩托罗拉拥有该公司 25% 的股份和董事会上 28 席中的 6 席。另外,摩托罗拉公司还作出了 7.5 亿美元的贷款承诺,并给予"铱星"要求再增加 3.5 亿美元的期权。就"铱星"来说,它最终与摩托罗拉签订了66 亿美元的合约,其中 34 亿美元用于卫星的开发,29 亿美元用于维持公司正常运行,"铱星"则要为摩托罗拉建立卫星通信系统提供技术。1996 年,铱星获得联邦通讯委员会(Federal Communications Commission)的经营许可,一个国际范围的支持者队伍共融资 20 亿美元给铱星公司,并克服了卫星升天的种种技术挑战。公司的基本组织结构是一个联合体,由世界 15 个地区性的闸口(gateways)组成(所谓闸口是地面上的信号转输系统,可以收发和转送铱星电话讯号)。铱星公司在全球主要国家设置分公司,通过分公司在各国寻找代理商发展业务。

1998 年 11 月 1 日,在进行了耗资 1.8 亿美元的广告宣传之后铱星公司展开了它的通信卫星电话服务。开幕式上,美国副总统阿尔·戈尔用"铱星"打了第一通电话——电话机的价格是每部 3 000 美元,每分钟话费 3~8 美元。到 1999 年 4 月,公司还只有 1万个用户(设定的目标客户是 60 万户,仅在中国的发展目标就定了 10 万户),面对着微乎其微的收入和每月 4 000 万美元的贷款利息,公司陷入了巨大的压力之中。4 月里,就在公司宣布其季度财务报告的前两天,首席执行官斯坦阿诺辞职,宣称他与董事会在战略问题上发生了分歧。公司内部一位资深人员约翰·理查德森迅速接替斯坦阿诺成为临时首席执行官,但毁灭的阴影却已经笼罩了上来。1999 年 6 月,铱星解雇了 15% 的员工,8 月,它的用户只上升到 2 万个,离贷款合同要求的 5.2 万个相去甚远。1999 年 8 月13 日星期五,在拖欠了 15 亿美元贷款的两天之后,铱星提出了破产保护的申请。

资料来源:根据"铱星计划:摩托罗拉的美妙幻想"(作者:俞利军)和《行为公司金融——创造价值的决策》(作者:赫什·舍夫林,中国人民大学出版社 2007 年版)等资料改写。

思考问题:

1. "铱星计划"为什么会失败?

2. 假如你知道在 2003 年年末,铱星公司停止了商业活动,你有什么感想?

3. 要是罗伯特·高而文等高层领导进行了严格的财务投资决策分析,"铱星计划"就一定能成功吗? 为什么?

第一节　企业集团投资管理概述

一、企业集团投资及其管理原则

（一）投资与企业集团投资

投资是为获得未来的、不确定收益而支付即期价值（成本）的一种财务行为。若是稍微详细一点，可以说投资是投资者在结合对投资标的物进行综合分析（如环境、战略、价值）的基础上，形成较为详细的投资分析的可行性报告，从而进行合理规划以期谋取未来收益的一种行为。

在财务实践中，我们可以观察到，所有公司都非常关心投资问题，关心投资项目的收益与风险。为什么会这样？因为公司持续运营的前提条件是要实现公司价值的持续增长，促进财务管理目标的实现。可以说，投资是实现公司价值持续增长的"动力源"，一旦失去这个"动力源"，公司将会面临危机。在这个过程中，最紧要的就在于公司能否在变化迅速的市场环境下，抓住有利时机，作出合理的投资决策。在这方面，单体公司不同程度地存在一定的局限，于是也就有了组建企业集团的动因，目前理论界已经有交易成本理论、风险分散理论、市场势力理论、协同效应理论等方面的解说，那么，表现在投资上，也需要从企业集团的整体层面考虑投资问题，或者说企业集团投资已然表现出与单体公司所不同。企业集团投资需要从集团整体出发，确定投资规模、投资方式以及相应的投资管理原则。在这个层面上，我们说，对于企业集团来说，创造性的投资非常重要，很大程度上决定着集团的未来发展，以至于不能仅留给财务专家来完成，而应该是组织内部所有高层人员日渐重要的职责。

从世界范围来看，多数大的公司，其发展壮大的过程相对来说要缓慢得多，而轰然倒闭则是有可能在极短时间内完成。比如说国外典型的案例有"韩国大宇集团"、"雷曼兄弟集团"；国内典型的案例有"三株集团"、"巨人集团"、"德隆集团"。这些经典的案例，不能不促使人们更深入地思考企业集团投资问题。

考虑到企业集团与单体公司的不同，我们还必须了解，什么样的投资项目是企业集团投资？集团成员企业的投资是否就一定是企业集团投资呢？为此，有必要提出符合集团投资的要求：① 只有符合企业集团整体发展和未来目标的项目才能够谈得上属于集团投资项目。② 项目要经过企业集团成员企业（子公司、分公司或事业部）充分论证并上报到集团管理层。③ 集团管理层按照集团规定的程序进行研究，以判断项目是否符合集团投资规划和管理方面的要求。

（二）企业集团投资目标与原则

企业集团投资首先要明确方向，也就是要确定投资目标。只有目标确定了，才谈得上确定原则、程序等,最终形成投资管理模式。从理论上看,企业集团投资目标应当坚决服从于企业集团财务目标,但是对于企业集团财务目标的定位,不仅理论上还存在争论,而且实务中很多企业集团几乎还是按照单体企业管理的一套思路去运作。为此,本书将企业集团财务目标定位于"企业集团整体价值最大化",实现企业集团的价值增值。若是达不到这样的目标,企业集团组建的意义也就几乎丧失。具体到企业集团投资来说,目标定位当然不能游离于"企业集团整体价值最大化"。从这个角度来看,企业集团投资需要考虑多种因素,综合研究和发现企业集团的实力,确定未来发展方向,制定相应的发展愿景或规划,在此基础上考虑集团投资方向,判断集团投资决策是否偏离集团财务目标才是有意义的。在此过程中,还需要把握相关的决策原则,否则也容易产生投资目标的偏离。

在某种程度上,原则是从事某项业务必须遵循的基本规则。企业集团投资管理原则是对集团投资规律的总括性的归纳,是集团投资决策过程中需要遵循的基本行为准则。当然,我们也应当认识到,对于企业集团投资来讲,为了保障投资管理的有效性,设置必要的原则是必需的,但在具体的管理实践中也不能死板教条,"一个萝卜一个坑",更多的是在把握相应原则的基础上灵活掌握,进行投资决策,体现财务决策的艺术性。

通常为保证企业集团投资决策的准确性,并对企业集团投资进行全过程有效管理,设置相应的管理原则,但基本上还没有形成较为一致的观点。我们认为,企业集团投资应该遵循下列原则。

1. 产业链整合原则

企业集团的发展,已经不是单体企业的单打独斗,而是一个企业群(至少是两个以上的企业)。企业集团一旦形成就不能再按"老皇历"行事了,否则很可能会导致"集"而不"团"或"团"而不"集"的现象。为此,我们主张企业集团投资决策要遵循产业链整合原则。所谓产业链,原本是产业经济学中的一个概念,是指各个产业部门之间基于一定的技术经济关联,并依据特定的逻辑关系和时空布局关系客观形成的链条式关联关系形态。我们把这个概念引申到集团财务中来,意在说明,企业集团投资扩张过程中不可盲目多元化,而是应当遵循产业链原理,打通一条或多条产业链,以便控制经营风险,实现集团财务目标。实质上就是要以集团核心品牌为"龙头",依靠已经形成的集团竞争优势,创造集团资源整合的动力,从产业链的整体运行效率中谋求集团财务目标的实现路径。

2. 规模经济原则

企业集团的形成不仅是组织结构上的变化,更重要的是要强调竞争实力的增强。毕竟,大并不意味着强,就像胖并不意味着壮一样。那么,企业集团如何"做强"? 不同集团应当都有自己独特的"强身健体"的"锦囊妙计"。从投资的角度来看,发挥集团规模经济效应,形成集团企业协同发展的优势是必须把握的。

一般来说,企业集团实现规模经济的途径可以是集团内部扩张,也可以是集团外部扩张。从内部扩张来看,主要是凭借集团已有的品牌、技术、资金和管理等方面的优势,通过合理化投资,扩大规模,实现规模经济。从外部扩张来看,可以采用联合、兼并、收购等市场运作的方式,扩大生产和经营规模,实现规模经济。我们这里提出规模经济原则,一方面是要提醒集团高层决策者重视利用集团规模经济优势,另一方面也是要告诫决策者,一定要避免盲目自信,片面追求"高"、"大"、"快"的投资。实际上,我们已经在本章课前案例中给出了这方面的暗示。

3. 风险调控原则

任何投资都是需要把握和掌控项目的投资风险。企业集团投资管理应当充分利用集团在管理上的调控优势,防范在投资过程中可能产生的风险,以期能够降低风险,提高集团财务管理绩效。在管理实践中,集团可以根据企业发展战略制定集团投资的合理规划,把能够集中的有限资金运用到既有发展前景,又能实现集团跨行业、多角化经营的子公司,充分发挥成员企业之间在生产能力上的配套、平衡,以增加集团整体销售和盈余上的稳定性和可扩展性。

二、企业集团投资决策内容

从整个集团来看,投资决策由集团总部和成员企业共同完成。

(一) 整个集团和各成员企业投资战略目标

整个企业集团的战略目标由集团总部管理层根据外部环境和自身的发展战略作出决策。集团管理层结合各成员企业的特点和市场需求变化,对投资战略进行调整,用以指导整个集团各成员企业的投资战略。例如,宝钢集团在"十三五"时期提出了"一体两翼"的发展战略,即"打造以钢铁为主体,以绿色精品智慧制造和钢铁生态圈平台化服务为两翼的国有资本投资运营公司"。与上述战略相呼应的产业组合为(钢铁及相关)制造板块、(钢铁及相关)服务板块、金融板块、不动产板块。在这一发展战略下,各板块企业都明确了自己的投资战略。其中钢铁板块的战略目标为:成为全球最具竞争力的钢铁企业,成为最具投资价值的上市公司。上海钢铁基地要打造成为全国最强的精品制造基地,在规划期末实现粗钢产能1 720万吨。湛江基地要建立世界最高效率的碳钢板材工厂,规划期末实现粗钢产能900万吨;梅钢基地要建成具有相当竞争力的一流钢铁企业,成为股份公司热轧、酸洗、镀锡板材精品基地,在规划期末实现粗钢产能760万吨。

(二) 各成员企业投资项目确定

在各成员企业投资战略的基础上,各成员企业根据不同时期市场需求,制定投资项目计划,在经所在企业董事会审定的基础上,上报集团总部,形成整个企业集团的投资汇总计划。在这一阶段，各成员企业既要考虑本企业投资战略安排，也要考虑市场需求变化，制定出适当的投资计划。仍以宝钢集团的钢铁板块产业为例，宝钢股份在 2015 年钢铁产品普遍过剩、市场竞争激烈的基础上，确定了以冷轧汽车板材、超高强度钢材、硅钢三大类产品项目作为投资重点；组建欧冶云商股份有限公司扩大钢铁的电子商务规模，这些为宝钢的钢铁产业在市场困境中创造业绩奠定了良好的基础。

（三）企业集团根据整体发展战略，考虑融资能力等因素，确定整个集团投资安排

各成员企业在确定投资项目时，对于企业集团整体的发展战略和融资能力考虑相对较少，而这又是影响各投资项目可行性的重要因素，这就需要集团总部管理层综合考虑企业集团发展战略，结合市场融资渠道和容量，确定投资项目安排。仍以宝钢集团为例，2014—2015 年度主要产业企业投资规模如表 7-1 所示。

表 7-1　2014—2015 宝钢集团主要子公司投资规模统计表　　　　单位：亿元

主要子公司	2015 年	2014 年
宝钢股份	5 750	8 110
宝信软件	480	352
华宝信托	1 000	800

（资料来源：上市公司财务报告以及宝钢集团网页。）

三、企业集团投资管理模式

无论是企业集团的投资规模还是投资方向，都将在很大程度上影响集团公司的发展方向，因此企业集团的投资管理应当在集团管理总体制的框架之下建立适应集团发展需要的投资管理模式。比如根据集团管理体制确定集权型、分权型或混合型投资管理模式。

无论选择哪种投资管理模式，都应当将集团财务治理与集团财务管控有效地结合起来考虑。母公司应建立健全子公司对外投资立项、审批、控制、检查和监督制度，并重视对投资项目的跟踪管理，防止出现只投资不管理的现象，规范子公司投资行为。在母公司对子公司资金加以集中管理之后，投资管理可以适度分权，即子公司根据具体情况有权制定一个限度金额以下的投资项目。但在总体上，子公司投资项目的总投资额占集团总投资额的比例应当有一个限度（如不超过 10%）。一旦投资总额或比例超过上限，集团公司应将项目纳入集团公司投资项目下统一权衡。当然，考虑到各个集团内部情况的实质性差异，也可以根据集团所辖子公司的等级来划分投资权限，并规定超过规定限额的投资项目要向母公司提出申请，获得批准后方可投资。

【阅读材料 7－1】

香港招商局投资管理模式的转换

香港招商局现为国家驻港大型企业集团,可谓是一个名副其实的百年老店,创立于1872 年 12 月 26 日,是中国民族工商业的先驱,被人们誉为"中国民族企业百年历程缩影"。

2001 年之前的香港招商局集团,由于总部在向子公司提供资金、信誉的同时,对子公司缺乏规范、有效的控制和管理,使得子公司的投资行为既分散又无序,结果导致了集团债务的急速膨胀,集团不得不背负着子公司投资、扩张行为所形成的大部分负债,同时又无法掌控子公司的运营行为。在香港受到金融风暴影响之时,集团陷入严重的资金匮乏危机,整个集团资产负债严重比例失调,资产流动性差,资金链极其脆弱。

2001 年,中信集团副董事长秦晓调任招商局集团董事长,可谓临危受命。秦董事长走马上任之初就带领集团领导班子,以集团财务管理为切入点,以加强集团管控,培育和增强集团核心竞争力为根本目标,采取了以下系统的管理措施,一是集中投资权,使投资决策由集团集中控制;二是统一了集团财务制度,实行集团一级公司的财务负责人由集团委派;再次是集中风险控制,对债务和担保实行集中控制;四是集中资金管理;五是建立集团财务信息系统。

经过三年奋战,通过加强资产管理,优化资源配置,调整产业结构,聚焦核心产业,推进集团专业化管理和规范化经营,整个集团的财务状况获得了极大的改善,使招商局总体上进入了一个财务健康发展的新阶段。

思考题:为什么香港招商局转换投资管理模式?

第二节　企业集团投资决策与内部资源配置

企业集团投资决策是关系企业集团未来发展的重大事项,应当如何开展企业集团投资决策,不仅是集团财务主管需要关注,而且企业集团整个高层决策团队必须要用心关注并认真做好的重大决策。

一、企业集团投资决策的一般程序与方法

正是因为企业集团投资决策事关重大,所以必须遵循一定的程序。当然,并非所有遵循投资决策程序的投资决策都一定能成功,但至少是大部分投资决策失误都是因为没有遵循投资决策程序而造成的。因而,在某种程度上,了解并遵循一定的投资决策程序,运用一定的投资决策方法,对于投资决策的正确性是有帮助的,毕竟投资决策是针对未来

的,我们不可能把所有影响投资决策的因素全部考虑周到,多数决策是在信息不完全、不确定的情况下完成的,这时,程序就显得重要了。不仅是要保证投资决策的正确,而且也是要保证决策者的投资决策行为不至于出现偏差。

(一) 企业集团投资决策的一般程序

不同的企业集团在投资决策的程序上应当有自己的特点,我们就企业集团投资决策应当遵循的一般程序作简要归纳。

1. 明确投资的战略方向

集团投资最重要的是要增进企业集团的核心竞争力,毕竟,即使已经组建企业集团,但并不能解决资源稀缺问题,只能集中优势资源,在集团所处的优势行业继续做强、做久,谋求可持续发展的根基更加稳固。这种战略方向的明确,更多地体现在企业集团的产业选择上,香港招商局的成功应当归益于当年集团管理层在产业选择上的重大决策,该集团主要领导曾言,集团在产业的选择上有一个过程,这个过程在 2001 年才有了结果,选定了"三驾马车",即交通运输、金融、地产,细分就是港口和基建、能源运输和物流、金融、地产,应该是四个产业类型,从 2001 年开始实施战略调整,到今天基本上是成功的,招商局核心产业布局进一步合理化。若是没有明确的投资战略方向,集团财务的发展前景必将笼罩上一股阴影。

2. 制定投资战略规划

一旦投资的战略方向明确,还需要进一步形成企业集团战略发展的规划,实施有计划、有步骤的战略举措。当年,香港招商局就在五年规划中确定了实施"新的再造工程"作为集团总体发展战略,决定在 2006 年的基础上,用五年时间"再造一个招商局",将招商局构建成为具有国际竞争力的和谐企业,为实现招商局的"第三次辉煌"作出贡献。"2007年,集团取得标志性发展,盈利再创历史新高,利润总额、净利润分别近 200 亿和超 110亿;集团资产规模也有较快增长,现拥有总资产人民币 2 159 亿元,管理总资产人民币15 020 亿元。招商局用一年时间基本实现了'新的再造工程'的财务目标。"[1]

3. 确定投资的目标

战略方向和规划明确之后,还需要集团上下通过投资机会的筛选,进一步确定投资的目标,也就是要选定哪个产业当中的具体投资项目。作为企业集团来讲,并不是所有的投资项目都要上的,关键是要在项目可行性研究的基础上进行筛选。可以从企业集团母子公司的角度分别进行评价,在沟通讨论和沟通的基础上,确定投资目标。

4. 编制年度投资计划

为了保证投资项目的顺利,做到资金安排有度是非常重要的。为此,企业集团、各成员公司,应当根据已经确定的集团投资战略与投资目标(已经通过可行性分析和评估的投

---

① http：//finance. sina. com. cn/hy/20081008/20215368833. shtml.

资项目),编制各自的年度投资计划,形成项目投资所需资金的预算方案,报送集团投资中心,以便进一步统筹安排资金。

5. 进行投资组合和优化

企业集团的投资中心在收到各成员企业报送的投资计划之后,还应当根据投资项目的轻重缓急进行投资项目的优化筛选和组合,形成企业集团年度投资方案,上报企业集团董事会审批之后下达各成员企业。

6. 董事会决策审批

集团董事会是集团投资的最终决策机构,不过,为了保证集团投资决策的有效性,集团内部通常还应组建由有关专家参与的投资发展委员会,在董事会最终审批之前,由投资发展委员会对投资中心上报的投资方案进行最后的考察和评议,比如考察投资项目与企业集团长远发展规划的匹配性、与内外部环境的协调性,权衡项目投资风险与收益的对等性,从而形成对具体投资项目或方案的调整或取舍建议,供董事会审议决策。董事会需要召开会议对具体投资项目或方案进行最后拍板,只有经过集团董事会审批的投资项目,才能正式下达执行。

(二) 企业集团投资决策的一般方法

企业集团投资决策中采用的方法是依赖于投资决策过程中所经过的一系列程序来进行的。在某种程度上是通过投资决策所履行的基本程序和整个投资决策过程中各种不同评价方法综合得出的。这里的各种不同评价方法与单个企业投资决策所采用的现金流分析法基本上是一致的,每个具体的投资项目要进行投资可行性评价都离不开计算净现值(NPV)、内含报酬率(IRR)等财务评价指标。

1. 净现值及其计算

净现值法是运用投资项目的净现值进行投资评估的基本方法。净现值(Net Present Value,简称 NPV)等于投资项目未来净现金流量按资本成本折算成现值,减去初始投资后的余额。

$$NPV = \sum_{t=1}^{n} \frac{CI_t - CO_t}{(1+i)^t} - C_0$$

其中: NPV 表示净现值;CI_t 表示第 t 期现金流入量;CO_t 表示第 t 期现金流出量;i 表示折现率或资本成本;n 表示项目经营周期;C_0 表示项目初始投资额。

该方法的决策原则是选择 $NPV > 0$ 的项目,也就是未来现金流量的现值大于初始投资额,即:

$$NPV = \sum_{t=1}^{n} \frac{CI_t - CO_t}{(1+i)^t} - C_0$$

$$\Rightarrow \begin{cases} NPV > 0 \Leftrightarrow \sum_{t=1}^{n} \dfrac{CI_t - CO_t}{(1+i)^t} > C_0 \\[3mm] NPV = 0 \Leftrightarrow \sum_{t=1}^{n} \dfrac{CI_t - CO_t}{(1+i)^t} = C_0 \\[3mm] NPV < 0 \Leftrightarrow \sum_{t=1}^{n} \dfrac{CI_t - CO_t}{(1+i)^t} < C_0 \end{cases}$$

该指标的特点是,它不仅可以告诉人们是否应当接受某一个项目,而且可以告诉人们,投资该项目对股东财富的经济贡献的大小是多少,即计算所得的 NPV 数额。

2. 内含报酬率及其计算

内含报酬率(Internal Rate of Return,简称 IRR)是指项目净现值为零时的折现率或现金流入量现值与现金流出量现值相等时的折现率。

$$NPV = \sum_{t=0}^{n} NCF_t (1 + IRR)^{-t} = 0$$

为了计算 IRR,经常使用插值法(也称试错法),计算公式如下:

$$\frac{IRR - i_1}{(i_2 - i_1)} = \frac{NPV_1}{NPV_1 + |NPV_2|}$$

其中:i_1 和 i_2 为估计的折现率,NPV_1 和 NPV_2 分别为 i_1 和 i_2 所对应的净现值,其中一个为正数,一个是负数。该公式可以通过图 7-1 给予说明,同时也易于记忆。

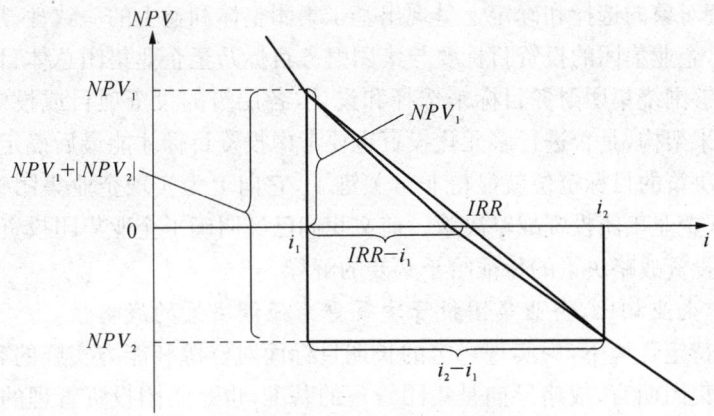

图 7-1　插值法的计算示意图

该方法的决策规则是,当 IRR 大于或等于企业所要求的最低报酬率(即净现值中的贴现率),接受该项目;IRR 小于企业所要求的最低报酬率,放弃该项目。由于 IRR 本身不受资本市场利率的影响,完全取决于项目的现金流量,因此 IRR 反映了项目内在的或者说真实的报酬率。

不过,企业集团投资决策更为强调投资项目的组合方法。1997 年 Moonman 和 Fabrycky 提出了项目组合决策模型,提出了以项目组合形式取代以单个投资项目为评价对象的思路。其中项目组合是由根据单个投资项目所获取、消耗的资源和所带来的收益之间的关系建立起来的项目群。通过模型可以对不同投资项目的组合进行收益排序,很明显,收益大的投资项目组合要优于收益小的投资项目组合。国内也有学者主张运用博弈论理论来讨论企业集团投资安排,但要在实践中通过设计诱导机制来实现集团内多个成员企业同时提出的投资项目申请,操作起来还是比较困难的,当然理论上是可行的,而且也确实可以通过博弈模型的设计证明其在优化企业集团投资安排上的有效性。为此,我们主张,从实务操作的层面来看,无论采用何种方法,只要能够把投资项目组合及其可能结果列示出来就行。因为,只有把各种投资组合所形成的行动方案的可能结果简单明了地表示出来,才能有助于决策分析者和集团高层决策者认识到各种行动方案的利弊得失,从而在权衡中作出决策。

二、企业集团投资决策

企业集团投资决策与单体企业存在差异性。这种差异性表现在多个方面,下面我们仅就企业集团投资决策的特征、集团跨行业投资决策和企业集团投资决策中的税收筹划进行分析。

(一) 企业集团投资决策的特征分析

企业集团是一个以产权或股权关系为核心的资本纽带联结下的多法人的企业联合体,必然在投资对象的选择和确定上呈现出基于集团整体利益上的一致性、层级性和多元性特征。同时,企业集团的投资目标要与集团财务目标乃至企业集团总体目标保持一致,投资目标要能够围绕集团财务目标来选择和设计,各层级的投资项目或投资项目组合要围绕投资目标来架构,是否进行多元化投资也要考虑投资目标才能最后确定。这样一来,企业集团投资决策的目标定位就显得非常关键了,它向上为实现企业集团整体理财目标服务,向下统驭企业集团投资战略决策。前文我们已经明确了企业集团投资目标,这里我们就企业集团投资战略决策的特征给予必要的解释。

1. 与单体企业相比,企业集团投资决策更为强调决策的战略性

战略是在特定环境下,为实现一定的长期目标而对资源和能力实施的有效配置和组合。对于企业集团而言,战略导向是集团管理的基准,也是集团投资管理的基础,谈到战略,它是一个既要抓方向又要抓主动权的问题。企业集团的投资决策必须强调决策的战略性,以战略的眼光来审视投资项目或组合对集团长远利益和发展方向的影响,各个成员企业在优选上报投资项目时既考虑本企业未来发展,也研究该项目对企业集团整体利益或发展战略的影响。从这个角度来看,企业集团投资战略性分析要站在企业集团整体战

略发展的立场来考虑投资项目或投资组合,各个成员企业的投资或投资战略要服从整个企业集团的发展战略要求的大局。

2. 企业集团投资决策需要兼顾归核化和多元化的统一

企业集团投资是否多元化,是集团最高管理层在进行投资战略决策时必须首先考虑的问题。一般来说,企业集团都有核心企业或核心产业,在发展的过程中对企业集团起着"中流砥柱"的作用,集团的投资及其未来发展基本上是以之为基础或者为圆心进行同心多元化发展,而且,企业集团一旦发展到一定规模,决策者进行投资决策的标准也在某种程度上表现为归核化和多元化的统一,既要考虑集团要为股东创造财富、为集团整体价值的提升服务这个核心决策指标,又要兼顾为社会创造财富、为顾客创造价值、为员工创造发展的机会等其他准则,从而形成一个以企业集团经济效益为核心的多元化决策标准。但总体上来看,要以形成和提高集团核心竞争力,从而提升企业整体价值为最终目标。

3. 与单体企业不同,企业集团投资决策更应当注重系统性

企业集团投资是一项系统性强的财务活动,不同于单体企业。单体企业只要考虑本企业实际投资状况就可以了,企业集团投资决策必须以集团整体利益为重,从各个成员企业的不同投资项目中进行投资组合,企业集团投资不仅针对某个投资项目而是针对整个企业集团所进行的投资安排。也就是说,企业集团投资是由各成员企业多个投资要素组成的一个具有系统性的集合,各要素之间存在着相互作用或影响的特定关系。为此,企业集团投资决策应当将更多的注意力放在如何通过投资安排来实现组建企业集团的宗旨及其所带来的利益。

(二) 企业集团跨行业投资决策分析

企业集团在发展壮大的过程中,必然要涉及跨行业投资的问题,也就是必然要面临是否涉足企业集团所处行业之外的行业投资。对于跨行业投资,企业集团需要从总体上考虑是否有利于集团整体价值增加? 是否有利于集团核心竞争力的提升? 是否有利于促进集团长期稳定的经营? 要是有利,就应当考虑投资一些有潜力的行业,或者是通过资本运作的形式吸收、合并其他行业的企业,以促成集团财务目标的实现。

从理论上看,企业集团跨行业投资,可以是与主业相关的产业链整合,也可以是与主业不相关的行业上的投资。不过,集团初涉同主业不相关的行业上的投资时,应当慎重考虑将要进入的行业类型、特征及其未来发展的趋势,还应当充分评估进入时机和投资风险。比如电力集团投资房地产业、旅游业;钢铁集团投资乳业;旅游集团投资高科技(如纳米、信息)行业,都是需要特别重视的。我们主张,企业集团对非相关行业的投资要在额度上有所控制,在行业的选择上可以关注高现金流的行业,这样一方面可以积累经验,另一方面即使出现难以控制的局面,也不至于出现较大风险,从而保证企业集团整体目标不受太大影响。

基于与主业相关的产业链整合,主要是考虑到企业集团在发展的过程中必然要涉及经营范围、内容和手段上的不断深化问题。为了扩大经营范围,能够有效管理和控制集团

经营风险,谋求集团整体利益的提高,集团在进行投资决策时可以有意识地理顺产业链,通过并购或投资自建,构筑能够控制上游供应商、下游经销商乃至顾客的产业链条,实行纵向一体化策略,从产业链的整体运行效率中谋求市场竞争优势,实现产业链上的整合效应。

1. 与主业相关的产业链整合可能带来的好处

对于企业集团投资决策者来说,需要明确产业链整合能够带来哪些益处?从理论上看,基本上可以归纳为以下几个方面:第一,可以降低交易费用。如果通过市场交易过程来保证同上下游生产过程的联系时,交易费用较高,风险较大。整合之后,企业之间的关系变为一种内部协作关系,交易过程的连接和相互配合的有效性将能够在管理者的协调下得到更大程度的保证。第二,可以消除市场压制。比如说保证原材料的供应不受市场上其他厂商的限制。第三,发挥产业协同效应。比如铁路、电信、电力等行业通过一体化形式解决高度复杂的内部协同问题。第四,获得税收优惠。充分利用税法赋予企业的权利,最大限度享受税收优惠政策。第五,实现技术转移或扩散,延长技术的生命周期。

2. 与主业相关的产业链整合的趋势

从国内目前产业链整合的发展来看,主要表现为以产权关系为纽带,以并购等资本运作方式为手段,通过与主业相关的产业链整合,实现优势互补、资源共享、流程对接和文化融合,从而在深度合作的基础上追求集团整体效益的提升。多数企业集团在开始产业链整合之前,就已经有了集团发展的战略规划,一旦时机成熟就通过一系列频繁的资本运作(如重组、收购、兼并、入股)来整合产业链。在此过程中,并非所有企业都依托集团已有的价值链或产业链模式,而是根据在资本运作的过程中就开始架构和设计产业链的"链主",考虑每个链环上的运作效率对整个产业链整体运作效率的影响。也有企业集团有意加强产业关联,形成扩展形式(如重叠、替代、交叉)的产业链。

3. 产业链整合可能导致的隐患

企业集团的产业链整合,很可能是一项"伤筋动骨"的战略举措,讲究的是"链主"设置要能够与"链环",乃至整条"链身"的协调和匹配,以便产生辐射效应。为此,我们主张企业集团最好开展与主业相关的产业链整合。慎重对待产业链的重构,在某种程度上,重构产业链不仅有可能影响整条产业链的竞争优势的发挥,甚至有可能影响整个企业集团的发展命运。此乃可能导致的隐患之一。

可能导致的隐患之二是集团在资源储备和管理上可能出现"水土不服"的症状。集团开展产业链整合,实际上是一种扩张行为,显然需要大量的人、财、物作为支撑。即使是以兼并、收购为基本方略,实际可用的、能够"独当一面"的管理方面的"将才"和资金上的保障都有可能存在较大的风险,一旦遭遇宏观经济形势变动或国家金融政策上的变化,风险就更大。

还有可能存在的隐患是企业集团产业链整合之后,在经营风险和市场垄断两个方面同时增大的趋势。从经营风险来看,有可能是同一条产业链上的企业同时遭遇"滑铁卢",比如曾经在我国纺织行业出现的"压锭"现象,上下游企业同时受其影响,损失额同比例放大。从市场垄断方面来看,产业链整合有利于企业获得更广泛的资源,增大企业集团的规模,增强企业集团的实力和对市场的控制能力,随之而来的可能就是"企业帝国",这样可能形成对其他企业的压力和对整个社会福利的损害。

总之,"大"也不好,"小"也不行,企业集团投资管理关键是要讲究一个"度"。到底什么是"度"? 需要集团高层领导在集团投资决策的过程中根据实际状况进行"合理"的把握。

(三) 企业集团投资决策中的税收筹划

税收支出作为一项隐蔽的潜在成本,往往会被企业集团在投资决策过程中忽略。我们认为,既然企业集团投资决策是以"企业集团整体价值最大化"为目标,就需要既考虑显现成本又兼顾隐性成本。毕竟税收支出是企业集团总体收益的一个抵减项,是集团经济利益的流出。减少企业集团的税收支出,不仅可以增加企业集团整体收益,而且可以减少投资风险。只要在国家税收法规允许的范围内,一定要考虑投资过程中的税收成本的支出的减少,这就牵涉到一个令所有企业都感兴趣的话题——税收筹划。所谓税收筹划是纳税人或其代理机构在遵守税收法律法规的前提下,通过对企业或个人涉税事项的预先安排,实现合理减轻税收负担目的的一种自主理财行为。

企业集团投资决策过程中需要考虑的税收筹划内容主要有以下几个方面。

1. 投资区域的选择

国家在税收征管方面,有很多特殊的优惠政策,高新技术开发区有政策、东北老工业基地有政策、老少边穷地区有政策、上海浦东开发区有政策、经济特区有政策、西部地区有政策、沿江地区有政策。对于天津的滨海新区,我们国家从 2006 年也已经给了政策,针对建在滨海新区的企业所得税税率为 15％,享受低税率的税收优惠。从区域上讲,企业集团投资要考虑到纳税的特殊区域。这方面可以多研究一下《中华人民共和国企业所得税法》、《中华人民共和国企业所得税法实施条例》,以及其他税收政策。

2. 投资行业的选择

从行业来看,2008 年 1 月 1 日开始执行的《中华人民共和国企业所得税法》已经明确以"产业优惠为主、区域优惠为辅"的格局,实行对农、林、牧、渔业项目的税收优惠;对国家重点扶持的公共基础设施项目投资经营的税收优惠;对从事符合条件的环境保护、节能节水项目的税收优惠的政策。对国家需要重点扶持的高新技术企业,减按 15％ 的税率征收企业所得税。对符合条件的小型微利企业①,减按 20％ 税率征收企业所得税。企业集团

①　小型微利企业是指企业的全部生产经营活动产生的所得均负有我国企业所得税纳税义务的企业。符合下列条件,享受优惠:行业类型为从事国家非限制和禁止行业;年度盈利水平为年度应纳税所得额不超过 30 万元;从业人数为工业企业从业人数不超过 100 人,其他企业从业人数不超过 80 人;资产总额为工业企业资产总额不超过 3 000 万元,其他企业资产总额不超过 1 000 万元。

在选择投资项目时,需要考虑所进入行业的税收优惠,当然最重要的是首先要进行是否进入该行业的决策,也就是前面所说的是否实行产业链整合或者进行跨行业投资。

3. 投资方式的选择

不同的投资方式所涉及税收问题也是有差异的。比如说股权投资和债权投资可能涉及税收差异;现金投资、有价证券投资或企业整体资产转让(包括应税资产转让和免税资产转让)也涉及税收差异问题。

4. 成员企业组织形式的选择

根据新的《企业所得税法》,企业集团分支机构所得税的缴纳可以有两种方式:一是分支机构独立申报纳税;二是分支机构集中到总公司汇总纳税。至于最终采取何种形式纳税,取决于分支机构的性质是子公司还是分公司。若是母公司所在地的所得税税率较高,可以考虑在税率较低的地区设置子公司,分别纳税,享受税收优惠;分公司不具有法人资格,按新税法规定,不能成为纳税主体,其所得必须与总公司合并一起纳税,若总公司或子公司当年发生亏损,合并在一起可以减少所得,起到减税效果。

总体来看,企业集团投资决策时,需要关注以下几个标准:① 是否与企业集团整体战略目标相一致;② 是否有利于企业集团价值创造;③ 投资报酬率是否超过最低可接受收益率(综合资金成本);④ 企业集团的综合财务能力能否能够承受。

三、企业集团内部资源配置

应当说,企业集团一旦组建,其可以支配的资源必然多于单体企业。如何配置这些资源,最大限度地发挥资源优势,是集团各级管理层都需要研究的重大问题。

1. 资源配置:集团财务管理的重要职能

随着公司组织的发展,一些企业拥有多个经营单位或形成企业集团之后,内部各单位之间就可能为各自的利益而展开竞争,比如争夺资源、争取投资机会等,此时,集团总部为追求整体利益最大化,就需要将能够控制的所有资源集中起来进行重新配置。按照经济学的定义,所谓资源配置是对相对稀缺的资源在各种不同用途上加以比较作出的选择。对于企业集团而言,资源配置是由集团公司对其能够掌控的所有资源进行合理有效的安排,以谋求集团整体层面效益提升的一种管理行为。这里的资源是指企业集团能够控制的人力、物力和财力的总和,是集团谋求进一步发展的基本物质条件。经济学原理告诉人们,在社会经济发展的一定阶段上,相对于人们需求,资源总是表现出相对稀缺性,这就要求人们对有限的、相对稀缺的资源进行合理配置,以便用最少的资源耗费,生产出最适用的商品和劳务,获取最佳的效益。企业集团自然也不例外,虽然集团可支配的资源多了,但也增加了合理配置的难度,特别是一些大型的、跨行业的企业集团,资源配置合理与否,对企业集团的未来发展有着极其重要的影响。一般来说,资源如果能够在集团内部得到相对合理的配置,集团整体经济效益就有可能显著提高,经济就能充满活力;否则,经济效益就明显低下,有时甚至会阻碍社会经济的发展。从这个角度来看,我们把资源配置认定为企业集团必须具备的一个重要职能。

2. 利用内部资本市场实现集团内部资源配置

内部资本市场是相对于外部资本市场而言的。由于商业银行、投资银行、养老金、抵押贷款的提供者、房屋中介、保险公司等金融中介组织(机构)是与公司(或企业)相分离的,故得名"外部资本市场"。从企业集团的角度来看,内部资本是指企业集团能够控制的自有资本。钱德勒认为[①],现代企业的显著特征之一就是它们包含许多不同的业务部门。由于不同业务部门拥有不同的投资机会,企业总部为了追求整体利益的最大化,需要用一只"看得见的手"在不同部门之间调配资本、劳务和技术等内部资源,以提高投资效率。1975 年,威廉姆森将企业内部各部门围绕资金展开竞争的现象称为内部资本市场(Internal Capital Market,简称 ICM)。内部资本市场的形成替代了外部市场的内部作用,交易成本理论的支持者认为,采用内部市场和科层制权威关系协调企业内部生产经营的各个环节,是企业组织治理机制的选择。通过引入价格机制,在企业(集团)内部实现了权威配置资源和市场配置资源的结合,从而实现了亚当·斯密的"看不见的手"和钱德勒的"看得见的手"的紧紧相握。

通过内部资本市场运作(图 7-2),企业集团内部各成员企业既节省了信息搜索成本又在一定程度上规避了投资风险,因为内部市场主体能够以更快的速度、根据更可靠的信息来判别内部资本市场上的资金使用者和借贷者。更重要的,在内部资本市场上,作为出资者的企业(集团)总部是资金使用成员企业资产的直接所有者,拥有剩余控制权,有别于外部资本市场的出资者。在企业(集团)整体利益最大化目标驱使下,就可能形成以高投资回报率项目取代低投资回报率项目的内部资本市场优势。

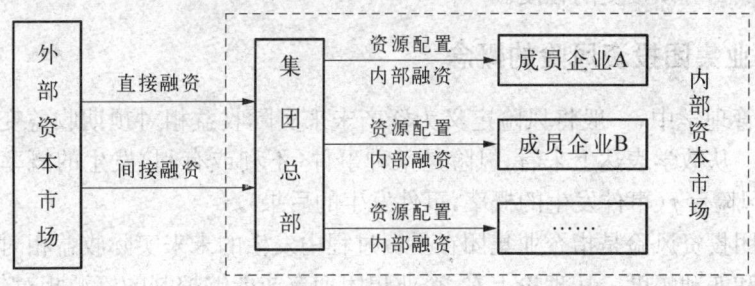

图 7-2　企业集团内部资本市场运作模式

国外有研究表明,美国通用电气公司财富的增加,直接来源于内部交易市场的存在和资源再配置的优势。我国学者周业安、韩梅也曾经以华联超市"借壳上市"为例,分析了中

---

① ［美］钱德勒:《看得见的手——美国企业的管理革命》(中文版),商务印书馆 1987 年版。

国上市公司内部资本市场的存在性[①]。他们的研究指出,华联集团通过内部资本市场将两个投资机会分别配置到两家上市公司,并达到了股票市场监管法规所提出的再融资条件,从而得到了融资渠道;而且他们还认为,在转型和新兴资本市场上,企业决策者会主动构造出内部资本市场来创造价值。可见,在他们看来,中国上市公司确实存在内部资本市场,而且还在一定程度上发挥着有利于企业集团的积极作用。

我们认为,从中国当前企业在获取外部融资的过程中受到较强的资金约束的情况来看,内部资本市场能够把有限的资源有效地在项目之间重新进行配置的意义将会更为重大。因为在公司治理不太成熟的条件下,企业(集团)高层决策者很容易发生"寻租"行为,外部投资者也不会为项目提供足够的融资,从而导致单体企业的融资很难达到最优水平。同时,无论是企业还是企业集团,资金总是稀缺的,为了追求整体利益的最大化,需要把资金投向边际收益更高的开发项目上,在这种情况下,集团总部配置资源的作用就十分重要。

当然,对于我国这样的新兴资本市场国家来说,企业集团建立内部资本市场,需要注意可能存在的寻租行为、跨部门(企业)补贴[②]、过度投资、激励缺失等方面的问题。

第三节　企业集团投资风险管理

企业集团投资存在不同程度的风险是毋庸置疑的事实,但为了获取未来财务收益,实现集团整体财务目标,所有企业(集团)都必须要在承受一定程度风险的基础上谋求经济效益的最大化。为此,我们需要了解企业集团投资风险及其控制的基本策略,尽量把集团投资风险降低到可以接受的程度。

一、企业集团投资风险的概念

在财务管理学中,一般将风险定义为资产未来实际收益相对预期收益变动的可能性和变动幅度。从数学表达上来看,风险是某种事件(不利或有利)发生的概率及其后果的函数。即:风险=f(事件发生的概率,事件发生的后果)。

企业集团投资风险是指企业集团在投资过程中发生的未来实际收益相对预期收益变动的可能性和变动幅度。从理论上看,企业集团拥有或能够控制的资源相对较大,在投资项目的对象、额度、范围等方面都与单体企业有所差异,一旦投资决策付诸实施,投资风险的控制与把握,显得更为重要。要是把握不当,影响或波及的层面比单体企业既广又深,

---

① 周业安、韩梅:《上市公司内部资本市场研究》,《管理世界》,2003 年第 11 期。
② 也称内部"平均化",指集团总部通过内部的"准市场",用集团内部的某一公司的资金来补贴另一公司的现象。

应当更加给予重视。一般来讲,企业集团投资风险主要来自三方面:一是投资决策失误,选错了所要投资标的或项目;二是投资决策之后的实施过程中缺乏合适的管理队伍;三是没能有效把握好投资的机会或时机。不能否认,当企业集团在面临一个市场机遇时,可能会做得很好,也可能做糟了,最关键、最核心的就是集团的管理团队,包括团队的背景,团队对集团未来发展前景的认可,团队对未来价值的实现信心。当然,要是能够找寻到一个好的商业模式,也是减少集团投资风险的重要保证。

二、企业集团投资风险管理的一般原则

为了尽量避免企业集团投资风险,将可能存在的投资风险降低到最低限度,企业集团需要专门研究风险管理的策略和原则,不仅是投资风险,还应当考虑融资风险、运营与内部控制风险等多层次、多环节的风险因素,通过成立风险管理委员会,设置风险控制和稽核部门,从而建立起包括风险识别、评估和应对等流程在内的一整套企业集团风险管理系统。对于企业集团投资风险而言,应遵循以下风险管理原则。

1. 投资风险的"三全"管理原则

这里所说的"三全"也就是"全面、全员、全程"。对于企业集团来说,投资风险不仅仅只是表现为投资决策过程中面临的风险,而是应当从投资标的或项目选择甚至在集团发展规划的制定时就考虑投资风险问题,然后在项目决策和实施过程中还要重视投资风险的管理。每一个与投资项目相关的企业集团工作人员,或参与投资项目各个不同流程的管理者和企业员工,都要了解投资项目对企业集团未来发展的整体意义和重要性,并尽可能地在每一环节或岗位尽其所能地做好项目建设,自觉落实集团风险管理的义务和责任。

2. 超前预警、有效控制原则

企业集团应当建立投资项目的风险预警系统,在投资决策过程中就要对风险进行评估,把投资过程可能出现的不利状况尽量考虑到,不能尽想好的方面,如投资所带来的利益,也应当客观地把握可能存在毁损或项目失败可能招致的灾难。客观地说,多数情况下,投资风险的产生,事前都有相关征兆,只要企业集团重视风险管理,建立健全风险识别系统,就能够在风险可能出现的当口,通过有效的内部控制系统,将风险消灭在萌芽之中。

3. 投资决策集中集权化、投资管理分级分权化原则

为保证企业集团投资效益和集团整体层面财务目标的实现,整个企业集团的投资决策,特别是重大的投资决策必须由集团最高管理层拍板定夺之后,才能付诸实施。也就是说,投资决策必须高度集权,这样不仅可以站在集团整体利益角度考虑投资决策问题,而且集团管理层从更高层级的战略方面来把握投资项目,可以更为全面地考虑投资风险问题。俗话说得好,"站得高,看得远"。但我们也要提醒企业集团的最高决策者们注意,有时候站得太高了虽然看得很远,但什么都看不见或者看不清楚,为此,整个集团投资管理还需要讲究分级分权。各成员企业要充分表达各自对投资项目的决策意见,拟定可行性

分析报告,投资中心再给予必要的把关,这样分级分权管理的结果,可以减少集团高层决策时"看不见"的风险,也便于项目决策之后的管理和控制。

4. 投资风险管理与绩效考核相结合原则

企业集团的投资风险管理既要重视结果,又要关注过程。一般而言,合适的投资项目应具有良好的基础条件和盈利前景,需要得力的管理者去挖掘和整理,以形成投资方案;好的项目还必须有严格的管理,实践中,估算不准、工期延误、资金衔接不上、资金成本加大等风险时有发生,就是由于没有合适的管理人员和内部控制机制。因此,为了加强企业集团风险管理,需要将其与绩效考核相结合。各个企业集团应当结合实际情况,适当考虑在集团绩效评价指标体系中增加投资风险管理与绩效考核相挂钩的内容。通常情况下,各成员企业提出的投资方案是由集团投资中心负责审核的,企业集团投资中心一般又都设在集团公司总部(当然,对于大型或特大型企业集团而言,可按投资额大小或专业化要求设投资分中心)。因此,对投资中心本身的业绩评价工作必须提到集团高层管理者的议事日程上来,不仅因为投资中心担负着"承上启下"的职责,而且这是企业集团强化内部管理、建立内部激励机制的出发点。

已经有学者提出,投资中心的业绩考核指标一般采用投资报酬率和剩余收益指标。通常以现任领导班子的任期作为考核周期,以反映资本的增值情况。它与国有企业采用的资本保值增值指标角度不同,本质上是一致的。对于考核期内尚未产生收益的项目,业绩考核时可设立公司法人财产总额及结构指标。通过公司本部的资产负债表与合并资产负债表对比分析,可以看出公司资产经营班子通过提高负债率、控股、参股等手段使得公司法人财产增加的程度。通过对资产未来投资收益率的预期分析,可以分析公司或项目资产结构的优化程度,在这些方面,公司财务可以很好地发挥建议参谋作用或者直接参与其中。

三、企业集团投资的风险分析方法

随着企业集团的组建,公司理财环境、财务管理主体与内容都相应有所变化。就投资而言,企业集团投资风险分析也变得十分复杂。财务管理中通常采用的以各种财务状况发生概率可以确定为假设条件的财务风险分析方法,将不完全适应企业集团投资的风险分析,因此,必须研究财务状况发生概率难以确定的复杂条件下进行投资风险分析的方法。

1. 折现率调整法

这种方法也称风险调整折现率法,这种方法是将与制定投资项目有关的风险报酬率附加到资金成本或企业集团所要求的报酬率中,构成按风险调整的折现率,并以之进行投资决策分析。在实践中,很多投资在投资初期风险比较大,随着时间推移,对市场变化的趋势的认识将会逐渐明朗,有了清晰的认识,加上集团内部投资管理方式的不断改进,现金流逐渐也将趋向稳定，风险自然也就小一些。也就是说，风险是一定时期内的风险，在进行投资项目的现金流贴现时不能每一期间都采用相同的贴现率标准。尤其是对涉及企业集团战略方案的投资项目，在较长的时期内，风险引起的波动会更激烈，相同的贴现率会在项目投资评价时造成严重失实的决策失误。

2. 现金流调整法

这种方法主要是考虑风险的存在使得投资项目各年的现金流量不确定，为此主张按风险程度对各年的现金流量进行调整，并据以求出投资项目的净现值，从而评价投资方案的优劣。

3. 实物期权法

这是一种依据现代决策理论，针对上面第 1、第 2 两种方法的缺点而提出的投资决策方法。我们知道，即使是企业集团的投资决策，决策时所拥有的信息肯定也是不完全的，而随着时间的推移，与先前投资决策相关的信息将会不断积累。相应地，企业集团的投资项目（即使是一个项目）往往可以按时间先后顺序分解为多个相互联系的子项目。这样，在企业集团投资规划约束下的投资决策，也是可以分阶段进行的，就是管理学中所提到的"序贯决策"（sequential decision），投资项目的每个子项目代表决策的一个阶段。集团最高管理层或成员企业管理者的决策不仅仅发生在第一个子项目的起始时刻，而是贯穿于整个投资项目实施的全过程，发生在每个子项目的起始时刻。这样，不同的决策点就构成了一个决策序列，而且在每一个决策点，根据前面各阶段决策的实际结果和当时所掌握的其他有关信息，管理者（层）又将面临新的选择，即对应着一个选择权（期权）。可见，一个投资项目或投资机会会由一个或多个期权所组成。为区别于以金融资产为标的物的金融期权，人们将其称作实物期权（real options）。

4. 价值函数分析法

新近发展的行为财务学[①]，沿用心理学家 Kahneman 和 Tversky 所提出的前景理论（Prospect Theory）来进行投资风险的分析与决策。从理论模型来看，人们的决策实际上是对各种风险结果的一种选择，这种选择所遵循的是特殊的心理过程与规律，而不是预期效用理论所假设的各种公理。Kahneman 和 Tversky 在 1979 年提出人们的选择过程可以分为编辑（editing）和估值（evaluation）两个阶段，最后对各种风险结果的选择是由"value function"（价值函数）和"decision weight function"（决策权重函数）共同来决定的。其中：价值函数是决策者根据自己的主观感受所形成的价值；决策权重函数是一个概率评价性的函数，人们要决策，首先就要对各种风险结果进行确定，而确定的方法基本上是用各种可能的结果按其发生的概率加权求和，为此，概率的选择（如选主观概率还是选客观概率）对决策的影响就很重要了，前景理论抛弃了客观概率，认为人们在决策时，一般对

---

① 王锴：《行为财务：理论演进与中国证据》，合肥工业大学出版社，2008 年版。

自己较为偏好的结果赋予较大权重、在过分重视低概率事件的同时而忽略了例行发生的事件等。如果我们以 $w(p)$ 表示决策权重函数，$v(x)$ 表示价值函数，就可以用公式将前景理论的理论模型表达如下：

$$V = \sum_{i-1}^{n} w(p_i) v(x_i)$$

这个理论公式表明，行为财务学在发展的早期（即行为经济学）阶段，不仅仅只是停留在对主流经济学的预期效用理论进行批判，而是已经有了可替代性的理论模型，再加上大量的心理学上的实验支持，不能不令人信服。

总体来看，集团投资风险的分析需要定量和定性相结合，要是集团管理层能够理性判断哪个行业有可高速增长性，哪个行业会有一定的提升，哪个行业在规模化和品牌化之后还有利润率的提升空间，那么，投资决策将有效得多，然而这些都是需要企业家靠思想去分析和判断。毕竟，在现实中，人们都喜欢投资于"一流的企业家加二流的项目"而不是"一流的项目加二流的企业家"。

四、企业集团跨行业投资风险管理

企业集团跨行业投资过程中，将面临市场开发风险、行业退出风险、技术开发风险、财务风险、管理风险、内部经营整合风险，为此，企业集团需要加强跨行业投资风险的管理。

1. 企业集团进行跨行业投资必须具备相应条件

集团最高管理当局在进行战略规划时，应当对是否采用跨行业投资战略进行慎重考虑，实际决策时还要找准适度跨行业投资时机。一般来说，企业集团跨行业战略决策时考虑与主业相关，以保证"有足够的企业管理经验"，同时还应当考虑以下条件：第一，集团核心企业发展态势良好，拥有一支精干的管理队伍。第二，集团拥有具有竞争优势的产品品牌，市场份额稳定。第三，集团资金充裕，但是集团所处行业的投资边际收益出现递减趋势，市场呈现饱和状态，竞争加剧，利润率下降。第四，拥有水平领先而又实力雄厚的技术流量，具备较好的市场开发与营销能力。

2. 尽力规避市场开发和技术开发风险

企业集团的良性发展离不开市场开发和技术开发，企业集团要在确保企业集团主导产业强大的前提下发展相关多元产业。主导产业是实现企业集团发展的经济基础和重点，主业的战略地位不可动摇。按照钱德勒的观点，拥有自有的核心技术是发展相关性多元化的主导因素。企业集团在做强、做大的过程中要日益重视技术开发能力的培养，以进一步凝练和提升企业集团的核心竞争力。

3. 通过资本运作，增强抵御财务风险的能力

企业集团应树立资本经营理念，走生产经营与资本经营相结合之路。在确定资本经

营的方向时,要认真分析企业集团的现状和发展要求,本企业(集团)的优势、劣势、产业多元化领域前景及可能及与生产经营的结合,资本结构及资本多元化可能,企业的人才、资金、管理和技术水平,以及国家有关政策法规。在财务资源有限的条件下,充分考虑并合理解决企业(集团)资产结构与资本结构的有机协调、盈利性与流动性的有机协调等财务问题,特别注重对资本经营人才的培养和使用。

【阅读材料7-2】

文化产业投资的风险与规避

国家发展与改革委员会文化产业研究中心主任、经济体制与管理研究所研究员齐勇锋,在"首届中金亿投资与风险规避高层论坛"上谈到文化产业投资风险时说:"第一是政策风险,现在有一些政策,文化领域的政策,大家看得不是很清楚。刚才我们也说到这个领域开放最晚,又就跟意识形态相关,所以政策风险是很大的。我听到很多案例,都是投资人的投资打水漂了,基本上因为这个风险。第二个风险是这个行业特有的风险,我们很多人在投资文化行业的时候,没有考虑它的特性,拿传统的制造业、传统的房地产产业去看它。其实这个行业是很特殊的,它是靠人力资源,靠各种创意获得发展的重点,而不是靠资本和固定资产。所以文化领域有一个最大的特点,它是一个轻型化的结构,就是它没有多少固定资产,要拍一个电影,一个演出没有什么固定资产,一个出版社租几间房子就可以。所以轻型化的资产结构,决定了你投资失败之后,可能是一无所有,所以风险非常大。即使这个领域已经开放了,比如说电影电视剧,这都开放了,但是如果你选题不好,运作不好,可能投资完了以后也是一无所有。第三个风险就是道德风险,对于道德风险,我们中国还是社会转型期,信用建设还没有完善,还存在着巨大的缺陷有关系。我也听到很多的案例,案例的结论就是存在道德风险,投资人之间合作还存在道德风险,这需要认真规避。"

"这三个风险怎么去规避,你作为一个投资者,特别作为业外的投资者,你不可能对这个领域那么了解,除了自己学习、了解以外还是需要找专业机构,帮助你把政策弄清楚。在投资者还处于一个传统的投资方式和阶段,宁愿一个投资项目扔掉几千万了,也不愿意拿出来一百万来做前期认证,来做商业计划书。所以我觉得要进出文化产业,尤其是文化创意产业领域,首先要严格按照风险投资的方式去运作,这样你的投资风险就大大降下来了,你宁愿把它看作是一种风险投资,按照风险投资的程序去做,先做市场调研,做商业计划书。因为风险投资对商业计划书的要求是很高的,比如第一个要看项目的领域,然后看项目的前景、项目的商业模式,接着看项目的团队。如果真正按这套模式来做可能你的风险就大大降低了,我觉得这是规避风险最关键的地方。其次选择好合作伙伴。我们中国处于这样一个社会转型期,确实道德风险是很大的。怎么办呢?有时候制度解决不了的问题,可能人就解决得了,完全乞求于法律和制度去约束,还不如把人选对,这两点我认为是最重要的。对投资人来说就是要舍得在前期花一些经费去做市场调研,聘请专业机构、专业人才包括文化领域的一些专家帮你把项目分析好,这样才能收到实效。即使这个项目你没有投,至少你也可以避免几百万,几千万,甚至上亿的损失,这是我给大家提出的一个忠告。"

资料来源:http://www.a.com.cn/fangtan/20061226/images/text.htm。

思考题:如果您所在的企业集团要投资文化产业,会这么去分析和规避风险吗?为什么?

本 章 小 结

改革开放以来,中国企业集团投资规模巨大,涉及行业广泛,企业集团投资的影响面和对国民经济的影响程度都非常大。在理论上,组建企业集团的动因已经有交易成本理论、风险分散理论、市场势力理论、协同效应理论等方面的解说。

投资是为获得未来的、不确定收益而支付即期价值(成本)的一种财务行为。投资是实现公司价值持续增长的"动力源",一旦失去这个"动力源",公司将会面临危机。在这个过程中,最紧要的就在于公司能否在变化迅速的市场环境下,抓住有利时机,作出合理的投资决策。

企业集团投资应当关注"企业集团整体价值最大化"目标,遵循产业链整合原则、规模经济原则、风险调控原则。在集团管理总体制的框架之下建立适应集团发展需要的集权型、分权型或混合型投资管理模式。无论选择哪种投资管理模式,都应当将集团财务治理与集团财务管控有效地结合起来考虑。

企业集团投资决策事关重大,必须遵循一定的程序:明确投资的战略方向;制定投资战略规划;确定投资的目标;编制年度投资计划;进行投资组合和优化;董事会决策审批。依据投资决策过程中所经过的一系列程序选择各种不同评价方法的综合得出,如计算净现值(NPV)、内含报酬率(IRR)等财务评价指标。企业集团投资决策更为强调投资项目的组合方法。只有把各种投资组合所形成的行动方案的可能结果简单明了地表示出来,才能有助于决策分析者和集团高层决策者认识到各种行动方案的利弊得失,从而在权衡中作出决策。

企业集团投资决策与单体企业存在差异性。如企业集团投资决策更为强调决策的战略性,企业集团投资决策需要兼顾归核化和多元化的统一;企业集团投资决策更应当注重系统性。一句话,企业集团投资决策应当将更多的注意力放在如何通过投资安排来实现组建企业集团的宗旨及其所带来的利益上。

企业集团在发展壮大的过程中,必然要涉及跨行业投资的问题。从理论上看,企业集团跨行业投资,可以是与主业相关的产业链整合,也可以是与主业不相关的行业上的投资。基于与主业相关的产业链整合,主要是考虑到企业集团在发展的过程中必然要涉及经营范围、内容和手段上的不断深化问题,同时还要在企业集团投资决策中考虑税收筹划。如投资区域、投资行业、投资方式、成员企业组织形式等不同的选择将会影响到集团纳税多少。同时,企业集团掌控着大量资源,有效配置资源,最大限度地发挥资源优势,是集团财务管理的重要职能。可以利用内部资本市场实现集团内部资源配置,为追求整体利益的最大化,把资金投向边际收益更高的开发项目上。

有投资必然有风险,企业集团需要加强投资风险管理。企业集团投资风险是指企业集团在投资过程中发生的未来实际收益相对预期收益变动的可能性和变动幅度。为了尽量避免企业集团投资风险,将可能存在的投资风险降低到最低限度,企业集团应遵循风险管理原则,如"全面、全员、全程"风险管理原则;超前预警、有效控制原则;投资决策集中集权化、投资管理分级分权化原则;投资风险管理与绩效考核相结合原则。根据不同投资,考虑采用相应的风险分析方法,如折现率调整法、现金流调整法、实物期权法、价值函数分析法。跨行业投资过程中,要针对可能面临的市场开发风险、行业退出风险、技术开发风险、财务风险、管理风险、内部经营整合风险,加强跨行业投资风险的管理。

本章参考文献

1. 王筱萍,薛耀文.高级财务管理[M].北京:清华大学出版社,2008.
2. 王静,李淑平.高级财务管理[M].武汉:武汉理工大学出版社,2007.
3. 曲海燕.集团管控和集团供应链管理[M].北京:电子工业出版社,2007.
4. 刘志远.高级财务管理[M].上海:复旦大学出版社,2007.
5. 王化成.高级财务管理[M].北京:首都经济贸易大学出版社,2006.
6. 陈月明.企业集团财务问题研究[M].大连:东北财经大学出版社,2007.
7. 王锴.行为财务:理论演进与中国证据[M].合肥:合肥工业大学出版社,2008.
8. 纪春勤.企业集团投资中心财务工作探讨[J].四川会计,2003(3).

复习思考题

1. 集团公司与子公司在投资决策上的具体职责、权力应当如何界定?
2. 企业集团投资决策中的产业链整合应当具备哪些条件? 有哪些方式?
3. 企业集团投资决策中的税收筹划有哪些值得注意的要点?

4. 企业集团多元化投资是"利大于弊"还是"弊大于利"？
5. 企业集团实行"短融长投"战略可能会造成什么影响？

案 例 题

刘永好："中国饲料大王"投资策略

"现在有两个话题最热门，一个是肉价上涨，一个是食品安全。"作为中国最老资格、最具实力和知名度的企业家之一，刘永好目前对这两个话题很感兴趣。对于这个全国最大的饲料企业和最大的养殖企业之一的老板来说，这种供需矛盾的激化，"将是一个天大的商机，谁要是能够巨额投资，快速建立起一个规模化、现代化的养猪体系，谁将获得高额的回报！""我们的计划是，在全国各地建立一个涵盖饲料、育种、养殖、屠宰、深加工、销售一体的养猪体系。"在这个产业链条中，刘永好的具体布局是，新希望承当其中的饲料、育种、屠宰、技术服务等重要环节，同时在全国各地，"找那些在城里挣到钱的农民，回家养猪，承当养殖这个环节。"刘永好预计，要建立起这么一个规模化的养猪体系，"没有三十到五十个亿，是不行的！"这位未来的"天下第一猪倌"开始敲起了算盘。

资料来源：中国食品产业网，http://www.foodqs.com/news/qyyj001/20088485755472.htm

思考题：请结合所学知识，谈谈这段话中蕴涵了企业集团投资方面什么样的新思维。

第八章 企业集团资本运营

【本章主要内容和学习要点】

本章主要介绍企业集团资本运营的基本知识、战略以及实施流程。通过本章的学习，读者可以对企业集团资本运营有一个总体认识。

【课前案例】

海信集团资本运营

1969年12月，海信集团的前身是青岛无线电二厂，1979年2月，青岛电视机总厂正式成立，并被国家确定为电视机定点生产厂。改革开放后，我国的彩电工业开始了飞跃式的发展。1981年，青岛电视机厂的年产值达到2 500万元，职工总数达到835人。企业产品供不应求，进入快速发展时期。1984年，引进了日本松下彩电技术和设备生产彩色电视机。1985年4月，主要经济指标列山东省电子业、全国电视业第一位，企业实现了第一次腾飞。同时，由于实行内部经济承包责任制，严把质量关，产品的质量信誉和生产规模都有了很大幅度的提高，企业焕发了新的生机，进入了蓬勃发展的时期。整个20世纪80年代，通过引进技术、更新产品，海信公司进入了全国电视机生产五强行列。

进入20世纪90年代，海信产品的质量信誉和生产规模都有了很大幅度的提高。由于企业在发展中需要注入大量的资金，因此，企业越是高速发展，借贷往往越多，资产负债率也就越高。海信集团是典型的国有企业，在它的发展中同样也面临着扩大规模和资本不足的问题，企业扩大规模的传统做法是内部发展，即企业靠自我积累在

（续上）

企业内部进行技术改造或再投资。但是,这种做法所受的限制较多,首先,企业自我积累的规模受到限制,而技术改造和再投资所需的资金却非常大;其次,因为场地和人员的局限,企业不可能无限制的通过内部积累扩大规模;第三,技术改造和再投资项目的建设周期都比较长,这就使得企业的生产规模不可能在短时期内得到扩大。因此,海信集团认为:"要用资本家的眼光来看待资产",这里的"资本家"是指"运营资本的专家"。即:要了解现有的资本构成,考虑如何用最少的成本扩大现有的资本,如何用最快的速度膨胀现有的资本,考虑用什么样的手段取得尚未发挥其效益的资本。仅仅靠产品经营,很难出现裂变式发展,要走资本运营的路子。在扩张发展中,海信集团严格遵守有关法律法规,大胆而灵活地进行探索,从运营本企业的有限资产扩展至社会上丰富的存量资产,使企业进入突飞猛进的发展阶段。海信集团采取的做法是:以产品为中心形成低成本扩张,盯住社会上极为丰富的存量资产,依靠自己的优势,通过实行外部并购、合资等资产经营方式,以较少的资本投入,控制和利用丰富的存量资产,实现企业规模的低成本扩张。这样,通过联合和兼并等方式既盘活了社会上闲置的低效资产,又节省了投资,迅速地扩大了企业的生产经营规模。

从20世纪90年代初开始,海信集团运用资本运营的方式将企业规模不断地扩大,但是资产负债率却在不断地降低。主要经济指标:如销售收入从1992年的4.1亿元增至1999年的107亿元,净资产从1992年的8 913万元增至1999年的21.8亿元,7年增长近27倍;而资产负债率却从1992年的72%下降到2001年年初的57%,到2001年6月,又降了2个百分点,远低于国内绝大多数同行70%左右的资产负债率水平。2006年,海信集团实现销售收入435亿元,在中国电子信息百强企业中名列前茅。

目前,通过收购科龙公司,海信集团已经拥"海信电器"(600060)和"海信科龙电器"(000921)两家在沪、深、港三地的上市公司,同时成为国内唯一一家持有"海信"(Hisense)、"科龙"(Kelon)和"容声"(Ronshen)三个中国驰名商标的企业集团。

思考问题:

1. 海信集团为什么要实施资本运营?
2. 海信实施资本运营的具体做法有哪些?
3. 海信集团实施资本运营的效果怎样?

第一节　资本运营概论

一、资本运营的定义与构成要素

(一) 资本运营的概念

资本运营是对资本的筹划和管理活动,是指把公司拥有的法定资本和增值资本、固定资本和流动资本、自有资本和借入资本、投资资本和债权资本、有形资本和无形资本变为可以经营的价值资本,通过进行运筹、谋划和优化配置,即流动、收购、兼并、重组、参股、控股、交易、转让、租赁等各种途径进行有效运营,以实现最大限度资本增值目标的一种经营管理方式。资本运营的目标在于资本增值的最大化,资本运营的全部活动都是为了实现这一目标。通常所说的资本运营是一个狭义的概念,它主要是指以价值化、证券化形式存在的资本或可以按价值化、证券化操作的物化资本为基础,通过优化配置来提高资本营运效率的一系列经济行为和经营活动。

(二) 资本运营的构成要素

资本运营一般包括四个要素:经营主体、经营资本、经营对象和经营手段。另外还需要有一个良好的运营环境即资本市场。资本运营的一个前提是必须有经营主体,在现代经济运行体制中资本运营的主体通常是由资本所有者决定的,因此资本运营的主体包括资本所属的企业以及企业的控股人和控股人所聘请的管理者。

资本运营主体必须要有经营资本。资本需要区分自有资本和借入资本,必须在自有资本运营的基础上实现资本融通,即在必要时以合适的价格出让或购买货币资本的使用权,并且善于盘活资本,把死资本变成活资本,加速资本周转。

资本的经营对象通常是在资本市场上所有的企业,其主要手段有发行股票、发行债券(包括可转换公司债券)、配股、增发新股、转让股权、派送红股、转增股本、股权回购(减少注册资本),企业的合并、托管、收购、兼并、分立以及风险投资等。

资本运营的手段是机构和个人可以从事交易活动的有价证券和现代金融工具,诸如股票、债券、外汇、期货、期权等金融资产。这里涉及价值发现、投资决策、资本成本计算、资产定价和价值评估以及资本市场的建立监管等财务工作。从经营对象视角出发,把有价证券交易视为资本运营是可行的,但不够准确,因为一些非财务资源的资本化经营也属于资本运营。

(三) 资本运营的基本前提

资本运营作为一种高级经营方式,其基本前提包括:

(1) 完成资本积累准备工作。除金融企业外,其他所有企业在实施资本运营策略之前,应高质量地完成产品经营和资产经营两个经营阶段,从而积累必要的企业发展资本。

（2）具有较高水平的完善的会计核算制度和信息披露制度。

（3）具有完善的产权交易制度、健全的资本市场机制和科学的企业内部治理结构。

（4）中介机构具有较高的信誉度。证券公司、投资银行、资产评估公司、会计师事务所、律师事务所等应积极维护公平竞争的市场原则，并成为企业信誉评价和传递的权威机构。

（5）企业资本具有良好的盈利性、流动性和安全性。当一个企业不具备这些基本条件时，其资本运营活动被视为资本的错误操作。

二、资本运营的特点

1. 保值增值的特点

资本运营是以资本导向为中心的企业运作机制。它要求企业在经济活动中始终以资本保值、增值为核心，注意资本的投入产出效率，实现资本最大限度的增值。资本运营是以价值形态为主的管理，资本运营要求将所有可以利用和支配的资源、生产要素都看做是可以经营的价值资本，用最少的资源、要素投入获得最大的收益。资本运营不仅重视生产经营过程中的实物供应、实物消耗、实物产品，更关心价值变动、价值平衡、价值形态的变换。

2. 注重对资本的支配和使用

资本运营重视对资本的支配和使用而非占有。资本运营把对资本的支配和使用看得比资本占有更为重要，企业的利润来源于使用资本而非拥有资本，因此，重视通过合资、兼并、控股、租赁等形式来获得对更大资本的支配权，开拓市场、获取技术，降低风险，从而把企业做强做大。

3. 开放性

资本运营是一种开放式经营。经营者不仅要通过企业内部资源的优化组合来达到价值增值的目的，还要充分利用一切融资手段、信用手段来扩大利用资本的份额。资本运营要求打破地域、行业、部门、产品概念，通过兼并、收购、参股、控股等途径，实现资本的扩张，使企业获得更大的价值增值。

4. 注重资本的流动性

资本运营注重资本的流动性。企业资本只有流动才能增值，资本闲置是资本最大的流失。因此，企业一方面要求通过兼并、收购、租赁等形式的产权重组，盘活沉淀、闲置、利用率低下的存量资本，使资本不断流动到报酬率高的产业和产品上，通过流动获得增值；另一方面要求缩短资本的流通过程，尽量避免资金、产品、半成品、原材料的积压。

5. 结构性

资本运营是一种结构优化式经营。结构优化包括对企业内部资源（如产品结构、组织结构、技术结构、人才结构）的优化、资本形态结构的优化、存量资本和增量资本结构的优化、资本运营过程的优化等,使其更趋合理化。资本运营符合企业经营综合化、立体化、多元化的大趋势。它将促进社会资本结构、企业结构、产品结构的优化,降低企业经营风险。

6. 创新性

资本运营以新的观念和思维,突破了传统的企业经营方式,抓住资本价值这个根本,实现了由实物管理向更高层次价值管理的质的飞跃。它把产品变为价值载体和实现手段,通过追求资本增值,将盘活现有资产,促进优化配置,提高其市场价值,使静态的资本存量变为动态的资本扩张。

三、资本运营的动机

1. 资本利润最大化

资本运营过程是根据资本运营目标,在分析企业外部环境和企业内部条件的基础上,制定资本运营战略,在资本运营战略的指导下,进行筹资决策和投资决策,在此基础上开展资本运营,使资本不断增值。资本运营的目标就是使资本在再生产过程中实现利润最大化,使资本更有效率,并能不断地实现资本扩张。因此资本运营的动力根源于资本利润最大化。

需要注意的是,这里所说的资本运营已经超出了一般产品再生产过程的资金运营的意义。它的更深刻的含义是指如何使企业具有强大的实力,即企业的核心能力,从而使企业具有竞争能力和资本扩张能力。企业内部的资产重组、企业间的兼并、收购和重组,都是资本运营的重要内容(一般讲资本运营,多是指企业间的兼并重组),对于企业的发展都具有重要的意义。

资本运营是企业发展到一定阶段后,结合内外资源状况寻求自身进一步发展时的一种内在需求,成功的资本运营与资本市场的发展与完善是密不可分的,成熟的资本市场和蓬勃发展的投资银行产业作为资本运营的一种外部力量同样起着重要的推动作用。

2. 资源和要素优化组合的内在要求

企业经营和发展有两个重要途径:一是通过改善内部经营管理,提高企业资源优化配置来增强企业在市场中的竞争能力,即内部管理型战略。二是通过资本市场寻求企业重组和扩张。资本运营通过对资本进行综合经营和调动,可以对生产要素进行优化配置,对资产结构进行动态调整,从而使其与产品经营并行互补,实现促进资产增值、利润最大化的目的。它的核心,是用金融的理念、金融的方法、金融的工具,对企业的有形资产和无形资产进行运作重组。

3. 规模经济的需要

大规模兼并、联合并在此基础上实现生产要素的优化配置和合理组合,从而产生互补、协同效应。

4. 企业多元化发展的需要

资本运营是企业优化资本结构、调整产业和产品结构的重要方式。企业为了保障资本的安全,既要依靠产品组合,也要依靠多个产业或多元化经营来支撑企业,以降低或分散资本运营的风险性。各个产业之间存在着一定的关联度,企业要通过调整投资方向、投资比例,促使产业结构不断向高级化、现代化转移。任何先进技术和优势产品都具有一定的寿命周期,企业要求得生存和发展就要根据自身的特点及发展的需要及时进行调整,通过出售方式放弃非优势产业,购入能强化自己竞争力的优势产业,通过优化产品组合,使不同产品满足不同层次顾客的需求,回避经营风险。

一般来说,企业都是从产业经营起步的,这是立足市场的前提和必要。但发展到一定阶段后,这种单一的产业经营将会束缚企业自身的进一步发展,要寻求更广阔的发展空间,资本运营就成为必经之路。通过这种方式可以使企业资源融入更大范围的资源组合之中,进行优化重组,实行跨行业、跨地区、跨所有制的资本运营,充分发挥资源的最佳运营效益,实现企业规模效益的提高。当企业重新定位核心业务或需要多元化经营时,收购现成的企业要比单独从头干起好得多,可以减少进入新行业和新市场的障碍,获得技术上的(特别是某些核心专有技术和知识)优势,迅速进入某些高科技领域。从这点说,企业从产业经营到资本运营的结合,是"一次创业"到"二次创业"的深化和飞跃。

5. 企业转型和升级的需要

资本运营能推动现代企业制度的建立和产权制度的改革,促使企业走向市场。资本运营的开展将在企业和社会中逐渐形成资本的组合机制、竞争机制和增值机制,使增量资本的投向和存量资本的调整,按照市场经济和规模经济的要求进行运作,从而使经济运行和发展进入一个新阶段。

6. 市场开拓和扩张的需要

资本运营是开拓市场的一种有效方式,可充分利用被兼并企业所建立的销售网络,提高市场占用率。

7. 加快企业技术积累

企业通过资本运营可以增加个体的知识积累,提高企业局部或整体的技术能力和技术水平,不仅为企业提供了重新组织技术研究与开发的有利条件,而且也使其获得别的企业相关产业的关键技术、科研成果和现有的生产设施以及稳定可靠的销售网络。

四、资本运营的方式

资本以追逐利润为最根本目的,不管在什么情况下采取何种形式,它的最终目的都是为了利益最大化,但同时资本的运作过程中又受到资本路径依赖和外在法规条文的制约,这三方面的因素决定了资本运营采取何种方式。资本运营的方式可以分为资本扩张方式、资本收缩方式、资产重组、资本运营其他方式,又由于知识资本、品牌资本等也属于资本运营的范畴,因此还有一种资本运营方式是无形资本运营。其中,资本扩张方式包括合并、战略联盟、股权经营;资本收缩方式包括股份回购、企业分立、股权出清等;资产重组方式包括股份制改造、资产置换、债务重组等。此外,还有租赁经营、托管经营等形式。

(一) 资本扩张方式

资本扩张是资本自身生存发展的需要,也是资本具有的本质属性。企业资本扩张经营的方式是多种多样的。目前,中国企业资本扩张中采用的基本方式有兼并、收购、战略联盟等。企业资本扩张经营的根本目的是实现股东价值的最大化,并且使现有管理者的收益更大。企业资本扩张的价值来源主要体现在:获取战略机会;产生协同效应;提高管理效率;从目标企业的价值低估中获益;降低交易成本;在联盟中实现共赢等方面。

1. 并购

(1) 合并。合并(企业合并)是指两个以上的公司依据契约及法令归并为一个公司的行为。企业合并包括吸收合并和创新合并两种形式。吸收合并是指两个以上的公司合并中,其中一个公司因吸收了其他公司而成为存续公司的合并形式;创新合并是指两个或两个以上的公司通过合并创立一个新公司。

(2) 兼并。企业兼并是由两个或两个以上企业通过协商或契约兼并为一个企业的行为,原有的两个企业法人地位消失,新的企业法人生效。新设公司接管原来几个公司的全部资产、业务和债务,组建新的董事机构和管理机构。企业兼并后各方资产所有权并没有消失,而是以兼并后企业的所有权形式出现。兼并后,各方所有权的转让是无偿的,并连带将原各自企业资产的使用权、支配权、收益权等一并转让给新设企业。兼并有利于企业的生存和壮大,获得规模效应,避免由于激烈的市场竞争带来的两败俱伤,增强了抵御风险的能力,有利于加强市场的垄断性。同时,企业的兼并减少了办事机构和办公设施,可节约管理费用。

(3) 收购。收购是指一个企业采取各种形式有偿接收其他企业的产权,使被兼并方丧失法人资格或改变法人实体的经济行为,从而能够使该公司经营决策权易手的行为。企业收购的形式有四种:一是承担债务式收购,即在资产与债务等价的情况下,收购方以承担被收购方债务为条件接收其资产的收购方式。二是购买式收购,即收购方出资购买被收购方企业资产的收购方式。三是吸收股份式收购,即被收购企业的所有者将被收购企业的净资产作为股金投入收购方,从而成为收购方企业的一个股东的收购方式。四是控股式收购,即一个企业通过购买其他企业的股权,达到控股,实现收购的方式。

在企业收购中还有一种方式称为杠杆收购。杠杆收购是指收购公司利用目标公司资产的经营收入,来支付兼并价金或作为此种支付的担保。换言之,收购公司不必拥有巨额资金(用以支付收购过程中必需的律师、会计师、资产评估师等费用),加上以目标公司的资产及营运所得作为融资担保、还款资金来源所贷得的金额,即可兼并任何规模的公司。由于此种收购方式在操作原理上类似杠杆,故而得名。

(4) 合并、兼并和收购三者间关系。合并、兼并和收购是一种从属关系,兼并和收购包含在广义的合并概念中。兼并是合并的一种形式,即吸收合并;而收购是兼并的一种形式,即控股式兼并。兼并、收购、合并的共同点在于以下三点:

第一,它们的对象是共同的。它们都是企业产权交易的形式,其交易都是以企业这一商品为对象的。

第二,这三种行为都是企业产权的有偿转让,就其活动而言,都是企业的买卖,所不同的只是买卖的方式而已。

第三,它们都是企业在谋求自身发展中所采取的外部扩张战略,通过这种外部扩张战略,能加强企业的竞争能力,扩充经济实力,有利于企业不断改善经营管理,提高经济效益。

兼并、收购与合并作为不同形式的资本运营方式,各自又有不同的特点,它们之间的差别在于以下四点:

第一,创新合并中参与合并的企业法人资格都随着合并而消失,它通过另外组建一个新企业取得法人资格;吸收合并(兼并)中的承担债务式、购买式、吸收股份式兼并,参与合并的企业或被兼并企业就将丧失原有的法人资格;而收购中,被收购企业作为经济实体仍然存在,被收购方仍具有法人资格,收购方只是通过控股掌握了该公司的部分所有权和经营决策权。

第二,创新合并中新组建的企业形成后,参与企业的原法人资格全部消失,于是,原有企业的债务一并归于合并后的企业。在承担债务式兼并中,兼并企业将被兼并企业的债务及整体产权一并吸收,表现为以承担被兼并企业的债务来实现兼并。兼并行为的交易也是以债务和整体产权价值之比而定的;在购买式兼并中,兼并方在完成兼并的同时,需对其债务进行清偿;吸收股份式兼并的被兼并企业所有者与兼并企业一起享有按股份分红的权利和承担债务的义务。在这前二种兼并形式中,原所有者将原资产、债权、债务一并转移,兼并方成为企业资产的新所有者及债务承担者。在吸收股份式兼并中,被兼并方所有人将企业的净资产作为股金,成为兼并方的一个股东,而与兼并方共担债务。而在收购中,兼并企业作为被兼并企业的新股东,对被兼并企业的原债务不负连带责任,其风险责任仅以控股出资的股金为限。

第三,收购与合并对债权人新担负的义务不同。当公司决定合并时,应立即编制资产负债表及财产目录,以明确其财产状况,提供给债权人查阅。所以,合并有保护债权人的程序和义务。合并中,依据有关规定的程序,经股东会的决议和资产负债的结算,必须征询债权人的异议,如声明债权人在一定期限内没有提出异议,即为承认此合并案。可见,如果采取合并的方式取得某家企业的经营权,必须先取得该公司经营者的同意,经股东会议决定后才能达到目的。而收购在程序上就简单了,如果收购方想通过收购某家公司的股权而取得经营权,只要收购到目标公司一定比例的股权就可以达到目的。在程序上只要取得股权上的优势,再进行董事会、监事会改组即可。

第四,在收购股权及资产方面,签订合约的对象虽然分别是股东和公司,但都只计算被收购企业或资产的价值。但在合并过程中,合并参与者若为股份公司,则通过股权交易,使原公司股东改持存续公司或新设立公司股票。这里需要先计算出各自的价值,经双方认同再计算出交换比率,然后才能进行合并。

2. 战略联盟

战略联盟是指由两个或两个以上有着对等实力的企业,为达到共同拥有市场、共同使用资源等战略目标,通过各种契约而结成的优势相长、风险共担、要素双向或多向流动的松散型网络组织。根据构成联盟的合伙各方面相互学习转移,共同创造知识的程度不同,传统的战略联盟可以分为两个极端:产品联盟和知识联盟。

(1) 产品联盟。在医药行业,可以看到产品联盟的典型。制药业务的两端(研究开发和经销)代表了格外高的固定成本,在这一行业,公司一般采取产品联盟的形式,即竞争对手或潜在竞争对手之间相互经销具有竞争特征的产品,以降低成本。在这种合作关系中,短期的经济利益是最大的出发点。产品联盟可以帮助公司抓住时机,保护自身,还可以通过与其他伙伴合作,快速、大量地卖掉产品,收回投资。

(2) 知识联盟。知识联盟以学习和创造知识作为联盟的中心目标,它是企业发展核心能力的重要途径;知识联盟有助于一个公司学习另一个公司的专业能力;有助于两个公司的专业能力优势互补,创造新的交叉知识。与产品联盟相比,知识联盟具有以下三个特征:

第一,联盟各方合作更紧密。两个公司要学习、创造和加强专业能力,每个公司的员工必须在一起紧密合作。

第二,知识联盟的参与者的范围更为广泛。企业与经销商、供应商、大学实验室都可以形成知识联盟。

第三,知识联盟可以形成强大的战略潜能。知识联盟可以帮助一个公司扩展和改善它的基本能力,有助于从战略上更新核心能力或创建新的核心能力。

3. 股权经营

(1) 参股、控股。参股是企业将部分资本作为股本向另一家企业入股的一种经济行为,也是资本运营的一种方式。参股并不取消或改变企业的法人地位,参股的比例达不到一定的比例,也不会改变他人企业的法人地位。参股者往往将资产投入到有成长潜力、经营好、效益高的企业。由这家企业统一使用,实现资产一体化,从而有助于集中资本、扩大生产规模、提高营运效率和资本收益率。参股企业通过参股建立一种利益关系,促进了企业的技术合作。

控股指并购公司根据股权协议转让价格受让目标公司全部或部分产权,从而获得目标公司的控股权。这种模式由于其对象是界定明确、转让方便的股权,无论是从可行性、易操作性和经济性而言,转让模式均具有显著的优越性。这种以现金和资产入股的形式进行相对控股或绝对控股,可以实现以少量资本控制其他企业并为我所有的目的。

在实际操作中,控股可有三种低成本或零成本扩张的方式:一是借债控股。即先通过银行贷款对某一企业实行控股,随后对其输入母公司的机制、管理、文化、形象。待这一企业取得经济效益后再向银行还本付息。二是欠债控股,即对某一企业一开始不是注入多少实际资本而是先假定它已被一大公司在概念上实行控股,随即对其输入公司的机制、管理、文化、形象,待这一企业取得效益后,该大公司根据其概念股份额取得的分红补足实际欠交股本。这样,即由概念股转变为实际股,由空转转变为实转。三是品牌控股,即将一个大公司的品牌价值注入某一企业之中并达到控股的份额。这样,无形资产在运作中便产生了巨大经济效益。

参股、控股是资本运营最基本的方式。一般而言,对于自身劣势项目分离出去,采取参股方式;对于自己的优势项目则是集中过来,采取控股方式。根据实际需要,母公司下可采取全资企业控股公司和参股企业多种形式;对于控股企业,可有绝对控股、相对控股、多数控股等多种选择。

(2)股权拆分。股权拆分是指把一个企业的资产拆分为股份的形式,以寻找购买股权的投资者,实际上是企业寻找资金合伙人的过程。对于现代企业而言,与其追求成本高昂的上市集资,还不如通过拆细股权,以股权换资金的方式,获得发展壮大所必需的血液。

(3)借壳上市。借壳上市是企业兼并收购中最精彩的篇章。借壳上市是指非上市公司通过证券市场购入已上市公司的若干比例的股票来取得上市地位,然后通过“反向收购”的方式注入自己有关业务及其资产,实现间接上市的目的。从本质上讲,这种方式就是非上市公司利用上市公司的“壳”先达到绝对控股地位,然后进行资产和业务重组,利用目标“壳”公司的法律上市地位,通过合法的公司变更手续,使非上市公司成为上市公司。

借壳上市不仅是控股的过程,也是两企业合并的过程。通常,收购公司与目标公司融合或相互吸引后,目标公司不再独立存在,收购企业可以以自己企业名称改变原有企业名称,并获得目标公司的财产权、所有权等权利。

(4)合资、合作经营企业。合资、合作经营企业是指企业法人依照法律的规定,共同投资、共同经营,并按投资比例分享利润、分担风险及亏损的企业。合资经营企业的组织形式为有限责任公司,具有法人资格,作为股东的合营各方以投资额为限对企业债务承担有限责任。合资经营企业的各方依照出资比例分享利润,分担亏损,回收投资。合资企业建立由董事会、经理组成的组织机构,实行规定的企业内部治理制度。

合作经营企业是指以营利性经营活动为目的,按照自愿原则组织起来,以采用股份制和股份合作制等形式在技术、资金、购买、销售等环节开展互助合作的组织。

(二)资本收缩方式

企业在经营中,随着经营战略和条件的变化,会出现一些不适合企业长期战略、没有成长潜力或影响企业整体业务发展的子公司、部门或产品生产线。为了使资源配置更加合理,更好地规避风险,使企业更具有竞争力,企业可以采取资本收缩经营方式。资本收缩方式主要有股份回购、资产剥离、企业分立、股权出售、企业清算等。

资本收缩经营并非一定是企业经营失败的标志,经常与资本扩张方式相配合,通过资本扩张方式进入有发展前途的经营领域,同时从前景不佳的原有经营领域中撤退出来。面对激烈的市场竞争,企业有时采取资本收缩方式,在产业衰退初期就把经营不善的经营单位或业务,通过资本收缩方式进行战略撤退,最大限度地收回投资,降低企业风险,将过剩的资本转移到其他经营领域,使资本获得更有效的配置,提高企业资本利用效率和效益。

1. 股份收缩

(1) 股份回购。股份回购是指出于特定目的,公司通过一定途径将已发行在外的股份重新购回的行为。与一般股份买卖不同,股份回购会导致公司总资产减少,损害债权人利益,因而,多数国家的公司法都对股份回购采取严厉态度,予以严格限制。

(2) 股权出售。股权出售是指根据对企业贡献的大小,按一定价格系数将企业股权出售给有关人员。价格系数应当在综合考虑净资产评估价值、净资产收益率及未来收益等因素的基础上合理确定。股权出售是一种上市公司通过将自己的资产和持有的其他公司的股权出售变现的行为。

2. 企业收缩

(1) 企业法人分立。企业法人分立是指一个企业法人分成两个或两个以上企业法人,在分立的过程中,资产也实现了变更,根据具体的约定分别分配到子企业中去。因分立而保留的企业应申请变更登记;因分立而新开办的企业应申请开业登记。企业分立,应当就企业分立的资产及债务负担告知相关人。原企业的债务,在企业分立后,根据分立时的具体情况由分立后的企业承担。

(2) 资产剥离。资产剥离是指将非经营性闲置资产、无效或低效的资产与已经达到预定目的的资产从公司资产中分离出来。从表面现象看,资产剥离是公司规模收缩,但其实质是收缩后更大幅度更高效率的扩张。资产剥离让公司选择适合自己经营的资本,剔除自己不善于管理的资本,可大大提高公司资本运营效率。资产剥离还可将现有的某些子公司、部门、产品生产线、固定资产等出售给其他公司,以取得现金或有价证券的回报。从具体实践看,这种方式具体包括减资、置换、出售等形式。按照意愿所属来划分,剥离可分为两种类型:一是自愿剥离,是指当公司管理人员发现通过剥离对提高公司的竞争力和资本的市场价值产生有利影响时而进行的剥离。二是非自愿或被迫剥离,是指政府主管部门或司法机构以违反反托拉斯法为由,迫使公司剥离其一部分资产或业务。经常发生的情况是,在兼并与收购活动中,政府可能认为并购后的公司将在某一市场上造成过度的垄断或控制,损害了公平竞争,从而要求公司剥离其一部分资产或业务。

（3）企业清算。企业清算是指企业按照章程规定解散或破产以及其他的原因宣布终止时，由清算机构根据有关规定对企业的财产、债权及质量进行清理、核算和处置。

（三）资产重组

资产重组的方式主要有股份制改造、资产置换、债务重组、债转股、破产重组等。资产重组是指对一定企业重组范围内的资产进行分拆、整合或优化组合的活动，是优化资本结构、达到资源合理配置的资本运营方式，资产重组的实质是对企业资源的重新配置。企业在经营过程中，由于市场竞争日益激烈，各种经济因素变动导致企业经营收益不确定，风险也明显增加，很多企业的现金流入与高负债的资本结构所要求的法定现金流出要求严重不匹配，陷入严重的债务支付危机状态。尽管有些企业通过贷款、高负债进行高风险的资本扩张获得成功，但资产负债率过高引发的财务危机，有可能使企业因资产无法变现，不能及时清偿债务，导致失败甚至破产。为了控制企业财务风险，在资本运营过程中，企业必须根据市场环境的不断变化，经常运用资产重组方式，对企业的各种资源进行重新配置，优化资本结构，提高资源利用效率，保证企业持续发展。

1. 股权重整与资产置换

股权重整是指企业通过兼并重组，对公司股权结构进行改造，理顺公司股权结构。

资产置换是指上市公司将不符合公司发展目标的资产剥离出去，同时注入优质资产，从而达到提高上市公司资产质量的目的，为上市公司增添新的利润增长点。上市公司资产置换一般发生在上市公司与其控股公司之间。资产置换在剥离不良资产的同时，又注入了优质资产，往往可以收到点石成金、立竿见影的效果，使得一些业绩不佳的上市公司在很短的时间业绩就得到了极大改善。但同时由于资产置换主要发生在上市公司和其控股公司之间，是一种关联交易，结果某些上市公司的资产置换并未触及上市公司的经营机制问题，使得亏损资产本身并未扭亏。

2. 管理层收购

管理层利用杠杆融资对目标企业进行收购，具体来说是指目标公司的管理者或经营层利用借贷所融资本或股权交易收购本公司的股份的行为，从而改变公司所有者结构、控制权结构和资产结构，进而达到重组本公司的目的，并获取预期收益的一种收购行为。

3. 债务重组

债务重组是指债权人（企业）与债务人（企业）之间发生的涉及债务条件修改的所有事项。债务重组不局限于对债务人处于财务困难债权人作出让步的债务重组，还包括债务人没有发生财务困难时或企业清算破产时的债务重组以及债权人作出让步的债务重组。

（四）资本运营的创新模式

1. 整体上市型模式

整体上市是指一家公司将其主要资产和业务整体改制为股份公司进行上市的做法。随着证监会对上市公司业务独立性的要求越来越高，整体上市越来越成为公司首次公开发行上市的主要模式。

根据上市融资主体的不同,整体上市可具体分为两种模式:

(1)集团直接上市模式。集团先吸收合并旗下的上市子公司,向子公司的全体流通股股东换股发行人民币普通股,子公司的全体流通股股东将其持有的股份,按照每股折价比例的折价换取集团公司发行的股份,子公司的全部资产、负债及权益并入集团公司,其现有法人资格注销。集团公司成为上市融资的主体。

(2)借助子公司上市模式。上市子公司采取先增发股份,然后用募集的资金购买集团公司主要经营性资产的方法,最后将这些资产注入上市公司,实现资本的整体上市,上市子公司是融资主体。

2. 行业整合模式

行业整合基本模式是以资本运营为手段,收购某行业内个别优秀的企业,再通过个别优秀企业去整合与提升整个行业。

3. 产融结构模式

产融结合是产业资本发展到一定程度,寻求经营多元化、资本虚拟化,从而提升资本运营档次的一种趋势。产融结合是产业资本与金融资本间的资本联系、信贷联系和资产证券化(股票、债券、抵押贷款或实物资产的证券化),以及由此产生的人力资本结合、信息共享等总和。其具体类型主要有:

(1)交叉持股型模式。交叉持股是指产业资本与金融资本的相互渗透,交叉持股。多种形式的相互持股,即能够通过控制权防止来自外部的收购和对企业经营的干预,又能通过持股产生的收益为企业经营提供缓冲器和安全阀。

(2)联合控股型模式。联合控股是指多个相互关联的企业集团共同持有某一家金融企业的股份,虽然每一家企业持有的股份比例不高,但多家关联企业的持股比例总和却比较可观,可以达到控股地位。由于金融企业一般规模都比较大,而且国家法规也有对单个企业持股比例的限制,因而,为了达到控股的目的,在金融企业中,联合控股模式比较普遍。

(3)集团控股型模式。有很多大企业集团为了控制一家公司,通常并不采取由集团公司直接持股成为被控制公司的第一大股东,而是通过旗下的若干家子公司分别持有一定比例的被控制公司股份,从而以持有股份总和大于其他股东而占据被控制公司第一大股东的地位。这样做,不仅能达到控股的目的,而且比较隐蔽,甚至可以绕开一些政策的限制。

4. 参股型模式

该模式的产融结合是不以控股为目的的。产业资本通过参股金融企业可以实现多元化经营来分散风险、分享金融业的高收益及通过金融企业的渠道来为自己融资、投资创造便利。

（五）资本运营其他方式

资本运营除了上述方式以外，还有租赁经营和托管经营方式。租赁经营和托管经营都是通过存量资本的流动和重组来实现资本运营的。租赁经营和托管经营的实质是在企业所有权与经营权彻底分离的情况下，通过市场对各种生产要素进行优化配置，提高社会资源的利用效率，实现资本运营的目标。用企业租赁、托管方式取得其他企业的资产经营权，拓宽了企业的筹资方式，可避免一次性大规模投入的困扰和企业产权关系转让中出现的一系列矛盾，达到迅速扩大经营权的效果，是增强企业经济实力的有效手段。放弃资产经营权的企业既可以盘活存量资产，优化资本结构；又可以取得一定的收入，同时又不丧失资本的所有权。

（六）无形资本运营

无形资本运营是指企业对所拥有的各种无形资本进行运筹和策划，用无形资本的价值实现企业的整体价值增值目的的资本运营方式。

1. 无形资本运营的形式

（1）通过无形资本实施资本扩张战略。企业在采用兼并、收购、参股、合资、特许经营等方式实施资本扩张战略时，可将品牌等无形资本作为重要的投入资本，实施名牌发展战略，借助于目标企业的有形资产，以名牌为龙头，迅速扩大生产能力和市场占有率，既可以大大减少增量资本的投入，又可以充分利用对方企业的资本潜力。

（2）无形资本所有权或使用权的转让。通过对无形资本的所有权或使用权进行转让，盘活企业的无形资本，充分发挥无形资本的作用。

（3）保护和整合无形资本。在经济全球化和网络化市场的情况下，无形资本在企业资本运营中的作用变得越来越重要，成功地运营无形资本，能够有效地提高资本运营的效果。在资本运营过程中，企业必须对品牌资本进行价值评估，采取有效措施防止知识产权等无形资本受到侵权，避免品牌等无形资本的流失，整合本企业与关联方企业的相关品牌，延伸名牌系列产品和服务，提高品牌资本的知名度。

2. 知识资本运营

知识资本运营是指在企业资本运营过程中，利用市场机制，转让和引进知识、智力，整合企业内部与外部的知识资本，借助于企业外部的知识资源创造出具有自身竞争优势的经营模式。知识资本运营的主要方式有：在资本运营过程中充分发挥知识资本的作用，建立产学研相结合的学习型组织，吸引国内外高素质技术和经营管理人才加盟，借用"外脑"使企业组织虚拟化，创造知识资本的自由流动机制，建立以顾客为中心的资本运营体制等。知识资本运营围绕市场组织智力资本和企业其他资本，灵敏度高，适应性强，相对减弱了企业经营的风险性。

3. 品牌资本运营

企业在采用兼并、收购、参股、合资、特许经营等方式实施资本扩张战略时，可将品牌等无形资本作为重要的投入资本,实施名牌发展战略,借助于目标企业的有形资产,以名牌为龙头,迅速扩大生产能力和市场占有率,既可以大大减少增量资本的投入,又可以充分利用对方企业的资本潜力。

品牌资本是代表特定品牌象征的企业资本,是一种超越生产、商品本身和所有有形资产以外的价值。品牌资本尽管无形化,但它往往能带来和创造比有形资本还快的增值效应,这种品牌的资本化趋势是现代资本理念的新进展。

品牌资本运营的五种主要方式:品牌资本的交易;利用品牌资本筹资;利用良好的品牌取得合作伙伴在供应价格、资源占有、结算方式等方面的优惠政策;利用品牌资本引进外资;利用品牌资本,实现资本扩张。企业必须对品牌资本进行价值评估,采取有效措施防止知识产权等无形资本受到侵权,避免品牌等无形资本的流失,整合本企业与关联方企业的相关品牌,延伸名牌系列产品和服务,提高品牌资本的知名度。

4. 人力资本运营

人力资本运营与人本管理相适应,是对传统劳动人事管理的全新革命和全面创新,它标志着从传统的人事管理向新型的人力管理、人力资本运营的变革。人力资源管理则将人看作是一种关键的资源来经营,努力发掘员工所具备的现实的和潜在的能力。人力资本运营把人视为一种稀缺的资源,是以人为中心,强调人和事的统一发展,特别注重开发人的潜在才能。

【阅读材料 8－1】

"国美"借壳　黄光裕进退自如

"中国鹏润"88亿收购的"国美电器",仅是部分资产,黄光裕在收购时机、支付工具和对"国美电器"商标控制权上的巧妙安排,使自己进退自如。

"国美电器"作为中国最大的电器和消费电子产品零售商,近3年市场一直充满着关于它上市的各种猜测。2004年6月7日,"中国鹏润"(0493. HK)的一则公告让一切尘埃落定,"国美"最终选择了香港借壳,净资产值2.41亿元(人民币,以下同)的公司以88亿元的高价卖给了"中国鹏润"。以6月9日"中国鹏润"收盘价计算出的210亿的市值刷新了中国大陆个人财富的新高度(还不包括他个人持有的"国美电器"35％的股份和其他资产)。收购过程在许多细节上环环相扣的精致安排值得我们研究,尤其是上市公司以88亿元究竟有没有真正买到"国美电器"。

借壳上市三步走

黄光裕为了达成"国美"上市目的,早就悄悄地开始进行资产的整合和优化,用三步打造了一条通往"中国首富"的道路。

第一步,重组"国美电器"。2003年初成立全资的"国美电器",注册资金为3亿元。之后,黄光裕将北京"国美"位于北京的资产、负债及相关业务和天津、济南、广州、重庆等地共 18 家公司、共计 94 家门店全部股权装入"国美电器",并由北京鹏润亿福网络技术有限公司(最终控制人为黄光裕)持有其 65％的股权,黄光裕直接持有剩余 35％。这里最关键的就是北京"国美"注入的是 16 家门店的资产和负债。

第二步,改变"国美电器"的性质。先在英属维尔京群岛注册成立一家离岸公司 Ocean Town,通过在该地注册的"国美"控股 100％掌控 Ocean Town。2004 年 4 月 20 日,"北京亿福"将所持"国美电器"65％的股权转让给 Ocean Town,使"国美电器"变成一家中外合资零售企业。这既符合在 2004 年 6 月 1 日前外资企业持有中国零售公司不超过 65％的限制,又为"中国鹏润"在香港收购"国美"扫除了境内外交易上的障碍。

第三步,"中国鹏润"收购 Ocean Town 后持"国美电器"65％股权,实现"国美电器"借壳上市。Ocean Town 作价 88 亿元,上市公司以代价股份和可换股票据支付,并以 5 月 21 日收盘价每股 0.148 港元换算。

黄光裕进退自如

约 88 亿元的收购代价使黄光裕面临着两大限制:一是"中国鹏润"没有足够现金;二是黄个人已持股达 66.9％,使用股权支付将使"中国鹏润"面临退市。最终利用可换股票据设计了三个层次的支付:

第一层,"中国鹏润"向黄光裕定向增发价值 2.435 亿港元的代价股份;

第二层,"中国鹏润"向黄光裕定向发行第一批价值 70.314 亿港元的可换股票据,相关换股权可在自票据发行日起 3 年内的任何时点随时行使,满 3 年后强制行使;

第三层,"中国鹏润"向黄光裕定向发行第二批价值 10.269 亿港元的可换股票据,相关换股权仅于北京"国美"偿还所欠"国美电器"相关债务后方可行使。

在黄光裕拿到定向增发的股份后,公众持股达到 25.1％的危险界限边缘,大股东继续增持将使"中国鹏润"面临退市。而可换股票据支付即避免了退市风险,也为黄光裕日后成功套现埋下伏笔:首先定向增发的代价股份不受任何禁售期限制,在收购完成后即可转让;其次在可转债换股完成之前,黄如果需要现金,可将可换股票据转让或质押而获得现金。

成功破解联交所反收购新规

香港联交所于 3 月 31 日实施的新修订的《上市规则》关紧了借壳上市的大门。新规则的限制主要体现在增设"反收购行动"一项,将进行反收购的上市公司视作新申请人,必须按照 IPO 的程序审批。如借壳"海尔中建"(1169. HK)的海尔集团被联交所视为新公司上市,必须从头走完 IPO 的全部审批程序,这至少需要 9 个月时间。

《上市规则》对反收购的一种界定是:注入资产值达到壳公司资产的 100％,且收购事项发生后,上市公司控制权发生变动。国美电器借壳应该不会被联交所界定为反收购,因为它并不符合《上市规则》对反收购的界定。

"中国鹏润"2003 年年报显示,截至 2004 年 3 月 31 日,公司总资产约 7.1 亿港元,而注入的"国美电器"截至 2004 年 3 月 31 日的总资产约合 29.6 亿港元,远远超过 100％的比例。但在收购"国美电器"之前,"中国鹏润"的控制权已在黄光裕手中,而收购后黄光裕的持股量不减反增,不存在壳公司控制权变动的情况,因此并不符合反收购的这种界定。

反收购的另一种界定是:在上市公司控制权发生变化的 24 个月内,上市公司向取得控制权的人士收购的资产值达到壳公司资产的 100％,黄光裕取得"中国鹏润"(原名"京华自动化")控制权是在 2002 年 2 月,如今已超出 24 个月的时限。

借壳的时机是关键

"国美电器"在最后时刻舍 IPO 而选择了借壳,关键的原因只有一个:时机。"国美"急于争取时间的原因应该至少有两个:

一是为了融资。国内电器连锁市场竞争加剧,而"苏宁电器"A 股的发行已通过了发审委审核,预计 7 月份就可以上市,"苏宁电器"上市成功后必定要加大市场推广的力度,对"国美电器"的市场领先地位形成威胁。"国美电器"披露的扩张计划为:2006 年前新开 183 家数码店、35 家门店和 9 家左右大卖场,并要加强与零售商的合作和建立更强大的供应链。据披露,"国美电器"整个扩张计划需要的资金量至少应该是 3 亿元。"国美电器"需要尽快上市获得新的融资渠道。

以上原因是市场流传最广的猜测,也是对国美有利的解释,但是对于去年净利润 2.75 亿的"国美电器",3 年 3 个亿的资金投入应该不是大问题。也许深层的原因是为了这 88 亿元的收购价。

静态看,5 月 21 日香港恒生指数平均市盈率和市净率分别为 16.02 和 1.72。88 亿元作为一个新上市公司的定价,无论从市盈率还是市净率都远远高于同期的 IPO 公司和同期香港恒生指数。那么这个被收购独立财务顾问确认合理可靠的收购价格是如何计算出来的?

具体方法目前还未公开,但可以从鹏润投资集团副总裁张志铭的解释管窥一点"'国美电器'业绩增长的幅度很大,2004 年第一季度净利润达到了 8454 万元人民币。如果按照这个增长速度,把未来的净利润贴现来计算,收购的市盈率并没有 49.4 倍那么高。"可见,计价方法很有可能是舍相对定价法而取未来净利润贴现法。如果这样,未来增长率就是定价中最关键的因素。未来两三年无疑是"国美"快速发展的关键时期,也许现在正是"国美"能卖出最高价的时候。而黄光裕在收购宁城老窖(600159)流产接受记者采访时的一句话也许道出了他的真意:"时机选择得好,才可能融到更多资金。"在时机的把握上,黄光裕无疑是一个高手。

"国美电器"仍在黄光裕手中?

需要注意的是北京"国美"是在中国大陆注册的"国美电器"商标的拥有者,北京"国美"并没有成为此次上市公司收购的目标,上市公司 88 亿元并没有获得"国美电器"商标的拥有权。为了给公众股东交代,黄光裕承诺授予"国美电器"年限不限并无须支付费用的商标许可权。但需要注意的细节是，这里并没有使用排他许可的字眼，也就是说黄光裕仍然保有在未来开出以"国美电器"命名的门店或卖场的权力。

当然为了消除公众股东的疑虑，黄又抛出了一个不竞争承诺的定心丸："黄先生将向本公司承诺，在目标集团的任何成员公司于收购协议日期已设立门店，以'国美电器'商标经营出售电器和消费电子产品的任何中国城市、直辖市、县或其他地点，彼不会直接或间接从事电器或消费电子产品的零售业务"。但是要注意两点：一是该竞争承诺是有条件的，"该承诺将于黄先生仍为本公司控股股东时一直有效"。二是该承诺并不适用于签订协议前没有开设国美电器的其他国家或地区。

显而易见，上市公司付出高昂代价，并没有真正的买到"国美电器"，最极端的假设是如果黄光裕有一天不再是上市公司控制人，上市公司有可能面临着其他"国美电器"同业竞争的尴尬局面。黄通过这样的精致安排，不只把苦苦经营18年的国美卖出了高价，而且事实上仍然把"国美电器"牢牢地握在了手里。

资料来源：苟开红：《国美借壳，黄光裕进退自如》，《证券市场周刊》2004年7月4日。

思考题：黄光裕的资本运营动机和可行性是什么？

第二节　企业集团资市运营战略

一、企业的使命定位

每一个有抱负的企业，首先应是一个使命明确、发展定位清晰的企业。所谓企业使命，就是一个企业作为社会成员所肩负的责任和要实现的价值，企业围绕这种责任和价值从事经营和活动。

（一）企业的基本使命

企业是国民经济的细胞，任何一个国家或地区经济素质的强弱，在很大程度上都取决于企业的状况。因此，企业的基本使命就是通过自身的事业，对提高社会生活，为人们创造福利而有所贡献，在这个过程中企业产生适当的利润，从而追求经济效益与社会效益的统一。无论是国际还是国内，一些成功的或比较成功的企业都有自己鲜明的使命定位，并在企业使命的驱动和约束下，选择各自的产业和经营模式。如浙江广厦控股公司，原本是一家地方性民营建筑企业，为拓展生存空间，办建材厂、搞水电站、投资房地产……开始进入很多相关或不相关的产业。1999年，企业使命定位于"倡导和建设人类美好生活"，在企业使命的驱动和约束下，广厦的产业选择围绕"倡导人类健康生活方式、建设人类美好生活家园和精神家园"来展开，逐步形成了以建筑、房地产为基础，宾馆旅游、医院、学校、文化传媒为补充的产业链条，先后收购杭州华侨饭店、金华肿瘤医院，兼并"重庆一建""北京二建""襄樊路桥",控股浙江青年报,投资职业学院、"春秋影视",清晰的产业构架,为广厦的资本运作提供了清晰的目标和思路。

（二）企业的使命定位

企业使命是一种价值驱动,也是一种选择约束。企业使命的驱动力引导企业应该干什么,什么事情有利于提升企业价值;企业使命的内在约束使企业克制冲动,明辨诱惑,理性发展。企业集团其使命定位对企业的发展尤为重要,使命定位于什么? 作为社会成员,要实现什么价值? 这是大型企业集团产业经营和资本运作所要回答的核心问题。企业的使命定位清楚了,企业的产业选择,以及产业经营和资本运作的目的和目标也就清晰了。

二、资本运营对企业集团发展的现实意义

无数案例表明,资本运营是企业集团发展过程中不可回避的课题,在企业集团的发展壮大中显示出愈加引人注目的作用。

一是有利于企业集团调整产业布局。资本运营特有的对社会资源的配置能力,为企业集团在更大范围、更多领域、更高层级实施产业结构调整,构建更加科学合理的产业链条提供了现实途径。

二是有利于提升企业治理水平。企业集团资本运营活动的频繁与管理手段的改进,必然会促进企业从产权结构、公司治理结构到内部运行机制的改善,推动企业集团整体治理水平的提升。

三是有利于企业集团尽快实现国际化发展。资本运营为企业集团在国际范围内拓展经营领域和市场空间创新了方法和途径,为在不同所有制背景下经营企业提供了平台,为企业集团提高跨国经营控制力提供了管理手段。在某种程度上也是企业集团实现国际化发展的捷径。

三、资本运营的战略类型

资本运营战略主要有以下几种基本类型。

1. 集中发展型战略

这种资本运营战略主要是针对企业的某一核心产业或产品开展资本运营活动。它是集中企业的资源以较快的增长速度来增加现有产品或劳务的销售额利润额或市场占有率。这种战略的特点是经营目标集中,容易实现生产专业化和规模经济强化企业的核心竞争能力。

2. 同心多样化战略

同心多样化资本运营战略是增加同企业现有产品或劳务相类似的新产品或新劳务,从而充分利用企业所具有的专门技能和技术经验、生产设备、销售渠道挖掘其潜能,扩大了与原来有关的市场,实现企业较快的增长。当一个企业所在的产业处于上升时期,这一

战略的实施可以强化组织在某些知识和经验的领域中的地位。

3. 纵向一体化战略

这是指在前后两个可能的发展方向上,即向上下游两个方向扩大企业现有经营业务的一种发展战略。后向一体化使企业能对它生产现有产品所需原材料的成本质量和供应进行有效控制;前向一体化可使企业控制销售和销售渠道,增加产品的市场适应性。这种战略有助于实现产品的深加工,增加产品的附加价值,改善企业的经营状况,提高企业的经济效益。纵向资本扩张的企业、处于生产经营不同阶段的企业或者不同行业部门之间,将关键性的投入产出关系纳入自身控制范围,通过对原料和销售渠道及对用户的控制来提高企业对市场的控制力。

4. 横向一体化战略

横向一体化战略是企业通过购买、联合或兼并与自己有竞争关系的企业的发展战略。它使企业在做大做强的同时可以消除现存的或潜在的竞争对手。它与同心多样化有类似之处。两者新增的产品或劳务与企业现有的产品或劳务相关。横向型资本扩张的交易双方属于同一产业或部门,产品相同或相似,为了实现规模经营而进行产权交易。横向型资本扩张不仅减少了竞争者的数量,增强了企业的市场支配能力,而且改善了行业的结构,解决了市场有限性与行业整体生产能力不断扩大的矛盾。

5. 复合多样化战略

这是指增加与企业现有产品或劳务不大相关的新产品或劳务,主要是通过对其他组织的合并及合资经营来实现经营目标。很多企业愿意选择复合多样化战略,通过向不同产业的渗透向不同市场提供服务来分散企业的经营风险,使企业的业务向更优经济特征的行业转移,企业的经营更灵活。复合多样化战略扩张适应了现代企业集团多元化经营战略的要求,跨越技术经济联系密切的部门之间的交易。它的优点在于分散风险,提高企业的经营环境适应能力。

拥有 105 亿资产的美的集团一直是白色家电业的巨头,2003 年的销售额达 175 亿元。在 20 年的发展历程中,美的集团从来没有偏离过家电这一主线。专业化的路线使美的风扇做到了全国最大,使空调、压缩机、电饭锅等产品做到了全国前三名,巨大的规模造就了明显的规模优势。然而,随着家电行业竞争形势的日益严峻,进军其他行业、培养新的利润增长点成为美的集团的现实选择。与此同时,美的集团在资本、品牌、市场渠道、管理和人才优势等方面也积累了具备多元化经营、资本化运作的能力。审时度势之后,美的集团毅然作出了从相对单一的专业化经营转向相关多元化发展的战略决策。2003 年 8 月和 10 月美的先后收购了云南客车和湖南三湘客车,正式进入汽车业。此后不久,又收购了安徽天润集团,进军化工行业。美的集团以家电制造为基础平台,以美的集团既有的资源优势为依托,以内部重组和外部并购为手段,通过对现有产业的调整和新产业的扩张,实现多产业经营发展的格局,使美的集团最终发展成为多产品、跨行业、拥有不同领域核心竞争能力和资源优势的大型国际性综合制造企业。

6. 紧缩型战略

当企业的经营状况资源条件不能适应外部环境的变化，难以为企业带来满意的收益甚至威胁企业的生存和发展时，企业常常采取紧缩型战略。紧缩型战略可采取抽资、拍卖、清算等方式。

紧缩型战略是对公司总规模或主营业务范围而进行的重组，其根本目的是为了追求企业价值最大以及提高企业的运行效率。收缩性资本运营通常是放弃规模小且贡献小的业务，放弃与公司核心业务没有协同或很少协同的业务，宗旨是支持核心业务的发展。当一部分业务被收缩掉后，原来支持这部分业务的资源就相应转移到剩余的重点发展的业务，使母公司可以集中力量开发核心业务，有利于主流核心业务的发展。收缩性资本运营是扩张性资本运营的逆操作。

四、资本运营战略选取的原则

企业进行资本运营的战略方式多种多样，不同的战略类型适合于不同条件和情况，从多个可行的战略中反复权衡，最后选出最佳方案。在选取经营战略的过程应遵循以下原则。

1. 成本领先原则

这是使企业的经营活动保持同行业最低成本的财务战略。在战略实施时期，降低生产要素成本是企业经营活动及其管理的第一位工作，也是企业在该时期各项作业和发展规划的核心。成本领先战略是公司通用的财务战略。

2. 利润领先原则

衡量利润增长有利润额和利润率两种标准。利润额可衡量同一企业不同时期利润增长的情况，但不同企业之间不具有可比性。利润率没有利润额那样直观，但利润率既可衡量同一企业，也可评价不同企业之间不同时期利润增长情况。利润领先也有两种标准，即利润额最大化和利润适度增长。从战略角度看，长期保持利润最大化是很难实现的，利润领先是利润在长时期内保持适度增长。利润领先战略的基础是以产品经营和市场为导向。

3. 资产整合增值原则

资产整合增值战略以资产的保值、增值和整合为核心，企业各项经营活动都为实现资产整体规模的扩大和增值服务。资产整合增值原则是从投资角度出发来考虑的。资产增值的基础是资产保值，资产增值是资产整合的基础。在资产保值和增值基础上实现资产整合与企业成长。资产增值表现为资金利润率大于市场利率，超出的部分才是资产增值部分。增值原则与利润领先原则相比，不仅涉及价值创造和价值实现，而且涉及利润分配问题，要求层次更高，涉及的领域更广。

　　4. 资本运营风险规避原则

　　这是利用风险机制和资本运营规则,冒大的风险去实现高额资本效益的经营原则。高新技术企业的产品由实验室转入产业化生产有较大的风险,因此,高新技术企业的财务管理技术和理念起点较高,一般都注重资本运营风险规避原则。资本运营产生风险的另一种情形是纯资本产品开发经营或负债经营。企业将一切经营活动及其生产要素资本化,其基本规则或代价是还本付息和增值。在物质产品市场、人才市场和资本市场等各种生产要素市场上,资本市场最变幻莫测。

五、资本运营战略管理

(一) 资本运营战略管理的意义

　　企业资本运营战略管理是以企业资本运营战略为对象的管理活动,是对企业资本运营战略制定直至实施全过程的管理。它既是企业战略管理的一个重要组成部分,也是现代企业财务管理的一个重要方面。因此,企业资本运营战略管理既要体现企业战略管理的要求,又要遵循企业资本周转活动的基本规律。

　　在现代企业资本运营中,重视企业资本运营战略及其管理,有着十分重要的理论意义和实践意义。面对全球经济一体化、金融危机时有发生、企业间竞争日趋激烈等诸多复杂的企业界经营环境,一方面,企业不能单纯地注重财务管理的具体方法与手段,也不能局限于对各项具体资本运营活动的规划,而应当运用现代战略管理的理论与方法,在全面而深入地分析各种环境对资本运营影响的基础上,对具有全局性和长期性的重大资本运营问题进行谋划。另一方面,企业资本运营管理在企业管理中处于关键的地位,可以说,没有资本运营管理的配合与支持,任何企业战略都将成为空中楼阁,而战略管理的推行,就必然要求企业资本运营管理不能只追求单项和局部的资本运营目际,而应当具备总体战略思想,支持企业战略,从战略的全局来考虑和设计企业的资本运营活动。由此可见,资本运营战略管理是现代企业战略管理的重要组成部分,是关系到企业生存和长期稳定发展的大事。

(二) 资本运营战略管理的程序

　　首先,要正确分析企业内部条件和外部环境对企业资本运营活动的影响,并明确企业战略目标的要求。其次,需要进行行业分析。分析影响行业动向的因素,这包括产品生命周期、行业的集中程度。在此基础上制定相应的资本运营战略。最后,组织实施资本运营战略,并对实施过程进行有效控制。

(三) 资本运营战略管理的内容

　　资本运营战略管理是指对企业资本运营战略的管理。资本运营战略管理既是企业战略管理的一个不可或缺的组成部分,也是企业财务全局性管理的一个十分重要的方面。资本运营战略管理既要体现企业战略管理的原则要求,又要遵循企业财务活动的基本规律,包括以下内容。

1. 确定资本运营战略的目标

资本运营战略管理的起点,应该是企业目标和资本运营目标的确立。企业目标明确了,也就意味着明确了企业的总体发展方向。有了明确的企业目标和资本运营目标,才可以界定资本运营战略方案选择的边界,才能排除那些偏离企业发展方向和资本运营目标要求的战略选择。也就是说,只有明确了企业目标和资本运营目标,才可以将资本运营战略形成过程限定在一个合理的框架之内,才能避免漫无目的地探寻战略方案这种劳而无功的做法。

2. 制定资本运营战略的环境分析

环境分析是资本运营战略管理的重心和难点。任何资本运营都离不开一定的环境分析,不符合环境要求的资本运营战略管理难以取得真正的成功。资本运营战略管理的环境分析主要不是针对"过去"和"现在",而是面向未来。企业对未来环境的分析和预测自然是颇具挑战性的。首先,从企业顺利发展的愿望出发,企业战略和资本运营战略需要保持相对稳定。然而,环境的多变性又会迫使企业动态地调整战略。所以,如何恰当地处理环境的多变性与资本运营战略的相对稳定性之间的关系,是资本运营战略管理环境分析的又一难题。其次,资本运营战略管理中的环境分析不可能只是单项环境分析,而必须是综合环境分析,不仅要分析诸如政治、法律、社会文化、经济等宏观环境,而且还必须认真分析产业、供应商、客户、竞争者以及企业内部因素等微观环境。最后,资本运营战略管理环境分析特别强调动态分析。它虽然也关心某一特定"时点"的环境特征,但更为关心的则是这些环境因素的动态变化趋势。如果缺乏动态分析,资本运营战略管理方案的调整就将变得十分被动。

3. 资本运营战略的规划与评价

资本运营战略的核心内容是融资战略和投资战略。资本运营战略管理的目标是通过适当的融资及投资战略安排,实现企业全局和长期发展的资金合理流动与财务稳定,逐步实现长期资本增值最大化的公司经营目标。资本运营战略管理的运行过程会因不同的战略内容而有所差别。但是,制定资本运营战略规划和进行资本运营战略评价,则是资本运营战略能保证实施的两个重要环节。

制定资本运营战略规划,首先必须对企业资本的运用结构和来源结构进行分析,以了解企业资本结构的合理性和财务安全性。其次,还必须分析企业在近几年中收益状况的变化及其原因。所有这些分析,都应该弄清企业财务状况和收益状况的变化究竟是主要缘于外部环境,还是主要缘于内部管理。通过这种历史的分析,可在一定意义上为预测未来提供依据。事件发生可能造成的威胁和损失降低到最小限度。企业在制定资本运营战略规划时,应将权变计划作为其中的一个构成部分。所谓权变计划,是指在预计关键事件没有按预期发生的情况下可采取的变通替代战略。

　　与企业战略管理的其他方面一样,资本运营战略管理也同样并不仅指资本运营战略方案的形成,也包括战略方案的实施与评价。资本运营战略管理方案的评价,事实上只是战略形成的动态过程的一个必要的环节。也就是说,广义的战略形成过程已经包含了战略评价。正是从这一意义上说,资本运营战略管理如同其他战略管理一样是一个连续不断的过程。在战略评价中要注意确认资本运营目标与资源之间的缺口,以便公司更好地利用目前的资源和环境,扩大和改变目前的资源存量,创造新的资源,以达到企业资源适合企业经营战略的需要。资源使用与控制分析是将企业资源和使用这些资源的战略目标联系起来。因为这一分析是从资源的使用过程而不是从资源本身发现经营好或坏的原因。这对于了解企业战略实施能力很重要。

六、企业集团资本运营战略的着力点

1. 注重集团内部优势产业链的构建

　　当前,中国经济社会与西方发达的市场经济社会相比,社会分工还不细、不够成熟,协作关系也还很不完善,所以企业集团在做大做强的过程中,面临的一个带有普遍性的课题是,在精干突出主营业务的同时,纵向一体化的程度也在加深,外部竞争对此的诉求压力也在增大。因此,着力构建较为牢固和具有竞争力的产业链是企业集团今后一个时期的重点课题,思路可以是"产业链条基本完整,关键环节加强控制"。

　　为实现此目的,国内大型企业集团应优先考虑对构建产业链具有积极意义的纵向业务重组模式。第一步,重整集团内具有上下游关系的生产经营流程和业务单元,将属同一生产环节的业务分离出来实施专业化重组,提高生产管理的集中度,降低综合生产成本,提高边际效益;再通过上下游一体化运作,降低交易成本,提高资源利用效率,调控价值流程。第二步,利用好国家和各级政府的有关政策,对行业内其他企业运用收购、兼并、合资等手段实施纵向整合重组,带动全行业的上下游一体化水平。例如石油化工、钢铁等企业,要沿资源获取—生产加工—销售的路径构建产业链,展开业务布局,在上游产业领域要通过兼并收购实施积极的对外扩张,提高在国际范围内占有资源的能力,如中石油、五矿集团的海外并购;在生产环节,要围绕规模经济进行重组整合,提高生产集中度,如宝钢集团、武钢集团对生产环节加强控制;在销售终端领域,要通过直接投资、特许经营、战略联盟等手段提高市场占有率。对服务于上下游主体的业务单元,要在理顺价值链的基础上,通过重组整合提高市场灵活性和服务能力。从而达到在全流程中调控经济价值的目的,增强对市场波动所造成风险的抵御能力,提高参与国际化市场竞争的实力。

2. 注重建设适应国际准则的经营平台

　　目前,我国跨国经营的大型企业集团海外投资存在规模小且分散、方式单一且以现汇为主、经营领域附加值低、缺乏核心竞争力等问题,从战略布局到具体运营手段都处于低水平阶段,全职能、全业务进入国际市场的条件还远不具备。企业集团应该为生产经营和资本运营建设适应国际准则的经营平台,塑造国际资本市场的上市公司,探索进入国际资本市场的途径。

建设国际化上市公司的作用有:一是利用国际资本市场进行大规模融资,支持产业加快发展;二是有利于屏蔽实业投资、跨国购并过程中的经济、法律和其他政策性风险;三是便于对海外业务实施统一指挥、集中管理;四是有利于引进国际上的管理经验。另外,通过上市公司便于学习和接触国际资本运营的高级形态,尽快改善企业发展方式。当前,对于资源产地向境外转移(如石油石化、钢铁、铝业等)、技术与世界同步相关(如 IT、电信等)、贸易外向型(家电、纺织、机加工等)的企业集团来说,建设国际化的上市公司势在必行。

鉴于大型企业集团的复杂性,如果整体境外上市一步到位难以实现,可以采取"先构建通道,再带动整体"分步实施的策略。第一步,对优势产业包装后在境外上市,塑造一个国际化资本对接平台。第二步,对其他战略性业务单元进行重组整合,优化结构,改造技术和产品,提升核心竞争力后,可以通过反向收购的方式进入上市公司,如"中国电信"、"中国移动"香港上市公司收购内地业务;也可以另行包装,在境内(外)塑造若干个上市公司,如"中海油"境内外三大上市公司的布局策略。塑造上市公司的终极目的是融通整合资源,关键是要从调整产业结构、构建产业链和价值链的战略谋划出发,整体设计上市公司的形式和格局及后续策略。

3. 注重构建以产权为纽带的组织模式,提高母公司控制力

我国大企业集团尚处于发育阶段,面临的主要任务是提高资源整合与控制力。同时,由于国内社会协作水平整体不高、产权制度改革任务重、旧管理模式下的经济利益格局复杂等原因,国内大型企业集团在组织结构的设计思想上,必须以提高集团母公司的控制力为中心。提高集团母公司控制力的重要途径之一就是产权,我们认为,对于拥有 2～3 个以上支柱性业务的企业集团,其母公司宜定位为控股型投资公司,集中掌握集团的投资政策,根据战略需要,对下属企业或新战略业务单元实行多种形式的投资,实施资本预算控制,建立出资人监管体系。

大型企业集团调整组织结构过程中的难点是进一步界定主业与非主业,确定主业的发展方式和非主业的退出方式。目前国内的实践已经有整体上市、部分资产回购、分别上市再整合母公司产权、非主业产权多元化后外包等形式,各有其适宜性。构建以产权为纽带组织结构的基本思路可以是"先相对集中,分别发展,再总体整合"。对所属业务组织结构的调整可以分为三步:第一步,对所属主业实施专业化重组后设立法人子企业,通过产权与信息技术等手段实施集成管理控制;第二步,对于非主业种类多、地域分布广的应在条块结合的基础上,相对集中地整合资源,提高非主业资产经营质量,组建产权多元化的法人子企业,本着降低或转化退出壁垒的原则,重新设计非主业企业与主业企业间的业务流程和关联交易;第三步,通过集团母公司实施产权的收购、出售、合资等,对所属子企业

的产权进行整合或退出,达到理顺母子公司关系的目的。如"中国石油"回购三家上市子公司的股权后注销这三家子公司的做法,上海百联集团通过股权置换加增发对旗下 7 家上市公司四大板块业务实施整合,从而改造了组织结构,提高了控制力。

4. 开展多元化经营的同时注重促进支柱企业价值提升

热衷于多元化经营是企业集团容易出现的另一种误区,业务多元化有其必要的条件,不能盲目铺摊子上项目。随着市场机制的发育,暴利性的投资机会也会减少,企业集团投资进入不熟悉的业务领域必须基于科学的论证。国内企业集团宜走"做强核心业务,适度相关多元,稳步产融结合"的路子。

大型企业集团建设虽然有经济规模扩张的内容,但经济规模不是标志。在大型企业集团的培育过程中,在资本运营策略上应着眼于提升支柱企业的价值,集中投资于支柱企业或战略性接替业务,促进技术升级换代,改进生产组织流程,逐步扩大经济规模,提升管理水平,塑造回报股东回报社会的负责形象和自有品牌,这是实施产融结合、技术入股、管理输出、收购兼并、特许经营等多种资本运营手段的保障。如从事旅游、房地产、民航、建筑等业务的企业集团的投资重点应在于提升支柱企业的核心能力,形成自己特有的服务产品、价值流程和品牌优势,然后才有能力整合其他企业,开展相关多元化业务。

在探讨企业集团资本运营着力点的同时,也要重视总部功能建设。无论企业集团的产业、组织、地域结构多复杂,资本运营都应由集团母公司统一研究、筹划、决策和设计,这有利于明确工作方向,统一工作绩效评价标准。集团应重视投融资体系建设,要在健全管理制度基础上,明确投融资策略,研究投融资手段,展开有布局、有节奏、有力度的投融资活动。还应加强资本运营机构的职能建设,提升资本运营队伍的职业化水平,以承担起投融资、投融资管理、非战略性业务单元的退出等重要任务。

【阅读材料 8 - 2】

四川航空免费大巴的共赢秘诀

在成都机场的出口处,有 150 辆涂着特别颜色的免费接送乘客的大巴车整齐地排列着。只要是购买四川航空 5 折以上的机票的乘客,大巴可以免费将他们拉到成都市区任何一个地方。

一辆免费大巴连接着四方利益体:航空公司、乘客、大巴司机、汽车公司,构建了一套各方共赢、皆大欢喜的商业模式。

皆大欢喜的商业模式

在成都机场,150 辆大巴昼夜不停地免费接送天南海北的旅客。免费中,旅客省下150 元从机场到市区的打车费;免费中,司机每载一个客,获得四川航空公司给付的 25 元劳务费;免费中,大巴制造商风行汽车公司每年省下了超过 200 万人次受众群体的广告费;免费中,四川航空公司每年获利上亿元。

真的有这样"天上掉馅饼"的好事吗？且看航空公司构建的各方共赢的商业模式路线图。

四川航空公司一次性从风行汽车订购 150 台风行菱智 MPV 休旅车，用于搭载来往于机场和市区的旅客，每台车原价 14.8 万元，四川航空只花 9 万元购得，仅此一笔交易，四川航空就节省了 825 万元。四川航空转手以 17.8 万的价格将车卖给司机，每台车赚8.8 万元，150 辆就赚 1 320 万元。

但四川航空也不是吃独食的，司机每搭载一名旅客，航空公司付给司机 25 元劳务费。于司机而言，花 17.8 万元买辆风行菱智 MPV 休旅车，可获得机场到市区的专线特许经营资格，还不用再缴杂七杂八的管理费，可以一门心思为四川航空公司服务。

旅客乘坐四川航空提供的免费大巴可省下 150 元打车费，还可以享受免费上门接送的待遇，还有乘机 5 折的优惠。

而风行汽车得到的好处是，四川航空必须指令司机在载客途中向乘客详细介绍这台车子的性能、结构、油耗、性价比等资料，为风行汽车做活广告，做汽车义务销售员，为乘客提供体验式服务。而每辆车可搭载 7 名乘客，按每天跑 3 个来回计算，150 辆车带来的广告受众人数是 230 万（7×3×2×365×150），如此庞大的亲历体验的受众群体，其宣传效果可想而知。

一个极致的商业平台

不难看出，四川航空的这一商业模式以免费大巴为"诱饵"，实现利益链上四方共赢。运用之妙，存乎一心。四川航空这一商业模式，构思缜密，真正用心到家，有三个特点：

一是找更多的人结成利益共同体。四川航空找来风行汽车、大巴司机、乘客结成利益联盟。四川航空让司机当起了风行汽车的业务员，让乘客在免费乘坐后成为风行汽车的潜在消费者，也成为四川航空的"回头客"。值得特别强调的是，四川航空也不是空手套白狼，它为利益各方提供了周到的服务，如为风行汽车做广告，给司机提供稳定的收入，为旅客提供免费乘车服务。四川航空把各方的利益整合到免费大巴上，四方的利益都得到妥善照顾，各取所需，只不过是四川航空在利益链上得大头而已。

二是找更多的人为自己支付成本。四川航空买了 150 辆风行菱智 MPV 休旅车免费接送乘客，很明显，成本是由风行汽车和司机分担的，风行汽车将车便宜卖给四川航空，司机高价购买四川航空转手"倒卖"的汽车。表面上看乘客是免费乘车，实际上也在分担四川航空的成本，即口碑成本。众多合作伙伴的加入，摊薄了四川航空的成本分担。

三是找更多的人为自己创造利润。一个好的商业模式必须寻求众多利益关联方，为自己创造利润，实现自身利益最大化。四川航空为旅客提供免费班车，旅客自然会替四川航空说好话，势必给四川航空带来巨大的客源，利润当然会滚滚而来。

从四川航空的案例不难看出，商业模式就是打造一个极致的商业平台，想办法用特殊的方式盈利，并且实现利润的最大化，而免费大巴只是其中的一个环节，只不过是四川航空将其"卖点"放大而已。

资料来源:蔡恩泽:《四川航空免费大巴的共赢秘诀》,《智富时代》2014 年 3 月 7 日。

思考题:

1. 四川航空公司在本案例的资本运营中是否获利? 试进行计算分析。

2. 本案例中四川航空公司是利用什么样的资源进行资本运营的? 其中哪些是企业物质资本,哪些是企业的非物质资本?

3. 根据这一案例,你认为大型企业集团可以进行资本运营的资源有哪些种类?

第三节　企业集团资市运营的基础工作和实施程序

一、开展资本运营的基础工作

资本运营的一个重要规律是资源的优化配置。各种资本、资产、资源要在一个企业内、企业间、国内市场、国外市场、国际市场,乃至全球市场范围内,按照市场经济的规律及规则,按照不同市场主体的决策进行配置、流动和集中,优良的资源总是流向最能发挥其效能、价值的领域,否则就是低效率。

1. 确立优化资本、提升价值等资本运营的理念

企业的发展壮大与经营者的素质直接相关,而关键还要看经营者是否具有先进的前瞻性的经营理念。有许多企业经营者均深谙商品的生产与经营,注重企业的生产、销售、采购、成本控制、客户服务、新产品研发、市场营销、技术创新、管理创新、人力资源开发与利用等,恰恰缺少的是资本运营的理念。企业资本运营不是简单地出售资产或收购企业,而是一个既简单又复杂的系统工程,是企业自愿开展和即将面临的一种经营活动。作为现代企业的经营者,更应该确立资本运营的理念,通过资本运营来提升企业的竞争能力,实现企业的目标。

2. 依据发展战略,开展资本运营

企业发展战略是一个企业开展生产经营与资本运营所必需的导向。对企业具体的生产经营活动来说,战略或许是绝对离不开战略的。如果没有战略就会导致盲目地去并购或盲从于地方政府的"拉郎配",即使有"蛇吞象"的杰作,最终也会因徒增规模、摊子过大而失败。企业资本运营应该在不断提高其核心产业专业化经营素质和能力的基础上,依据发展战略,以强化企业资本控制力为前提,利用自身的存量资产去吸纳增量资产或资金,盘活存量及沉淀的非经营性资产,有计划、有步骤地开展。

二、资本运营的运作流程

企业资本运营的运作流程如下:

(1)企业首先根据自身的优势和劣势,在市场中寻找机会,以便准备实施资本运营。

（2）一旦企业确定了目标，建立预测分析模型，利用计算机进行模拟，来核算实施资本运营的费用，并模拟实施资本运营以后企业的经营状况。如果在实施资本运营后，企业的经营状况良好，则进行下一步，否则，需重新寻找新的市场机会。

（3）如果模拟的结果比较好，则可以对选定的目标公司进行评价分析。

（4）在评价分析的基础上，实施资本运营。

（5）实施资本运营以后，要对企业进行整合。此为关键一步，如果整合的效果比较好，则可以在市场竞争中获胜；倘若整合效果不理想，则需要利用新的管理方法对企业重新整合。

（6）企业实施资本运营以后，能在市场竞争中获胜，则将此次实施成功的经验反馈回去，以便进行下一次的资本运营实施。

三、资本运营模式的选择

资本运营模式的选择是企业资本运营成功的关键。各种资本运营模式都有其自身特点和适用条件，在具体运用时需根据企业具体情况，选择一种、多种模式或几种模式的组合。

（一）优势企业的资本运营模式的选择

优势企业主要是指科技水平国内领先，市场占有率高，规模达省级、国家级、多元化经营效益可观的企业。其资本运营宜采用股票上市、控股扩张、收购兼并、跨国投资经营等方式或方式组合，迅速壮大生产规模，实现跨越式发展。

1. 股票上市

即企业通过公开发行股票募集社会闲散资本，这种方式是资本运营的高级形式，有条件的企业都应积极争取运用这种方式。

2. 兼并上市

即以购买、吸收式、控股式和承担债务方式并购弱势企业，发展新产品。其中的控股式并购指企业拿出部分资本购买具有优质资产、广阔销售网络和发展潜力企业的若干股权（包括合资企业的外方股权），形成若干控股子公司。这种投资控股并购与整体的吸收和购买相比，其优势在于运用较少的资本就能支配和控制一家企业，这是一种低成本并购，对于促进企业发展和积极兼并，盘活资本存量，调整经济结构具有重要意义。但是并购的开展必须以企业发展战略为基础，不能忽视并购的成本与风险而盲目实施并购计划。

3. 跨国投资经营

企业经营的国际化已成为一种发展趋势，过去多数企业的国际化经营主要停留在直接出口、间接出口和补偿贸易等初级形式上，难以在国际市场取得竞争优势。现在搞资本运营，优势企业可更多地采用合资经营、独立经营、跨国并购、海外上市等国际化经营的高级形式，在海外投资办厂、设立公司，充分利用国外的资本和生产要素，从资本运营的高度营运国际资本,提高企业在国际市场的竞争实力。

(二)优而无势企业的资本运营模式选择

优而无势的企业是指达不到优势企业的条件,但其产品适销对路,技术设备较好,其所存在的弱势在于规模小、负担重、债务多、资本缺,这类企业宜采用参股联合、利用外资嫁接改造、二级市场产权转让、无形资产资本化等形式,把企业规模盘大,增强实力。

1. 参股联合

即企业法人通过共同出资参股,组建有限责任公司,或者是在企业内部实行劳动合作与资本合作的有机组合,成立股份合作制企业。

2. 利用外资嫁接改造

吸引外资共办合资企业,是资本运营的重要形式,通过此种形式既可利用国外资本,又可引入先进的技术和管理方法,走企业发展的捷径。

3. 二级市场产权转让

由于优而无势企业一时不具备直接上市的条件,可通过二级市场买"壳"上市或者通过自动报价系统向社会公开募集资本,实现规模扩张。买"壳"上市作为一种新型的上市途径,已受到证券界和企业界的认同。

4. 无形资产资本化

目前许多企业已认识到了商誉、服务标准、商标、专利、专有技术、经营权等无形资产的重要性及管好用活这些无形资产对于企业资本运营的重要作用,除优势企业利用品牌、技术等进行资本扩张外,众多的优而无势企业也可以营运无形资产伺机盘活资产、筹措资本。

(三)劣势企业资本运营模式的选择

劣势企业资产状况不良,生产经营不死不活,处于休眠期,但与优势企业一样,也可通过资本运营解决产品经营中无法解决的难题,寻找企业的最佳经营模式。仅把劣势企业的资本运营理解为"破产、逃债、人员下岗"是狭隘的,认为劣势企业只能充当资本运营的陪衬更是片面的。劣势企业完全可以充当资本营运的主体,而且自有其进行资本运营的特定方法和手段,他们宜采用租赁、托管、投靠联合、债务重组、转让闲置厂房和设备、房地产置换等形式摆脱困境。

1. 租赁

租赁是租赁人出租企业部分或全部资产时,承租人不得转变所租企业的主要资产及其实物形态。国有弱势企业,可以充分利用乡镇企业和民营企业的经营优势、灵活多变的经营机制,来带动国有不良资产的盘活,在僵死的肌体中注入新鲜的血液与活力。

2. 托管

即在不改变产权归属的前提下,以资产保值、增值为目的,通过订立委托营运合同,将企业资产委托给提供一定财产抵押或担保的企业法人或自然人经营的一种资产管理模式。

3. 投靠联合

即出让部分产权或全部产权投靠大企业集团,换取接收主体更大规模的资本投放。

4. 债务重组

债务重组有两层含义:一是冲销无法归还的债务;二是改善资产负债结构,改变债权债务关系,或是更换债权人,或是债权转股权。

5. 房地产转让

房地产是一种特殊资源或资产,许多企业由于历史原因背上沉重包袱,但其中不少企业拥有较为优越的地理位置,企业可以挖掘所处黄金地段带来的公有资本潜力,采取土地有偿转让的营运方式。

(四) 扭亏无望、严重资不抵债企业的资本运营模式的选择

扭亏无望、资不抵债的企业宜采取拍卖出售、折细变现、破产重组等方式。

1. 拍卖出售

对长期亏损,人员较多,缺乏发展创造能力的企业,通过拍卖,将企业整体出售或折细变现出售。

2. 破产重组

对严重资不抵债、扭亏无望的企业,依据《破产法》实施破产处理。

四、实施资本运营应该注意的问题

资本运营为我们提供了一种在传统思维下根本无法实现的新的经济增长方式,是企业走外部成长道路的主要途径。但是,资本运营是一把双刃剑,成功的资本运营会带来企业的腾飞,而失败的资本运营则会给企业带来极大的损害,甚至是致命的。企业集团在实施资本运营活动时应该注意如下问题。

1. 上市

在开展上市工作之前企业的领导者必须要清楚以下问题:为什么要上市? 上市成本是多少? 我们的企业适合在哪里上市? 不同股市上市所需进行的程序和"辅导期"差别较大,上市条件与显性费用差别也大,但这只是上市成本中的一部分,因为上市本身只是一次性动作,相对于上市后的持续运作而言是较简单的。维持上市地位每年需要较大的费用支出并且要按照规定进行信息披露,这种"持久战"所需要的支出才是上市成本中的大部分。因此选择适当的股市上市和上市后的有效管理是决定公司上市是否真正成功的要素。

2. 兼并收购

兼并收购对企业发展具有重大的意义,但是从实际情况来看,有许多并购案都是失败的。有人统计过,我国企业进行的并购有 70% 是失败的,原因在于我国的企业在实施并购追求规模经济的过程中常常不自觉地混淆了规模经济与经济规模的区别,对规模经济的理解庸俗化、片面化。经济规模仅仅是一个总量概念,并不涉及成本收益分析,成本低收益递增的经济规模才可以称之为规模经济,经济规模的扩大可能是规模经济也可能不是规模经济。一些企业甚至是地方政府部门为了追逐所谓集团规模效应,把规模经济及并购变成企业规模扩张的竞赛,脱离企业的长期发展战略,忽视并购中存在的种种风险,导致并购失败,企业的发展严重受阻。兼并收购是收获与风险并存的资本运营手段,其风险主要有:

(1)融资风险。并购行为需要大量资金的支持,并购方在选择金融支付工具时既可选用本公司的现金或股票去并购,也可选用债务支付工具(包括卖方融资、各种信用债等形式),通过向外举债来完成并购,但无论哪种融资途径均存在一定的融资风险。

(2)营运风险。所谓营运风险是指并购者在并购完成后无法使整个企业集团产生经营协同效应、财务协同效应、市场份额效应以及实现规模经济和经验共享互补等效果,甚至整个企业集团还被并购进来的新公司拖累,导致业绩下滑。

(3)信息风险。在并购过程中信息是非常重要的,因为并购双方的信息是不对称的,并购方不得不花费大量的人力物力来获取被并购方真实和详细的信息,但在实际并购中因贸然行动而失败的案例不少,这就是经济学上所称的信息不对称的结果。

(4)反收购风险。如果被收购的公司对收购行为持不欢迎和不合作态度,他们甚至可能会不惜一切代价进行反收购,摆出一副宁为玉碎,不为瓦全的架势,在这种情况下他们使用的"毒丸计划""帕克曼反噬食战略""金降落伞"和"白色骑士"等反收购措施,具有很强的杀伤力,对收购方会构成极大的风险。

因此,进行并购交易之前,必须要考虑自身的财务状况、商业模式、核心业务、目标企业的企业文化、经营水平、可能存在的债务陷阱、与核心业务的相关度、成长性以及未来的现金流、当地政府的支持程度、是否符合当地法律规定(特别是海外并购)、如何利用并购合同分摊并购交易的风险等。即便并购交易顺利完成也不意味着并购结束,而只是一个开始,企业并购的成功不在于是否以低价买入,更不在于交易协议签订的一刹那,如何对目标企业进行迅速有效的整合走好以后的路才是成功的关键。

3. 战略联盟

组建联盟可以分担风险但不可逾越风险,战略联盟在实施过程中仍然存在一些需要注意的问题。

成功的联盟需要选择适当的合作伙伴,在建立联盟之前,首先要树立明确的战略目标,并据此来寻找或接受能帮助实现战略意图弥补战略缺口的合作伙伴。一个合适的联盟伙伴的基本条件是能够带来本企业所渴望的技术技能知识、风险分担和进入新市场的机会等优势,同时还要注意企业间的兼容性,即各企业文化相互融合建立一种共赢的合作关系的可能性。实施有效的管理是联盟所必需的,跨越各公司的边界,把不同公司的业务统一起来,克服各公司在管理技术服务水平上存在的差距,确保联盟业务质量的统一性,协调联盟各成员的控制权限和地位要求,这些工作要求联盟的管理者必须具有较高的管理素养和丰富的经验。

联盟的组织结构存在一定程度的先天不足,由于联盟的各成员都是为了达到自身的某种战略需要而参与进来,当联盟的环境发生变化时各成员的战略目标也会作出相应的调整,联盟原有的战略组合就可能被打破,因此,联盟的组织结构是缺乏稳定性和长远利益的。企业集团在与其他企业结成联盟时自己应该留有足够的回旋余地以便能够及时进行调整。

联盟里的信息流动及管理是极其重要的,联盟的建成是以企业的诚信为基础的,每个参加联盟的企业都应该提供必要的信息由联盟内的各成员分享,从而提高联盟的成功率,同时企业要合理控制信息流动,保护自身的竞争优势,防止其他成员得到某些应予以保护的关键信息作出有损自己的行为。

五、资本运营的控制

(一) 资本运营控制的内容

资本运营控制是指按照企业资本运营战略规划所确定的战略目标的要求,对资本运营过程进行检查、分析,评价其绩效,找出经营绩效与目标的偏差,并采取有效措施,对经营过程进行协调或调整的活动过程。资本运营控制的内容可以归纳为两个层次:一是资本所有者(股东)对经营者的经营状况及其效果进行控制;二是经营者对企业的资本运营活动及其效果进行控制。

资本运营过程往往出现背离企业目标的情况,这主要缘于股东(或投资者)、债权人与经营者之间的矛盾。股东和债权人都为企业提供经济资源,但它们处在企业之外,只有经营者在企业内直接从事经营管理活动。股东、债权人和经营者之间构成了企业最重要的经济关系,即委托—代理关系。股东委托经营者代表他们管理企业,为自己的目标而努力,但经营者的目标和股东的目标并不完全一致。债权人把资金借给企业,目标是到期时收回本金,并获得约定的利息收入,并不是为了"股东财富最大化",与股东的目标也不一致。资金到了企业手里,债权人就失去了控制权,股东可以通过经营者为自身利益而伤害债权人的利益,如股东不经债权人的同意,投资于比债权人预期风险要高的新项目,债权人拿不到超额利润,却有可能要分担因此而产生的损失。经营者是最大合理效用的追求者,其具体行为目标与委托人不一致,他们的目标主要是报酬和增加闲暇时间,这两个目标之间有矛盾,增加闲暇时间可能减少当前或将来的报酬,努力增加报酬会牺牲闲暇时间。此外,经营者总是力图避免风险,希望付出一份劳动便得到一份报酬。

因此,企业在资本运营过程中,应协调股东、债权人和经营者三者之间的关系,并加以控制。此外,在资本运营系统中,由于系统内各部门之间存在着一定利益分歧,各部门之间在执行计划中也会出现偏差,因而同样需要协调和控制。

(二) 所有者对经营者控制的主要方式

所有者对经营者进行控制,主要通过以下方式。

1. 监督

经营者背离所有者的目标,其根源是双方的信息不一致,主要是经营者了解的信息比股东多。因此股东应设法获取更多的信息,对经营者进行监督。在经营者背离所有者目标时,可以减少报酬,甚至解雇他们。但是,全面监督在实际上是行不通的。股东是分散的并且远离经营者,得不到充分的信息;经营者比股东有更大的管理优势,比股东更清楚什么是对企业更有利的行动方案;全面监督管理行为的代价是很高的,很可能超过它所带来的收益。例如,股东支付审计费请注册会计师仅仅审计财务报表,而不可能要求全面审查所有管理行为。股东受到合理成本的限制,不可能事事都监督,因此监督可以减少经理人员违背股东意愿的行为,但不能通过监督解决全部问题。

2. 激励

防止经理人员背离股东利益的另一个出路是采用激励报酬计划,使高级经理人员分享企业增加的财富,鼓励他们采取符合企业最大利益的行动。例如,给经理人员以现金、股票奖励,实施股票期权制度,支付报酬的方式和数量大小,有多种选择。报酬过低,不足以激励经理人员,股东不能获得最大利益;报酬过高,股东付出的激励成本过大,也不能实现自己的最大利益。因此,激励可以减少经理人员违背股东意愿的行为,但也不能解决全部问题。

3. 市场约束

市场约束包括商品市场、经理市场和资本市场对企业经营者的约束。商品市场的约束是通过消费者的选择来实现的;资本市场对经营者的约束是通过股票市场的股东选择和被接管的风险来实现的。当经营者经营不善或决策失误时,会导致股东抛售股票,公司就有被接管的可能性。经理市场对经营者的约束,来自公司外部存在的以管理为职业的经理阶层,他们随时准备替换因管理不善而被解聘的经理人员,这就使经营者必须尽力经营管理公司,因为被替换则会影响他们今后的职业前途及未来收益。

(三) 资本运营者对资本运营系统的控制

资本运营者对企业资本运营系统的控制是从企业内部进行的直接控制,包括对投资决策、资本运营过程、资本运营效果等全过程的控制。

1. 对投资决策的控制

对投资决策的控制主要是看决策机制是否科学。为保证投资决策的正确性,在资本运营项目投资前要对项目可行性方案进行科学的论证、评估,以实现投资决策的科学化。在资本运营项目实施过程中对项目的投资效果进行分析;在项目完成后,要依据项目实施结果作出总结性的评价。

2. 对资本运营过程的控制

对资本运营过程的控制,既包括对实物资本、金融资本运营过程的控制,也包括对产权资本运营过程的控制。

3. 对资本运营绩效的控制

对资本运营绩效的控制是资本运营控制的重要内容,资本所有者、经营者可以通过对反映资本的保值增值状况的指标,如资本保值增值率、净资产收益率、总资产报酬率等对资本运营成果进行评价。

一个企业的资本运营控制系统应包括组织系统、信息系统、考核制度和激励制度,资本运营者通过建立和完善资本运营控制系统,才能保证企业资本运营战略的正确实施。

本 章 小 结

本章主要介绍企业集团资本运营的基本知识、战略及实施。

(1) 资本运营是对资本的筹划和管理活动,是指把公司拥有的法定资本和增值资本、固定资本和流动资本、自有资本和借入资本、投资资本和债权资本、有形资本和无形资本变为可以经营的价值资本,通过进行运筹、谋划和优化配置即流动、收购、兼并、重组、参股、控股、交易、转让、租赁等各种途径进行有效运营,以实现最大限度资本增值目标的一种经营管理方式。资本运营的方式可以分为资本扩张方式、资本收缩方式、资产重组、资本运营其他方式。

(2) 资本运营战略主要包括集中发展型战略、同心多样化战略、纵向一体化战略、横向一体化战略、复合多样化战略和紧缩型战略,在选取经营战略的过程应遵循成本领先、利润领先、资产整合增值、资本运营风险规避等原则。资本运营战略管理,是指对企业资本运营战略的管理,其内容包括确定资本运营战略的目标、制定资本运营战略的环境分析、资本运营战略的规划与评价。

(3) 企业集团实施资本运营首先要做好资本运营的基础工作,了解资本运营的运作流程。资本运营模式的选择是企业资本运营成功的关键。各种资本运营模式都有其自身特点和适用条件,在具体运用时需根据企业具体情况,选择一种、多种模式或几种模式的组合。资本运营是一把双刃剑,企业集团在实施资本运营活动时应该注意不同模式下的缺点或问题。资本运营控制是指按照企业资本运营战略规划所确定的战略目标的要求,对资本运营过程进行检查、分析,评价其绩效,找出经营绩效与目标的偏差,并采取有效措施,对经营过程进行协调或调整的活动过程。资本运营控制的内容可以归纳为两个层次:

一是资本所有者(股东)对经营者的经营状况及其效果进行控制;二是经营者对企业的资本运营活动及其效果进行控制。

本章参考文献

1. 王先庆. 现代资本经营[M]. 北京：经济管理出版社,2006.
2. 李晓明. 资本经营及价值管理[M]. 兰州：甘肃文化出版社,2003.
3. 杨波. 资本经营[M]. 北京：中央广播电视大学出版社,2002.
4. 叶敏明. 民营上市公司产权资本运营的财务管理问题[J]. 新西部,2007(10).
5. 刘文华. 论现代企业的资本运营之道[J]. 企业家天地,2007(1).
6. 刘晓峰. 企业集团资本运营模式策略运用[J]. 北京工业职业技术学院学报,2007(1).
7. 田瑞锋,孙玉甫. 金融经济时代的资本运营[J]. 郑州航空工业管理学院学报(社会科学版),2007(2).
8. 王溥,高琼. 从蒙牛看资本运营[J]. 企业管理,2007(9).
9. 苏启立. 中小企业的资本运营研究[J]. 商场现代化,2007(15).
10. 孙立国. 破产兼并——国有企业集团资本运营的一种特殊方式[J]. 生产力研究,2007(12).
11. 王茜. 关于我国民营企业资本运营的思考[J]. 江苏商论,2007(4).
12. 傅雅瑜. 民营企业资本运营相关问题研究[J]. 现代商业,2007(8).
13. 李彤. 浅谈资本运营的方式、方法及操作建议[J]. 财经界,2007(4).
14. 杨长辉,高阳. 资本运营的运作模型研究[J]. 合肥工业大学学报(社会科学版),2003(2).

复习思考题

1. 资本运营方式有哪些?
2. 企业集团资本运营战略类型有哪些? 选取时应遵循哪些原则?
3. 企业集团实施资本运营战略应着重做好哪几个方面的工作?
4. 企业集团如何依据自身的优劣选取相应的资本运营模式? 应注意哪些问题?

案 例 题

海信收购科龙案

1. "海信"整合"科龙"大事记

2005年9月,"海信"9亿接盘顾雏军所持"科龙"26.4%股份,成"科龙"第一股东;

2006年年底,"科龙"总裁、副总裁苏玉涛、石永昌被王士磊、杨云铎取而代之,外界舆论认为是整合效果未达"海信"预期;

2007年4月,科龙2006年年报实现扭亏为盈,净利润约为2 412万元,但由于"股东权益"及"扣除非经常性损益后的净利润"两项非常重要的财务指标均为负,"科龙"仍旧未能摘除"ST"帽子;

2008年2月,"海信""老臣"杨云铎隐退,石永昌再度出山,出任"科龙"副总裁;

2008年3月,"科龙"向"海信"增发3.64亿股购"海信"25.4亿元白电资产方案被否;

2008年4月,"科龙"2007年年报公布盈利2.5亿;

2008年6月,"科龙"公布修改后的定向增发方案,拟注入"科龙"的"海信"白电资产大幅缩水9亿,定价16亿。

2.《IT时代周刊》2007年评价

"海信"收购"科龙"露悔意　白电老大前途坎坷

"海信"要做国内家电行业龙头,收购"科龙"即为最大的筹码。但面对2006年的持续亏损,当初作出收购决定的海信集团掌门人周厚健却流露出后悔之意。

2007年1月6日,周厚健公开坦言,"海信空调"(海信集团旗下控股公司)以9亿元代价对"格林柯尔"所持"科龙"26.43%法人股股份的收购原定在2006年之前,最晚不得超过2006年3月,但实际上一直到2006年12月14日才完成股权过户手续,这距离2005年7月与"科龙"原第一大股东"格林柯尔"达成收购意向的时间已过去17个月。"若知道要花这么长的时间,'海信'肯定不会参与这起收购。"周厚健说。

时间拖延过长的原因主要是"海信"在收购过程中意外发现"科龙"呆账坏账过多,但据《IT时代周刊》从相关人士处了解,真正让周厚健后悔的是自从2005年9月开始进入"科龙"以来,"海信空调"的努力并没有使"科龙"摆脱持续亏损的噩梦,这个曾经无限辉煌的家电企业,如今正处在退市的边缘。"曾被寄望为金蛋,现在不过是一吞钱机器,'海信'方面肯定失望了。"该位人士语。

值得玩味的是,在2006年10月中旬举行的海信集团第三届全球客户大会上,海信集团总裁于淑珉当时曾表示,依托"海信"和"科龙"强大的产能及国际市场开拓能力,到2010年,"科龙"将以400亿元年销售额成为"国内第一白电"。

家电行业著名分析人士罗清启认为,周、于二人言论的背离实质上反映入主"科龙"后"海信空调"的矛盾心理。他指出,"海信"意图与"科龙"强强联合并助力后者问鼎国内白电霸主的设想虽然大胆,但17个月难改败绩的糟糕表现,却已经证明了其中的困难远超其当初想象,"这不能不让人担忧"。

"海信"策略无效

在"海信"接管"科龙"之前,"科龙"已经是百孔千疮。

2005年9月,"海信"派出原青岛海信空调董事长汤业国出任新"科龙"总裁。此后不久,"科龙"发布2005年第三季度财报显示,公司当季实现销售收入5.4亿元,净亏损8.1亿元,并且和前两季度一起,亏损总额高达10.3亿元。财报称,"科龙"的持续亏损是由于顾雏军等人经济犯罪事件的不利影响,造成金融机构、供货商和经销商等对公司信心不足,资金紧张,一度出现停产。

面对实力不济的"科龙",汤业国在稍后得到"海信空调"3亿元的先期投资后认为,"科龙"要翻身就必须首先让市场各方树立信心。而要实现这一目标,就必须能够斩断它们对科龙品牌的负面联想。

2005年10月,旨在重立市场信心的"科龙",高调竞得央视和凤凰卫视等主流媒体直播"神六"发射节目的冠名权,并由此开展猛烈的广告"轰炸"。同时,汤业国还不惜耗费千万巨资,同步在全国范围内进行声势浩大的市场促销活动。"'科龙'想以一个具有强烈社会责任感和关爱消费者的企业形象达到自己的目的。"一位不愿具名的分析人士这样评价当时的"科龙"。

或许正是因为有了以上的大手笔,在2005年10月17日召开的新闻发布会上,汤业国十分肯定地认为"科龙"将在第四季度彻底摆脱"顾雏军案"的阴影。他表示,"'科龙'市场正全面回暖,2006年实现冰箱450万台,空调300万套的产销目标将不是问题"。也是在这一天,包括"国美""苏宁"和英国HI公司在内的多家知名家电经销商与"科龙"当场签订了总额为36亿元的订单。有人士认为,此事标志着"科龙"已摆脱危机,实现了平稳转型。但接下来的半年中,事实证明了这个结论是多么的草率可笑。

数据显示,2006年上半年"科龙"两大主业——空调和冰箱都出现了销售下滑,同比分别下降了39%、26%。这也意味着"科龙"宣布的总共750万台的冰箱、空调销售计划命悬一线。面对外界的怀疑,"科龙"方面并不乐意承认这与市场信心不足有关。"科龙"营销公司前总裁苏玉涛解释说,业绩出人意料地下降主要由三方面原因引起:首先是2005年以来原材料价格持续增加,毛利率下降;其次是在2005年9月至2006年5月31日期间,"海信"一直在包销"科龙"库存,低价处理的方式伤害了利润水平;第三是在2006年3月的时候,外界误传"科龙"将拍卖股份,引起市场动荡。

"这样的解释是缺乏诚意的。"罗清启认为,"'科龙'一直害怕向外界坦诚自己在应对策略上的缺陷,而把责任统归于外因。这种否认失败的态度并不利于挽救'科龙',相反会令公众更加失望。"他指出,进入 2006 年后,"科龙"多次拒收订单并延迟了既有合同的交货日期已为业界共知。截至去年 11 月 15 日,原"海信"总裁助理王士磊与副总裁杨云铎分别出任"科龙"总裁和副总裁,包括原总裁苏玉涛在内的"科龙"四大高管集体"下课"事件的发生,也已经昭示了自 2005 年 9 月进入"科龙"以来,来自"海信"团队的所有努力宣告无效。

变卖"科龙"家产

早在 2005 年 9 月,海信集团董事长周厚健就明确表示:"'海信'是经营'科龙',而不是卖'科龙','海信空调'将依靠自己的财力挽救'科龙'。"但现在,这些话语都随风而去。

按照公司上市规则,连续 3 年亏损的企业将被摘牌,"科龙"正遭遇这道坎。自 2004 年开始,它就不知道盈利是何味。而尽管汤业国向董事会保证自己可以维持公司半死不活的经营,但他已不敢断言,仅凭"海信空调"的财力就能让"科龙"股票继续"红旗不倒"。

1 年多马拉松式的股权过户已经把"海信空调"置于不利的"代管者"地位,不但策略见效微弱,也极大地损耗了自己的实力。而根据市场分析人士最乐观的估计,到 2006 年结束,"科龙"全年净亏损至少达到 6 000 万元。为了避免停牌的危险,海信集团一方面不得不加紧对科龙固定资产的变现;另一方面则加紧把自己的白电资产注入"科龙"。

截至目前,"科龙"上百部的车辆和价值 2 000 万元的房产已经悉数出售;其手中 7 块总估价在 1.79 亿元的土地也在 2006 年 11 月 13 日公开寻找买主,并在 2006 年 11 月 18 日以 1.27 亿元的价格卖出其中一块。"科龙"内部消息称,成交地块的收入将有一半用来继续偿还银行贷款,剩下的作为流动资金,预计此举也将为"科龙"带来 3 600 万元的账面利润。此外,海信集团白电资产的到来也将为"科龙"创造近 1 000 万元的收益。

一位"科龙"老员工还透露,除了资产变现,"科龙"人事的裁减和机构的重新编排也是其剜肉自救的一条重要途径。虽然早在 2005 年 11 月的时候,"科龙"曾成立由独立董事李公民为主席的 5 人薪酬与考核委员会,专门针对高薪做降低调整,但因为担心此举会激怒员工出走,所以在幅度上有所保留。也正因为这样,直到 2006 年第二季度结束时"科龙"还把亏损的一部分原因归咎于员工薪资开支过大。而这一结论,又为它的继续裁员找到了最有力的理由。

以上员工称,自从 2005 年末大区经理制被撤销、广州分公司一分为二以来,"科龙"的人事"减肥"一直没有终止。而最近的一次大规模裁员发生在 2006 年 9 月,当时取消了杭州、南京、宁波和扬州等 19 个分公司原总经理、空调产品经理、冰箱产品经理等 3 个岗位,重新设置了新的岗位,一举裁掉了 200 多人。

国信证券分析师王念春表示,即使财产变现与机构"减肥"能让"科龙"继续上市,但从另一个角度上看却带来了新的危机。他指出,变现不仅让"海信空调"名誉受损,更致命的是将再次打击原本还在观望的市场信心;而机构的长期动荡无疑又暴露出"科龙"改革的短视与无序。"2006 年过去了,2007 年又该怎样继续?"王念春问道。

没有想到

不仅在经营上"海信"人表现乏力,在企业文化的整合上也让业界大跌眼镜。早在2005年9月的时候,周厚健就喊着"从企业文化上降伏'科龙'",但他最终却恰恰栽在这上面。

不少原"科龙"员工介绍,虽然从2005年9月起"海信"就对"科龙"进行所谓的企业文化整合,但实际上更多的是把自己的企业文化强行复制到"科龙"身上,并不是周厚健之前宣称的"企业文化是企业的核心竞争力,只有文化无法复制,也只有文化才制造出永远的差异性"。在进入不到半年的时间里,"科龙"就已经成为"海信"的一个影子:原来2个小时的午间休息时间被锐减到1个小时;禁止员工自由的工作风格,营造严肃、呆板的工作气氛;以及不管有事无事,延长全国视频开会的时间,对态度不严肃者严厉惩罚等。

"这些举措表面上看似积极,实际效果却相反"。"科龙"的员工们说,"一方面,很多员工无法适应如此快的工作节奏,下午上班总是昏昏沉沉,无效率可言;另一方面,对工作氛围的过度管束导致'科龙'内部人心涣散,以致到现在还流传着'科龙人'与'海信人'之说。最为严重的是,'海信'对'科龙'文化的不屑一顾伤了不少原'科龙'员工的心,迫使他们纷纷离职。"

南开大学企业文化中心主任齐善鸿教授表示,"海信空调"没有怀着谦虚的心态看待"科龙",强者意识过重让这场整合更像是一次文化入侵。他指出,尽管目前"科龙"已经堵住了24.05亿元的财务"窟窿",流动资金周转所需时间也由2004年的341天减少到现在的148天,但同时它也遭遇了巨大的损失。

据不完全统计,已经有近2 000名的"科龙"员工在"海信"进入后陆续离开公司。而相当部分离开的员工曾是企业各级机构的骨干力量,他们几乎全部流进了"美的""志高"等一些竞争对手的口袋。

那么,"科龙"能否真的实现国内白电第一的目标呢?

17个月以来,海信集团除了为股权过户劳费心机外,还一再为扶正市场各方对"科龙"的信心而努力,但就最新情况看,依然不容乐观。一方面,渠道商和银行虽然表示支持"科龙"的发展,但实际上还在观望,银行对其提出的降低保证金额度要求一直不愿表态就是一个证明;另一方面,原来自称要做全产品线的海信集团,目前已经被迫砍掉了包括洗衣机、小家电在内的多个业务,它可能的发展方向同样令人担忧;再者是越来越多的"科龙"老员工反映,"海信"对"科龙"许多制度的改革实际上又回到2001年以前,令人十分费解。

有意思的是,海信集团口口声声说入主"科龙"是因为看中它的品牌优势,其将不会放弃"科龙"品牌。但不少分析人士认为,"海信"对"科龙"采取的措施更像是希望把它当做自己的工厂,以及垂涎"科龙"将近50%的海外市场。他们指出,家电行业向来就鲜有多品牌运作成功的案例。基于这点,作为母品牌的"海信"最终让"科龙"沦为区域品牌的可能性也并不见小。

　　齐善鸿教授认为，"科龙"对6年后的局势如此大言不惭起码忽略了对三方面情况的评估：一是市场并不完全膜拜品牌。无论"科龙"品牌曾经怎样辉煌，其可能创造的价值仍需看今后的表现；二是"海信"白电资产实力始终游离在国内同行的前5之外，它的注入激不起多大的兴奋；第三，变现救市或将"科龙"推入经营上的恶性循环，它要转入正轨仍需相当长的一段时间。"'海尔'、'美的'、'志高'等高起点的竞争对手都在你追我赶，'科龙'要做国内白电老大还言之过早。"齐善鸿教授如是说。

　　3. 2008年"海信"暂停整合"科龙"

　　2008年7月18日，海信科龙电器股份有限公司第六届董事会召开2008年第十七次会议，审议通过了该公司与青岛海信空调有限公司签署的《暂停资产重组之协议》，同意停止执行《海信科龙电器股份有限公司以新增股份（A股）购买青岛海信空调有限公司白电资产之框架协议》约定的资产重组。

　　公告称，自"海信科龙"发出本次重大资产重组预案公告以来，国际及国内经济形势发生了重大变化，全球性金融风险加剧、能源和主要原材料价格大幅上涨、国内及境外资本市场大幅波动，国内宏观经济形势严峻，诸多不利因素叠加使得本次资产重组并非最佳时机。"海信科龙"同第一大股东"海信空调"此前所达成《框架协议》的外在条件已经发生变化，双方目前已无法按照《框架协议》约定的基本原则达成正式交易协议。经与海信空调协商，双方于2008年7月18日签署了《暂停资产重组之协议》，双方均同意停止执行《框架协议》约定的本次重大资产重组。

　　资料来源：《IT时代周刊》2007年1月25日。

　　讨论题：海信收购科龙案对你有何启示？

第九章 企业集团内部控制制度

【本章主要内容和学习要点】

本章主要介绍企业集团内部控制的设置目的和原则,以及企业集团内部控制的基本内容和主要形式。在此基础上,介绍企业集团内部控制的设计思路和运行程序。

【课前案例】

"中航油"事件与集团内部控制

中国航油(新加坡)股份有限公司成立于 1993 年,是中国航油集团的海外控股子公司。该公司成立之初,经营比较困难。但自 1997 年以来,该公司凭借对国内进口航油市场的实质性垄断,净资产由 16.8 万美元增至 2003 年的 1.28 亿美元,6 年间增长了 762 倍,一跃成为股市上的明星。此期间,公司还成功地在新加坡交易所主板市场上市,成为中国首家利用海外自有资产在国外上市的企业,2002 年被评为新加坡"最具透明度的上市公司",其总裁陈久霖也被《世界经济论坛》评为"亚洲经济新领袖"。然而正是这样一家具有辉煌前景的公司,于 2004 年 11 月突然向新加坡最高法院申请破产保护,原因是公司在此前的石油衍生品交易中出现约 5.5 亿美元的巨额亏损。随着对该案件的深入调查发现,导致"中航油"破产重组的直接原因确实是石油衍生品交易的失败,但究其根本则是中航油集团内部控制的严重失效。

(一)内部控制环境失效。内部控制环境是指对建立、加强或削弱特定政策、程序及其效率产生影响的各种因素。在中航油新加坡公司中,总裁陈久霖个人权力过大,公司的决策基本上由其一人决定,监管机制形同虚设,缺乏有效的制衡。同时,其个人独裁主义也加大了企业的风险,在石油衍生品交易中,他固执独断地将筹码押在油价下跌上,结果随着油价的持续上涨,公司亏损惨重,但他仍然孤注一掷,赌油价回落时可以翻身。到 2004 年 10 月,公司亏损累计 1.8 亿美元,现金全部耗尽。另外,在中航油公司的人事政策上,陈久霖曾两次调开集团派驻的财务经理,并另聘财务经理听命于他,这说明人事控制几乎没有起到应有的作用。

（续上）

（二）风险控制形同虚设。事实上，中航油公司是设有风险控制体系的，但其巨亏的事实充分说明了其风险控制形同虚设。"中航油"的《风险管理手册》是聘请安永会计师事务所为其编制的，设有风险管理委员会及软件监控系统，并规定当损失超过一定数额时，必须上报母公司董事会，但实际上却从未上报。另外，"中航油"共有10位交易员，其中有一条规定是：任何导致50万美元以上损失的交易将自动平仓，那么损失的最大上限应该是500万美元。但是，"中航油"最终的亏损额高达5.5亿美元。由此可见，"中航油"根本没有严格执行这项风险控制，所谓的风险控制体系几乎形同虚设。

（三）母公司监控缺位。从"中航油"事件所披露的资料可以看出，作为母公司的中国航油集团对子公司的监控严重缺位。"中航油"的石油衍生品交易从2003年下半年起违规进行了一年多，在此期间甚至向母公司提供假账，但母公司对此却毫不知情，监管的松散程度可见一斑。而在2004年10月该交易发生巨亏，陈久霖向母公司求助时，集团公司不但没有阻止该项违规交易，反而以私募方式卖出部分股份，向其提供资金用于补仓，无视风险的做法使亏损进一步加大。

（四）内部监督失灵。企业内部控制是一个过程，为了保证这个过程的良好运行，需要一个完善的内部监督机制。但在中航油公司中任何决策几乎都是由总裁陈久霖一人说了算，不仅董事会形同虚设，内部审计人员更是毫无发言权，甚至由集团派驻的财务经理也两次被陈久霖调开，而这本应引起集团公司高度警觉的行为却没有得到任何重视，足见其内部监督机制的失灵。

由此可见，中航油集团在内部控制的各个要素上都存在严重的缺陷，并最终导致了无可挽回的后果，同时也可以看出，内部控制的成败与企业的成败息息相关，尤其是对企业集团而言，加强内部控制，完善内部控制系统是十分必要且必需的一项任务。

资料来源：节选自林黎：《加强企业集团内部控制的思考——以中航油事件为例》，《财会通讯》（理财版），2006年第4期。

思考问题：

1. 中航油集团内部控制的主要问题是什么？
2. 中航油集团内部控制失效的主要原因是什么？

第一节　内部控制概述

一、内部控制的发展历程

一般认为,内部控制的发展经历了四个阶段,即内部牵制阶段、内部控制制度阶段、内部控制结构阶段、内部控制整体框架阶段。

(一) 内部牵制阶段

内部控制在 20 世纪 30、40 年代得到会计职业界青睐以前,一直是以"内部牵制"的形式存在于实务工作中。《柯氏会计辞典》将内部牵制定义为:"以提供有效的组织和经营,并防止错误和其他非法业务发生的业务流程设计。其主要特点是以任何个人或部门不能单独控制任何一项或一部分业务权力的方式进行组织上的责任分工,每项业务通过正常发挥其他个人或部门的功能进行交叉检查或交叉控制。"内部牵制基于两个或两个以上个人或部门同时发生相同差错或者发生共同舞弊的概率较小的前提,将审批、执行、记录、审查和实物保管等职能在不同的个人和部门之间进行分配,以减少差错或舞弊的可能。

内部牵制最早的实践可追溯到文明古国时代。在古埃及,通过建立严格的内部控制制度,提高了财产的安全性。按制度规定,一个官吏的记录必须与其他官吏的记录相一致。记录官登记的会计账簿须经仓库监督官加以检查。在中国的周代,内部控制、预算和审计程序等方面很严格,司会按随机抽样法对预算旬报加以审查,月报和年报应接受详细审查,各政府机关应做成反映其政绩的年度报告,它们亦需由大臣加以审查等。在古希腊,每位政务官的记录在卸任时,均应接受政府审计官的审查。在古罗马,财务官之间确立了复杂的检查和复核制度,比如在从国库支付金钱之前要求出具认可书和正式的支付命令书,通常管理现金的官吏不拥有这种批准支出的权力,公共会计书由财务监督下的审计官检查等。

(二) 内部控制制度阶段

1934 年美国《证券交易法》提出内部会计控制的概念。1936 年美国注册会计师协会发布《独立注册会计师对财务报告审查》的文告,首次提出审计师在制定审计程序时,应考虑的一个重要因素是审查企业的内部牵制和控制,企业的会计制度和内部控制越好,财务报表需测试的范围越小,并提出在大型企业中,抽查测试范围要由审计人员根据其审计专业知识和内部牵制与控制的范围来决定。基于麦克逊·罗宾药材公司案件等,1939 年 10 月美国注册会计师协会(CICPA)的审计程序委员会(CAP)公布了《审计程序文告(SAP)第 1 号》,对修改的标准化审计报告中首次增加了对内部控制审查的内容,以后又在多个文件与法令中多次明确了以内部控制为基础的审计程序。1949 年 CICPA 在一份研究成果中给出内部控制的第一个权威定义:由组织的计划和组织内部为保障资产、检查会计数据的准确性和可靠性、提高经营效率和鼓励坚持规定的经营政策而采取的所有协调方法和措施组成。这个定义被认为是宽泛的,超越了那些与财务、会计部门的职能直接相关的事务,它对财务报表审计中内部控制检查到什么程度缺乏指导。1958 年,在 CICPA 下属 CAP 发布的第 29 期 SAP 中,将内部控制划分为会计控制和管理控制,给出了相应的定义,并在第 33 期 SAP 中指出,注册会计师在财务报表审计中仅需对会计控制及某些可能与财务记录有关的管理控制进行评估。

虽然直到 20 世纪中叶内部控制的概念和内容才开始得到系统的研究,但是内部控制的实践早在 19 世纪上半期伴随机器大工业的发展而逐渐丰富,如斯普林菲尔德兵工厂的内部专业化和会计核算、检查监督方法,美国大型铁路公司的层级制、内部管理程序和会计、统计方法,杜邦公司的经营预算、固定资本预算和基于投资报酬率的杜邦分析模型,通用汽车公司的销售报告和弹性预算等。

（三）内部控制结构阶段

20 世纪 80 年代中期,银行、储蓄和贷款机构、证券公司发生了濒临破产的事件,会计职业界被指责未能适当地向投资者发出警报。为此,1988 年 CAP 的接任者 ASB（审计准则委员会）发布了一系列 SAS（审计准则文告）,其中扩大了注册会计师所负责任的范围,并且重新表述了内部控制的组成,即包括控制环境、会计系统和控制程序三个要素,同时废止对会计控制和管理控制的划分。其中控制环境是指对特定控制政策和程序的建立、加强和有效实施有重大影响的一组因素的统称,包括管理哲学和经营方式、组织结构、审计委员会、人事政策和程序、授权和分配责任的方法、内部审计职能部门、外部影响等;会计系统是指为确认、汇总、分析、分类、记录和报告公司交易,并保持对相关资产和负债的受托责任而建立的方法和记录,包括会计科目表、会计手册和标准会计分录、业务凭证制度、业务检查、交易处理方法等;控制程序是指为了保证公司目标的实现而建立的政策和程序,包括人员的胜任能力、政策和程序手册、计划、预算和业绩报告、分权制经营、资产保护、定期盘点存货、清点现金和证券等。

（四）内部控制整体框架阶段

1992 年,由 AICPA（American Institute of Certified Public Accountants）、AAA（American Accounting Association）、FEI（Financial Executive Institute）、IIA（Institute of Internal Auditors）和 NACA（National Association of Cost Accountants）[现在的 IMA（Institute of Management Accountants）]共同发起的 Treadway 委员会下属的 COSO（Committee of Sponsoring Organization）发布了《内部控制——整体框架》,1994 年进行了微小修改,纳入部分与保障资产安全有关的控制,以适应美国审计总署（GAO）的要求。

COSO 框架将内部控制定义为由企业董事会、经理阶层和其他员工实施的,为营运的效率效果、财务报告的可靠性、相关法令的遵循等目标的达成而提供合理保证的过程。

COSO框架包括以下五项要素(如图9－1所示)。

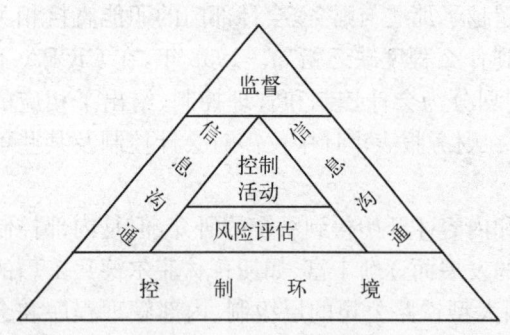

图9－1 《内部控制——整体框架》五要素关系图

（1）控制环境。任何企业的核心是企业中的人及其活动,人的活动在环境中进行,他们既是构成环境的重要要素之一,又与环境相互影响和作用。环境要素是推动企业发展的引擎,也是其他一切要素的核心。

（2）风险评估。企业必须了解并应对其面临的风险,必须设定目标,将企业的销售、生产、营销、财务和其他活动融为一体,才能使该企业各个部门齐心协力地运行,还必须建立识别、分析和管理相关风险的机制。

（3）控制活动。它是确保管理阶层的指令得以执行的政策及程序,如核准、授权、验证、调节、复核营业绩效、保障资产安全及职务分工等。

（4）信息与沟通。围绕在控制活动周围的是信息和沟通系统,这些系统可以使企业员工获得并交换那些执行、管理和控制企业经营所需的信息。

（5）监督。必须监督整个控制过程,并根据需要作出修改,这样内部控制系统才能够作出动态反应,随着条件的改变而变化。

COSO框架提出了如下有价值的观点:

（1）明确对内部控制的责任。提出不仅是管理人员、内部审计或董事会,组织中每一个人都对内部控制负责任。

（2）强调内部控制应与企业经营管理过程相结合。提出内部控制是企业经营过程的一部分,与经营过程结合在一起,而不是凌驾于企业基本活动之上,它使经营达到预期的效果,并监督企业经营过程的持续进行。

（3）强调内部控制是一个动态过程。提出内部控制是对企业的整个经营管理活动进行监督与控制的过程,企业经营活动不停止,企业内部控制过程也不会停止。

（4）强调"人"的重要性。强调内部控制受企业董事会、管理阶层及其他员工影响,透过人所做的行为及所说的话而完成。只有人才能制定企业的目标,并设置控制机制。反过来,内部控制影响着人的行动。

（5）强调"软控制"作用。软控制是指那些属于精神层面的事物,如高层管理人员的管理风格、管理哲学、企业文化、内部控制意识等。

（6）强调风险意识。提出所有企业,不论规模、结构、性质或产业,其组织的不同层级都会遭遇风险,管理阶层须密切注意各层级的风险,并采取必要的管理措施。

（7）糅合了管理与控制的界限。在COSO框架中,控制已不再是管理的一部分,管理和控制的职能与界限已经模糊。

除 COSO 框架外，COCO 框架也是很有影响力的内部控制框架。另外，由于 IT 的快速发展，信息不仅成为企业中最为宝贵的资产之一，而且 IT 在组织中逐渐扮演一个能够影响全局、影响到治理层面的角色，对企业的内部控制和公司治理产生了深刻的影响，有关组织对 IT 条件下内部控制问题也给予了极大的关注，并专门针对 IT 在企业中应用的控制问题，提出了相应的 IT 内部控制模型，其中以信息系统审计与控制协会（ISACA）下属的 IT 治理研究所（ITGI）发布的《信息及相关技术控制目标》（Control Objectives for Information and related Technology，简称 COBIT）、美国注册会计师协会（AICPA）和加拿大特许会计师协会（CICA）发布的 Trust Services 框架以及内部审计师协会（IIA）发布的《电子系统保证与控制》（Electronic System Assurance and Control，简称 eSAC）为代表。

1. COCO 框架

加拿大特许会计师协会（CICA）在 1995 年颁布了 COCO（Criteria of Control Board）框架，COCO 框架使用"控制"而不是"内部控制"，这是与 COSO 框架的重要区别之一，其控制指南是一种更为广泛的概念化方法。COCO 框架把控制看做是组织要素，包括组织的资源、系统、流程、结构和任务，这些要素组合到一起能够支持人们实现组织目标，并制定了一套共 20 条可用于评估具体内部控制目标的具体准则，认为这些准则使得评估能够针对具体内部控制目标而不是目标类型进行。COSO 框架在其内部控制定义中有意地忽略了某些管理活动，包括目标设定、战略计划、风险管理和纠错行动。而 COCO 却把这些活动作为其控制概念的一部分。

2.《信息及相关技术控制目标》（COBIT）

COBIT 是 ISACA 下属的 ITGI 提出的 IT 治理模型。所谓 IT 治理是指企业或政府是否采用有效的机制，使得 IT 的应用能够完成组织赋予它的使命，同时平衡 IT 与过程的风险，确保实现组织的战略目标。COBIT 是 ISACA 基金会为解决"如何衡量信息系统质量"而研究开发的一个标准，是一个适应 IT 治理需要和确保信息与信息系统完整性的综合内部控制模型，其使命是为业务经理和审计师们的日常应用而研究、开发、公布和推广的一套一般公认的、权威的、最新的和国际化的 IT 控制目标体系。COBIT 在其发展过程中参考了全球超过 40 个组织和机构有关 IT 和控制的标准，如 COSO、COCO、国际标准化组织（ISO）、经济合作与发展组织（OECD）、欧盟委员会等有关 IT 的标准、框架、指南和最佳实践等，是一个目前在国际上被广泛承认和接受的 IT 内部控制开放性标准。

COBIT 的最初版本是 1996 年发布的，随后进行了多次修订。COBIT4.0（2005 年发布）提出了 7 个标准来评估 IT 资源满足信息的运营要求的程度，这些标准是信息的效果、效率、机密性、完整性、可用性、合法性以及可靠性；并把 IT 资源分为人、应用系统、设备、技术、数据 5 类;还将 IT 流程分成 4 个领域:计划和组织、获取和实施、交付和支持、监控,这 4 个领域又可细分为 34 个流程、318 个控制目标。

COBIT 认为控制是为合理保证实现公司目标和防止、检测和纠正无法预测事件而制定的政策、程序、标准和组织机构。由此可以看出,与 COSO 框架不同的是,它的重点集中于利用 IT 来达到企业的目标和实施内部控制,这是对 COSO 等传统的内部控制框架的补充和发展。这个框架通过应用中强调 IT 和企业目标一致、IT 帮助企业运营和最大化收益、IT 资源被负责的运用以及 IT 风险被适当的管理来达成 IT 治理。

COBIT4.0 将企业的内部控制和 IT 的应用融为一体,对于企业建设有关 IT 条件下的内部控制极具参考价值。

3. Trust Services 框架

Trust Services 是 AICPA 和 CICA 在 2003 年 4 月发布的评价网络信任服务和系统信任服务的原则框架,以代替以前系统信任服务框架(SysTrust)2.0 版本和网络信任服务框架 3.0 版本。Trust Services 框架将信息系统控制的标准分为 5 个:安全性、可获得性、过程完整性、隐私安全性和保密性,并将其标准和原则归入了 4 个方面进行评价:政策、沟通、程序和监督。Trust Services 框架是用来识别 IT 给企业带来的风险和机会,并且可以评价企业信息系统控制有效性的,它可以定义一个在特定的时间和环境条件下无实质性错误进行运营的比较可靠的系统,所以用它的标准来设立 IT 条件下的内部控制关键点,从而发展相应的 IT 内部控制模型很有价值。虽然和 COBIT 框架以及 COSO 框架相比,Trust Services 框架目前应用的企业还不广泛,但这个框架比非常全面的 COBIT 框架相对狭义从而可能更加实用。

4.《电子系统保证与控制》(eSAC)

针对信息系统的内部控制问题 1977 年 IIA 发布了题为"系统可审计性和控制"(Systems Auditability and Control,简称 SAC)的报告,为了强调基于计算机的信息系统对内部控制系统的作用和冲击,IIA 在 2001 年发布了一套修订后的指南 eSAC,为管理层和审计师理解、评估与减轻技术风险提供了新的框架。eSAC 模型的核心部分是紧密联系在一起的 4 类内部控制目标:运营、报告、合规和资产安全;5 个电子商务的保证目标:可用性、能力、功能性、可保护性和可负责性;以及 5 个基础的要素:人、技术、过程、投资和沟通;组织的使命、价值、战略和目标推动这一核心部分产生三个结果:成效、声誉和学习;这一核心部分的顶端是 5 个外部市场力量:顾客、竞争、管制者、公众和所有者;底端是 3 个外部相互协同因素:代理商、供应商和同盟。

eSAC 报告提出,传统的控制观点在现在的电子信息系统和网络的环境下已经不再适用了,因为现在需要将基础设施和商业应用过程联系起来考虑,在这样的环境下对于控制过程可以分为一般控制及应用控制,一般控制包括保护数据的安全性和保密性、项目及记录的安全性以及物理安全性;应用控制包括授权的交易被完整的记录、所有的交易只被系统处理一次、交易处理和记录的准确性等。

二、内部控制整体框架的拓展——《企业风险管理——整合框架》

COSO《内部控制——整合框架》作为 SEC、PCAOB、AICPA 等各大权威机构和 GAO 认可的内部控制整体框架，无论是在美国还是在全球都具有广泛的影响力。由于《内部控制——整合框架》存在包括没有从企业全局与战略的高度来关注企业风险等局限，特别是以安然事件为首的一系列会计舞弊丑闻的爆发，促使美国颁布了《萨班斯—奥克斯利法案》(Sarbanes-Oxley Act of 2002，SOX)，要求递交年报公司的管理层对财务报告的内部控制进行报告，同时，要求注册会计师对管理层的评估进行认证和报告，并依法案成立了 PCAOB(上市公司会计监管委员会)，这些促成 2004 年 COSO 颁布了《企业风险管理——整合框架》(ERM)，对《内部控制——整合框架》进行了拓展。

ERM 将企业风险管理定义为：企业风险管理是一个由企业董事会、管理层和其他员工共同参与的，应用于企业战略制定和企业内部各个层次与部门的，用于识别可能对企业造成潜在影响的事项并在其风险偏好范围内进行多层面、流程化的风险管理过程，它为企业目标实现提供合理保证。

ERM 是具有三个维度的有机整体，三个维度是目标、要素和企业层级(见图 9 - 2)。

风险管理目标有 4 个：战略目标、经营目标、报告目标和合规目标。要素有 8 个：内部环境、目标设定、事件识别、风险评估、风险对策、控制活动、信息和交流、监控。企业层级包括整个企业、各职能部门、各条业务线及下属各子公司。三个维度的关系是：8 个要素都是为企业的 4 个目标服务的；企业各个层级都要坚持同样的四个目标；每个层次都必须从以上 8 个要素人手进行风险管理。

《企业风险管理——整合框架》的八大风

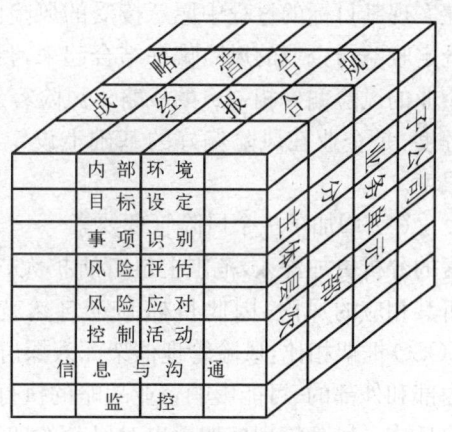

图 9 - 2　风险管理框架三维矩阵

险管理要素含义分别是：① 内部环境——包含组织的基调，它为主体内的人员如何认识和对待风险设定了基础，包括风险管理理念和风险容量、诚信和道德价值观，以及他们所处的经营环境。② 目标设定——为管理当局识别影响目标实现的潜在事项提供前提，确保所选定的目标支持和切合该主体的使命，并且与它的风险容量相符。③ 事项识别——识别影响主体目标实现的内部和外部事项，区分风险和机会。④ 风险评估——通过考虑风险的可能性和影响来对其加以分析，并以此作为决定如何进行管理的依据。⑤ 风险应对——管理当局选择风险应对策略，即回避、承受、降低或者分担风险，采取一系列行动以便把风险控制在主体的风险容限和风险容量以内。⑥ 控制活动——确保风险应对措施得以有效落实而制定和执行的政策和程序。⑦ 信息与沟通——使员工能履行其职责的方式和时机去识别、获取和沟通相关信息，包括信息在主体中的向上、平行和向下流动。⑧ 监督——进行全面监督，必要时加以修改。监督可以通过持续的管理活动来完成，也可以借助个别评价，或者两者兼而有之。

ERM框架相比COSO《内部控制——整合框架》，无论在内容还是范围上都有所扩大和提高，表现在：

（1）提出一个新的观念——风险组合观。企业风险管理要求企业管理者以风险组合的观点看待风险，对相关的风险进行识别并采取措施使企业所承担的风险在风险偏好的范围内。

（2）增加一类目标，并扩大了报告目标的范畴。企业风险管理框架比COSO框架增加了战略目标，该目标的层次比其他三个目标更高。COSO框架中的财务报告目标只与公开披露财务报表的可靠性相关，而企业风险管理框架中的报告目标则覆盖了企业编制的所有报告。

（3）针对风险度量提出两个新概念——风险偏好和风险容忍度。风险偏好是指企业在实现其目标的过程中愿意接受的风险的数量。企业在制定战略时，应考虑将该战略的既定收益与企业的风险偏好结合起来，目的是要帮助企业的管理者在不同战略间选择与企业的风险偏好相一致的战略。风险容忍度是指在企业目标实现过程中对差异的可接受程度，是企业在风险偏好的基础上设定的对相关目标实现过程中所出现差异的可容忍限度。

（4）增加了三个风险管理要素——"目标制定"、"事项识别"和"风险反应"，对其他要素的分析更加深入，范围上也有所扩大。具体如下：① 目标制定。由于针对不同目标分析其相应的风险，因此目标制定自然就成为风险管理的首要步骤。② 事项识别。与COSO框架相比，风险管理框架深入探讨了潜在事项的概念，认为潜在事项是指来自企业内部和外部的、可能影响企业战略的执行和目标实现的一件或者一系列偶发事项。③ 风险反应。风险管理框架提出对风险的四种反应方案：规避、减少、共担和接受风险，作为风险管理的一部分，管理者应比较不同方案的潜在影响，并且应在企业风险容忍度范围内，考虑风险反应方案的选择。④ 风险评估。风险管理框架建议更加透彻地看待风险管理，即从固有风险和残存风险的角度来看待风险，对风险影响的分析则采用简单算术平均数、最差的情形下的估计值或者事项的分布等技术来分析，最好能够找到与风险相关的目标一致的计量单位进行计量，将风险与相关的目标联系起来。⑤ 信息和沟通。风险管理框架扩大了企业信息和沟通的构成内容，认为企业的信息应包括来自过去、现在和未来潜在事项的数据。企业的信息系统的基本职能应以时间序列的形式收集、捕捉数据，其收集数据的详细程度则视企业风险识别、评估和反应的需要而定，并保证将风险维持在风险偏好的范围内。

三、我国关于内部控制规范的建设

1997年5月中国人民银行颁布的《加强金融机构内部控制的指导原则》是我国第一个关于内部控制的行政规定;1999年7月实施的《会计法》是我国第一部体现内部会计控制要求的法律;作为《会计法》的配套法规之一,财政部于2001年6月颁布了《内部会计控制规范——基本规范(试行)》,随后又颁布了一系列专门的内部控制规范,虽然仍限于内部会计控制的范畴,但为内部控制规范的建设开创了良好的局面,中国注册会计师协会也发布了《独立审计准则第9号——内部控制与审计风险》;2006年国务院国有资产监督管理委员会的《中央企业全面风险管理指引》、上海证券交易所的《上市公司内部控制指引》、深圳证券交易所的《上市公司内部控制指引》等也陆续颁布。这些规范的发布和实施,对于加强企业内部控制工作有着重要意义。

为了进一步加强和规范企业内部控制,提高企业经营管理水平和风险防范能力,促进企业可持续发展,维护社会主义市场经济秩序和社会公众利益,根据国家有关法律法规,2008年6月28日,财政部、证监会、审计署、银监会、保监会联合发布了被称为中国版的《萨班斯—奥克斯利法案》——《企业内部控制基本规范》,自2009年7月1日起在上市公司范围内施行,鼓励非上市的大中型企业执行,小企业和其他单位可以参照本规范建立与实施内部控制。与基本规范配套的有关具体规范和应用指南等随后将陆续发布。

第二节 企业集团内部控制的目的和设置原则

按照COSO报告的观点,内部控制是由董事会、管理层和员工共同设计并实施的,旨在为实现组织目标提供理论依据的过程,它由相互关联的五项要素构成。其目标体系包括三类:第一类目标致力于企业基本的商业目标,其出发点是企业的生产经营,是为管理者服务的(即经营的效率与效果);第二类目标致力于企业基本的财务报告信息目标,其出发点是保护企业外部投资者的利益,是为外部投资者服务的(即财务报告的可靠性);第三类目标致力于企业基本的法规目标,其出发点是要符合相关的法律和法规,是为监管者服务的(即法律法规的遵循性)。

而从企业集团来看,企业内部控制与单个企业有很大的不同。企业集团内部控制到底是什么?其设置的目的和原则有哪些?本节我们将主要讨论上述问题。

一、企业集团内部控制的概念

企业集团内部控制有两个层次的含义,企业集团作为企业的一种形式,需要有其总括的内部控制,这一层次内部控制由集团董事会、管理层和员工共同设计并实施的,旨在为实现集团整体目标提供理论依据的过程。另一层次内部控制是专指由企业集团总部管理层、子公司经理和员工共同设计并实施的,旨在为实现集团整体目标而对子公司进行的控制活动和制度。前一层次内部控制属于广义企业集团内部控制,与单个企业内部控制相似,后一层次内部控制属于狭义的企业集团内部控制,为企业集团内部控制的特殊形式。

　　企业集团内部控制的概念和层次可以用图9-3来表示。

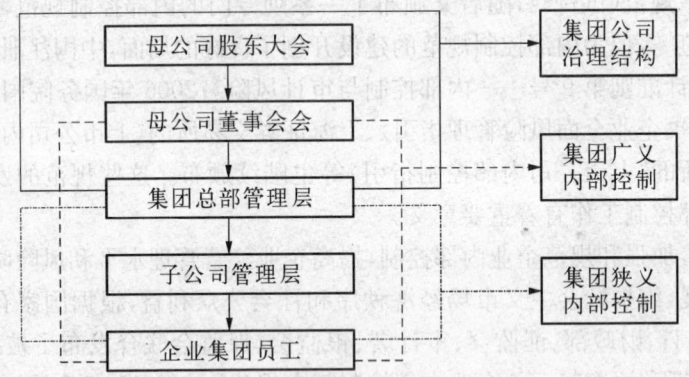

图9-3　企业集团治理结构、内部控制示意图

　　从图9-3中我们可看出,狭义的企业集团内部控制与单个企业最大的不同,在于其下属的控制对象不是企业部门和单位,而是具有法人地位的子公司。因此,如何通过集团内部控制制度规定,保证子公司的行动在集团可控范围之内,进而实现控制目标,而又不影响子公司的合法权利,成为集团内部控制的难点问题。

二、企业集团内部控制的目标

　　企业集团类型不同,其内部控制侧重的目标不同。目前我国理论界对企业集团内部控制目标的研究出发点不同,因而没有形成一致的结论。主要有以下几种观点。

(一) 风险控制观点

　　风险控制观认为,企业集团投资于子公司,但并不直接参与子公司的经营,而是将经营权授予子公司经理,由于代理关系的存在,母公司的投资可能存在风险,为控制风险,母公司需要建立一系列控制措施以限制子公司经理的机会主义行为给母公司带来的损害。这些控制措施就是集团企业的内部控制。

　　按照这一观点,集团企业内部控制的主要目的,在于控制子公司经理层的行动给子公司带来的风险,从而降低集团投资风险。这一观点看到了集团企业中存在的特定的代理关系以及这一关系产生的特定风险,并为此采取措施。但这一观点没有考虑到集团企业内部控制还是整个企业集团授权、指挥、组织的依据,从而限制了集团企业内部控制作用的发挥。

（二）行动控制观点

行动控制观认为，在集团企业背景下，集团总部需要有一定的控制权限，控制子公司的管理行动与母公司保持一致，从而产生协同效应。为确保对子公司行动的控制，集团总部需要制定一系列措施确保母公司的意志在子公司得到实现，这些措施就是集团企业的内部控制。

按照这一观点，集团企业内部控制主要目的，在于确保母公司的控制权。这一观点看到了集团公司产生效率的根本原因，并试图通过内部控制确保母公司的控制，但它忽视了内部控制风险防范和规范职能的作用，从而降低了内部控制的效能。

（三）制度控制观点

制度控制观点认为，企业集团内部控制是企业集团内部的一些制度，其作用是为了确保企业内部作业有章可循，从而产生效率。这一观点看到了内部控制的表现形式特征，也部分地说明了内部控制的目的与企业效率有关。但这一观点只看到了内部控制的形式特征，没有看到内部控制的本质，从而不利于企业集团内部控制的完善。

本书认为，企业集团的内部控制目标是多维的。从核心角度来看，企业集团内部控制的目的是为集团效率的提高而服务的。但在集团各种管理活动中它表现为不同的目的：在风险控制中它发挥风险防范作用；在控制行为中它发挥协调行动作用。因此，企业集团在制定各种内部控制制度时，要充分注意内部控制的各种目标和作用，从而确保内部控制的完善。

三、企业集团内部控制设置的主要原则

企业集团建立与实施内部控制，应当遵循下列原则。

（一）全面性原则

内部控制应当贯穿决策、执行和监督全过程，覆盖企业及其所属单位的各种业务和事项。从企业集团来看，应为各个子公司的不同业务分别制定控制制度，而不是简单的一个概括制度，以确保控制有效。

（二）重要性原则

内部控制应当在全面控制的基础上，关注重要业务事项和高风险领域。从企业集团来看，要充分考虑不同子公司的业务风险程度，针对高风险的行业和作业，制定更详细的控制制度；对于风险比较低的业务和项目，可适当降低控制复杂程度，确保运行成本的降低。

（三）制衡性原则

内部控制应当在治理结构、机构设置及权责分配、业务流程等方面形成相互制约、相互监督，同时兼顾运营效率。从企业集团来说，各子公司之间关系复杂，母公司和子公司

之间又存在多层次管理,因此为确保集团控制效率;要在确保集团统一行动的基础上,制定有制约、有协调的控制机制,确保各项业务的运行安全和效率。

(四) 适应性原则

内部控制应当与企业经营规模、业务范围、竞争状况和风险水平等相适应,并随着情况的变化及时加以调整。从企业集团角度来说,各子公司在行业、规模、技术上存在着很多的差异,集团在制定内部控制时,要充分考虑这些差异,分别制定各子公司的内部控制制度。

(五) 成本效益原则

内部控制应当权衡实施成本与预期效益,以适当的成本实现有效控制。内部控制的制定和运行需要有一定的支出,如果制度过于详细,控制行动过多,不仅会产生大量的支出,还会影响整体经营活动的顺利进行,进而降低企业的效率。企业集团应充分考虑各个子公司重要活动的关键点,对关键作业进行详细控制,而非关键作业可适当降低控制详细程度。

第三节　企业集团内部控制的主要形式和主要内容

一、企业集团内部控制的主要形式

在我国目前存在的众多企业集团中,由于各企业集团的组建背景、组建过程,以及现实运行机制都不尽一致,加之企业集团在我国的发展从总体上看仍不成熟,所以在控制结构的建立与完善方面,不仅具体做法不同,而且迄今还没有较为完美的控制结构体系。从我国企业集团与其核心企业关系上看,大体上有两种类型:一是集权型或依托型;二是分权型或独立型。

(一) 集权制或依托型的内部控制模式

这类控制模式又称"一套班子、两块牌子"的控制模式,是指核心企业的领导班子和职能机构就是企业集团的领导班子和职能机构,换言之就是企业集团的领导班子和职能机构依托于核心企业,不存在独立于核心企业之外的集团领导班子和职能机构,只是核心企业的牌子和企业集团的牌子并存,亦即对外采用两个不同的名称,在不同的场合采用不同的牌子。企业集团中的母公司统一管理子公司财务决策,子公司没有财务决策权。具体构成如下:核心企业(或集团公司)的有关职能处室就是集团本部的职能部门,核心企业的厂长(或经理)就是集团的董事长(或董事长兼总经理),集团本部仅根据自身业务的需要设置少量的、与集团业务有关的协调部门。

其优点在于:控制层次少,机构和人员较精简,易于提高工作效率;核心企业因具有雄厚的实力作后盾,故权威大,易于协调、指挥集团和各成员企业的生产经营活动;财务管理效率高,利于企业集团发挥整体资源的整合优势,提高整体资源的利用效益。

当然,这种控制模式也不可避免地表现出了其固有的局限性:① 集团核心层和核心企业的关系比较含糊,它不是通过核心层去带动整个集团的经营,而是由核心企业去控制各个成员企业的经营活动;② 内部控制层次不清,核心企业因其独特地位还容易造成核心企业与集团其他成员企业之间关系紧张的局面;③ 核心企业本身的任务就十分繁重,再兼管整个集团的工作,工作量骤增,容易造成失误;④ 财务管理权限高度集中于母公司容易挫伤子公司经营的积极性,抑制子公司的灵活性和创造性;⑤ 决策的压力集中于母公司,母公司一旦决策指挥失败而导致子公司的破产或清算,会在很大程度上破坏“有限责任”这一原则。这也会使母公司财务陷入困境,无法理清母子公司间的财务利益关系。

(二) 分权制或独立型内部控制模式

这类控制模式又称“两套班子、两块牌子”的控制模式,是指以集团总部为基础建立一套独立的控制机构,负责对整个集团的生产经营活动进行统一协调。在这类控制结构中,核心企业的作用仍较大,但已不是通过自己的领导班子和职能机构去直接控制整个集团的生产经营活动了。它和企业集团都各自拥有自己的牌子;子公司拥有充分的财务管理决策权,而母公司对子公司实行以间接管理方式为主的财务体制。具体来说,在集团与其核心企业之间表现为各自相对独立关系的企业集团中,集团与其核心企业各自设有一套独立的专门管理机构,从事各自的生产经营的管理活动,并各自拥有自己的牌子。这种模式的具体结构是:企业集团的最高决策、管理机构由各成员企业的主要领导组成董事会(或称管理委员会)。各成员企业的领导在协商的基础上,共同对集团的重大问题作出决策,实施对集团的战略管理。

其优点在于:由于不存在集团对核心企业的依赖性,因而集团的控制决策就容易做到客观公正,易于避免各成员企业之间的矛盾和冲突;集团内部各职能机构之间不仅职责明确,而且整个集团的控制层次也非常清楚,也有利于提高控制效率;子公司有充分的积极性,决策快捷,易于捕捉商业机会,增加创利机会。同时,也能减轻母公司的决策压力,减少母公司直接干预有负面效应。这种控制模式,强调了集团总部在控制上的统一性和权威性,因而对于集团经营的开展是很有意义的。

但是,这种控制模式也并非完美无缺,其缺点是:① 难以在短期内形成一个指挥灵、效率高的强有力的集团控制系统;② 采用这类控制结构有较高的要求,如集团总部是一个实体而非虚体,构成单位必须在实际上而不能仅仅在名义上已实现资产一体化;③ 难以统一指挥和协调,有的子公司因追求自身利益而忽视甚至损害公司的整体利益;④ 不利于发挥母公司财务调控功能,不能及时发现子公司面临的风险和存在的重大问题,从而造成子公司"内部人控制"问题。

二、企业集团内部控制的主要内容

企业集团内部控制的基本内容概括起来有以下几点。

(一) 组织结构控制

组织结构控制是指企业集团通过对子公司管理层设立部门和组织,并针对部门、组织设立岗位,针对每个岗位设立相应的职责和义务,确保集团企业的目标层层分解落实,转化为行动。组织结构控制主要解决两个层面的问题,一是企业集团与成员企业的集权与分权关系,企业集团应明确分、子公司在投资、融资、人事等方面的权限;二是集团本身的公司治理结构问题,即股东大会、董事会、监事会、经理等之间的组织规划。应当使股东大会、董事会和经理之间保持相互制衡。

(二) 会计系统控制

会计系统控制是集团企业确保财务会计信息真实及时的重要措施,包括财务制度、会计处理程序、会计报告制度、财务分析制度等。企业集团应依据会计法和会计准则、统一会计制度等,建立本集团的财务与会计制度,规定账务处理和采用的会计政策。

(三) 预算控制

预算控制是管理控制系统的重要组成部分,它涵盖预测、试算、平衡、执行、调整、分析、评价、奖惩等环节的完整管理过程,是实现企业集团发展目标的重要管理控制制度。企业集团的全面预算要以明确经营目标为前提,采取分权管理和控制管理的模式,将决策权进行分解,并通过适当授权进行内部控制。对于企业集团预算控制的内容,企业集团对成员企业的预算控制应该以资本预算为中心,即集团确定发展战略和经营目标,并按照责任层阶进行分解,确定关键的预算指标,如销售额、资本的保值增值率、资本性投资的金额和时间分布、投资效益、重大筹资计划等,作为成员企业责任预算的基础,对于一般性的预算内容,可以不作为集团预算控制的重点。

(四) 人员素质控制

企业集团的内部控制需要员工执行,而如何激发员工的工作积极性,确保职责得到发挥,成为企业集团的重要问题。企业集团应制定统一的人力资源政策,建立科学、严格的招聘、雇佣、培训报酬、轮岗、业绩考核、升迁、淘汰及奖惩制度,保证职工具备相应的工作胜任能力和道德水平。

(五) 风险防范控制

企业集团须树立风险意识,针对各个风险控制点,建立有效的风险管理系统,通过风险预警、风险识别、风险评估、风险报告等措施,对财务风险和经营风险进行全面防范和控制,加强风险评估与预测。由于企业集团规模大,往往跨地区、跨行业经营,因而其风险也增大。企业集团的风险主要包括经营风险和财务风险。企业集团应当建立专门的风险管理部门和研究机构或指定专门的人员,以研究可能对集团产生不利影响的因素,包括法律因素、政治因素、税收、产业政策、竞争对手、市场供求趋势等,以识别潜在的风险,研究相应对策,对于经营风险,应做好企业集团组建的可行性分析和论证、重大投资可行性论证、销售预测、盈利预测、市场调查和分析、制定经营计划并在执行中及时进行比较和矫正、调整等。对于财务风险的预测和监控,主要通过建立一套由各个不同层次和子系统构成的财务指标体系及相应风险域值,预测并计算有关指标,并将其与预先设定的域值比较。

(六) 内部报告控制

为了帮助企业集团最高管理当局正确作出资本和经营性决策,协调各成员企业生产经营,应当有一个及时、准确的内部报告系统,使集团最高管理当局能够及时了解企业集团的运作状况。内部报告提供的一般是管理会计信息和财务分析数据,如资金分析报告、费用分析报告、资产分析报告、投资分析报告、财务分析报告、分部报告等。

(七) 内部审计控制

企业集团总部董事会可以成立审计委员会,负责领导、协调整个集团的内部审计工作,并向集团最高管理层报告。集团的内部审计机构在集团审计委员会的领导下,对集团总部和核心企业、其他成员企业进行内部审计。企业集团内部审计的主要内容可以包括:① 成员企业对财务计划或者单位预算的执行和决算情况;② 对外财务报表和内部财务报告的真实性;③ 成员企业财务收支及其有关的经济活动的合法性;④ 集团和成员企业的融资、投资的经济性和有效性;⑤ 集团和成员企业内部控制制度的有效性;⑥ 企业集团范围的风险预测和管理;⑦ 成员企业经营管理者的经济责任,等等。

第四节　企业集团内部控制的设计和运行
——A 集团公司改进内部控制的做法及其启示[①]

一、引言

衡量一个企业内部控制的效率,主要是观察企业主要经营活动是否按照既定的目标和程序进行。然而在一个集团企业中,由于集团总部与各分/子公司之间在利益上的不一致和信息上的不对称,企业集团的内部控制并不能够保证其效率。企业集团如何才能够保证其经营目标和制度得到实现呢? 信息传递成为其中的关键要素。本文将借助 A 集团公司的先进做法,分析企业集团如何解决上述问题。

---

① 本节内容是作者参与安徽省教育厅人文社会科学研究项目《公司财务治理结构及其优化研究》的阶段研究成果之一,项目负责人:章铁生;项目编号:2005sk112。本文主要内容发表于《财务与会计》2007 年第 1 期。

二、A 公司内部控制改进前的状况分析

(一) 基本情况

A 公司是安徽省某市一家以机械设备制造为主的集团企业①,总资产近 1 亿元,下属 5 个子公司和一个全资控股的核心企业。其核心企业为生产农用机械,而其他 5 个子公司分别为运输公司、宾馆、房地产公司、设备租赁公司和装饰材料公司。从 2003—2005 年 3 年间公司每年平均销售收入近 1 亿元,利润 0.25 亿元。图 9-4 是企业的结构图。

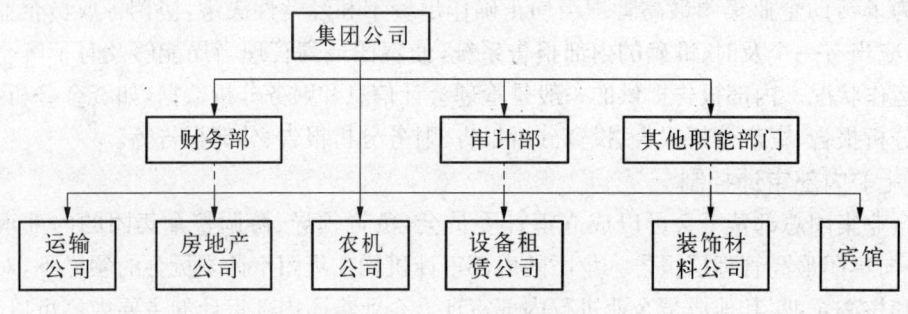

图 9-4　A 公司组织结构图

(二) 内部控制情况分析

受我国传统管理文化的影响,我国集团企业内部控制多倚重制度统一和行政命令,而忽视了企业内部的信息交流和传递。在进行内部控制的系统改进以前,A 公司在内部控制中主要采用以统一内部管理制度和加强行政授权控制为主的做法。集团总部的主要控制措施如下。

1. 在各个成员企业内部建立统一的管理制度

农机公司是集团公司的核心企业,也是这些企业中效率最高的。为了提高集团整体的管理效率,集团总部决定将农机公司的主要管理制度在整个集团推广。总部先后制定了《A 公司预算管理制度》《A 公司资金结算制度》等十多个统一管理制度,要求各成员企业严格执行。

2. 以行政授权作为控制成员企业的主要手段

为保障公司整体经营计划和目标的实现,集团总部试图以行政授权来控制成员企业的经营活动。为保证行政授权的落实,集团总部实施了许多控制措施,比如总部曾规定,每个成员企业的主要经营业务合同金额如超过 100 万元,必须经过集团总经理审批;主要商品销售价格如变动 5%,必须经过总经理审批。

---

① 为保护商业机密,作者隐去公司真实名称,但对其内部控制做法做真实介绍。

3. 以人事变动作为控制成员企业经营者的主要工具

为控制成员企业经营者服从总部的管理，公司严格了人事变动和处理的规范，详细规定了违反公司管理制度的处理标准。A公司经营者期望通过人事变迁的方法诱使成员企业经营者服从总部安排，从而提高集团整体控制的能力。

然而，由于企业集团其他成员企业和核心企业的业务之间有很大差异，集团总部很快发现通过行政命令来控制成员企业有一定的难度，而且由于成员企业与集团企业在整体和局部之间的利益不一致，常常诱使一些成员企业不遵守企业集团的管理制度。企业集团经营者感到其内部控制效率低下，突出表现在以下几个方面：

（1）集团总部缺乏对成员企业经营状况的全面了解。受企业会计制度影响，我国每一个企业都要成立专门的会计机构，为该企业进行会计处理和报送财务报告。由于我国企业管理会计尚不发达，许多企业会计部门只报送财务会计信息，而对内部管理决策所需的管理会计信息不进行加工和报告，因此财务会计信息是企业集团总部了解成员企业信息的主要来源，许多与经营有关的内部信息淹没在日常经营活动中。在A企业集团中，由于这个原因，集团总部大多数可以看到成员企业的财务会计信息，而看不到与成员企业经营更紧密的信息。

（2）集团总部整体经营目标不能得到有效保证。预算管理是我国现阶段重点推广的提高管理水平的方法。而在实际的执行过程中，受人员素质和管理层重视程度的影响，我国预算管理的实施水平与预想效果还有很大的差异，突出的表现在于业务预算的低水平①。因此，很多本可以通过预算报告的方式上报给最高领导的企业经营信息无法上报。在企业集团中，也因为预算管理的低水平，许多企业的预算管理只停留在预算制定阶段，在日常的经营中无法及时上报预算报告，集团总部就难以了解成员企业的预算执行情况、存在问题和改进建议。为保证企业集团总部的整体经营目标能够在成员企业具体的经营中得到实现，A公司制定了预算管理办法，通过预算的编制，将整个集团的发展目标通过各成员企业的预算来支持和落实。然而由于企业预算控制上的低效率，成员企业不能定期编制预算报告，因而企业集团总部不能在平常的经营中了解到各成员企业预算完成的真实情况，导致预算控制无法落实，企业总部的经营目标也就无法得到保证。

（3）企业集团缺乏应急机制，导致集团总部忙于应付各种重大突发事项。由于管理模式上的集权，A公司的成员企业在出现重大异常事项时不能立即作出反应，而需要向上级报告。在内部控制系统改进以前，由于没有建立有效的应急机制，集团总部常常会在事态发展比较严重时才得到有关信息，而由于管理上的混乱，各成员企业经常出现一些突发事项，导致总部管理者忙于应付这些事项，而无法集中精力研究集团的长远发展规划。

---

① 由于我国近年来大规模提高会计职业教育和会计职业要求，许多会计人员对于财务预算都能够比较好地掌握，但由于业务部门人员对预算管理并不了解，因此业务预算的准确性很差。

（4）集团总部的各种制度不能得到有效贯彻。为保证总部对各成员企业的有效控制，公司曾制定了一些制度，但由于这些制度主要根据农机公司的业务性质制定的，有些制度与其他成员企业的性质不相符，成员企业很难执行；另一方面，由于集团整体与成员企业在利益上的矛盾，成员企业在执行集团统一制度时有时存在抵触情绪，因而实际上集团总部的制度并没有得到有效的执行。

（三）原因分析

A 公司最高管理层经过分析后认为，造成集团内部控制低效率的主要原因，除了总部管理者对成员企业业务性质不熟悉以及成员企业与集团在利益上的不一致以外，最主要的原因就是企业内部信息交流存在的问题。由于信息交流存在障碍，总部不能及时了解各成员企业的真实经营状况和存在问题，也不能了解成员企业是否真实认真落实集团总部的管理制度和经营目标，更由于信息交流障碍，公司总部不能了解企业现行制度存在的漏洞和缺陷，从而改进制度达到优化管理的目的。总之，没有良好的信息传递制度，集团总部就无法保证领导的正确决策，也无法保证成员企业的有效落实。

三、A 公司的内部控制改进措施

为改善企业内部控制，该集团公司决定加强内部控制。集团总部根据对本企业业务特点和管理制度背景的审查，提出子公司管理的三条主线不放松，即财务、人事和预算。公司在财务上实行资金结算集中制和财务会计人员委派制，在人事上实行子公司总经理、财务负责人和主要经营人员的薪酬和晋升由总部负责制，在预算管理上实行全面预算管理，定期进行预算报告和分析。为提高内部控制效率，该公司特别重视集团内部的信息传递。主要的做法如下。

1. 加强内部审计，提高集团总部对成员企业财务状况的了解

企业集团总部如果只阅读成员企业财务报表，并不能完全了解成员企业的财务状况和存在的问题，包括主要财务和经营管理上的制度执行情况和存在的问题。为了及时了解这些对成员企业控制有重要作用的信息，集团总部定期或不定期地对成员企业进行内部审计，通过对成员企业财务和经营活动的内部审计，集团总部能及时了解各个成员企业财务报表的真实性，分析其对集团管理制度的执行情况。为了加强内部审计，A 公司在管理制度中作出如下规定：

（1）企业集团审计部门在集团范围内进行定期或不定期的审计，审查的内容包括：财务报表审计、预算执行状况审计、集团制度执行审计三个主要方面。其中，财务报表审计主要是对成员企业财务会计报表的真实和完整性进行审计，每年在年末进行；预算执行状况审计主要是审查成员企业每个月的预算报告是否真实，差异原因分析是否客观，纠偏措施是否有效，每个月进行一次；集团制度执行审计主要是审查各个成员企业在经营管理中是否遵循集团总部的规章制度和方针政策，是否有违反企业集团规定或侵害集团利益的

行为,由审计部门根据具体情况临时确定审查时间。

(2)企业集团审计部独立开展内部审计,审计部每年编制年度审计工作计划,报总经理批准后执行。审计部根据每年企业管理的重点和以往审计发现的问题,确定年度审计工作重点和工作计划,集团总经理根据年度工作重点和管理要求,审批审计部的工作计划。

(3)审计部对查出的问题向问题企业提出限期整改意见,并报送集团总部总经理。审计人员根据具体审计内容对成员企业进行审计,对审计中发现的问题要详细询问具体情况,在审计报告中提出所发现的问题,并向问题企业提出具体整改意见,要求问题企业在限定期限内提出具体整改措施,并将所发现问题及原因分析报送集团总部总经理。例如:审计部在对运输公司进行调查了解时,发现运输公司每次出车记录中没有加入有关出车前后的维护记录情况,因此驾驶员在途中更换零件和日常维护的费用就难以核实其合理性。为此,审计人员要求运输公司应改进出车单的填制,保证出车前后了解车辆的具体情况,并要求定期将改进结果上报集团公司总经理。

(4)被审计成员企业要在限期内提出具体整改措施,报送总部总经理和审计部。具体的整改措施要具体可行,责任落实到岗位和个人。上述运输公司审计后,运输公司立即着手改进车辆保养和出车制度,详细列明日常汽车保养内容和出车检查内容,并在出车单上作详细记录,从而明确了车辆维护费用的责任。

(5)审计部在对被审计企业进行后续审计时,要审查被审计企业整改意见执行情况,并在审计报告中反映。

经过一段时间的审查后,集团成员企业的管理效率得到明显提高,集团总部的管理决定能够在成员企业得到认真有效的落实。

2.认真执行预算报告和分析制度,提高预算管理效率

在 A 集团实施预算管理早期,由于控制不力,预算在制定后就无人过问,因而集团总部根本无法通过预算来控制各成员企业日常的经营活动。为解决这个问题。集团修订预算管理制度,加强集团总部的预算控制,具体措施如下:

(1)明确规定各成员企业每个月必须报送预算报告,详细说明当月预算实际执行情况、预算执行差异、差异原因分析,并提出改进后期预算执行工作的对策。各成员企业负责人必须作为预算报告的撰写人,对预算报告的内容和质量负责。A 集团还在具体的管理规定中详细列明预算报告的具体内容和格式,以便各成员企业编制。若成员企业不能按规定的时间报送预算报告,企业将按照违反集团公司管理制度对成员企业经营者进行处理。比如集团公司规定,成员企业必须在每个月结束的 5 个工作日内上报预算报告,在报告中成员企业经理必须要有亲笔签名,分析预算利润和实际利润的差异,从主客观两个方面进行因素分析。如年度内 3 次延迟上报预算报告,公司经理年内不得晋升职务。

(2)各成员企业预算报告上报总部后,首先经过审计部审计。审计人员主要审查其审计报告是否真实反映其经营业绩,对差异的描述是否真实,差异分析是否合理,报告内

容是否完整等。在经过内部审计人员审计过后,上报集团总部总经理。集团总部总经理审查各成员企业预算报告,对其后续改进工作策略进行批复。这其中一般包括对前一阶段工作的意见;对预算报告差异原因分析的意见和对后续工作措施的审批意见等三个方面。成员企业要根据总部批复意见对后期预算的执行进行调整,包括预算执行的进度和预算执行的具体措施等方面的调整。

(3)集团总部每个月定期召开预算管理委员会,向各部门和各成员企业沟通集团整体存在的问题,讨论以后的发展策略。公司预算管理委员会由各职能部门负责人和各成员企业经理组成,在每个月的例会中,通过不同部门负责人的相互沟通,分析各种问题的解决措施及其可行性,相关部门的协调配合等。比如,市场营销部门发现公司在某一个地区农机销售有很大的潜力,只要适当降低价格,加上促销活动,就可能大幅度提高产品的销售量。为了扩大产品市场,打开销路,集团总部就要求市场营销部门迅速修订在该地区的营销规划,并要求生产部门根据营销部门的销售预测,修订生产预算和相应的固定资产维护保养计划,采购部门要根据生产计划调整相应调整采购预算,保证生产的完成。通过这些相关部门的配合,有效保证了预算控制措施的可行性。

通过这些制度改进,总部能通过多个渠道了解到成员企业日常经营情况和与目标的差距,从而采取相应措施进行改正,保证了总部战略方针在各成员企业得到贯彻落实。

3. 建立异常情况报告制度,提高集团快速反应能力

为防止企业集团的一些突发事件可能给企业带来的风险,A集团制定了《异常情况报告制度》,将各成员企业的市场供应、技术、销售和财务方面的重大突发事件和情况作为异常情况。A公司对经营和财务各方面的异常情况都作了详细界定,比如市场产品价格日发生10%的变动,或成员企业连续4周产品销售持续下滑等。A集团要求各成员企业如果发现有异常情况,必须在1个工作日内上报集团总部,上报的方式包括书面报告、电话通知方式;集团总部在1个工作日内提出处理意见,反馈给成员企业。例如,2005年12月,该公司在外省的一家经销商在经销本公司农机时遇到大批农户要求退还本公司农机,致使本公司11月在当地的销售全部退回。农机公司得到这一信息后迅速将这一情况反映给总部。总部领导和农机公司经研究后决定立即派专门的技术人员调查了解情况。经过紧急分析,发现农户退回产品的主要原因是本公司该批次产品因某个部件与主机之间有摩擦,从而导致主机经常中断工作。集团公司针对这一原因迅速调配新的配件,1天之内完成对所有销售农机的重新配置,不仅挽回了农户的退货,还赢得了当地农民的赞誉,后续市场销售一直很好。A企业还规定了如发生异常情况,应由哪个具体的部门和人员报告以及报告方式;企业集团处理异常情况的工作方式和程序。这样即使出现了某些意外事项,集团也可以在第一时间作出反应,从而尽可能降低风险和损失。

4. 加强对成员企业经营者的激励约束,促使其遵循集团管理制度

成员企业对总部管理制度的落实主要取决于其经营者。为了从根本上保证集团内部

控制的效率,A集团加强了对经营者的激励约束,具体措施包括:

(1)建立有效的预算业绩评价制度和薪酬制度,将预算管理与薪酬管理集合起来,提高了预算控制的效率。A集团对成员企业经营者采用年薪制,经营者如完成年度预算的主要指标(净资产收益率、利润总额、销售增长率等,不同企业各有不同),就按规定兑现年薪。对于成员企业各级中层管理者,企业集团也考核其所负责的预算指标,并根据完成情况给予适当的奖励和处罚。

(2)建立合理的员工晋升制度,将员工的晋升与遵循公司管理制度结合起来,促使经营者在经营中按总部的目标采取行动。A集团规定成员企业经营者和员工如1年内发生3次以上重大违反公司管理制度行为,就不得晋升职位和待遇,并对重大违反管理制度行为进行了具体界定。比如规定现金预算执行过程中如果成员企业1年中3次违反现金预算管理规定,不上报回收的现金,或虚报现金支出的,视同一次重大违规。又比如,管理人员出差不按规定标准开支,致使差旅费支出超出规定标准3次,无特殊原因的,视同一次重大违规。

A集团在落实以上这些措施后,企业内部控制效率得到很大提高,公司总部总经理总结认为,上述措施在以下方面改善了集团总部的控制效率:

(1)保证总部能及时了解到各成员企业经营的近期动态和存在问题。

(2)保证了集团总部的管理精神能很快被成员企业理解并执行。

(3)保证了集团总部能够在第一时间了解到一些突发事件,并及时反映,降低了企业的经营和财务风险。

(4)通过内部审计和预算管理会议,了解到现行管理制度存在的漏洞和弊病,从而及时修正,提高企业整体管理水平。

公司的内部控制效率提高也确实使公司有很大的受益,近5年集团没有发生一起经营者的经济案件,企业集团的5年工作目标得到圆满完成,企业的管理制度和管理水平提高到一个很高的水平,被某市工商行政管理部门评为合法守信企业,被农业银行评为信用AAA企业。从经营和财务业绩上看,由于公司内部控制的改进,公司的主要经济指标有了很大的提高,表9-1是公司2001—2005年主要经济指标状况:

表9-1　公司2001—2005年主要经济指标

主要经济指标	2001年	2002年	2003年	2004年	2005年
销售利润率(%)	15	12	16	18	17
总资产周转率	2	2.1	2.2	2.3	2.2
净资产收益率(%)	12	5	13	12	14
年销售收入增长率(%)	10	-20	5	8	10

从上述经济指标看,公司无论是盈利能力还是营运能力都在持续提高,说明公司在改进内部控制后,公司的运营绩效和费用控制效率有了很大的提高。

四、A 集团改进内部控制的启示

从上述 A 集团的内部控制措施中我们得到一些启示,这些启示对提高我国企业集团内部控制效率或许有一定的指导意义:

(1) 企业集团要提高内部控制的效率,必须保证内部信息畅通,这样才能保证最高领导层随时发现成员企业存在的风险和问题,提出纠正措施。

(2) 为保证内部信息畅通,企业集团必须要在一些关键的经营活动环节设置信息收集点,定期有效地收集成员企业经营管理的各方面信息,并进行迅速传递。

(3) 为保证内部信息畅通,企业集团必须要对成员企业经营管理者进行一定的激励约束,使其能够积极提供企业内部信息。

本 章 小 结

本章主要介绍内部控制的概念、企业集团内部控制的目的和设置原则、企业集团内部控制的主要形式和主要内容以及企业集团内容控制的设计和运行。

(1) 内部控制是由企业董事会、经理阶层和其他员工实施的,为营运的效率效果、财务报告的可靠性、相关法令的遵循等目标的达成而提供合理保证的过程。内部控制包括以下五项要素:① 控制环境。任何企业的核心是企业中的人及其活动,人的活动在环境中进行,他们既是构成环境的重要要素之一,又与环境相互影响和作用。环境要素是推动企业发展的引擎,也是其他一切要素的核心。② 风险评估。企业必须了解并应对其面临的风险,必须设定目标,将企业的销售、生产、营销、财务和其他活动融为一体,才能使该企业各个部门齐心协力的运行,还必须建立识别、分析和管理相关风险的机制。③ 控制活动。它是确保管理阶层的指令得以执行的政策及程序,如核准、授权、验证、调节、复核营业绩效、保障资产安全及职务分工等。④ 信息与沟通。围绕在控制活动周围的是信息和沟通系统,这些系统可以使企业员工获得并交换那些执行、管理和控制企业经营所需的信息。⑤ 监督。必须监督整个控制过程,并根据需要做出修改,这样内部控制系统才能够做出动态反应,随着条件的改变而变化。

(2) 企业集团的内部控制目标是多维的。从核心角度来看,企业集团内容控制的目的是为集团效率的提高而服务的。但在集团各种管理活动中它表现为不同的目的:在风险控制中它发挥风险防范作用;在控制行为中它发挥协调行动作用,等等。因此,企业集团在制定各种内部控制制度时,要充分注意内部控制的各种目标和作用,从而确保内部控制的完善。企业集团建立与实施内部控制,应当遵循下列原则:全面性原则、重要性原则、制衡性原则、适应性原则、成本效益原则。

(3) 从我国企业集团与其核心企业关系上看,内部控制大体上有两种类型:一是集权型或依托型;二是分权型或独立型。企业集团内部控制的基本内容包括组织结构控制、会计系统控制、预算控制、人员素质控制、风险防范控制、内部报告控制、内部审计控制等方面。

(四) 企业集团内部控制的设计和运行要依据集团的行业特征、子公司控制模式、信息传递的难度等多个因素进行具体控制。

本章参考文献

1. 林黎. 加强企业集团内部控制的思考——以中航油事件为例[J]. 财会通讯(理财版),2006(4):46-47.
2. 张谏忠,吴轶伦. 内部控制自我评价在宝钢的运用[J]. 会计研究,2005(2):11-17.
3. 王明虎. A 集团公司改进内部控制的做法及其启示[J]. 财务与会计(理财版),2006(2).
4. 钟钢,朱文辉. 对企业集团内部控制模式的思考[J]. 企业经济,2005(2).
5. 杨雄胜. 内部控制理论面临的困境及其出路[J]. 会计研究,2006(2).
6. 杨雄胜. 内部控制理论研究新视野[J]. 会计研究,2005(7).
7. 王书珍. 内部控制模式与公司控制权[J]. 财会月刊,2006(4).
8. 林钟高,徐虹,吴祎明,张力,刘素珍. 企业内部控制研究—理论框架与实现路径[M]. 北京:中国教育文化出版社,2006:38.
9. 王先斌,王明虎.试论信息传递与企业集团内部控制效率——A 集团公司的经验分析[J]. 现代会计与审计,2006(16).

复习思考题

1. 企业集团内部控制的目的是什么?
2. 企业集团内部控制的形式有哪些?
3. 如何理解内部控制在企业集团财务管理中的重要性?
4. 企业集团内部控制与企业文化有关系吗? 为什么?

案例题

邓崎琳与武钢集团的投资决策内部控制问题

2016 年 1 月 13 日最高人民检察院经审查决定,依法对武钢原董事长、党委书记邓崎琳以涉嫌受贿罪立案侦查并采取强制措施。案件侦查工作正在进行中。

至此,武钢长达 10 年之久的"邓崎琳时代"彻底走向终结。然而,武钢累积已久的沉疴痼疾才刚刚显现。行业寒冬之下,谁该为违规决策、管理混乱的"邓崎琳时代"埋单?

武钢披露的信息显示,经查,2010—2014 年,公司 68 个重大项目中有 41 个没有经过集体决策,比例高达 60%。"盲目投资,不切实际地搞所谓中西南发展战略,造成公司投资亏空。"武钢内部人士如此评价邓崎琳时代"以规模为上"的快速扩张战略。邓崎琳曾表示,"十二五"期间武钢的产能规模要达到 6 000 万吨。而在其刚主掌武钢集团时,公司的产能仅为 900 万吨左右,远低于老对手宝钢和鞍钢。在这种情况下,武钢确定了"中西南发展战略",即向中西南部扩张,通过重组,快速实现做大做强。从 2005 年开始,并购鄂钢、收编柳钢、重组昆钢、谋划防城港千万吨级钢铁基地项目的大戏先后上演。

快速扩张战略并未改变武钢大而不强的局面。在 2015 年《财富》世界 500 强榜单中,中国有 8 家钢企榜上有名,武钢排名最后,营业收入远低于排名最前的宝钢。2014 年,宝钢的营业收入为 483.2 亿美元,武钢为 237.2 亿美元。

相反,选人用人不讲规矩,少数领导人以"钢"谋私、大肆敛财,重大项目违规决策、顶风违纪问题,违规决策、管理混乱,造成国有资产巨额损失等问题开始大量出现。而出海找矿的海外扩张战略也最终以失败告终。2008 年以来,武钢通过股权收购和项目合作等方式,先后在巴西、加拿大、非洲等地布局了 8 座矿山,拥有海外资源权益数百万吨。

不过,这些矿山的品位都不高,多在 30% 左右,提炼成本大幅增加。据媒体报道,武钢在巴西和加拿大投资的 MMX 铁矿和 Bloomlake 铁矿,已宣布破产、停产。以巴西 MMX 铁矿为例,目前,武钢已深入清查巴西项目违规决策问题。武钢表示,针对中央巡视组指出的巴西项目问题,武钢认真调查分析了巴西 MMX 项目决策过程。发现的主要问题是:先拍板后论证,后续风险没有控制,境外投资管理制度缺乏。

此外,邓崎琳在任上主推的非钢转型、养猪种菜发展"现代城市服务战略"也饱受质疑。业内的担忧在于:投入大部分资金和精力发展非钢业务,将会导致钢铁主业后续发展乏力,"不能因为副业一时之好而颠倒了主次,丢了西瓜捡芝麻,而对领导层决策失误埋单的将最终是武钢的逾十万名员工。"

资料来源:《起底武钢腐败窝案 邓崎琳长期占用豪华套房》,《中国经营报》2016 年 1 月 18 日,B15 版。

思考题：

1. 根据案例资料，说明武钢集团在投资决策中一把手说了算这一现象属于内部控制的哪个方面问题？

2. 选人用人不讲规矩，少数领导人以"钢"谋私、大肆敛财等现象与内部控制哪个方面有关？

3. 结合案例资料，分析集团总部的内部控制对子公司的财务管理会有哪些方面的影响？